（修订版）

神奇圣人王阳明

雾满拦江 著

CNS 湖南文艺出版社
中南出版传媒 HUNAN LITERATURE AND ART PUBLISHING HOUSE　　博集天卷 CS-BOOKY

图书在版编目（CIP）数据

神奇圣人王阳明/雾满拦江著.—长沙：湖南文艺
出版社，2018.7
ISBN 978-7-5404-8719-5

Ⅰ.①神… Ⅱ.①雾… Ⅲ.①王守仁（1472—1528）
—传记—通俗读物 Ⅳ.①B248.2

中国版本图书馆CIP数据核字（2018）第096690号

上架建议：传记·历史

SHENQI SHENGREN WANG YANGMING

神奇圣人王阳明

作　　者：雾满拦江
出 版 人：曾赛丰
责任编辑：薛　健　刘诗哲
监　　制：于向勇　秦　青
策划编辑：康晓硕
营销编辑：刘晓晨　刘　迪　初　晨
封面设计：仙　境
版式设计：李　洁
出版发行：湖南文艺出版社
　　　　　（长沙市雨花区东二环一段508号　邮编：410014）
网　　址：www.hnwy.net
印　　刷：北京天宇万达印刷有限公司
经　　销：新华书店
开　　本：700mm×995mm　1/16
字　　数：360千字
印　　张：26
版　　次：2018年7月第1版
印　　次：2018年7月第1次印刷
书　　号：ISBN 978-7-5404-8719-5
定　　价：52.00元

若有质量问题，请致电质量监督电话：010-59096394
团购电话：010-59320018

序 步入智慧的殿堂

在近代历史上，中国不是太给力，被近邻日本打得有点儿惨。

单以国土面积、物产储备以及人力资源而论，中国都没理由挨打。但历史摆在这里，中国不仅挨了打，而且还被打得惨不忍睹。甲午海战的惨败，马关条约的耻辱，十四年抗战的艰辛，南京大屠杀的残酷，至今仍是我们民族的伤痛。

庞大的中国，何以沦为泥足巨人，被近邻日本肆意蹂躏呢？

为了弄清楚这个问题，年轻时代的蒋介石东游取经，去日本寻找强国之策。到了1932年6月6日，蒋氏发布《中国的立国精神》，称："要知道日本所以致强的原因，不是得力于欧美的科学，而是得力于中国的哲学。他们日本自立国以来，举国上下，普遍学我们中国的是什么？就是中国的儒道，而儒道中最得力的，就是中国王阳明知行合一'致良知'的哲学。他们窃取'致良知'哲学的唾余，便改造了衰弱萎靡的日本，统一了支离破碎的封建国家，竟成功了一个今日称霸的民族……"

情况确实是这样，日本从欧洲进口了大量的知识和设备，但是欧洲人并不认为是他们影响了日本，日本人也不这样认为。因为日本人手不释卷的，就是王阳明的著作。譬如日本被誉为"军神"的海军大将东乡平八郎，专门刻了个印章，上书：一生伏首拜阳明。东乡平八郎就是凭了他对阳明心学的领悟，在海战中全歼俄国太平洋舰队，将日本推上了世界强国的高峰。

那么，为何中国拥有王阳明，却惨遭日本蹂躏；而日本作为学生，反而能称雄世界呢？

著有《日本之阳明学》的高濑武次郎解释说：大凡阳明学含有二元素，一曰事业的，二曰枯禅的。得枯禅之元素者可以亡国，得事业之元素者可以兴国。中日两国各得其一。

但实际上，阳明心学虽然博大精深，但也是一以贯之，单纯地把阳明先生的思想一刀切两片，说中日两家各得一片，这种说法明显有问题。

阳明心学也确有枯禅的成分，有事业的成分，但枯禅是第一阶段，事业则是第二层次。

说明白了就是，后学者先得弄明白阳明先生的思想与学问，如老僧坐禅般苦苦思索，这是第一阶段。而后是将自己的心得领悟，落实到实践中来，这就是日本人所谓的事业元素。倘若第一阶段的工作没有完成，连阳明先生的思想智慧到底是怎么回事都不清楚，又谈何知行合一？

这就是近代中国的悲剧了，日本人真正掌握了阳明先生的思想与智慧，而我们却是连皮毛都丢了。连我们自己所拥有的智慧与思想都没有掌握，第一阶段都没有完成，如何能够与已经晋级到更高阶段的近邻日本相比？

　　然而，我们何以会将阳明先生的智慧与思想丢掉？

　　这个问题的另一个表述是：阳明先生又是如何石破天惊，领悟到了那知行合一的深邃思想，并在实践中加以体现应用的？

　　还有，阳明先生究系何许人物？为什么他能够于智慧领域开创基业，成为垂万世而不朽的思想宗师？他创立的阳明心学的思想与智慧究竟是什么？为什么能够让获得这一思想与智慧的小小岛国登上世界强国之巅？为什么又会让失落了这一智慧的近代中国，沦入被动挨打任人欺凌的境地？

　　现实中许多人，都能够对阳明先生的思想与智慧居高临下地评点一番。然而，正如日本人所讥笑的那样，这些所谓的评点，不过是无知者的妄言，是皮毛之论，远未突破枯禅之阶段，根本无法应用到实践中来。如果能够的话，那么近代历史上咤叱风云的国家不应该是日本，而应该是我们才对。

　　所以我们关注阳明先生，并追寻他在历史上留下来的足印，潜心寻求他掌握智慧与思想的法门。但正如前所述，阳明先生的思想与智慧，与我们民族的思维模式构成了背离，也与人类认知的工具形成了背离，解决这两个问题远非一本书能够做到的。但是，以此作为我们的起点，可以让我们步入那神圣的思想与智慧殿堂。

　　是为序。

　　　　　　　　　　　　　　　　　　　　　　　　雾满拦江

古人讲究个天机不可泄露，云这个字，在古语里就是说的意思。这孩子既然起名叫说，这让他还怎么说？

听说了这件事，王家统一意见，这孩子必须马上改名。

改个什么名字好呢？

就叫王守仁如何？

大儒王守仁，从此横空出世，开始了他叱咤风云、纵横驰骋的非凡人生。

宇宙便是吾心，吾心便是宇宙！

任何人都可以像陆九渊这样大喊一声，但你喊了也白喊。这个哲学思辨是远比高等数学更要庞大复杂的体系，陆九渊为了演算这道题，耗费了数十年的精力，如果你根本未曾演算过，大脑中并没有这个解题的思路过程，你拿着人家的答案，喊得声音再高，也是枉然。

这道题是你自己的，是你的人生课题，你演算出来了，打通了你自己大脑的任督二脉，以后你的思维就能够游刃有余，运行周天。

第一个问题：我是谁？（自我意识）

第二个问题：他人是什么？（社会意识）

第三个问题：宇宙是什么？（自然意识）

人生的所有问题，都是这三个问题的化形。这三个问题考虑不明白，人生就活不明白，就会陷入极度的痛苦之中。儒家千本书，佛家万卷经，道家一炉子又一炉子的丹药，全都是为了寻找这三个问题的答案。一旦有谁真的思考透了这三个问题，那么他就会立即居身于智慧的极峰。这时候居高下望，就会发现无论儒，无论佛，无论道，都是从山脚下延伸至山顶的羊肠小路，所有的终点都在这三个问题的答案所凝成的智慧峰顶相汇。

正因为人性的黑恶一面，比之于兽性更不堪，所以人类社会才会有如此之多的苦难。同样的，正因为人性中的光明一面，已经接近了佛家的圣灵，所以人类才演绎出了绚丽无比的文明。

人心惟危，道心惟微。一念之差即成魔，一念之差即成佛。佛性与魔性并无交界，更无距离。所谓的圣贤之路，就是让你的心永远沉浸在善的境界之中，再也不受到恶的袭扰。

第五章
石破天惊圣人出 ～177

而王守仁所做的，就是把孔子的话，把孟子的话，把老子的话，把苏格拉底的话，把阿那克萨哥拉的话，把柏拉图的话，用他自己的语言，重新表述一遍：

无善无恶心之体，有善有恶意之动。

知善知恶是良知，为善去恶是格物。

翻过来，掉过去。你东拉，我西扯。所有的智者，说的都是同一个终极真理，这个真理你可以称之为仁，称之为义，称之为道，称之为慈悲，称之为大善知识，称之为良知，称之为美德，称之为你愿意称之为的任何东西。

第六章
建功立业谈笑间 ～223

阳明先生生活在一个权力社会里，在这个世界，权力无处不在。

权力是个坏东西，它不光是腐蚀掌握权力的人，同样也腐蚀被权力凌辱的人。

掌握权力的人，会被异化为暴君。被权力凌辱的人，会被异化成无知懦弱而又残暴的奴隶。事实上，正是奴隶和暴君的两极社会，才构成了权力的现实。如果社会上不存在着奴隶，那么暴君也就不称其为暴君。但世上一旦有了暴君，他就会想尽办法把尽可能多的人异化为奴隶，以延续权力的效力。

权力是暴力的产物，它的一端是暴君，另一端是暴民。

阳明先生认为：道家说这世界是虚幻的，儒家是不会跟老道们抬杠的，你说虚幻就虚幻吧。佛家说这世界是无有的，儒家更不会跟和尚顶牛儿，你说无有就无有好了，随你说。但是，道家说的虚幻，是从养生的角度下的定义。而佛家说的无有，则是从生死苦海的角度下的定义。儒家不会反对道家的定义，也不会反对佛家的定义，但是儒家也有自己的定义。讨论问题的时候，如果你说儒家，就要用儒家的定义来阐述，不可以拿佛家的定义来抬杠。如果你说道家，那就要用道家的定义，也不可以拿儒家的定义来顶牛儿。

一句话，人与人之间的争执，往往不是因为理论上有什么冲突，而是因为大家使用的定义不同。

朱宸濠冷冰冰地道：皇太后有密旨。

"刷"的一声，众官员一起站了起来，又一起跪在地上，然后众官你看我，我看你，每人脸上都是无尽的狐疑之色。就听朱宸濠朗声道：昔孝宗皇帝为太监李广所误，抱养民间子。我祖宗不血食者，今十四年矣。太后有密旨，命寡人发兵讨罪，共伸大义。汝等知否？

第九章
千载圣学成绝唱 ～355

思想与智慧，无法复制也无法承传，那是因为智慧思想是完全个人化的思维运作，是单独一个人不停地采用探究式的思维模式，对自己的大脑的个性化开发。这种开发的过程就是智慧思想的本身，而智者所能够表达的，往往是智慧与思想的最终结果，但这个结果既不是思想也不是智慧，最多不过是思想与智慧的行进方向而已。

所以阳明先生说：致良知。

附录
王阳明年表 ～401

第一章

圣人家世不寻常

古人讲究个天机不可泄露，云这个字，在古语里就是说的意思。这孩子既然起名叫说，这让他还怎么说？

听说了这件事，王家统一意见，这孩子必须马上改名。

改个什么名字好呢？

就叫王守仁如何？

大儒王守仁，从此横空出世，开始了他叱咤风云、纵横驰骋的非凡人生。

🐚 海盗船长方国珍

元朝末年，台州黄岩出了个怪人，人高马大，面黑如炭，黑夜走路看不到他的人，只能看到一排白生生的牙齿疾风而至。此人还有一桩异能，最喜欢跟骏马赛跑，一旦他两条腿飞奔起来，日行千里的骏马拼命地跟在后面追赶，也只能望尘莫及，硬是追他不上。

这个人如此能跑，按说在陆地上大有他的发展空间。可他的家族世世代代都是在海上讨生活，最擅长的营生是驾一叶扁舟，十个黑色脚指头如十粒钢钉，将他牢牢地钉死在小舟上，劈风斩浪，出没风波，专逮最富营养价值的深海鱼类，逮到后往嘴里一塞，吧唧吧唧几口，"噗"的一声，吐出一根滑溜溜的鱼骨头，天生就是大海的儿子。

黄岩方国珍，生具异相，颇具异能，在当地赫赫有名。

俗话说得好，人怕出名猪怕壮。方国珍有了名气，难免就会遇到大麻烦。话说大元帝国至正八年，也就是公元1348年，一支大张黑色骷髅旗的海盗船队，突然出现在黄岩的近海上，一只官船不幸与这支海盗船队相遇，结果悲剧了，官船被抢劫一空，连同押船的官员也被海盗砍了脑壳。

杀人劫船之后，海盗船顺风直下，取路南洋，消失在茫茫大海之中。而黄岩地方的官衙，却为此愁得欲哭无泪，一筹莫展。

怎么办呢？海盗逃走了，这个案子，地方官也就没法子结案了，更没法子跟上级领导交代。

到底应该咋办呢？

正在为难之际，跑来一位老兄，给地方官出了个好主意。

这老兄说：领导啊，你咋就这么死心眼儿呢？海盗跑了就跑了，这关咱们什么事？横竖上面只是想要一份结案材料，要你逮个凶手交上去。黄岩这么大，喘气的人这么多，看谁不顺眼就把他逮起来，以海盗之罪砍掉脑壳，这不就结案了吗？

地方官闻言大喜，果然是思路决定出路啊，你这个主意真是太好了……可黄岩有这么多的人，逮谁合适呢？

那老兄笑道：这还用问吗，当然是方国珍了。谁让方国珍那厮，长得像块黑炭，狂奔起来比骏马还快。你说他一个渔民跑这么快干什么？说他是海盗，那叫理屈情不屈。说他理屈，是因为眼前这桩事真不是他干的。说他情不屈，他终年在海上讨生活，肯定干过杀人劫船的勾当，只是没有当场逮住他罢了。现在借这个事打掉这个犯罪团伙，说起来也算是为民除害……

当地领导在这里琢磨着拿无辜的方国珍顶罪，早有唯恐天下不乱的人，飞跑着去向方国珍通风报信：老方你悲剧了，官府这次是要动真格的了，要借这次海盗船事件，打掉你们方家的犯罪团伙……

方国珍一听就急了：这人谁呀，我好端端的渔民一个，招他惹他了？他非要收拾我？

急怒之下，杀机顿起，方国珍率家里最能打的几个兄弟：方国璋、方国瑛、方国珉，召集手下小马仔，冲入官衙中一顿大砍大杀，把正琢磨打掉他的人杀了之后，众家兄弟呼哨一声，疾奔海边，是日千艘独木舟与方国珍同时入海，从此就真正地做起海盗来，劫运船，堵海道，杀官兵，干得热火朝天。

闻知黄岩渔民方国珍入海聚寇，大元帝国勃然大怒，遂派了大将朵儿只，率重兵前来，要尽剿方国珍匪部。

升官的快速通道

大将朵儿只，是个性情率真的好青年，接到任务后立即率军士出发，到了海边先高薪聘请工匠，伐木造船。眨眼工夫船只造好，朵儿只率手下士兵登船，去海上寻找方国珍匪寇进行决战。没多久就看到了前方帆影无数，白帆中一面面黑色的骷髅旗极是刺眼。朵儿只大喜，手中长刀一挥：弟兄们，砍人大赛开始啦，给我冲啊！

朵儿只的战船，向着方国珍的海盗船队冲了过去。

朵儿只的战船，精工良造，左右各有二十八对船桨同时划动，船速极快，相比之下方国珍的海盗船就像是蜗牛一般。眨眼工夫朵儿只追了上来，眼看着桨手们再划几下，就追上方国珍了。可奇怪的是，这时候船速突然慢了下来，不仅船速慢了，而且海平面也在奇怪地慢慢上升。

海平面怎么会无缘无故地上升？朵儿只惊讶地低头一看，噢，明白了，原来是战船正在沉没。

可好端端的，战船怎么会沉呢？

因为方国珍派出了小海盗，潜入水中，在官兵战船的底部开凿了几个大洞。

道理算是弄明白了，可朵儿只这时候已经浸入在海水中，他深有感触地说道：明月不归沉碧海，白云愁色满苍梧……咕嘟咕嘟……噗！他沉入水中，灌了一肚皮海水后，被几个小海盗揪住头发扯了出来，喷出了一大瓢海水。

朵儿只被小海盗揪住头发，拖到了方国珍的脚下。他爬起来，猛抖一下身子，溅了方国珍一脸的水珠：方国珍，你是想死，还是想活？

我想……方国珍眨巴着眼睛，诧异地看着他：有没有搞错，现在你是我的俘虏，这话应该是我来问你才对。

差矣，你严重地差矣！朵儿只一个华丽的转身，大声说道：胜败乃兵家常事，你输还是我赢，这没有区别。有区别的是你方国珍，是想借这个机会，从此享受快活的人生呢，还是死抬杠瞎拗劲，死不认输呢？

方国珍道：我认什么输……明明是我赢了你嘛……

朵儿只哈哈大笑：差矣，你又严重地差矣，须知输便是赢，赢便是输，输输赢赢，世道翻覆。人生于世，只有一样东西是真实的，那就是逮住一切可能的机会升官发财，现在你我会晤于海船之上，正是你出人头地、升官发财的好机会。方国珍，你干吗冲我鼓着牛眼珠子？莫非你想错过这次人生难得的机遇吗？

方国珍：我……你……有你的。

于是元将朵儿只虽然战败，却以伶牙俐齿，说得方国珍尽降，强烈要求招安。大元帝国遂封海盗方国珍为定海尉，从此成为国家正式领导干部。然而没过多久，方国珍吃惊地发现他上当了，朝廷给他的官位忒小，油水也忒少，远不如当个海盗，自谋职业利润更高，于是他又反了。

这一次大元帝国是真的怒了，遂由左丞相孛罗帖木儿亲自出马，去摆平他。

可是孛罗帖木儿也是旱鸭子一只，不习水战，结果他跟前一个朵儿只一样，也被方国珍凿沉了船，逮了活的。可孛罗帖木儿既然身拜左丞相，其领导能力比起朵儿只，那是只高不低，所以孛罗帖木儿轻而易举地说服方国珍，再次接受朝廷招安，这一次，方国珍官拜海道漕运万户。

人到中年，方国珍终于发现了一条升官的绿色通道。不久他再反，朝廷继续派兵来，再被他打败，捉住主将，然后接受招安。这一次，他官升行省参政，已经进入了省级领导班子。

三反三降，官位疾升，方国珍很是激动。于是他就想，我再来一次，大概就能够进入朝廷，怎么也得弄个一品大员干干。

可是不承想，他第四次造反，却遭遇到了一个厉害人物，这一次非但没能捉住对方，如愿升官，还差一点儿赔光了老本，被朝廷一撸到底。

那么他遭遇到的对手是谁呢？

🐉 做人不带这么无耻的

却说方国珍发现了升官的绿色通道，要升官，杀人放火受招安。每反一次，官升几级，让方国珍兴奋莫名，连睡觉都要笑醒。

方国珍是乐了，可是朝廷却受不了了。于是朝廷开会，说：不行啊，这样不行啊，那个什么黄岩的方国珍，他太能搞了，反一次他官升几级，升完了之后接着造反，造反完了之后接着升官。要我说这厮是吃定了咱们，如果不把他的嚣张气焰打下去的话，迟早有一天，他会升到朝廷里来，骑在咱们的脖子上拉屎撒尿。诸位，我说诸位，你们谁有招搞掉他？

众官想了半天，无计可施。于是有人说：咱们这么多的高官想不出招来，是正常的，因为咱们都是混饭吃的庸官，朝廷压根儿就没有能干的。就算是有，也早被大家挤出去了，所以要找个能够搞掉方国珍的人，不能从在任的官员里找，只能从那些被开除解职的官员里去找。

众官听了，连连点头，曰：这话没错，就算你有天大的本事，也奈何不得数量庞大的贪官庸官在背后算计你，不干不错，多干多错，只要你干活，就少不了受到冷枪暗箭的袭击……甭说了，快拿以前被开除解职官员的名单来看看，瞧瞧是不是真的有能干的。

拿过被开除解职官员的名单一看，嘿，还真找到一位。

这里有位刘基刘伯温，此人天赋异秉，智慧博学，乃大元帝国科举进士，曾官拜江浙儒学副提举，是个副局级干部。这个刘伯温虽然官不大，可是超能干，大家一发火，就把他搞掉了。

让刘伯温重新进入领导班子，搞掉方国珍！

嗯，对了，再给刘伯温一个干活的位置，叫什么好呢？就让他当江浙行省元帅府都事。

这个官位，于刘伯温而言，意义非常重大。

话说那异人刘伯温，生具异相，五绺须髯，身材高大，风度翩翩。

走在街上，成群的女孩子因为爱慕他的丰仪伟岸，就在后面狂丢水果示爱，经常砸得刘伯温脑壳青紫淤血。他不惟是外貌出众，更兼智慧过人，是中国历史上罕见的智者。

刘伯温知道当下的大元帝国，业已是风中残烛，折腾不了几天了。唯其有桩事让他闹心，眼看大元帝国要散板完蛋了，可他的个人知名度还远不够高，他迫切需要一个机会，扩大自己的知名度和美誉度，以便在行将到来的大时代，抢到上风头，赚他个盆满钵满。

所以，尽管知道朝廷让他出山对付方国珍，不过是在玩他而已，可如果能够摆平悍匪方国珍，这对他来讲，却是扩大自己知名度的最好办法。

于是智者刘伯温欣然走马上任，对付海盗方国珍，他就用了一招：高筑城墙，拒绝出战。

这一招听起来寡淡无味，却是恰好掐在方国珍的死穴上。要知道，岸上的人可以不下海，可海里的方国珍却必须要上岸，上了岸抢吃抢喝抢淡水。可让刘伯温搞了个坚壁清野，迫使方国珍放弃海战的优势来攻城，而城上只要备足了强弓硬弩，照着下面不紧不慢地射，就足够让方国珍上火的了。

见此情形，方国珍急了：这个刘伯温是谁啊，好端端的一条升官发财绿色通道，被这么个人挡住了，他怎么可以这么胡来？

没办法，只能派人去联系刘伯温：要求招安，这次招安后官升不升都无所谓了，能够官复原职，方国珍也不是不能接受的。

总之，方国珍这边低开低走。

按理来说，刘伯温那边应该逢低吸纳，顺水推舟，答应方国珍就是了。可刘伯温是有为而来，自己下半辈子的饭碗和在历史上的影响力，都取决于这一次对阵的效果，所以他希望取得完胜，当即回绝了方国珍的请降要求，一定要搞死方国珍，成就自己的赫赫威名。

眼见得刘伯温如此不通人情世故，方国珍气得直骂：这什么人啊都是，合着他只顾着自己显摆，丝毫也不考虑别人。做人不带这么自私的，不带这么无耻的。既然你刘伯温不明事理，那么好，我方国珍就开导开导你。

有分教：黑海盗大败刘伯温，五泄山代有智者出。刘伯温枉负绝世智者之才名，却终于被海盗方国珍算计得一败涂地，结果引出了终南山智者，由此衍生出一朵奇异的智慧之花。

可是那海盗方国珍，又是如何摆平刘伯温的呢？

☺ 有问题，找领导

细究海盗方国珍摆平智者刘伯温的法子，说出来的话那可谓乏味至极。

就仨字：找领导！

找哪个领导呢？

哪个领导没关系，只要派几个亲信海盗，扛着抢来的金银财宝，去京城随便找家领导的门一敲，没个不让进的，领导之所以成为领导，正是因为不缺心眼儿，岂会把如此多的金银财宝拒之门外？

见到领导，方国珍的亲信就大放悲声，沉痛谴责了刘伯温野蛮的工作作风。这个刘伯温竟然森严壁垒，高筑城墙，不让海盗方国珍入城开抢，断人财路，这实在是太无耻了！

领导们收下了财物，纷纷道：这个事吧，还真是刘伯温的不对，你说他修这么高的城墙干什么？噢，他想饿死海盗，渴死海盗。有没有搞错？海盗也是人，也有人权，你刘伯温一个读书人，竟然如此心狠手辣，要把这些善良的海盗们活活饿死，这真是骇人听闻、令人发指的暴行啊！

朝廷下文，严厉谴责了刘伯温这种惨无人道的无耻暴行，勒令他立即招安方国珍，如有稍慢，一切后果自负。

刘伯温发现方国珍还有这一手，顿时有点儿晕菜。但他很快就冷静了下来，决定咬牙顶住，横竖朝廷那边官僚主义严重，做事极是拖沓，只要顶上几天，等方国珍渴死或饿死，他刘伯温就全胜了。

于是刘伯温咬牙顶住，却不承想，往日里工作效率超低的大元帝国，在这时候却突然体现出罕见的高效——对官员的个人物质刺激，是提高行政官僚体系效率的不二法门。枉刘伯温学富五车，硬是不晓得这么个简单的道理。结果不过一日之间，朝廷的任命书就已经下发，授予了方国珍一个比刘伯温还大的怪官。

接到任命书，方国珍笑得满地打滚，然后跳进澡盆里，洗干净在海里沾染上的盐花，带了大队的仪仗，要来检查刘伯温的工作。

刘伯温终于傻眼了。

等方国珍到了城门前，他是自己乖乖出去，让方国珍横捏竖揉，拧耳朵踢屁股，还是在城上放箭，继续拿方国珍当海盗呢？

这两条都不妥当。

所以，刘伯温只剩下最后一条路：

挂印封金，抬腿走人。

枉称绝世智者，刘伯温竟然被小海盗方国珍玩儿残，说起来真是太没面子了。刘伯温辞官后不敢走大道，怕人嘲笑，专挑荒山小径走，走着走着，走进了一座山里。

这座山叫五泄山，山不高，树不多，没什么名气。刘伯温正满脸郁闷地走在山径上，前面来了个壮小伙，和他打了声招呼：嗨，小基子，这一次吃亏吃大了吧？刘伯温定睛细看来人，顿时吃了一惊：你你你……你好像……你莫非……你的模样，长得好像我二十年前的一个朋友王纲……

那小伙子笑道：小基子，你没有认错，我就是王纲。

不可能！刘伯温大叫起来：二十年前，我是个刚刚十多岁的小朋友，那时候你比我年长十岁，是个奔三的小伙子。现在二十年过去了，我三十多岁，已经长成了一条壮汉，你也应该是四十多岁的中年人了，怎么你的模样还像二十年前一样？

小伙子王纲听了，哈哈大笑：小基子，你说得没错，今年我四十多岁了，人到中年，可我的模样不会变，不只是现在不会变，再过二十年，等你出人头地，名传八荒九域，已经是个糟老头子了，可那时候的我，还是现在这个模样。

我不会衰老。

王纲说。

🐛 玩儿你的人已经来了

据《明通鉴》记载，刘伯温在五泄山遇到的小伙子王纲，正是他少年时期在老家青田县的故友。王纲的年龄，比刘伯温大十岁，所以在刘伯温十多岁的时候，王纲就已经是青年了。可是王纲说再过二十年，他还是个年轻人，这话又是什么意思呢？

这个事，说起来就奇特了。话说王纲此人，自幼聪明绝顶，又勤奋好学，文武兼备，虽然有一身的好本事，却淡泊名利，不愿出仕。又适逢元末朝纲失坠，天下大乱，刀兵四起，王纲的家乡也闹起了土匪，担心匪人伤害到母亲，王纲就搀扶着老母亲，躲进这五泄山中，逃避兵灾。

他在山坡上搭起了一间小茅屋，再开垦出半亩荒地，一边种地，一边读书，从此避居人世，倒也是其乐融融。有一天夜里，山下忽然来了一个道士赵缘督，叩门要求借宿，王纲借月光细看这道人，发现这老道容貌煞是奇异，满头乌发，五绺长髯，那张脸就如同婴儿的屁股，皮肤红润细腻，透着说不尽的清奇之气。

王纲知道遇到高人了，就热情款待，拿出野味来让道人吃个痛快。等道人吃得开心了，王纲凑过来，请教道长驻颜之术。

道长说：驻颜之术，小Case（事）了，不过有句老话说，察知渊鱼者，不祥，人知道的太多可不是什么好事，如果你真想学我这一手技术的话，那么我可要告诉你，你以后必将为此付出惨痛的代价。

王纲吓呆了，问：那我要付出的代价，究竟如何个惨痛法？

老道说：这惨痛的代价就是，等你七十岁的时候，你会死在这门技术上。

七十岁才死？当时王纲差点儿没大笑起来，有没有搞错？人生七十古来稀啊，在这乱世竟然能活到七十岁，这已经堪称奇迹了，还有什么可犹豫的？

于是王纲恳求道长赐教。

吃人的嘴短，道长在王纲家里吃得肚皮肥圆，不好意思不教，于是就传授了王纲筮法，实际上是一种占卜之术。教会了王纲之后，道长现场给王纲占筮，得出结论说：你啊，你的后人会有一个了不得的厉害人物出现，但是你七十岁的那一年真的会有麻烦的。要不然这样好了，你干脆收拾收拾东西，打个小包袱卷，做我的道童，跟我一块儿云游去好了，说不定能够逃过这一劫。

王纲很是为难：父母在，不远游，我母亲还在山上住着，如果我走了，谁给老人家打水做饭啊。

道长哈哈大笑：所以说，你俗缘未了，就等着七十岁的时候倒霉吧。

言讫，道长扬长而去。而王纲却继续居住在山里，并等来了灰头土脸的刘伯温。

王纲把刘伯温带到家里，请他喝茶，说：小基子啊，你把海盗方国珍搞得灰头土脸，这事说起来真是再正常不过的了。因为你和方国珍斗的是兵法，比的是技术，他和你玩的却是心眼儿。就短时间内，玩儿心眼儿的肯定比搞技术的吃香，但从一个长时间段来看，玩儿心眼儿的却比不过搞技术的。

刘伯温道：话虽是这么说，可输的还是我啊。

王纲哈哈大笑：没关系，小基子，你听我的没错。尽管斗心眼儿你输给了方国珍，但你的本事，别人也全都看到了，很快就会有识货的人来找你。但有句话我事先要告诉你，像方国珍那种玩儿心眼儿的人，只有碰到比他更会玩儿心眼儿的，才能赢得了他。可是比方国珍更会玩儿心眼儿的人，那又是何等可怕的人物？你将来要跟的老板，就是这么一个可怕的人物，只有跟着最可怕的人，你才有得混。但既然对方可怕，少不了也要玩儿玩儿你。唉，人生在世，不过是被别人玩弄，捎带也玩儿玩儿别人，人生的痛苦与郁闷，都是大家相互玩儿出来的……

刘伯温听得心悸，就道：要不然我也躲在山中，跟你一块儿避世好了，也免得被人玩弄。

王纲：晚了，太晚了，跟你说吧小基子，要玩儿你的厉害人物已经来了，怪只怪你非要招惹方国珍，早已是名声在外了。我只跟你说一件事，再过几十年，等你玩儿出名堂来了，那时候你无论如何也不可提起我的名字，咱们压根儿就不认识，听清楚了吗？

刘伯温目瞪口呆地看着王纲：……听清楚了。

🐚 刘伯温只是个马仔

那王纲，果然是占无不验，言者必中。刘伯温刚刚回到家乡，就接到了朱元璋请他出山的邀请函。

当时刘伯温心里怦怦打鼓，这个朱元璋，听说是个下巴超级大的怪人，不知道他是不是王纲说的要玩儿我的人。管他是不是，反正我拒绝了他，不出山就是了。

刘伯温这次猜对了，朱元璋正是王纲所说前来玩弄他的人。朱元璋不仅要玩弄刘伯温，还要尽玩天下人，甭管男人女人，有一个算一个，通通都要玩儿过来。刘伯温不出山不要紧，朱元璋再写第二封信，刘伯温再拒绝，朱元璋再写第三封信。

连写了三封信之后，朱元璋觉得差不多了，就吩咐手下人：给我找一个人来，这个人呢，他要喜欢吟诗弄赋，名气不可太高，但才华必须横溢。这样的人，咱们这里有没有？

有！有人推荐了处州总管孙炎。这个孙炎就是一个喜欢哼哼唧唧、吟诗弄赋的怪人，却混迹于朱元璋这帮武夫的杀人团伙之中，武人瞧不懂孙炎的诗，文人又讨厌他和武人混在一起。所以这个孙炎，就属于那种有文才，却没有文名的怪人。

然后朱元璋吩咐孙炎：小孙啊，组织上交给你一个光荣而神圣的任务，去找刘伯温，去跟他一块儿写诗，写什么烂诗我不管，但刘伯温这个人，你得活着给我带回来，有没有信心完成这个任务？

孙炎急忙道：有，请组织上考验我好了……

于是孙炎就去找刘伯温，见面后先吟诗，后作赋，露了一手。刘伯温则是非常惊讶：咦，你这个人诗写得蛮好啊，怎么江湖上从未听说过你？于是刘伯温欣然和孙炎泡在一起，每天你吟诗我作赋，玩儿得特别开心。

玩儿了几天，刘伯温拿出来一把宝剑，送给孙炎，说：小孙啊，你远道而来，我这也没什么好东西送给你，你是从军之人啊，幸好我有一柄家传宝剑，就送给你吧，说不定你能用得上。

见到宝剑，孙炎眉毛一挑，计上心来。

当天夜里，孙炎不辞而别，宝剑却没带，而是挂在刘伯温的门口，还附了一首诗。大意如下：自古宝剑赠英雄，美女到处找老公。请你三次还不来，你比诸葛还孔明。你的宝剑不敢拿，因为拿了也没用。这次登门只吟诗，下次就取你老命……原文是：剑当献天子，斩不顺命者。

话说开了，脸皮也撕破了，去了就活命，不出山就宰了你，你自己掂量掂量吧。

看了这封信，刘伯温当时就哭了，说：王纲这个乌鸦嘴，都让你说着了。眼下这个朱元璋，端的不好惹，要不你就得给他当马仔，要不他就把你宰……这事可如何是好呢？

与其被人宰，不如做马仔。

刘伯温一咬牙一跺脚，我认命了还不行吗，那就去吧。

于是刘伯温投奔朱元璋，从此为朱元璋出谋划策，绞尽脑汁。朱元璋剪除了一个又一个对手，终于到了洪武元年，也就是公元1368年，朱元璋于南京城宣布：大明帝国，建立了！

在刘伯温等智囊的协助之下，大下巴朱元璋，终于如愿以偿地成为了大明帝国开国皇帝。

但是帝国犹在草创初期，四面八方，潜伏的阶级敌人特别多，武将们都在东征西讨，文官也得上前线搞军粮作宣传，一批又一批的优秀干部，在举拳宣誓之后就被派到了战场之上，从此一去不回，空余马鸣风萧萧，寒沙覆红草。年幼的大明帝国，面临着严重的人才危机。

到了洪武四年，人才危机越来越严重，已经严重到了必须解决不可的程度。于是朱元璋升殿，发布招贤令。朝中众官，不论职务大小，每人都分配有指标，必须引荐几个德才兼备的隐士来朝中为官。尤其是刘伯温，他是大名士，结交的尽皆山野高人，推荐几个，应该不在话下。

可既然是山野高人，那肯定都是洞察了世情人心，知道权力这玩意儿是天底下最最恐怖的东西，除非万不得已，绝对不会只为一口草料，出来挨刀的。所以刘伯温面临着完不成指标的困境。

可再难也得完成，朱元璋那厮，可不是跟你开玩笑的。让你推荐人才你不推荐，铁定有你的好看。

于是刘伯温苦苦琢磨，咋整呢？这可咋整呢……忽然之间他想起一个人来：

五泄山隐士王纲。

算计时日，自打刘伯温给朱元璋做马仔以来，已经二十多年过去了，王纲如果还活着，他也是个七十岁的糟老头子。按理来说，五泄山上缺衣少食，生存环境极为恶劣，王纲很难活到这个岁数……

说不定，王纲已经死了。

那就推荐他了！

刘伯温终于作出了决定。

海盗，又见海盗

饶是刘伯温千算万算，还是错失了一招。

那年逾古稀的五泄山隐士王纲，居然还活着。

活着倒还罢了，最离奇的是，王纲虽然已经七十残年，形貌却仍然没有丝毫的变化，乌黑的头发，白嫩的皮肤，明亮的眼睛，仍然是二十岁上下的小伙子模样。如果不是刘伯温与他有五十年的交情，绝不会相信有这怪事。

不光是刘伯温自己看得傻眼，朱元璋也不信这个小伙子七十岁了，认为是刘伯温搞怪瞎掰，也不理会，简单地和王纲聊了几句，朱元璋顿时变了脸：好你个刘伯温啊，你知道有如此大才之人，竟然不早早向朕推荐，你你你……真是太不像话了！

传旨，任命王纲为兵部侍郎。

朱元璋说：我们要实现干部的年轻化。

于是七十岁的糟"小伙"王纲，就苦着脸去兵部报到。到了地方，众官员大喜，曰：王纲，你来得真是太好了，兵部里挤满了老头，出外勤的活儿啊，总是找不出来人手。你最年轻，恰好这里有个去广东催粮的差事，就辛苦你跑一趟吧。年轻人，不要苦着脸，我们这些五十多岁的老头，吃的盐比你吃的饭都多，你就别抱怨了。

王纲哭了，说：其实，我已经七十岁了，跟我比你们才是小伙子……

兵部众官哈哈大笑：小王你少胡扯，马上去领差旅费，对了，这个兵部侍郎调整一下，你这么年轻，做什么侍郎呢？以后你就是广东参议了，主要的工作就是风里来雨里去，催催各地的粮款。年轻人，多跑跑腿儿对你有好处，增长点儿见识，对你将来的人生事业，大有好处啊。

直到这时候，王纲才明白了三十多年前，道长赵缘督说的话是什么意思，驻颜之术是好东西吗？听起来好像是好东西，可你都七十岁了，大家却硬是拿你当壮劳力使用，这驻颜之术，未免也太不人道了吧？

可是没办法，跟朱元璋这些野蛮人，是说不清楚这种道理的。于是倒霉的王纲把自己的儿子王彦达叫来，说：儿子啊，你爹我都七十岁了，可你才十六岁，不怪你爹生你生得晚，怪只怪那破道士赵缘督，他传授给你爹的道术太怪异了……没法子，这次你爹出远门，铁定是不可能活着回来了。你呢，就跟在爹的身边，等爹死了，你可记住把爹的尸首带回来啊。

小伙王彦达道：爹，看你说得这么可怜，至于吗？我还不了解你，爹你的本事超大，这点儿小差事，肯定不会难住你。

这王彦达说着了，王纲的能力，实际上比刘伯温强得多，他到了广东之后，催粮催款，顺风顺水，很快就办妥了。然后父子二人，就心情愉悦地坐在大船上，踏上了回乡之路。

大船正行之际，忽然前方水面上，出现了两个黑点。黑点霎时变大，迅速推至眼前，竟然是两艘疾如奔马的小舢板，上面各有一条壮汉操舟，见到大船，舢板上的汉子齐齐抱拳，高喊了一声：迎龙头！

王彦达没听清，急忙问父亲：爹，这两人喊的是什么？

王纲脸色阴沉沉的，只是低声说了句：儿子，记住临来前爹吩咐你的话，到时候一定要带着爹的尸首回家。

什么什么？王彦达正在诧异，就见那两艘小划子已经急速地掉转方向，跟随在大船后面不疾不徐地前行。王彦达正不明所以，前方又飞也似的疾冲来两只小船，操船人同样是肌肉块儿超大的壮汉，冲大船高喊一声：迎龙头！然后掉转船向，跟随王纲的大船一起走。

不多久又有两艘小船迎来，然后又是两艘，总计八艘小船，都喊过"迎龙头"之后，小船就跟在大船后面慢慢地走。行不多久，就见前面黑压压的，一眼看不到边，尽是连天的帆影，无数只海盗船整整齐齐地排列在前面，阻挡住了王纲的去路。

骷髅旗下，海盗船上，有上万名小海盗，齐刷刷地跪在甲板上。一名戴着眼罩、左手臂嵌有铁钩的海盗头子，对着王纲哈哈大笑：老龙头，你终于来了，铁手蛟龙曹真，率手下儿郎迎请老龙头。

王纲阴沉着脸：前面的人听了，本官这艘船，乃皇家御用官船，没有什么老龙头，尔等与吾闪开。

就听海盗曹真哈哈大笑：王大人，你便是我们的老龙头啊。我们这支海盗在海上漂泊多年，始终不成气候，皆是因为没有一个才德俱全的英雄人物所统领，今日我曹真率全体儿郎在此，恭请王大人出任我们的老龙头，带我们这些可怜的弟兄，讨一条生路吧。

居然有这种怪事，这些海盗想让王纲当他们的头子。

这匪夷所思的情景，让年轻的王彦达看得呆了。

孙子就会欺负人

据《明通鉴》卷四记载：

潮民弗靖，除纲广东参议，督兵饷，叹曰：吾命尽此矣！以书诀家人，携子彦达行。单舸往谕，潮民叩首服罪。还，抵增城，遇海盗曹真，截舟罗拜，愿得为帅。

这段史料记载的是海盗曹真要让王纲出任老大的因由。皆是因为当时广东人民情绪不稳定，不明真相的群众吵吵闹闹，结果王纲一叶小舟，两片唇舌，就将一桩群体事件消弭于无形。海盗发现了他这个人才，就立即跑来搭伙合作。

可这伙海盗真的是找错了人，虽然王纲外表帅得一塌糊涂，但他的实际年龄，已经七十岁了。这年龄当老大重新创业，而且竞争对手还是雄才大略的朱元璋，基本上来说是没戏的。

于是王纲就问海盗们：想让我当老大，不难，你们先得告诉我，有没有干过伤天害理的事啊，有没有打瞎子、骂哑巴、刨绝户坟、踹寡妇门啊，有没有啊？

海盗们很是尴尬：老龙头，这个这个打瞎子骂哑巴吧……这个这个《孙子兵法》上不是也说过吗，古之善胜者，胜于易胜者也。打架这种事，铁定是找不如你的对手，那样才能赢，这可是《孙子兵法》上说的啊。嘿嘿，嘿嘿嘿。

王纲脸色一变：那你们有没有干过凌辱妇女的事情？若然，当斩！

海盗王曹真在一边解释：老龙头，这个这个凌辱妇女……老龙头你看清楚啊，当上海盗的，莫不是身体强壮，却又是心眼儿缺到了登峰造极的小伙子，这些小伙子脑子原始啊，除了女人，什么事情也提不起他们的情绪来。所以正常社会他们是混不下去的，只好当了海盗……

王纲乐了：噢，合着你们都是些流氓人渣，让我给你们这种人渣当头儿，你们把我王纲当成什么人了？告诉你们吧，我们王家传承的古训：一等人贤士孝子，两件事读书种田。想让我跟你们这些流氓恶棍搅和到一起，瞎了你们的狗眼。这好端端的清平世界，就因为有了你们这些智力低下的畜生，才搅得天地不安，兵火连连，你们最应该做的不是找一个大佬，而是在洗脚水里把脏脸洗干净，然后一头扎进去，越早把自己浸死，越早安生……噗，哧！

还没等王纲骂完，海盗们早就被他惹火了，鬼头刀挥起，噗！砍掉了他的脑壳；哧，鲜血激涌出来。

这些海盗果然不是善类，说动手就动手。等王彦达明白过来，他父亲已经栽倒在血泊之中。霎时王彦达急了，扑过去就跟海盗们拼命：你们这些杀千刀的畜生，还我父亲的命来……几个小海盗一脚将他踹倒，举刀要砍，这时候海盗头子急忙出声喝止：你们几个王八蛋，替你们找个老大多难啊，竟然说砍就砍了。砍了老龙头还要砍他儿子，这还有完没完？

不许杀！曹真下令：我们这么多的人，这孩子还敢和我们拼命，这个叫孝啊，父贤子孝，这是你们这些人渣再修八百辈子，也修不出来的人生境界。所以这个孩子不能杀，谁杀了他，谁家倒八百辈子血霉。

最终海盗没有杀王彦达，而是给了他一张老羊皮，让他裹了父亲的尸首回去。这时候王彦达想起父亲来时说过的话，情知父亲早就知道有这一天，号啕大哭，泪如雨下，用船载着父亲的尸体回去了。

回去后王彦达将父亲葬在禾山，自己在坟墓旁搭了个小窝棚，给父亲守孝。这一守就是二十年，直到洪武二十四年，刺史郭纯终于发现了这件事，调查清楚后，就专门写了奏章给朝廷：各位领导好，你们还记得二十年前，曾有一个年逾古稀的年轻人王纲吗？这个王纲好有型啊，海盗让他当大佬，他居然不肯，故意激怒海盗杀了他……朝廷得报，非常重视这件事，就在王纲被杀的地方，替王纲立了庙，再查询烈士遗孤，终于发现了正在禾山读书种田的王彦达。

圣上有旨，烈士遗孤王彦达，根正苗红，快点儿来朝廷做官。

王彦达这时候也已经是三十六岁的中年人了，接到这道命令，老泪纵横，说：用自己父亲的性命，给自己换取个官位，那我还是个人吗？

遂上书，曰：痛父以忠死，躬耕养母，麤衣恶食，终身不仕。

从此号秘湖渔隐，流连于山水烟霞之际。

隐士的生活原本蛮有味道，可是临到了王纲的孙子那一辈，也就是王彦达的儿子王与准时，又出事了。

🐟 这个师妹很给力

如前所述，王纲七十岁的时候，儿子王彦达才十六岁。也就是说，王纲是在五十四岁那年，才有的儿子。这固然证明了王纲学道有成，别人都抱孙子了，他才刚刚有儿子。但这桩晚育典范，却又同隐居有着莫大的干系。

隐居山林，笑傲烟霞，这日子哪儿都好，唯独没有邻居。

没有邻居，就意味着找不到女生。

正是因为不容易找到女朋友，所以王纲直到五十四岁，才有了儿子。而他的儿子王彦达，同样也是选择了隐居的生活，于是如何能够在荒山野岭中找出一个女生来，就成为了王彦达至关紧要的人生课题。

但世上无难事，只要肯登攀。史载，王彦达于原始森林之中，发愤不辍，矢志不渝，到处张贴征婚小广告，终于找到了一个女生，于是喜结连理，生下了儿子王与准。

王与准这小朋友却是绝顶之聪明，爷爷和父亲两代人辛苦收集来的藏书，他一翻就懂，之后他就扛着行李卷儿，出山寻师，拜在一位赵先生的门下，苦读《易经》——这本书他是不需要读的，因为他爷爷王纲从道人赵缘督那里学到了占筮之术，传给了他父亲王彦达，他父亲又传给了他。

所以王与准学习起来丝毫也不费力，赢得了赵老师的欢心，同样也赢得了赵老师妹妹的芳心暗许。

于是王与准就娶了老师的妹妹，这可是地地道道的师妹。

这个师妹很给力，婚后三年，连生了三个儿子，大宝智商平平，唯二宝王杰，却是承袭了王家的家学渊源，自打吃奶的时候就泡在书堆里，摆明了将来定然会有一番出息。三宝还在吃奶中，不清楚未来会有什么造就。

眼见得学生成了自己的妹夫，赵老师就对王与准说：徒儿啊……不对，是妹夫，妹夫啊，你听为师之言，你满腹才学啊，如果就这么躲在乡下，每天扛着锄头耕田种地，太可惜了。考没考虑过出山做个领导，嗯？

王与准却笑道：老师此言差矣。差在哪里呢？做官这种事，那是说不尽的郁闷啊，即便你不与人争权夺利，却奈何不得你身在官场，挡了别人的财路，每日里患得患失，哪比得上读书种田更快乐？

见王与准这样说，赵老师也就不再提这事了。

但是在乡下种田，一样也少不了麻烦。对王与准来说，他最大的麻烦，就是会占筮的技能，被太多的人知道了。于是乡人络绎不绝，上门求告：小王在家吗？帮我算算我家母鸡，这两天咋就不下蛋了呢？又或者：小王，你过来帮我算算，昨天我掉地上一根针，你帮我算出来在哪里。没过多久，县令也派人来了：小王在家吗？帮县太爷算一算，县太爷什么时候升大官、发大财啊……

王与准受不了了，就当众烧掉了爷爷王纲传下来的占筮书，并当场发誓：

王与准不能为术士，终日奔走公门，谈祸福！

这书一烧，麻烦更大了，因为他得罪了县太爷。

县太爷闻知王与准烧书拒算，勃然大怒：听没听说过灭门知县？你一个小民百姓，县太爷让你算卦是瞧得起你，你竟然敢跟县太爷摆谱儿。那就别怪县太爷也跟你不客气了，随便找个罪名，打掉王与准犯罪团伙，这事不难吧？

县太爷正要动手，这边王与准却是占无不验，早就算计到了县太爷会打击报复，当即脚底抹油，逃入四明山的石室之中，藏了起来。县太爷派了好多人上山搜捕，也没把他搜出来。

就这样，王与准躲藏在石室里，眨眼间就躲藏了一年。

一年之后，朝廷来了使者，带了更多的人马进山，这一次，哪怕是王与准钻进了老鼠洞里，也要把他掏出来。

🐛 强迫你当官

实际上朝廷派出来的使者，也并非专冲着王与准来的，而是前来寻访隐逸人才。县太爷为了报复王与准不算卦之仇，就在使者面前忽悠曰：我们这里还真有一个隐逸人才，叫王与准，此时正躲在四明山的老鼠洞里。你猜他为啥要钻进老鼠洞呢？因为啊，这个王与准，他实际上是个持不同政见者，不承认现今坐在龙椅上的皇帝啊，对我们大明政权充满了刻骨的仇恨，认为咱们大明的政权是暴力取得的，没有经过民众授权，是非法的……

叫县太爷这么一忽悠，使者勃然大怒，当即下令：这个异见分子王与准，他有没有家人？什么？有三个儿子，好，立即给我把这三个小朋友逮起来。然后调集兵马，大举搜山，不把这个异见人士从老鼠洞里掏出来，绝不收兵！

浩浩荡荡的官兵们，举着灯笼火把进山了，开始地毯式搜索，务须擒获王与准。这下子王与准傻眼了，只好从这个洞再钻进另一个洞，可是钻来钻去，最终被搜山的士兵发现了。

站住，不许跑！逮住这个反政府人士……士兵们蜂拥而至。王与准撒腿飞逃，后面士兵的呐喊声惊天动地，逃过一道山涧时，后面的士兵齐齐地猛吼一声，王与准心里一害怕，脚下打滑，就听嗖，吧唧，哎哟哟妈妈呀，我的脚啊……王与准跌伤在山涧下面。

士兵们兴高采烈地绕路下到涧底，将王与准捉住，用一只大箩筐装了，抬到了使者面前。使者立即开堂刑讯，惊堂木重重一拍，啪！大胆王与准，你因何仇视大明政权，公然反对皇帝的英明领导？

王与准吓了一跳：没有啊，怎么会有这种事？我连皇帝是谁都不知道，又有什么理由反对他呢？

嗯？使者怒容满面：还敢撒谎，你若不是反动分子，为何要钻到四明山的老鼠洞里？

你说这个事啊……王与准放下心来：还不是因为我不愿意给县太爷算卦惹出来的祸，说起来这事也都怪我，你说我好端端地放着地不种，给人算什么卦呢……遂一五一十地把他和县太爷结怨的经过说了一遍。

使者听了，再悄悄派人一打听，发现事情的经过果如王与准所说，都是知县在恶搞。虽然是恶搞，可这也怪王与准自己，怪他显摆自己的本事，惹来了麻烦。于是使者再次升堂：反动分子王与准，虽然你并不反动，可是我这边已经派出了军队，搞得四乡五里沸沸扬扬，哦，闹半天我让知具给耍了，你说你让我这个使者的脸往哪儿搁？

王与准小心翼翼地看着使者的脸：那么依大人的意思……

使者道：我的意思再也简单不过了，横竖你得给我一个台阶下，至少让我把这次出动军队的账目报了。听明白了没有？

王与准苦着脸道：大人的意思，我明白，就是说让我好歹接受一个官职，也好让大人在皇上那里有个交代。可是大人你看看我的脚……我的脚本来好端端的，可是在这次抓捕中跌下山涧，侥幸没死，却成了残疾人士，如果大人你推荐一个瘸子出山做官，这岂不是更没法跟皇上交代？

说得也是……使者搔搔脑壳，忽然之间眼睛一亮：有了，王与准，你虽然是残疾人士了，可你还有三个儿子啊，尤其是你的二儿子，那小兔崽子我见到了，聪明绝顶啊，读书时一目十行，过目不忘，长大了肯定比你更有出息。如果你答应让你家二宝王杰，挂名做个邑庠弟子员，长大了科举当官，那我今天就饶过你。

王与准咬咬牙：大人一片好心，我王与准不能不领这个情啊，那就依大人你的意思吧。

由是王家二宝王杰，替老爹出山，这已经是王家的第四代人了。按说以这个孩子的聪明智慧，科举中拿个名次不在话下，可是这孩子最终还是榜上无名，终老山泉，这又是怎么搞的呢？

大家一起玩裸考

因为跌下深涧，摔坏了脚，王与准逃过了做官之劫。于是他说：石有德于吾，不敢忘也。遂自号石遁翁。

而他家二宝王杰，也自号槐里子。

这个称号又是个什么名堂？

原来这二宝王杰，家门口有棵大槐树，于是就替自己起了这么个怪名。但因为他是诗书世家，所以被乡人尊称为槐里先生。这小先生还不到十四岁，就已经将四书五经并宋朝的诸位大儒著作，背得滚瓜烂熟，当地的教育口负责官员算准了这小家伙必然会在科举时高中，将他视为重点生栽培。

所谓栽培，就是由当地推荐他去参加科举考试。这是大明立国之初的怪规矩，学子是不允许随便报名的，必须要由当地的教育部门进行政审合格之后，再行推荐。

单以王杰的才学而论，参加科举拿个名次，应该是不在话下的。但谁料得到，临到考试的时候，还是出事了。

话说自打有人类以来，不择手段的争名逐利就已经成为了常态。如王纲、王彦达、王与准这一连三代人都淡泊名利者，在人类历史上是极为稀有的。也就是说，虽然王家世世代代视功名利禄如粪土，但对更多的人来说，升官发财才是人生的正题。

要发财，先做官。要做官，那就得先去参加科举，考个状元固然心花怒放，拿不到状元也没关系，横竖榜上有名，大小你得给个官儿。等有了官位，再替老百姓琢磨出几个纳税的花样，高额赋税是低收入者的光荣嘛，如此这般大捞一番，就可以脱贫致富了——这是权力社会千年不变的法则。

也就是说，要发财，先得做官。要做官，先得科举考试榜上有名。

但这个榜上有名，可真有点儿不太容易，一来大家学得不是那么扎实，二来考题又太难为人……嗯，有了，事先在外边找几个枪手，写好文章带进去，到时候交上去，岂不是解决了问题吗？

作弊！

考试舞弊，却是科举时代的痼疾，大家进考场，可不是奔着什么思想学问来的，不过就是块儿敲门砖，你凭什么不让人家作弊？

可是作弊的多了，举报的也多，官府必须得管一管。可这种事怎么管呢？当时科技水平落后，考场里又没有摄像头，你又怎么知道考生是否作弊了呢？

办法就剩下一个了：

搜身！

因为有的考生会把小抄儿藏在头发里，所以进考场前，考生得先把头发打散，让考官看个清楚。又因为有的考生会把小抄儿写在肚皮上，甚至大腿上，所以你得脱光了衣服，让考官仔细地检查过之后，确信你真的没藏小抄儿，这才允许进入考场。

所以当王杰兴高采烈地来到考场门前的时候，发现他必须要打散头发，扒光衣服，像只煺毛的鸡一样，让一大群怪男人看个清楚。当时王杰呆怔了良久，说了句：

吾宁曳履衡门矣！

掉头就回家了。

你裸考，我拒考。

他说的这句话，意思是：老子宁肯饿肚皮，也不承受这等羞辱！

王杰罢考，急坏了当地的教育部门，他们苦口婆心对他做工作，却发现这工作根本就没法子做。

为什么呢？

因为王杰是一个有真材实料的人，他读书，只是为了探求学问，这个探求过程本身就是极大的乐趣，完全能够自娱自乐。学问的乐趣与考取功名利禄，是不可同日而语的。别的考生进考场的目的，是求官，为了当官连打小抄儿都做得出来，还会在乎你脱光了衣服搜身吗？而王杰却无意于功名，既然对功名利禄不感兴趣，又有什么理由为此承受羞辱呢？

地方官发现工作不好做，一气之下，就去找了王杰的妈妈，让这老太太出来说服儿子。

🐌 六代培养出来的小神童

受地方各级领导的重托，王杰的妈妈就劝儿子说：乖二宝，傻孩子，妈知道你无意于功名，只是喜欢读书。可生在这世道，权力压根儿就不承认知识与思想啊，非得让你在权力面前低下头，才有得饭吃。儿子啊，听妈一句话吧，你就低一下头吧，妈求你了……

老太太接连央求了儿子几年，万般无奈，王杰只好再去考场，脱光衣服，向考官们展示了自己的肋骨身材，然后进入考场，果然拿到了名次。

然后他就因为太过郁闷，死掉了。

王杰死后，留下一个儿子叫王伦，这却是一个极为风雅的人物，工诗文，善鼓瑟，每至月白风清，一定要点燃一炷香，于清冷的月光之下，吧啦吧啦嘣嘣嘣弹奏上一曲。弹完了琴，还要引吭高歌，唱得开心，再写两首诗。

总之，白衣秀士王伦，小日子过得甭提多舒服了。

为什么他的日子过得这么舒服？

因为他不去参加科举，不愿意做官，人生最大的理想，就是一亩地，两头牛，老婆孩子热炕头，就是喜欢个鼓瑟读书。

正当王伦的小日子过得快活之时，王伦的奶奶，也就是他爹王杰的妈妈，也是王与准的老婆兼师妹，忽然做了一个奇怪的梦。

这老太太梦到一个美丽的仙女，衣袂飘飘，抱着一个穿红色衣服的小婴儿，递到了她的手中，说了句：把这个小婴儿送给你吧，让你们家族，世世代代荣华无替……然后就听"哇"的一声，王伦的妻子，生产了。

得知重孙子出生，老太太拄着拐杖出来，说：这个小家伙，可是仙女送来的哦，就给他起名叫王华吧。

从王纲，王彦达，王与准，王杰，王伦，再到这个小王华，这已经是王家第六代人了。

小王华出生之后，仍然是承袭了王家的书香之风，拿起书本来过目不忘，而且这小家伙，对人情世故洞若观火，人品还极为端正。

史载，小王华六岁的时候，和小伙伴们到河边玩耍，忽然看到一只皮囊，小王华悄悄打开，发现里边装的都是金子。猜到这应该是在河边歇息的人丢的，他就趁小朋友们还没有发现之前，"扑通"一声，把皮囊丢进了水中。

小朋友们问：刚才"扑通"一声，是什么声音啊？

王华回答：我往水里扔了块儿石头哦。

小朋友们就没有起疑心，玩了一会儿都回家了。而王华却坐在河边，耐心地等待着，等不多久，就听远方有号啕大哭之声，接着一个人呼天抢地地奔了过来，到了河边就到处寻找。小王华问他：你找什么啊？那人大哭着：金子，我的金子丢了耶……王华问：金子那么贵重的东西，你怎么会丢掉呢？那人回答说：我是喝多了酒，走到河边洗脚，顺手把装金子的皮囊放在了一边，谁知道……我的金子啊，老天爷，你这不是要我的命吗……王华道：好了好了，乖，你不要哭了，你的金子我捡到了，因为怕别人抢夺，就扔到水中藏起来了，你自己下河捞上来吧……

醉汉跳到河里，果然捞出了金子。然后他扭着小王华，找到了小王华的家里，说出了这事，然后道：你们家人可都听好了，这孩子聪明绝顶又善良至极，长大以后铁定会有大出息，相信我吧，不会有错的。

⌘ 不亦挨刀乎

春天，小王华进了私塾，开始读书。可是小朋友们都不爱读书啊，哭着闹着要求出去玩，先生只好说：那好吧，今天就不上课了，你们大家都去玩吧。小朋友们兴高采烈地飞奔进绿色的田野，放飞心灵。只有小王华仍然坐在座位上，拿着书本看个不停。先生问他：咦，你怎么不去观春？

小王华掷地有声地回答：观春何若观书？

看得出来，这孩子对文字有着一种病态的敏感，读书有成，那是必然的。

没过多久，县令来学校视察，学生们疯跑出去看，王华仍然端坐如故，读书不辍。别人问他：你不害怕知县吗？

王华诧异地问：知县和你我一样，也是一个鼻子两只耳朵，为什么要怕他？

这个故事旨在说明，幼年时代的小王华，就对于权力的运作规律，有着深刻的洞察与认知。这种认知，是许多人活一辈子都达不到的。别人之所以无法达成这一认知，仅仅是因为他们对文字没有感觉，对于文字所记载的思想，就更不可能有感觉了。

面对这个聪明绝顶的孩子，乡塾老师钱希宠哀叹曰：完了，最多不过一年，我就没东西教这孩子了……

眨眼工夫，王华已经十四岁了，他和几个朋友相约去龙泉山寺读书。传说这座寺庙闹鬼，如果有书生跑来读书，鬼怪就会呜嗷乱叫，抛砖掷瓦，打得书生头破血流，大哭而逃。可是当王华来到寺庙之后，鬼怪们似乎全都下班了，偌大的寺庙中，竟然悄无声息。

咦，妖鬼们怎么不出来闹事呢？

和尚们很诧异，就弄了根竹管，上系一只猪尿泡，猪尿泡上画上怪物嘴脸。先悄无声息地用竹管把猪尿泡送进王华的房间，然后往竹管里用力一吹，就见猪尿泡猛地鼓了起来，好怕人的青面獠牙，冲着王华张嘴欲噬。

却见王华读书如故：子曰，有朋自远方来，不亦挨刀乎……口中念着，顺手抓起枕边放着的一把小刀，"噗"的一声扎在猪尿泡上，猪尿泡"哧"的一声，泄了气，瘪了。听着王华的诵读声，和尚们无可奈何地摇摇头，拎着瘪掉的猪尿泡，回房睡觉去了。

几天之后，和尚跟香客们说起这事，听到的人无不咂舌：那王华才不过十四岁，他咋就这么淡定呢？

事实上，王华他有可能并不是淡定，而是……而是什么呢？

这个事，只有见到绝色美女，才有可能见到真章。

谢绝一夜情

　　王华的名气越来越大，忽然有一天，有一巨富豪族，派人抬了轿子来，说是请王华去有事。王华不明所以地去了，到了地方先饮茶，聊天，那富豪有口无心地陪王华聊了几句，就吩咐下人送王华去客房休息。

　　王华进了客房，照旧拿出书本，叽里呱啦地开始读书。他这人有个怪毛病，一读起书来，就忘掉了时间，眨眼工夫读到了大半夜，正自越读越精神，忽然一阵香风掠过，房门轻启，进来一个绝色美女：嘿，帅哥，还在读书呢？

　　王华看了看她，继续朗读道：子曰，吾未见好德如好色者也……

　　原来你也知道好德不如好色啊。那美女凑过来，冲王华脸上吹了口气：嘘，帅哥，听说过啥叫一夜情吗？

　　王华：……一夜情，这也太超前了点儿吧？

　　美女轻笑道：帅哥，超前一点儿又有什么不好？你们读书人不是经常叹息吗，如此星辰如此夜，为谁风露立中宵，公子如玉，美人在怀，实乃人生至美事耳，你说对不对？

　　王华咳嗽了一声：首先，我表个态啊，一夜情这事……这事……这事你跟你老公商量过没有？

　　那女孩子哧哧地笑了起来：王公子，我要告诉你你可别不信，我来之前还真的商量过了。

　　王华乐了：……瞎掰，信了你才怪。

　　真的，不信你看！就见那美女一转身，纤纤玉手抖出一柄折扇，"哗"的一声，扇子打开：帅哥，你来看，这扇子上写的是什么？

　　王华定睛一看，只见那折扇之上，写着五个字：

　　　　欲借人间种！

啥意思呢？

略一思忖，王华恍然大悟。原来，他们王家六代传承，书香世族，传承到了他这一辈，基因质量已经是相当的有品，和他生下来的孩子，多半可能仍然是聪明绝顶，脱尘出俗。所以这家富豪就打算截和，让自己家的美姬来，和王华生个小孩，改善一下自己家族的基因质量。

这么一起策划，就称之为借种。富豪还担心王华过于书呆子气，美女来到，偏偏有贼心没贼胆儿，所以事先写在扇子上，意思是告诉王华：小伙子，我看好你，你就大胆地上吧，没关系，那是咱们的老婆……

可是千不该，万不该，富豪他不应该多写这五个字！

为啥呢？

想想王家何以书香传承？

仅仅是因为，这户人家一代又一代，有一个共同的毛病，都是对文字特别敏感。如果不是对文字敏感之人，也不可能天天捧着书本，于文字的排列中体验到一种幸福的智慧。

对文字敏感的人，只要看到文字，大脑就会立马亢奋起来。

所以王华当时一看到扇子上的字，顿时亢奋得无以复加，劈手从美姬手中夺过扇子：你这只有上联，你等我给你加个下联……下联就是：恐惊天上神。写完之后，把扇子展开，让美女看个清楚：

　　　　欲借人间种，恐惊天上神。

请问美女，现在你还有一夜情的心思吗？

当时那美姬气坏了，夺过扇子，照王华脑壳上乒乒乓乓狂敲不止：书呆子，没见过你这号的书呆子，原本是月白风清、两情相悦的美好时光，就因为你添加了这五个字，全都给搅了，打死你，打死你个书呆子……

这事过去了好多年，富豪仍然在为自己生不出儿子来发愁。但他这一次学乖了，不再找像王华这样的书呆子，原本是富豪吃大亏的事，可你瞧王华那嘴脸，倒好像是他吃亏了一样，没劲！

这次富豪请来了一个道长，专门在家里设了一个神坛，请道长登坛作法，施术求子。道长登坛作法之后，就停下来休息一会儿，不想他身子一歪，竟然睡着了，睡了不知多久悠悠醒来，说自己刚刚做了一个怪梦，梦到自己正捧着富豪求子的申请书上天堂递交，不想却遇到了新科状元发榜，从天庭出来迎接的队伍浩浩荡荡，无止无休，所以道长才会迟迟不醒……

富豪听得有趣，就问：那今年的新科状元是哪个啊？

道长回答：不晓得，就看到迎接的队伍里，打着两面怪幡，上面写着：欲借人间种，恐惊天上神。

富豪登时面色如土。

天机不可道破

富豪借种不成，但他与王华秘密书写的联辞，却出现在道长的睡梦中，这事一笔一画地写在史书上，应该是假不了的。

但这事也不是不可以解释，事件中最大的嫌疑人，就是富豪的美姬，既然她曾奉命去和王华一夜情，虽然事情未成，但她的心，却难免会泛起波澜，和这个道长搅和在一起。王华书呆子，不懂风情，已属人间极品，要让我们相信道长也和王华一样，对美色硬是没感觉，这种事情的概率断不会太高。

也就是说，实际上是富豪的美姬与道长有一腿，并悄悄地把这事告诉了道长，然后道长再编个故事说出来，立即起到震撼的效果。这种手段直接关系到道长的利润收入，他没有理由不采用。

道长的事情，算是能够找到个合理的解释。但是在书呆子王华的家里，却接连出了几桩怪事，竟然从无人试图开解过。

都是什么怪事呢？

头一桩，是王华于成化七年，也就是公元1471年，娶妻郑氏。新婚之夜郑氏就怀孕了，这事很正常。

但不正常的事情马上出现了，十个月后，郑氏竟然没有生产。没生就等着吧，这一等可有点儿让人抓狂，竟然足足等了十四个月。

正常人类，岂有一连十四个月还不出母腹的？按现代科学的观点来看，十四个月胎儿不出来，母体的营养也不够啊，多半是要剖宫产，以免成死胎的。

更怪的事情又来了。十四个月后，王华的母亲，岑老太太做了一个怪梦。在梦中，她看到天上祥云缭绕，一个白胡子仙人骑着只麒麟异兽，怀抱一个婴儿，踏着仙乐的鼓点逶迤而至。到了近前，白胡子仙人把怀中的婴儿递给岑老太太，说了句：这个宝贝孩子就交给你，要好好照顾哦……然后岑老太太就醒了，醒来听到的第一个声音，就是婴儿的哭声。

郑氏生了。

岑老太太做的这个梦，不好追究了，天知道这梦她到底做过还是没做过。但这个孩子怀胎十四个月，却是史书上记载的。

孩子出生了，爷爷王伦立即拄着拐杖赴来，说：这孩子，就起个名叫云吧。

于是这孩子就叫王云，而从此以后，王家生下这孩子的那幢阁楼，就被乡人称之为瑞云楼。

又一桩怪事出现了，王云小朋友长到了五岁，竟然还不会说话。这孩子，竟然是个哑巴！

可怜王家人啊，六世承传，一代又一代，本以为这一代会有一个超级聪明的宝宝出现，谁料到老天竟然开了这么个玩笑。可玩笑是老天开的，你又能有什么法子？王家人只好忍气吞声，不敢跟老天较真儿。

而后是最怪最怪的事情发生了。有一天，小王云正在外边和小朋友们玩儿，忽然来了一个和尚，他很是诧异地看着王云，笑着说了句：哇，蛮好的一个孩子嘛，可惜道破了。

啥叫道破了呢？

就是把事情说破了，说开了，古人讲究个天机不可泄露，云这个字，在古语里就是说的意思。这孩子既然起名叫说，这让他还怎么说？

听说了这件事，孩子他爷爷王伦如梦方醒，急忙替王云改名——另有记载说这事是王云他父亲王华干的，甭管是谁，总之，王家此时统一意见，这孩子必须马上改名。

改个什么名字好呢？

就叫王守仁如何？

大儒王守仁，从此横空出世，开始了他叱咤风云、纵横驰骋的非凡人生。

史载，当家人替他改了这个名字之后，他终于开口说话了。

第二章

我的青春谁做主

宇宙便是吾心，吾心便是宇宙！

任何人都可以像陆九渊这样大喊一声，但你喊了也白喊。这个哲学思辨是远比高等数学更要庞大复杂的体系，陆九渊为了演算这道题，耗费了数十年的精力，如果你根本未曾演算过，大脑中并没有这个解题的思路过程，你拿着人家的答案，喊得声音再高，也是枉然。

这道题是你自己的，是你的人生课题，你演算出来了，打通了你自己大脑的任督二脉，以后你的思维就能够游刃有余，运行周天。

🐉 少年仔遭遇大阴谋

王守仁的少年人生，为一连串奇怪的阴谋所笼罩。

这个阴谋始建立在他父亲王华高中状元，而年少的王守仁，又过早表现出了他的聪明才气的背景之下。

王华高中状元，是成化十八年，也就是公元1482年的事情。中了状元之后，王华派人接父亲王伦、儿子王守仁去京城。于是爷孙二人就上了路，途经镇江金山寺，爷爷王伦牵着小王守仁的手，登山游寺观江景，然后与寺中客人同座，弄几首诗出来，也显得自己比较风雅。

可是吟诗这种活儿，是很累人的，要绞尽脑汁，要搜肠刮肚，要出口成章，最好还能够带点儿哲理性的色彩。几个大人正在痛苦中思考煎熬，十一岁的王守仁突然蹦了过来，曰：不就是弄首破诗吗，这有何难，你看我给你们搞一个：

> 金山一点大如拳，打破维扬水底天。
> 醉倚妙高台上月，玉箫吹彻洞龙眠。

诗写得倒还说得过去，但是王守仁如此小的年龄，却如此爱显摆自己，这个毛病要是不矫正过来，那这小东西长大之后，铁定不是什么好玩意儿——单是恃才傲物，目中无人，就不知道会招惹多少仇人。那这孩子的一辈子，就甭想活得开心。

咋整呢，可不能让这孩子在恃才傲物的歪道上走下去，一定要刹住这小东西的歪风邪气。可咋个刹法呢？

于是有一天，王守仁正在街上瞎溜达，前面忽然来了一个算卦先生，笔直地向着他走了过来，说：小朋友，现在，我要给你相面，闭嘴，不许打岔，我下面说出来的话，你要牢牢记在心里，要每时每刻翻出来琢磨，就像牛反刍一样，直到把我的话彻底理解为止，听清楚了没有？听清楚我就开始了：

> 须拂领，其时入圣境；须至上丹台，其时结圣胎；须至下丹田，其时圣果圆。

说完这几句话，相士再问王守仁：你听清楚了没有？记住了没有？记住了就好，你慢慢琢磨吧，什么时候把这几句话琢磨明白了，你就算全都明白了。

相士说完就走了，撇下王守仁站在大街上，呆呆地一个人发愣：这个算卦的，云山雾罩地说些啥啊？让我慢慢琢磨琢磨……

细一琢磨，好像相士的话并没什么难以理解的，他就是说：小朋友啊，当你的胡子长到领口处的时候，你的学问就进入了圣境。当你的胡子长到两乳的位置之时，你的学问就可以结圣胎了。而当你的胡子长到过肚脐眼，那么你的学问，就到了圣果圆的地步了。

可什么叫入圣境？什么叫结圣胎？什么又叫圣果圆？

入圣境，就是学问登堂入室了。结圣胎，就是你可以建立自己的理论思想体系，向着大师迈进了。圣果圆，就是说你的学问已经能够学以致用，用来指导实践了。

也就是说，大街上突然跑来一个算卦的，告诉王守仁说：你的年龄不到三十岁，学问是无法登堂入室的。不到四十岁，是无法建立起完善的思想理论体系的。不到五十岁，是无法将理论应用到实践的……说这番话的人，不过是个算卦的。他真的懂这些吗？如果他真懂，怎么把自己弄到了走街串巷替人算卦的地步？如果他不懂，又怎么能对王守仁说出这番话来？

🐉 为什么要忽悠孙子

实际上，少年王守仁遇到的那个相士，百分百是他的爷爷——王伦高薪聘请来的骗子，跑来忽悠孙子王守仁的。

为什么要忽悠王守仁呢？

这是因为啊，王守仁这孩子太聪明了，而在追求学问的大境界上，聪明的孩子九成九要吃大亏。

为什么呢？

因为啊，学问这个东西啊，是搞出来给普通人用的，所以最终的表现形式超级简单。聪明孩子一看就懂，就不会把学问当回事，如此简单的东西，有什么值得探究的？比如说《论语》开篇第一句：子曰，学而时习之，不亦说乎？这句话，聪明孩子和笨孩子看了，是有不同的表现的。

聪明孩子看了这句话，头一个反应是：学而时习之了，还不亦说乎……外边有那么多的美女不让人家看，非让人家看书本，这已经够郁闷的了。可看了书本还不够，还要时习之，这明摆着是有病，岂有一个不亦乐乎的道理？再查查这句话到底是什么意思……噢，学而时习之的意思啊，是说掌握了知识并在现实中灵活运用，是很快乐的哦。没错没错，我看了书，又比别人聪明，考上大学，找个好工作，娶了超级大美女，的确是不亦乐乎，有道理，这句话有道理啊……

基本上来说，聪明的孩子想到这一步，就算是齐活儿了。

但是笨孩子却不一样，他也在琢磨：嗯，掌握了知识并在现实中灵活运用，不亦乐乎……可我脑子笨啊，这知识死活就掌握不了，掌握不了就不亦痛苦乎。那这事可咋整呢，咋整呢……咦，为什么聪明的孩子就能够掌握，我就不行呢？为什么？为什么？为什么……会不会是这套知识只适合聪明孩子的脑壳，压根儿就不适合我呢？要是这样的话，那我能不能……嗯，自己搞一套适合我自己的思想知识体系出来，然后再把它用到生活实践中去，那岂不是不亦乐乎了吗？

但事实上，这世上的绝大多数笨孩子，是没有能力建立起一套独立的思想知识体系的。这种本事只有聪明孩子才会有，可是聪明孩子却已经能够娴熟地运用前人的思想体系，并从中获利，已经不再有创新的冲动。所以人类社会中，只有笨孩子才具有创造思想体系的冲动，但是他们偏偏没有这个能力。而聪明孩子有这个能力，偏偏又没有这个冲动。

而少年王守仁遭遇到的那个相士，所说的那番话，目的只有一个，就是把这种冲动强塞到王守仁的脑壳中去。

可是好端端的，聪明的王守仁既然已经能够从前人的思想体系中获益，相士为什么还要强行塞给他这种创新的冲动呢？

这是因为啊，所谓从前人的思想体系中获益云云，是一种不存在的情形，最多只是人们的幻觉。

单以王守仁为例，如果他不搞点儿创新，单是将四书五经、宋明大儒的书本背熟，就能够轻松地考取功名。然后做一名憨头憨脑的小官儿，一边忽悠老百姓增加税务，往自己腰包里捞钱，一边和同僚们明争暗斗，打得你死我活。等到了这个阶段，王守仁就会发现，他在官场上没有丝毫优势可言，他会背四书五经，别的官也都会，甚至有可能比他背得更好，在学问修养相差无几的状况下和别人竞争，铁定会活得超级艰难，累不死也得累个半死。

如果你走入官场，见证形形色色的官僚，就会听见他们众口一词，齐声喊累。

为什么会累？

因为他们力不从心，面对着众多的竞争对手，而自己却不占据丝毫的优势，岂有一个不累之理？

要想赢得轻松，你必须要比竞争对手们高出许多。

譬如弈棋，如果你和超一流棋手对阵，铁定是输得惨也累得惨。但如果棋艺高超的是你，那么，输得惨也累得惨的，就是别人了。

要如何做，才能够让自己比别人更具竞争优势？

唯有，创新！

所谓入圣境、结圣胎、圣果圆云云，说的都是创新。别人的理论你背得再熟透，也是别人的，只有自己的思考，才是圣哲之路的开始。

所谓圣贤，就是能够自我思考，建立起自己的思想理论体系并于实践中运用成功的这样一种人。

可以确信，以上分析，也正是王氏家族集六世人智慧之大成者，这家人从王纲开始，继而是王彦达、王与准、王杰、王伦，再到王华，都是吃孔子的旧馒头混日子，一连六世也没个具有创新能力的人出来。但到了王守仁这一辈了，这种吃孔子旧馒头的现状，也应该结束了。

王守仁所肩负的家族历史使命，就是创新，创造出唯独属于王守仁自己的思想理论体系。

但如果爷爷王伦把这话说给王守仁听，那是不会取得预期教育效果的。以王守仁之聪明，他会反问爷爷：咦，为啥你当爷爷的不创新，非让我这个孙子来创新？为啥你天天拄着拐杖混日子，我就得绞尽脑汁冥思苦想？我凭啥就要这样倒霉？还有还有……我爹都已经是状元了，难道我这个状元儿子，就不能舒舒服服地玩上一辈子，让我的儿子、我的孙子再来创新岂不是更好？

好逸恶劳，是人之天性。如果把话说透，激发起小王守仁的逆反心理，那王氏家族的传承，到了这一辈，就算是到头了。

所以话要说，但方式一定要巧妙。

一定要达到一个理想的效果，让王守仁自觉自愿、自动自发地去努力创新，去探索思想的神秘境界。而要达到这个效果，爷爷劝，当爹的哄，都比不了大街上找个骗子术士，上前忽悠他几句更来得容易。

所以我们可以断定，王守仁在大街上遇到的相士，百分百是拿了他爷爷的钱，跑来忽悠他这个孙子的。

何为第一等事

相士对王守仁的忽悠，可以说是立竿见影。

史书上记载说，王守仁经过长时期的思考，终于弄明白了相士对他说的是什么意思，于是他若有所思地说：

> 登第恐未为第一等事，或读书学圣贤耳。

这句话的意思是说，科举高考，弄到个名次，这并不重要，重要的是你必须要有自己的核心竞争力——在大明帝国时代，中国的政治生态仍然处于原始粗放时期，这时候的核心竞争力必然是哲学思想上的突破，而这个突破也是有其内在规律的，不是瞎突乱破的，突得不对，破得错误，那这个人的这辈子就算是交待了。

于是，王守仁就开始寻找突破的途径。

可是人生之路，举步维艰，这边王守仁刚刚要琢磨突破做圣贤，母亲却突然因病去世了，可怜这时候的王守仁哭得天昏地暗，可是他亲爹王华却乐坏了，王华心花怒放，那是因为古来官场有三桩好事：升官发财死老婆。升官是美事，发财也是美事，至于死老婆也被列入美事之中，那是因为当官的手中握有权力，按现在的话来说，就是事业有成，这样的男人现在又被称为钻石王老五，有着大批的美少女狂追，都想拿下。

老状元王华，就是这样被一位年轻的女生拿下了，这个女生在史书上也有称呼，叫小夫人。史书上记载说：

父有所宠小夫人，待先生不以礼。

注意这句话，这句话是两个半句话拼起来的。前半句说王华宠爱小夫人，因为小夫人年少貌美啊，小夫人让他往东，王华决不往西，小夫人让他打狗，王华决不撵鸡。而后面那半句……待先生不以礼。不以礼的意思就是说：不拿这小东西当儿子，看着就烦，听着就上火，恨不能一棍子打死这个半大不小的破孩子。

而且这句话还缺少了主语，所以这句话就有嚼头了。有可能是小夫人待王守仁不以礼，也可能是父亲王华奉小夫人之命，待先生不以礼，但最大的可能，是父亲王华和小夫人合伙儿联手，一块儿对王守仁不以礼。

小王守仁发现他麻烦了，现在他不只是圣贤做不成了，连做个正常的人都有了难度。说不定哪一天，父亲在后娘的家庭暴力之下，突然发作起来，对小王守仁拳脚齐上，木棍加身，把他打出门去。一旦流落街头，那他就是一个标准的小乞丐了，听说过哪个乞丐成了圣贤吗？

所以王守仁现在的人生课题，不是做什么圣贤，而是先保住自己不被父亲踢出门外。可是脚长在父亲的身上，他说踢就踢，你又有什么办法？再者说父亲天天和小夫人腻在一起，闺房之乐，王守仁插不进去……可插不进去也得插，因为这涉及王仁守的未来。

于是王守仁就出了门，到街上一转，看到有个人在兜售猫头鹰。十三岁的王守仁眼珠一转，计上心来。他当即花钱买下了这只猫头鹰。

🐾 不靠谱的少年

买下那只猫头鹰之后，王守仁回家，潜伏在小夫人的门外，趁小夫人出房间的时候，他飞也似的溜进去，把猫头鹰塞到小夫人的被窝里。然后他回到厨房，担水劈柴，刷锅做饭——没娘的孩子就这么可怜，要干所有的家务，这就是王守仁当时的艰难处境了。

小夫人回房了，一掀被子，就听"咕咕"两声，那只猫头鹰从被窝里钻出来，用两只巨大的怪眼看着她。当时小夫人吓得"哇"的一声惨叫，王守仁听到叫声，立即装出一副没事人的样子，飞也似的跑来：怎么了怎么了……哇，后娘啊，可不得了了，猫头鹰乃恶声之鸟，入宅不祥啊。而且咱们家深宅大院，迷路重重，也不是猫头鹰想进来就进来的地方，可见此事大为不祥。

小夫人吓坏了：那怎么办？

王守仁语气坚定地说：这事，得找个巫师来问问，看看这只猫头鹰，为什么会出现在咱家。

于是他出门找了个巫师来，巫师来到之后，先在地面升起几堆火，然后赤了脚，披散着头发，摇动着两个稀里哗啦的铃铛，围绕着火堆蹦来跳去。跳着跳着，突然之间巫师身体猛一哆嗦，两眼发直，发出女人的声音来：嘻嘻，嘎嘎嘎，小女子乃状元公王华的元配，王守仁的生母郑氏是也，你这个小狐狸精，抢走我老公倒也罢了，居然还虐待我的儿子，不让他读书，反倒虐待他，让他天天劈柴生火，做饭打工，你这个狠毒的女人，不要以为你做的事儿我不知道，我化身为猫头鹰，已经全都看到了。你等着，过不久我就会回来，取你性命……

话说那小夫人，没读过书又没见识，满脑子的封建迷信思想，听了巫师的话，吓得跪在地上连连求饶，并承诺以后保证不让王守仁劈柴烧水，让这孩子继续读书……就见巫师的身体猛一哆嗦，一屁股坐在地上，满脸茫然地看着四周：呃，刚才发生了什么事？我怎么突然晕过去了……装得甫提多像了。

小夫人急忙让王守仁打发这个装神弄鬼的巫师离开，送巫师出了门，王守仁从腰包里取出银子来：嗯，表演得不错，我后妈是真的信了你，以后她铁定是不敢再欺负我了，这是给你的酬劳……

王守仁才刚刚十三岁的年纪，却有如此诡诈的心智。现在明白为什么他爷爷也花钱雇术士，忽悠这孩子做圣贤了吧？

这过人的脑子，若非做圣贤，铁定是个大祸害。

但是王守仁自打他一迈步，就明摆着偏离了圣贤的正途。要知道，年轻人所拥有的唯一优势，是体力。这就是说，即便是王守仁，也会和普通孩子一样，陷入到暴力主义的信徒之中，一心琢磨着找几个人来砍砍。所以王守仁在他十五岁那一年，就跑到了边关塞外，把正幸福地生活在大草原上的老额吉老巴彦追得满地跑，不明白打哪儿钻出来这么个小疯子。追杀了老额吉整整一个月，却始终追不上，王守仁这才死了心，怏怏地回到关内。

回来之后，他就做了一个梦，梦到自己去了伏波将军马援的庙中拜谒，并赋诗曰：

> 卷甲归来马伏波，早年兵法鬓毛皤。
>
> 云埋铜柱雷轰折，六字题文尚不磨。

实事求是地讲，这首诗充满了年轻人大无畏的无知精神，单从他崇拜的伏波将军马援身上，就能够看得出王守仁的路子明显不对头。

那么这个马援，又是何许人也？

🍃 纸上谈兵有后人

话说早在战国时期，赵国有名大将，叫赵奢，因为屡立战功，被国君封为马服君。赵奢的后人，后来通通改姓为马。赵这个姓不也是蛮好吗，为什么要改为姓马呢？

这是因为啊，赵家最出名的人物，不是赵奢，而是赵奢的儿子赵括。赵括此人在中国历史上享有不可替代的重要作用，鼎鼎大名的成语"纸上谈兵"，描述的就是这个倒霉蛋的生平事迹。

史载，因为父亲赵奢是名将，赵括自幼就通读兵法，单说起兵法理论，连父亲赵奢都不是对手。无数次被儿子辩论得哑口无言，赵奢急了，说出来一句话：你这个王八蛋，赵国迟早要毁灭在你的手中……这话说了不久，赵奢就死掉了，恰好秦国起兵来打架，于是赵国立即派最能说的赵括统兵出场，赵括的母亲连连阻止，说：你们可千万别派这孩子去，不是我吓唬你们，我的儿子我最了解了，他就是嘴皮子上的功夫天下无敌，真要是上了战场，会被人家打死的啊。

可是赵国的国君说：老太太，你就别瞎掰了，你儿子赵括的军事理论水平，我们都是了解的，有他出马，铁定会打得秦军哭爹喊妈。

赵括的母亲就说：国君啊，如果你非让我儿子去，那我也得把话说在前面，按法律，军人战败，家属要负连带责任。你让我儿子上战场找不怪你，但等他输了，你不能来追究我的责任。

国君说：行行行，不追究你……你看这个老太太，真是没品，赵括那么能说，怎么可能会输呢？不可能的事情嘛。

于是最能说的赵括，就统领了四十万大兵，意气风发地上了战场，跟秦兵对阵，结果不出所料，他被人家秦兵打得落花流水，自己被乱箭射死不说，所统率的四十万赵国子弟，通通都被秦兵给活埋了。

从此赵括留下了一个"纸上谈兵"的成语，为中华民族的文化繁荣作出了贡献。而赵国，也正因为受这个大嘴巴的拖累，四十万壮劳力一去不返，元气大伤，最终被秦人灭了国。赵国人痛恨赵括害惨了他们，发誓要跟这家人没完，赵括的族人四处乱逃，为了逃避人民群众的追杀，被迫改名换姓。因为赵奢的爵位是马服君，所以赵奢的后人通通改姓为马，这才苟延残喘出一息血脉。

这息蒙受了奇耻大辱的血脉绵延流长，流到了西汉末年，总算是出了一个有头有脸的人物：伏波将军马援。

话说那伏波将军马援，原本是一个孤儿出身，打十二岁那年就死了父亲。但是因为这户人家家大业大，马援又胳膊粗力气大，比较吃苦耐劳，就去了边荒地带艰苦创业，成为了远近闻名的大牧场主，拥有牛、马、羊等动物数千头，以及粮食谷物数万斛。

尽管事业成功，有钱有牛羊，可是马援生活得并不快乐。他说，钱财这玩意儿有什么用啊？不就是个周济那些不乐意干活、饿得嗷嗷怪叫的懒汉吗？你不周济他们，他们就骂你是个守财奴，你就算是周济了他们，他们也不领情，谁让你不像他们那样懒呢……

要怎样做，才能免于再受这些闲人懒汉的窝囊气呢？

正当马援苦思无策的时候，天下突然大乱。

天下大乱的因由，是西汉的哀帝性取向出现了偏差，虽然宫中数不清的美女，眼巴巴地渴望着他的宠幸，可是这厮偏偏不爱美女爱帅仔，喜欢上了男人董贤。喜欢就喜欢吧，这种事，属于个人隐私，别人是无权干涉的。奈何在哀帝与董贤的爱情之中，哀帝是以女性角色出现的，董贤扮演老公，而哀帝则在董贤面前婉转娇啼，曲意承欢……这事按说别人也管不着，可是女性对男人是存有强烈的依赖心理的，所以汉哀帝就想把皇帝之位让给老公董贤，结果引发朝臣大哗，纷纷提出反对意见，对汉朝政府离心离德。

这个时候出了一个野心家王莽。哀帝纵欲过度死后不久，王莽当了皇帝，建立了新朝。

如果没有人对王莽全盘接收汉室江山提出异议的话，那么王莽就不算是篡位，但很多人认为这个产权转让是无效的、非法的，所以王莽政权的合法性就遭受到了普遍性的质疑，质疑到最后，就是天下大乱。乱军涌入长安，杀了王莽，而汉光武帝刘秀重整河山，建立了东汉政权。

就在这一系列混乱之中，马援认真地研究了国际大势，选择了光武帝刘秀做老板，从此不再做牧场主，而是以一名武将的身份，替刘秀攻城略地。

而马援之所以弄来了伏波将军的称号，是托了两个女生的福。

🐉 弄错了偶像模板

这俩女生，一个叫征侧，一个叫征贰，出身于交趾郡的将门世家，不光是生得貌美如花，还特别能打架。因为她们姐妹俩对交趾太守有意见，就纠集不明真相的群众，大搞群体事件，占领了城池六十五座，美女征侧就做了女王。

闻知俩女生闹事，光武帝刘秀气不打一处来，就派了前牧场主马援南征，去摆平这俩女生。为了让马援干活时卖力，临行封了马援为伏波将军，于是马援沿南中国海向交趾挺进，依山砍树开道一千余里，在对自然环境进行了无可修复的破坏之后，终于赶到了交趾，将俩漂亮女生逮到，"咔嚓咔嚓"两刀砍了。

马援胜利班师，刘秀派使者来慰问，马援说：虽然我刚刚砍了俩漂亮女生，但是北方的匈奴还在闹事，我希望能够去接着砍匈奴，男人嘛，就应该战死在沙场上，被敌人乱刀剁碎。怎么好意思躺在床上，死在女人身边呢？

光武帝刘秀大喜，就派了马援去砍匈奴。可是这匈奴却比漂亮女生难砍多了，还没砍出什么名堂，马援就因为砍人用力过度，累病了。

于是光武帝刘秀，就派了自己的女婿，虎贲中郎将梁松前来慰问。

梁松到了军营，跪在马援的床前问候，马援躺在床上，哼哼唧唧，不肯起来。等梁松走了，大家担心地说：老马啊，你捅了大娄子了，这梁松长得帅呆酷毙，是皇帝女儿的老公哦，你应该拼了老命从床上爬起来，冲这小帅哥磕头才对啊，你居然敢让他冲你磕头，你你你……你死定了。

马援笑了，说：你们不懂别乱讲，这个梁松虽然帅，可却是我打小看着他长大的，他老爹跟我是好朋友啊，我怎么可能冲他磕头？就算是我想磕，你也得先问问梁松他爹乐意不乐意……

可是马援却糊涂了，他只想到梁松他爹乐意不乐意，却没想梁松乐意不乐意。

梁松不乐意。回去之后，梁松很恼火，说：老不死的马援，你以为你跟我爹有交情，就不用冲我磕头了？实话告诉你，连我爹都得对我磕头，谁让我长得帅呢……遂上书，弹劾马援拥兵不前，贻误战机，导致了军中瘟疫流行。

见皇帝女婿搞马援，群臣立即跟进，纷纷上书，造谣诽谤。此前马援出征的时候，曾带回来了一车松子山货，这时候大家就昧着良心说那不是松子，而是明珠和雕刻了花纹的犀牛角。

这些奏章上得正是时候，恰好马援病死了，光武帝刘秀也早就想收拾一下马援了，就借这个机会，将马援一撸到底，收回了印章绶带。最惨的是马援的家人，他们既不知道马援犯了什么罪，也不知道刘秀为什么要搞他们，全家吓得魂不附体，不敢把马援的棺木运回来，全家人都光着脚，穿着麻布衣服，用草绳把自己捆起来，跪在宫门外请罪。

那么，光武帝刘秀，为什么要搞马援呢？其实也没什么理由，刘秀是皇帝，皇帝之所以成为皇帝，是因为有臣子们在，这时候臣子们吵吵闹闹，都要搞马援，皇帝当然要站在人多的一方，如果他跟大家扭劲儿干，这皇帝就太累了。

总而言之，马援以他马革裹尸的征战生涯，成功地洗刷了前人纸上谈兵的耻辱。尽管如此，马援仍然未能逃得过同僚的攻讦，这距离圣贤的境界，是明显有着差距的。

而少年时代的王守仁，公然以马援为人生偶像。明摆着，这个人生目标势必影响到他之后的人生之路。换句话说，他将以马援为成功模板，精心打造自己的圣贤人生。

失踪的新郎

事实上，王守仁这时候只有圣贤的志向，却远未认识到圣贤之路的艰难，他雄心勃勃，叽叽歪歪，要上书给皇帝，要求派他去边关跟少数民族开打。幸好这事被父亲王华知道了，当即不客气地指着这小东西的鼻头，一顿破口大骂：小东西，你懂个屁啊，也敢上书言兵？知道兵凶战危吗？知道兵者乃凶器，圣人不得已而用之吗？你屁也不知道就敢叽里呱啦，说你无知真是太抬举你了，你就一个字——狂！

年少轻狂！

年少者之所以轻狂，正是因为不知道世事的艰难。

要想知道艰难的滋味，那就得亲口尝一尝。

怎么个尝法呢？

好办，给你小子找个媳妇，让你成家，立业，然后去想办法养家糊口——等你知道了连养家糊口都是无比艰难，你就再也没有琢磨别的心思了。

于是十七岁那一年，王守仁离开京城，返回家乡，然后去了江西南昌，迎娶自己的新娘。说起来这个新娘也不是外人，新娘子的父亲就是王守仁的外舅，所以这新娘子，就是王守仁的表妹了。

近亲结婚啊，这事搁在现在，民政部门是决不会发结婚证书的。

但王守仁时代，连民政部门都没有，所以这事也就没人管。于是王守仁按照当时的礼法规则，先搞来一大堆大雁，这个节目称之为委禽，是由孔子制订的求婚礼节，意思是说：给你一只鸟，你快跟我跑，到我家里来，给我生宝宝……

收下大雁，外舅一家大喜，立即紧张地张罗婚事，等到了最开心的节目，新郎新娘喝交杯酒进洞房的时候，王守仁却失踪了。

新郎官于洞房花烛时节突然失踪，估计最诧异不过的，还是新娘子。

可好端端的，新郎官怎么会失踪呢？

实际上，王守仁并没有刻意地追求失踪，他是在新婚大喜之日，兴奋得难以自制，就出门到处瞎逛，不知不觉，逛到了铁柱宫，进了宫门再往里走，就在殿侧看到了一个老道。

此老道面如婴孩，肤色娇嫩，须眉皆白，气宇不凡，正在殿侧的一个蒲团上盘膝静坐。任谁看到这样清奇的道人，都会发自内心地生出景仰之情，王守仁也不例外，于是他走过去，问道：请问道长是哪里人啊。

老道回答说：是四川人，因为访寻道侣，来到了这个地方。

王守仁再问：道长你今年高寿啊？

老道笑道：还小着呢，才九十六岁。

王守仁吓了一跳，九十六岁了，身体还这么结实，忍不住再问：道长尊姓大名啊？

道长笑道：自幼出门，沦落江湖，漂泊日久，早就忘了自己姓什么、叫什么了。不过呢，人们经常看到我静坐，就给我起了个名字，叫无为道者。

王守仁羡慕地道：如此说来，道长肯定是悟到了长生之术吧？

老道摇头：长生不老可不敢说，不过呢，夫养生不过是导气，导气之法，诀门就是一个静字，岂不闻老子清静，庄周逍遥？只要你能够领略到清静的妙处，就能够进入逍遥的境界。

清静……替王守仁这孩子想想，他马上就要进洞房，和新娘子共浴爱河了，这里突然冒出来一个老道，忽悠他清静，这岂不是扯淡？

但是王守仁终究是少年心性，一定要在进洞房之前挑战一下自己的意志力，让美丽的小表妹坐洞房里傻等去吧，他在老道身边的蒲团上坐下，按照老道告诉他的导气方法，眼观鼻，鼻观心，试图让自己进入清静的状态。史书上说，王守仁和这个怪老道，两人真的斗起气，比试起坐功来：

> 先生恍然有悟，乃与道者闭目对坐，如一对槁木，不知日之已暮，并寝食俱忘之矣。

就这样坐了一天一夜，而此时在城里城外，却已经是侦骑四出，捕快到处乱窜，挖地三尺想把这个失踪者找出来。天明之后，搜山部队进入铁柱宫，才发现这两人仍然如泥塑土偶一样呆呆静坐，一动也不动。捕快上前，叫喊着王守仁：新郎官，别在这里发神经了，快点儿回家进洞房吧。

王守仁这才依依不舍地站起来，和老道告别。

临行前老道说了句话：珍重珍重，二十年后，当再见于海上也。

这个意思是说，老道早就知道王守仁是谁，实际上，他此来铁柱宫，正是为了等候王守仁。等候他干什么呢？是不是这两人前生有什么约定？

前生的约定未必有，这辈子的阴谋诡计却是少不了。实际上，这个突兀出现的怪老道，跟王守仁十一岁时在街上遇到的相士同出一辙，都应该是他爷爷花钱雇请来的。因为王守仁这个孩子太聪明，没人能够教育得了他，只好搞点儿玄玄怪怪的名堂，引诱着王守仁对圣贤之道产生兴趣。

天下父母心，就是这般让人感动。

🐂 牛人娄谅

新婚之夜，王守仁搞出失踪的怪事，史书上没有记载新娘子是否对他有什么意见，估计有意见也不敢提——不提意见他还要失踪，提了意见，他不高兴了，干脆来个人间蒸发，那新娘子岂不是惨了？

所以王守仁的婚后生活，仍然是琴瑟和谐，有甚画眉。史书上说，王守仁这段时间最主要的人生成就，就是练书法，并总结出来一系列的规律与经验。蜜月期间勤练书法，明摆着，王守仁对新娘子不是多么重视，但也有可能是他拿书法来掩饰自己幸福的蜜月生活，这个缺乏资料，不好多说。

新婚之年后，王守仁带着妻子，踏上了返回家乡余姚的路。乘船至广信，他拜访了中国历史上一个重要的怪人。这个人有多怪呢？

英宗天顺七年，也就是公元1463年，这个人乘船赴京赶考，走到杭州却突然返回来了。人问其故，他回答说：这一次不能去，去了的话非但考不上，还会有大灾大祸。

听他说得煞有介事，可别是自己学问功夫不到，怕进考场丢人现眼吧？

不是他学问不够，而是他的学问太高。就在这一年，会试的贡院突然起了大火，举子们被烧得屁滚尿流，号啕大哭，烧死烧伤无数。只有这个人先知先觉，逃过了一劫。大儒黄宗羲的解释，是说这个人静久而明，心里沉静久了，就自然而然地产生了未卜先知的超能力。

原来这个人有超能力……可还有一桩比超能力更离奇的事情。这个人曾有一次乘船去姑苏，姑苏有胜景寒山寺，唐人张继有一首传颂千古的名诗：

月落乌啼霜满天，江枫渔火对愁眠。姑苏城外寒山寺，夜半钟声到客船。

此诗传闻之广，所有的客人到了姑苏，都要吟诵这首诗，表示自己很有学问。可是这个人到了姑苏，吟出来的却和别人不一样，他吟的是：

月落乌啼霜满天，独起占星夜不眠。

听听这句诗，倒也是蛮合平仄，蛮押韵的。可"独起占星夜不眠"，又是什么意思呢？

这个人解释说：是这么个情况，由于我的学问太大，水平太高，高到了惊天动地的程度，就连我一举一动啊，天上的星宿都跟着响应，连我半夜去一趟洗手间，天空上都有一排星星紧跟在我屁股后面护驾。所以这句诗的意思是说：我一有所举动，天上的星宿就都不得安生了。

天，连去趟洗手间，屁股后面都跟着一排星星……这人谁呀？

这个人……现在知道他的已经不多了，但在当时，他却是天下知名的大学问家。此人姓娄，名谅，字克贞，号一斋，广信上饶人氏。年轻的时候，娄谅矢志于圣贤之学，就踏破铁鞋，日行千里，夜走八百，到处寻访名师。他先是找了很多人，发现那些人都是教导如何考中科举的辅导老师，说起应试教育来眉飞色舞，说起真正的学问，抱歉，真要有学问谁还玩儿什么应试教育？

就在这一次次的失望之中，娄谅到了临川，去拜访大儒吴与弼。

但这个吴与弼却有个怪毛病，他学问虽大，却从来不收学生，有人千里来求学，一概大棍子打出门去，绝不客气。

可是娄谅来了，吴与弼却喜出望外，迎出门来，说：老夫聪明性紧，贤友也聪明性紧。

什么叫聪明性紧呢？就是说娄谅与吴与弼一样，都是在学问上求之于精致细腻的功夫。一个是找不到老师的学生，一个是不收学生的老师，这俩活宝总算是碰对眼了。当下吴与弼交给娄谅一把锄头：去，到田里给老师锄地去。

当时娄谅拿着锄头，就有点儿头晕：……老师，我是来求学问的……

吴与弼老师谆谆教导说：学问无处不在，耕田锄地，内中也有大的学问。越是生活中的细枝末节，就越是要认真琢磨领悟，因为学问就在这些细节之中。

娄谅闻言大喜，立即扛着锄头去锄地。就这样没过多久，他已经成为了吴与弼的入室弟子，等到他出师之后，已经超过了老师——至少，吴与弼是不敢说自己去洗手间的时候，屁股后面跟着一大排星星这种话的。

❦ 圣人必可学而至

但超能力这玩意儿，是靠不住的。就算是原本靠得住，遇到了这个怪怪的王守仁，也变得靠不住了。

此后的娄谅，将与王守仁的一生杂扯不清。他不只是要教导王守仁学问之道，辅导王守仁走上圣贤之途，而且他的家庭成员的命运，更将深受王守仁的影响。

比如说，娄谅的女儿，美而惠，又从父亲这里学到了许多学问，所以被皇族宁王给娶了去做王妃。而娄谅的儿子娄伯，也跟着姐姐去了宁王府，在首长身边负责一些事务性工作——在不久的将来，王守仁将运用娄谅教给他的学问，将这姐弟俩活活搞死，可知娄谅的超能力，遇到王守仁就没戏了。

可是话说回来，娄谅学问再大，论社会地位不过一介草民，但其女儿却得以嫁入豪门，这就表明了即便在权力面前，学问与思想也照样能够分庭抗礼。至少在娄谅这里，就因为他的学问大，为自己女儿创造了嫁入豪门的好机会。

只可惜这么好的事儿，碰到王守仁这个祸害精，全给毁了。

到了王守仁偕妻子前来拜访的时候，娄谅已经是六十八岁的大学问家了。饶是他独起占星夜不眠，又如何知道眼前这个小伙子，将来会成为他们娄家的克星？所以他丝毫也不隐瞒，老老实实地把自己做学问的心得方法，全部传授给了王守仁。

娄谅传授给王守仁的，是宋儒格物。

什么叫宋儒格物？

宋儒，指的是宋朝时代的大理学家们，如朱熹、程颢、程颐等等，那些突破了自身思维的局限，实现了思想的晋阶，悟到了知识与思想至高境界的传奇人物。

格物，是宋代的大儒学家们所使用的一种思维方法，他们就是用了这种思维方法，破获了人生与自然的诸多疑惑，步入了思想大家的境界。

宋代的大儒们认为：天下之物，莫不有理。意思是说：天下万事万物，都有一个内在的规律在其中，只要你能够发现这个规律，运用这个规律，就可以突破自身认知的局限，晋阶到一个思想认知的自由王国之中。

而如果你想找到这个内在的规律，瞪俩眼珠子四处乱看是没用的，必须要去"格"，也就是探究。

格物，是指探究事物规律的意思。

话不说不透，灯不点不亮。娄谅的教导，让王守仁豁然开朗，仿佛黑暗之中突然照射进来一线光明，让他清楚地看到了自己走上圣贤之路的台阶。

娄谅教导王守仁说：圣人必可学而至——只要你肯用心，下苦功学习格物，你就能领略到圣贤的思想境界。

这是真的吗？

王守仁忍不住冲动了起来。

阳明格竹

经过严肃的思考，王守仁作出了一个艰难的决定。

他拉上一个姓钱的朋友，说：咱们俩一起格物吧。

钱朋友问：好端端的，有吃又有喝，为啥非要格物？

王守仁道：圣人朱熹曾经曰过，一草一木皆含至理。我们从窗口的竹子开始格物，把竹子里隐藏的至理找出来，找出来我们就是圣贤了。一旦你做了圣贤，就更不愁吃喝了。

钱朋友大喜，于是和王守仁搭伴儿趴在窗台上，对着竹子开始格物。

这个物，可真不是那么容易格的。头一天，俩人什么名堂也没格出来。第二天，还是没格出个子丑寅卯。到了第三天，可怜的钱朋友，竟然格得把自己累病了。

眼见得钱朋友因病退出比赛，王守仁大喜：这个圣贤，是我的啦……于是一个人继续趴在窗台上格，格了第四天、第五天、第六天，等到了第七天，他也格得病倒了。

这次事件，是作为一个失败案例记载在历史上的。

大儒黄宗羲著《明儒学案·姚江学案》，这样评论王守仁的格物之行：

> 先生之学，始泛滥于词章，继而遍读考亭之书，循序格物，顾物理吾心终判为二，无所得入。于是出入于佛、老者久之。

"无所得入"的意思是说，王守仁格了好久的物，却始终不得其门而入，彻底失败了。失败之后的王守仁，就去寻仙问道，企图借这种方式逃避现实……

不要说后世的黄宗羲，就连当时的王守仁自己，都承认自己"随世就

辞章之学"，意思是说：打今天起我要做一个善良的文学男青年，晨起吟
首诗，睡前作个赋，快乐过一生，不走圣贤路……圣贤之路，真不是人走
的，太难太难了。

但实际上，王守仁是成功了。不只是他成功了，就连那位钱朋友，也
已经摸到了圣贤的门槛，只不过因为身体原因，导致临门一脚欠佳，未能
登堂入室，所以他们都认为自己失败了。而别人根本不懂他们在搞什么名
堂，听他们嚷嚷自己失败了，只会比他们两人嚷嚷得更凶。毕竟在这世界
上，有许多人因为缺乏奋斗意识，无法获得自己的成功，只能从别人的失
败中体验到一丝苦涩的快乐。

那我们又有什么理由，可以证明王守仁成功了呢？

这个理由，就在于王守仁的格物过程中。

🐚 宇宙就是吾心

先把场景拉回到王守仁的时代，让我们看看他和钱朋友这俩怪人，这
俩家伙趴在窗台上，两眼直勾勾地盯着竹子，风动竹摇，他们的眼睛就眨
一眨，风大而竹不止，他们的眼睛就会眨个不停。

如果换了别人，不是他们两个活宝，就这样趴在窗台上看啊看，看啊
看，看到最后，会出现什么事情呢？

会趴在窗台上呼噜噜睡着了。

一定会睡着的，因为没有人能够从这么几棵竹子中看出名堂来，就这
么长时间看下去，风动竹摇渐渐形成固定的自然节律，必然带有超强的催
眠效果，这种情况下你再不睡着，那未免太牛了。

可王守仁和钱朋友为什么没有睡着？

他们非但没有睡着，反而一个在三天之后病倒，另一个强撑到第七天也病倒了。这又是什么原因？

因为虽然他们眼睛看着竹子，但实际上心中无竹。他们的大脑像是超负荷运转的机器，正在疯狂地转动，这种强脑力思维不光是消耗体力，也严重地消耗他们的精神意志，所以他们的大脑营养很快就跟不上了，身体立即崩溃了。所以才会病倒在床。

那么他们的大脑，究竟在想些什么问题？

要知道，他们思考问题如果不对路子，很快就会陷入思维的困境之中，结果就是失去兴趣呼呼大睡，绝不会出现三天后乃至七天后身体崩溃的情形。他们的身体之所以崩溃，那只是因为他们的思考进入了正途，所以大脑才会高速运转下去，如果他们脆弱的身体能够继续为大脑提供能量的话，那么他们就不会病倒，而是在更长时间段内，比如说三十天，比如说七十天，最后完成他们的思维升华。

到底是什么问题，竟然是如此的高能耗，如此的不环保呢？

这个问题必然是螺旋式上升的，是逻辑式渐进的，一环扣一环的。若只是平面上的联想，忽然从竹子联想到美女，忽然又从美女联想到更多的美女，这种基于平面的无意识联想，是不会消耗太多能量的。所以，王守仁及钱朋友所考虑的问题，一定是通过逻辑渐进递升的。

而在人类思维史上，能够符合高能耗标准，通过逻辑渐进递升的问题，只有三个：

第一个：我存在吗？

第二个：别人存在吗？

第三个：我所感受到的这个外部世界，真的存在吗？

这三个问题，你可以从任何一个开始，也可以设置是与否两个答案，但随着对这两个不同答案的推导，你马上会遭遇到另外两个问题。你所设置的答案非但无法对另外两个问题作出解答，相反，你的答案反而会被另外两个问题彻底否认。

如果你回答说：王守仁是一个客观的存在，那么我们就可以问，倘若王爷爷最初没有替他改名叫王守仁，而是叫王守恶，那么现在这个王守仁还存在吗？如果还存在，那么王守恶又是谁？如果不存在了，那么这个人明明在这里，怎么会不存在了呢？又或者你会说王守仁和王守恶是同一个人，可明明并不存在王守仁这个人，那么现实中的王守恶怎么会和一个不存在的人等同呢……就这样无休无止地问下去，如果你大脑的抗打击能力足够强，还没有被这些奇怪的问题折磨到疯，那么你必然的，会陷入以下的逻辑陷阱之中：

或者你证明了你自己存在，但却无法证明别人也存在。又或者，你生猛地证明了别人也存在，可是你无法确证这个世界是真的存在。再不然，你可以硬起头皮强行论证这个世界是存在的，但继续推导下去，你会于无比惊讶之中发现，其实你并不存在。

总而言之，你明明不存在，却在这里硬是证明了世界的存在，如这般要命的逻辑扣，岂是普通人的大脑能够解得开的？

但是确曾有人解决了这个问题，在王守仁之前，南宋的智者陆九渊，他就是在这几个问题之中上下沉浮，往返折腾，最终有一天石破天惊，他成功破解了这个思维逻辑扣，登高一呼：

宇宙便是吾心，吾心便是宇宙！

任何人都可以像陆九渊这样大喊一声，但你喊了也白喊。这个哲学思辨是远比高等数学更要庞大复杂的体系，陆九渊为了演算这道题，耗费了数十年的精力，如果你根本未曾演算过，大脑中并没有这个解题的思路过程，你拿着人家的答案，喊得声音再高，也是枉然。

这道题是你自己的，是你的人生课题，你演算出来了，打通了你自己大脑的任督二脉，以后你的思维就能够游刃有余，运行周天。

而王守仁，在长时期的思维困境中左冲右突，最终，他以自己的语言表达出了这一概念：

> 先生游南镇，一友指岩中花树问曰：天下无心外之物。如此花树，在深山中自开自落，与我心亦何相关？先生曰：你未看此花时，此花与汝心同归于寂。你来看此花时，则此花颜色一时明白起来。便知此花不在你的心外。

王守仁说的是花，但实际上是说他当年格物所面对的竹子。但是糟糕的是，这个洞察了思维真谛的逻辑思辨，却被归结于唯心主义范畴。然而正如我们所知道的那样，得出这个结论，恰恰是因为没有进行过起码的思考。

🐲 你是影响世界的决定性力量

再来看看王守仁的那句话，以便让我们明白，为什么这句话不是唯心主义的：

> 你未看此花时，此花与汝心同归于寂。你来看此花时，则此花颜色一时明白起来。便知此花不在你的心外。

首先，唯心主义与唯物主义，是哲学入门时的两个低级分类。这一分类的低级在于，它最多只能表达简单的观点，而无法用来表达哲学思维的过程。而王守仁的这句话，并非简单的观点——观点是平面的，缺乏逻辑支撑的，而哲学思辨是一个复杂的思维过程。

王守仁的这句话，用哲学来表述就是：如果你压根儿不曾存在于这个社会上，这个社会还是这个样子吗？

如果你不存在了，整个社会必然会受到影响。假如大明开国皇帝朱元璋他爹或他娘不存在，那么朱元璋就断无可能出生于世，如果没有朱元璋，大明帝国就不存在，那么在这个世界上被朱元璋杀掉的人，在那个世界上就仍然存在。可是朱元璋他爹娘确曾存在，所以那个世界应该不存在，至少对于朱元璋来说，正因为有了他，这个世界才是这个样子。

朱元璋是个关键性人物，他因为掌握了权力而成为了世界的主导性力量，他非得存在不可。他若是不存在，就如王守仁所说，这个世界就随朱元璋一块儿归于沉寂了。而现实中朱元璋是存在的，并杀戮万方，位登九五，所以这个世界，对朱元璋来说，颜色则一时明白了起来。

可是朱元璋他爹，又或是他娘，却是这个世界上渺小到了不能再渺小的人物。可这两个渺小人物若是少了一个，关键人物朱元璋都不会出现，整个世界就随着这个渺小到了不能再渺小的人物，彻底发生改变。

在这个人类社会上，任何人起到的作用，都跟朱元璋的爹妈没什么区别。你看他们渺小到了不能再渺小，可是他们的言行举止，却呈扩散性地影响着整个世界，你可能不会认为你自己有多么重要，正如朱元璋的亲爹和亲娘，他们也绝不敢想象自己会有多么重要，他们只是依据生物的本能，生下朱元璋这么一个孩子出来，结果，整个世界都因此而改变。

朱元璋的爹娘生育朱元璋，对这个世界的改变是立竿见影的。更多的人，周期就会长一些，见效就会慢一些。就比如我们在开篇提到的王纲、王彦达、王与准、王杰、王伦乃至王华，这王家一门六代人，对这世界上的影响基本上等于零。尽管王华曾中了状元，可这丝毫无改于这六代人影响为零的现实——但是，倘若这六代人中有一个出了岔子，比如说王纲没生下来王彦达，又或是王纲在遭遇到海盗曹真的时候，王彦达被海盗一刀砍了，那么我们的历史上，就不再存在王守仁了。王守仁连存在都不存在，他此后建功立业的把戏，就甭指望了。

所以，王氏家族六代人，自王纲后，从王彦达开始，到王与准，再到王杰，再到王伦，这中间有四代人隐匿山林，拒不出仕，他们把自己对这世界的影响微缩到了只限于自己家的炕头上，除了只影响到自己的老婆，生出自己的儿子继续做下一代的隐士，与外界基本上来说是隔绝的。人类历史上你真的再难找到比他们影响更微弱的人了。

可没有他们，这个世界就会受到决定性的影响和改变。

事实上，王守仁的这句话，并非什么不经过大脑的所谓观点，而是一个思考的开端，由此开始，我们可以继续探究人类与自然的关系。

假若没有人类，地球表面还会是这个样子吗？

肯定不是，至少地表的生物形态会受到决定性的影响，某些物种会增多，某些物种会减少，人类的退场甚至有可能导致新异的物种成为地表霸主，不管这霸主是什么，终究它是因为人类的拒绝退场而归于沉寂了。成为霸主的，仍然是人类这个物种。

但即便我们得出了这样的结论，也仍然未能摸到王守仁悟道的门槛儿，但此时这扇门，就在王守仁的面前，随风摇曳，发出"嘎吱嘎吱"的声响。偏偏王守仁体力不支，他已经到了门前，却再也没有力气，伸手推开这扇门。

他只能绝望地闭上眼睛，任这扇思维之门，飘忽消失于无根的思绪碎片之中。

🐌 性情中人老婆多

最终没能迈过悟道的终极门槛儿，失意的王守仁，从此沦为了应试教育的牺牲品。

说起应试教育这玩意儿，它是有识之士深恶痛绝并积极参与的。对应试教育深恶痛绝，那是因为这种教育偏离了主旨，演化成了一块沽名钓誉的敲门砖。说大家又积极参与其中——你不参与怎么行？权力社会注定了是单元的，读了书不做官，就注定只能像王氏家族的前几代人，将家族振兴的希望无限期推后，这谁等得及？

比如说教导王守仁格物之法的娄谅，他本人虽然反对应试教育的"举子学"，倡导追求知识与思想的"身心学"，可是他确曾出门前去赶考，虽然中途而返，却证明了即便是这老头，也无法对抗人类社会的游戏规则。

更何况懵懂少年王守仁乎？

公元1490年，王守仁的父亲王华从京师专程返回，找了自己的弟弟王冕、王阶、王宫，还有一个妹夫，做王守仁的高考补习老师，给他专门开办了一个高考补习班。毕竟王华自己是状元，儿子也不能太差，否则会丢尽一家人颜面的。

而王守仁和他的表妹妻子之间的冷淡关系，也在这个时候浮出水面。

史书上记载说：王守仁白天的时候，由四个辅导老师一堂课一堂课地上过来，到了晚上，当妻子点燃红烛，在卧房里等待他的时候，这厮却"搜取诸经子史读之，多至夜分"……年轻人正是贪恋床笫之欢的时节，王守仁却坚定不移地让妻子守空房，这能说他们夫妻之间的感情好吗？

或许会有人跳出来，替王守仁辩解说：王守仁，思想大师也，对两性欢爱的追求远没有那些不读书的人疯狂，他心静啊，他淡泊啊……

说王守仁对两性欢爱不感兴趣，这肯定是瞎掰。事实上，王守仁对于女性的态度是贪多务得，来者不拒，逮到一个算一个，前前后后至少娶了六个老婆——至少六个，但也有可能更多，据王艮《与薛中离》的信显示，王守仁在浙江时就有六个女人，其他地方还有多少，那才是天晓得。不太明白他搞这么多的女人想干什么，但有一点是肯定的，他不喜欢自己的表妹发妻——喜欢就不会弄来这么多女人扎堆儿在家里吵架了。

搞了这么多的女人，却仍然未能耽误王守仁的圣贤之路，可见这个圣贤，做一做还是不妨碍的。

就这样，王守仁一边琢磨做圣贤，一边不爱老婆，一边点灯熬油上补习班，到了他二十二岁那一年，去了考场，参加会试。人人都认为他有可能拿不到状元，毕竟状元这东西除了才学，还得看运气，但家学渊源，随便考个名次还是没有问题的。

但让所有人跌破眼镜的是，王守仁的确是没考上状元，别说状元，他连上榜都没有，居然是名落孙山。怎么会这样？

问题多半是出在他和妻子的两性关系上，不和谐啊，这种本能上无法获得愉悦的痛苦，是最折磨人的。要知道人的大脑中有诸多的兴奋灶，有人对文字敏感，一看到文字就产生兴趣；有人对运动敏感，就是喜欢个蹦蹦跳跳；还有人对声乐敏感，抓到卡拉OK话筒就舍不得撒手……但只要是人，大脑中兴奋强度最高的那个点，必然是两性关系，因为这是生物的本能。

两性关系的不和睦，会对人形成致命的打击，彻底压抑大脑的思维强度。实际上王守仁一门心思地钻进做圣贤的牛角尖儿里不出来，这种心态与穷光蛋渴望买彩票中五百万一样，都是一种对绝望现实的无奈逃避。

但是中国人对于两性关系是最为避讳的，王守仁和妻子的性爱关系是否和睦，这种事居于闺室深处，你又没拿着仪器现场测量过，焉敢乱讲？问题不能点透，所以有关王守仁落榜的因由，也就失去了探究的可能。虽然无人探究，但不远千里赶来安慰王守仁的，却大有人在。甚至连李东阳也来了。

李东阳又是何许人也？

🐍 领导也会玩赌博

李东阳，是一个聪明机警的乖巧官儿，这个人比较现实，不像王守仁那样想入非非，琢磨做什么圣贤。李东阳不要做圣贤，他就想过太平温暖的小日子，忙时闲时，逗弄一下脑子愚笨的同事开心。

李东阳最喜欢逗弄的，是同事陈师召，两人是同科进士，一块儿高中，一块儿成为了朝中重臣。说起来算是同门师兄弟，那感情不是一般的深，于是有一次，李东阳把自己最喜欢的一匹快马，送给了陈师召，以便联络感情。

可是不承想，陈师召骑着那匹马上朝，回来后就把马退还给了李东阳。李东阳很惊讶，就问：怎么了，这马不好吗？

陈师召很严肃地说：你送给我的这匹马有问题。以前我骑的那匹马，上朝的路上能让我吟出六首诗，而你送给我的这一匹，才能吟出两首诗，可见，此马不是好马，而是劣马。

李东阳诧异地看着他：……老陈，马这东西，以跑得快为基准，你吟的诗少，正是因为这马跑得快啊。

陈师召呆怔半晌：是这样吗？你不会骗我吧？

李东阳：……我怎么会骗你？来来来，咱们俩正好没事，赌一把。

赌一把？没听错吧？李东阳和陈帅召，都是朝中大员啊，他们也赌博？

赌！这世道，也只有领导才有闲心，有闲工夫，有闲钱来赌博，普通老百姓饭也吃不饱，赌也是穷赌。于是两名国家重要领导人李东阳和陈师召，就蹲在金殿门外，兴高采烈地掷起骰子来。李东阳先掷，掷出来个一点，然后他指着骰子说：我敢和你打赌，这只骰子的最下面，肯定是六点。

陈师召不信：瞎掰吧你，怎么可能！

李东阳说：你不信，咱们掀开骰子看一看。

掀开骰子来一看，一点的背面，果然是六点。陈师召大惊，说：李东阳，你是个天才啊，天才！

从此陈师召对李东阳佩服得五体投地，逢人就替李东阳宣传：你们要多听李东阳的话，听他的没错，因为你们的脑子没法跟李东阳比，人家是天才……他天天在朝廷上这么说，大会说小会也说，说得大家烦不胜烦，就忍不住告诉他：老陈，你让李东阳那厮给玩儿了，我来告诉你，这世界上所有的骰子，一点的背面都是六点，不信你拿几只来看。

不可能……陈师召不肯信，拿过来几只骰子一看，果不其然，所有的骰子，一点的背面都是六点。当时陈师召就急了，立即去找李东阳算账：李东阳，你这个骗子，骗得我好惨，枉我还拿你当朋友……

李东阳眨眨眼，假装什么事儿也没有的样子，问：我怎么骗你了？

陈师召道：这世上所有的骰子，一点背面都是六点，你欺负我不知道，骗了我。

所有的骰子，一点背面都是六点？不可能吧……李东阳就道：快叫人拿几只骰子来，看看是不是这么回事。

很快有人拿来了骰子，陈师召接在手上，定睛一看，顿时傻了眼。只见这些骰子，一点的背面，有两点，有三点，有四点也有五点，偏偏就是没有六点。当下陈师召的脑壳，登时陷入了糊涂之中。

原来，李东阳这厮玩了陈师召之后，知道老陈迟早会醒悟过来，找他兴师问罪，于是早早叫人特制了一堆怪骰子，就等着这时候再戏弄一下陈师召。

看到大学士李东阳的快乐生活，我们就会知道当时的朝廷情形——压根儿就没个正事，天天扯皮捣蛋。而李东阳也是一个不厚道的家伙，而且此人不只是不厚道，还超级地滑头。

🐱 科举考试有猫儿腻

李东阳是一个大滑头，此人之精滑，历史上无出其右。就在不久之后，明武宗登基，宠信大宦官刘瑾，包括王守仁在内的群臣纷纷起义，上书弹劾刘瑾。猜猜这时候大学士李东阳干了件什么好事？

他应刘瑾之邀，替刘瑾写了篇碑文，结果遭到满朝文武的嘲弄。嘲弄过后，群臣继续上奏，弹劾刘瑾，而这时候李东阳却装聋作哑，硬是不发一言。结果上奏章的群臣通通倒了大霉，全部被流放三千里之外，这些人都是李东阳的好朋友，所以李东阳专门赶去为他们送行，见了面之后，他握着这些朋友们的手，老泪纵横，泣不成声。结果这些人猛地甩开李东阳的手，骂了句：老李，你个王八蛋，少来猫哭老鼠了，当初在朝廷上，你哪怕出言支持我们一句，我们至于落到这步田地吗？现在我们都被流放了，看你一个人以后还跟谁玩儿！

现在就是这个大滑头，前来亲切探望落榜生王守仁，你想那王守仁还能落得了个好吗？

李东阳来到，进门先哈哈大笑：哈哈哈，哈哈哈，小王啊，你高考落榜，这可不是无缘无故的哦，明摆着，你的文星太旺了，不是皇榜上随便弄个名次就能解决的，等下一届高考的时候，你铁定是个状元，听我的，没错。

大学士李东阳这么一说，众人纷纷点头：没错没错，小王，你的才学我们是了解的。不可能不中——可居然是真的没中，显然这正如李大人所言，你是状元命，这期的状元已经有人了，你得等下一届。

然后李东阳又说道：小王，别灰心，听我的没错，干脆你现在先作一个来科状元赋吧。等下届你中了状元之后，再说起今天这事，也是文坛上的一桩美事啊。

按礼节，这时候的王守仁应该站起来，点头哈腰地道：感谢各位领导的关怀和关爱，我王守仁才疏学浅，还需要各位领导多多指教，多指教啊……可王守仁却没这么说，居然直接拿起笔来，煞有介事地写起来科状元赋来。

王守仁把大家的忽悠当了真。

之所以当真，那是因为他胸中所学，确然不凡。不要说一个状元，再多两个也不在话下。无论如何也不应该名落孙山的，但居然真的榜上无名，王守仁心里分明是在纳闷啊：不可能啊，怎么会这样呢？不应该啊……只是为了证明自己是真的有能力，所以才会愤然提笔。

话说王守仁的这篇文章写出来，在场的诸人，齐齐地高举手臂，大声疾呼：天才！天才！王守仁真的是一个天才……不是大家乱起哄，是大家真的认为王守仁才学不凡。

王守仁用他的才学证明了一件让人难堪的事情：这一次的科举考试，有猫儿腻。

如此才学，竟然榜上无名，你说这皇榜的质量靠得住吗？

王守仁这一手，可捅了大娄子！

OK，兀那毛都没长全的小王守仁，你不是想用你的文章证明科举考试有猫儿腻吗？那好，负责录取的教育口官员，就会提出一个更有力的反证。

这个反证是什么？

就是王守仁再次落榜。

果不其然，到了下一届科举考试的时候，王守仁真的又落榜了。

🐾 人生充满了意外

史书上说，王守仁第二次落榜，是有人搞鬼：果为忌者所抑。

第二次落榜，大学士李东阳就没有再露面。留下王守仁一个人，孤零零地坐在客栈里发呆。前来安慰他的人，只有和他一道参加考试的举子们。大家都说：老王，落榜没什么丢人的，谁没有落过榜啊？别放在心上。

不想王守仁却淡淡地回答了一句：世人都觉得考试落榜是可耻的。我则认为因为考试落榜而感觉到可耻，才是真正可耻的。

古书上说：有识之士听了王守仁这句话，深表佩服——可古书上面没说，这世上的有识之士能有几个？多是无识之士，所以恐怕佩服王守仁的人不会太多，相反，说他吃不到葡萄却说葡萄酸的人，估计数目少不了。

少不了也没办法，王守仁灰溜溜地回到家乡余姚，联络当地的文学青年，共同成立了一家诗社，每天大家凑在一起吟诗作赋，并相互夸奖：你的诗写得好，赛过李白……你的诗更好，杜甫搭车也赶不上你……就在这时候，他突然做了一个怪梦，梦到了一个怪人。

他梦到了谁？

梦到了威宁伯王越！

这个王越又是谁？

说起王越这个人，就两字：别扭！

怎么个别扭法呢？

王越这个人，乃大明英宗时代的怪人，他参加科举，考中，于是就去接受皇帝的亲自笔试，这个过程叫殿试。当时皇帝出了考题，丢给王越一张小木桌、一张白纸和笔砚，让他在庭院的树下答题。于是王越盘膝端坐树下，走笔疾书，刷刷刷，嚓嚓嚓，看见时间过去多半，他的试卷也就快要答完了，可不承想，这时候平地里突然卷起一阵旋风，就见浓浓的尘柱之中，有一双铜铃一般的怪眼，隐约还能看到鳞甲与犄角，分明是有什么可怕的东西正匿身于这黑风之中，向着王越"呼啦啦"地刮将过来。

可怜王越一介书生，哪曾见过这种怪事，目瞪口呆之中，就听那黑风疾啸着卷至王越的身边，"呼啦啦"一声巨响，疾风竟将王越手中的试卷裹入其中。然后就见那黑风呼啸一声，平地而起，头大尾小地掠向高空，须臾，满天的尘埃漫洒下来，现场只有监考的太监们和王越面面相觑，俱是一张惨白的脸。

好半晌王越才醒过神来，大叫一声：我的卷子被怪风刮走了。

太监：……怪风？哪里有什么怪风？这里是皇宫，是圣上的居所，你这个人不要在这里乱讲话！

王越知道，太监怕说出怪风的事情，惹皇帝不高兴。金殿上竟然出现神秘的妖风，明摆着，是皇上这位老兄阳气太弱，压不住邪气啊。像这种坏消息，向来是没人敢报告给皇帝的——除非你活腻了，非要在皇上面前说坏消息，找不自在，那另当别论。

🦎 锦衣卫的传说

却说王越知道不能再提妖风的事了，再提只怕他自己就会有麻烦。于是就恳求道：各位老师，我的卷子……写坏了，能不能再给我张新试卷？

新试卷……给你也不妨。监考的大臣递过来一张白纸，满脸悲悯地看着王越：只不过啊，考试已经快结束了，怕只怕你来不及答完了。

王越咬牙道：答不完也得答……埋头"刷刷刷"地拼命写了起来，随着他走笔疾书，就见沙漏疯狂地倾泻直下，突听"咚"的一声响，就听小太监高声道：时间到，请考生交卷！随着话音，皇帝走了进来，正见王越咬牙写完最后一个字，站起来将试卷交上。

皇帝拿王越的试卷在手，大略一看：嗯，你这个王越不错嘛，对边关的军事提出来许多创造性的建议，不要急，你会有这个机会的。

果然没过多久，王越正在京师和朋友们吟诗作赋，就接到圣上旨意，被委任总督军务，到边关去和武将一道上战场，和关外的少数民族兄弟开打。从此王越就成为了一名武将。可你说他是武将，他的代表作却全都是诗文，可你说他是文人，他这辈子都骑在马上跟人家对打。

能文能武，文武全才，按说王越应该在历史上大大有名才对，可他偏偏却一点儿名气也没有。绝大多数的史书上，压根儿就找不到这个人的姓名，他倒是经常在民间戏曲中出现，可是打扮却让人提不起精神来，形貌丑陋不说，而且鼻尖上还有一大块白色的染料。

他居然是一个白脸大奸臣。

可他到底干了什么坏事？

他什么坏事也没干，他就是拼了老命守在边关，和关外的少数民族打得你死我活，这活儿落在别人身上，都是保家卫国的英雄，偏偏落到他身上，却把他搞成了白脸奸臣，这又是一个什么缘故？

无他，只不过支持王越在前线抗战的朝廷人物，是西厂的大太监汪直。

我们知道，朱元璋始建大明帝国，就创立了锦衣卫的特务制度，用来严密监视群臣百姓。到了朱元璋临死之前，突然发现这么个搞法不对头，就撤销了锦衣卫机构，砸烂了所有的刑具，并立牌于宫门，严禁太监干政。

但是朱元璋死后，他的孙子朱允炆继位，史称建文帝。但是建文帝的叔叔，朱元璋的儿子燕王朱棣，对此提出异议，起兵进攻南京，号称靖难。因为当时皇宫中的太监们无职无权，就纷纷投靠燕王朱棣，充当秘密间谍替朱棣搜集情报。顺利地帮助朱棣打赢了建文帝。于是燕王朱棣登基，是为成祖。

夺取了政权之后，朱棣深切地意识到太监的厉害，这帮家伙，如果你不给他们实权的话，他们就会毫不客气地搞死你。所以为了防止太监搞死自己，成祖朱棣又建立东厂，恢复了锦衣卫制度。

此后朱氏皇族世代相传，传啊传，终于传到了宪宗朱见深这里。这时候东厂的锦衣卫已经机构臃肿而庞大，官僚习气严重，工作效率很低。于是宪宗就想，这样不行啊，这样下去怎么行啊，是不是……精简机构？不行不行，锦衣卫这帮王八蛋，你敢精简了他们，他们可什么事都干得出来的。

机构不能精简，还要提高工作效率，应该怎么办呢？

要不……咱们再成立一个新的机构。

对头！

机构不能精简，只能扩编，所以提高工作效率的唯一法子，就是另行成立新的机构了。

这个新的机构，名字就叫西厂，与旧的东厂没有丝毫的区别。但因为这个机构新，刚刚招聘进来的员工们会拼命卖力，工作效率当然高了。而西厂的最高领导太监，就是汪直。

说起西厂这种特务制度，其功能简单到了不能再简单，就是充当宪宗的爪牙，替皇帝宰杀不顺眼的文武百官。所以汪直呈递给宪宗朱见深的工作报告，就是一连串的抄家灭门。

可想而知，朝中诸臣恨汪直，恨不能将他碎尸万段。

虽然切齿痛恨，可是汪直有宪宗朱见深的支持，群臣也无可奈何，只能坐等着哪天汪直找上门来了，将自己全家老小宰杀个干干净净。就在这无尽的绝望之中，突然爆出天大的好消息：

宪宗朱见深，要打掉以汪直为首的反动集团。霎时群臣奔走相告，喜形于色。

那么，西厂明明是宪宗朱见深自己设置的特务机构，他为什么还要打掉汪直呢？

两个倒霉蛋

正因为西厂是宪宗朱见深设置的特务机构，正因为汪直是宪宗的爪牙和杀人工具，所以宪宗朱见深才要打掉他。

这个道理，首先缘自宪宗朱见深的邪恶心肠，他要以威权统御群臣，要让群臣对他感激涕零。要做到这一步，首先就让群臣生活在死亡的恐惧之中，所以他设置西厂，授予汪直无限的权力，让他肆意对大臣们刑讯逼供，抄家灭门。等到大臣们害怕得不得了之时，宪宗突然以救世主的身份出来，代表着正义的力量，将邪恶的汪直反动集团打掉，届时群臣们就会感激得老泪纵横，狂呼吾皇英明，吾皇万岁万岁万万岁。

历史上所有的掌权者，都是这么一个搞法，所有的掌权者都喜欢贪官，如果你敢不贪，就搞死你，强迫你成为贪官。等你贪得天怒人怨，掌权者再登高一呼，代表人民干掉你，届时人民群众就会感激不尽。这种权力的运用之术，几千年以来已经老套熟烂，连掌权者自己都用得腻了。

总之，宪宗朱见深先利用汪直残杀自己不喜欢的大臣，制造了恐怖气氛之后，他再出来搞掉汪直，群臣们立即狂欢起来。

可就在这狂欢之中，却掺杂着一丝不和谐的声音。

是谁敢不和谐？

还能有谁？就是在边关血战的老书生王越。

这时候的王越，已经七十多岁了。因为屡立战功，已经被封为威宁伯。他不在朝廷，远离政治旋涡，压根儿不知道汪直干了多少坏事。但他在边关血战的时候，总是收到老领导汪直的嘉奖信，鼓励他再接再厉，为朝廷为皇帝再立新功，时日长久，他已经对汪直这位老领导产生了很不错的印象，就上书替汪直辩护。

这个倒霉蛋，他这可捅了马蜂窝。

朝臣们此时恨不能生吃了汪直，这时候突然冒出来个王越替奸宦辩护，这岂可容忍？于是众臣齐齐上书，众口一词，狂骂王越。七十多岁的王越王老头，竟然被群臣齐心协力，活活给骂死了。

连续两次落榜不第的倒霉蛋王守仁，梦到的就是这个倒霉蛋王越。倒霉蛋梦到倒霉蛋，这也说得过去。

睡梦中，王守仁走过一条阴森寒冷的碎石小径，看到前面一座门楣破败、墙圮窗塌的残破屋子，虽然屋子破败得已经不成样子，但房屋正中，却正襟危坐着一名金甲将军，一手持剑，一手拿着书本，招呼王守仁道：你不是连续两次落榜的倒霉考生王守仁吗？哈哈哈，快过来说说你还有多少倒霉事，也好让大家高兴高兴。

王守仁郁闷地道：你少幸灾乐祸，看看你自己住的这地方吧，明摆着比我更倒霉，还好意思笑话我？

那武将道：说得也是，咱们两个都够倒霉的了。对了，你有没有想明白，为啥你和我都这样倒霉呢？

王守仁：你为啥倒霉我不知道，我为啥倒霉……原因不能告诉你。

那武将听了后，哈哈大笑，道：你不乐意说，那就算了。咱们俩堪称是同病相怜了，要不这样好了，你干脆把我的这柄倒霉宝剑拿上，把我的霉气也全都加在你的身上。正所谓物极必反，细大不捐，你霉运到了极点，倒霉到了尽头，也就该咸鱼翻身了。

王守仁犹豫了一下，道：我不指望咸鱼翻身，但如果把你的霉运加在我的身上，把你解脱出来的话，这事我倒肯干——横竖我已经倒尽血霉了，再多点儿霉运，又怕什么？

说着话，王守仁接过那武将递过来的宝剑，细一看上面的铭文：嗯，哈哈哈，原来你便是倒霉运要倒八百辈子的威宁伯王越啊，哈哈哈，你放着文士书生的自在不做，非要到边关浴血，保家卫国，百战不死，侥幸残存，却落得个大奸臣的坏名声，这世上真的再也找不到比你更倒霉的人了，哈哈哈……

王守仁把自己笑醒了，睁眼一看，室外已经天明。

◎ 做人要不要底线

王守仁梦到倒霉透顶的威宁伯王越，是在他二十七岁的那一年。

但他是否真的梦到了威宁伯，这事真的不好说，他说梦到了你非说没梦到，这岂不是抬杠吗？但这个杠我们一定要抬，因为就在次年，当他二十八岁的时候，他第三次参加科举，这一次却是轻松过关，荣获"赐二甲进士出身第七人"的荣誉称号。

前两次发挥失常，这一次却顺利过关，真正的原因，未必是梦到了什么倒霉蛋威宁伯。他渲染这个梦，目的就是遮掩事实的真相。

那么，他用这个怪梦，要掩饰的真相是什么呢？

真相就是：他又娶了一个老婆，从此不用再看小表妹的那张脸。事实上，正是和表妹的无爱婚姻，导致了王守仁精神委靡，思路枯竭，甚至连梦都枯竭了——自打他娶了表妹，硬是没做过一个像样的梦。此番竟然有威宁伯闯入他的梦乡，那只是因为他的枕边人，已经不再是小表妹。

如果我们用现代心理分析，也就是西方弗洛伊德的释梦方法来解王守仁的威宁伯之梦的话，就会发现，这是一个象征寓意非常鲜明的梦境。梦里的威宁伯，实际上是他那脾气火暴的小表妹，以剑相赠，剑是最典型的男性生殖表征，这东西的使用权原本是小表妹的，现在又归还给了他。这表示着他已经从小表妹的那桩窒息婚姻中解脱了出来。

——他又没有离婚，如何一个解脱法？只能是又娶了一个新老婆。

别忘了，王守仁要一口气娶六个老婆的，这才凑足了俩，还差四个呢。

那么，何以王守仁梦到的是威宁伯，而不是其他什么伯，比如说刘伯温被封诚意伯，而且跟王守仁家里是世交，又是同乡。放着世交同乡不梦，却非要去梦八竿子打不着的威宁伯，这又是何故？

这个原因就是：王守仁梦到的威宁伯，和他以前拜谒过的伏波将军马援，是同一种人——看看这俩人的命运，竟然是如此的相似。都是为了国家流血卖命，然后再惨遭宵小辱弄，马援还算好一点儿，至少他还落得个"活在人民心中"，历史总算是承认他的贡献的。而王越是惨极惨透，自打他误上大太监汪直的贼船，此前为国为民付出的一切俱被一笔勾销，从此身入奸臣谱，永世也甭想翻身。

这两个人是同一种人，他们也同时印证着王守仁的人生宿命。

因此，我们对王守仁格物不成、屡试不第还可以再提出一个新的解释：

事实上王守仁这时候已经打通了思维的任督二脉，其思想进入了圣贤的境界，只不过他发现，圣贤这活儿真不是人干的。如果他把自己的聪明才智发挥出来，投入到为国为民的事业中去，那么伏波将军马援、威宁伯王越就是他的前车之鉴。他必然在艰苦付出了之后，再惨遭朝中宵小的欺凌——这是必然的事，如果他要干活，就必须要身临干活的现场，这时候朝中群臣尽可袖着手，事后指着他的鼻尖破口大骂，而最悲惨的是，到时候他连还嘴的可能都不存在。

要还嘴回骂，就没工夫干活了。要干活，就得被不干活的蹂躏辱骂。

什么世道！

没办法，这世道就是这样。

这表示，此时的王守仁，心中正值善恶交战。以他的聪明才智，要想做一个坏人，那真是太容易不过的了。实际上他已经这样做了，他先后娶了六个老婆啊，可以肯定，这六个女人铁定都在痛骂他这个混账王八蛋，你又不爱人家，干吗把人家娶回来晾在那里？至少对于这几个女人来说，王守仁肯定是个坏男人。

现在王守仁的艰难选择：是一坏到底，还是坏到这个程度，暂时就打住呢？

伤脑筋！

牛刀小试走仕途

第一个问题：我是谁？（自我意识）

第二个问题：他人是什么？（社会意识）

第三个问题：宇宙是什么？（自然意识）

人生的所有问题，都是这三个问题的化形。这三个问题考虑不明白，人生就活不明白，就会陷入极度的痛苦之中。儒家千本书，佛家万卷经，道家一炉子又一炉子的丹药，全都是为了寻找这三个问题的答案。一旦有谁真的思考透了这三个问题，那么他就会立即居身于智慧的极峰。这时候居高下望，就会发现无论儒，无论佛，无论道，都是从山脚下延伸至山顶的羊肠小路，所有的终点都在这三个问题的答案所凝成的智慧峰顶相汇。

🐉 用心做好每一件工作

史书上解释说：王守仁之所以梦到倒霉透顶的威宁伯，是因为他的命运马上就要和王越产生交集。

话说王守仁在第三次考试通过之后，总算是结束了他的待业青年生涯，观政工部——做一名实习生，给各级领导端茶倒水，替领导写稿子，去领导家里做杂务，捎带学习一下都邑建设、治漕总河、铁厂织造、屯田铸钱、植树造林……要学的东西好好多，好好多。

这时候圣上有旨给工部，说是威宁伯王越的坟墓年久失修，里边打了无数的老鼠洞，让工部考虑修缮一下。

前面不是说威宁伯王越是奸臣，被活活地骂死了吗？那么为啥还要给他修缮坟墓呢？

说王越是奸臣，并将他活活骂死，是宪宗朱见深时代。现在历史已经进入了宪宗的儿子孝宗朱祐樘时代，一朝天子一朝臣，一个时代有一个时代的政治生态。宪宗时代，就是要杀汪直，骂死王越以强化自己的权力。到了孝宗时代，则要高抬前代的大臣，以贬抑现在朝中大臣们的势力。

替威宁伯修缮坟墓，实际上是孝宗皇帝在向大家发出热烈的呼吁：知识分子们，到边关去浴血杀敌吧，你杀敌我杀你，然后我儿子再给你平反，不亦乐乎？

乐乎不乐乎不是太清楚，反正工部对这项工作不是很热心，证据就是，这个工作派到了王守仁的头上。

若是这项工作朝廷极为重视，那么出场的官员规格也必然很高。现在却只派了一个实习生，明摆着是敷衍差事。

可是这个工作，对于王守仁来说却是个机会，他立即亮出了自己的拿手绝活，狠狠地表演了一下。

这个绝活就叫：运筹学。

运筹学这个词，最早出现在1938年，是运用现代数学工程，合理解决生产及管理中的难题，以期达到成本最低、效率最高的优选值。而我们说王守仁搞运筹学的这一年，是1499年，这个时候，运筹学这个名词还未出现。

一门还未诞生的学科，也可以提前几百年运用吗？

可以的，学科这个东西，是先有了现实中的运用，然后形成现实运用的规范，就是让别人也可以拿去用，这个过程就叫学科了。但在这个学科产生之前，其规律及思想是客观存在的，任何人，只要你愿意开动脑筋，就能够娴熟地运用这些规律。

以王守仁的智慧，把还未出现的学科先拿过来用一用，实在是小意思了。事实上，有关运筹学在中国的运用，说起来那可是太久远了。过于久远的事情先不说，单说北宋时代吧，就有一个大奸臣丁谓，负责督造京城的城门，工程需要计算材料，先把旧城门拆掉，废砖烂瓦用车运走，再从遥远的地方将建筑材料运来，单这材料的运输，就是一个吓死人的数字。庞大的北宋帝国，单从财力支出上来说，就根本修建不起一座小小的城门。

可这活儿落在丁谓手中，那就太简单了，他先吩咐将京城大街挖开，挖成一条河，民夫乘船而入，把新的建筑材料用船运进来，拆除的残砖烂瓦用船运出去，等城门修好，最后剩下的土方材料往河道里一填，踩实，嘿，又是一条崭新的街道。

丁谓所使用的方法，就是几百年后西方人称之为运筹学的这么一个东西。这东西连权臣丁谓都会用，更何况圣贤王守仁乎？

中国历史上，有个特殊分类叫能臣，就是特别会干活的大臣，举凡这些人，都有一个共同的特点，他们虽然没有学习到现代西方科学，却硬是西方科学的祖宗，都无师自通地掌握了运筹学。

而王守仁要使用的运筹学，比北宋的权臣丁谓更高一筹，称之为什伍法。如果用现代的语言来称呼的话，王守仁这个法子，就是现代化的工程管理。

🐛 运筹学大师

王守仁将他征募来的民夫，分为数十个小组，每五人为一伍，每两伍为一什，也就是五个人是一个小组，两个小组是一个工程队。每三个工程队负责一个项目，其中一个小组负责物流运输，推着小车将新材料运来，将拆除的废旧材料运走。另一个小组负责技术活，进行开工建设。

照这么算起来，三个工程队共计六个小组，负责一个项目，可这里只用到两个小组，还有四个小组呢？

另外四个小组，两个小组负责睡觉，两个小组负责吃饭休息。睡足了的小组起床后来吃饭，吃饱饭休息好的小组上工地来干活，原来在工地上干活儿的小组，下线回去吃饭睡觉。

也就是说，六个小组轮流工作、吃饭和睡觉，歇人不歇工，时刻能够保持充沛的体力，迅速将倒霉蛋威宁伯王越的坟墓修好。

为啥不让六个小组一起上工地？一起吃饭，一起睡觉呢？

这是因为……修一个坟墓的工地才有多大？你搞那么多的人挤在一座小坟头边上，人挨人人挤人，看似热火朝天，实际上工作效率奇低。可如果你不搞那么多人，人数太少的话，修墓造墓又是重体力活儿，干不了一会儿就会疲劳不堪，工作效率同样也无法提高。

也只有王守仁这个办法，征募的人数足够，又不至于出现扎堆儿不干活儿的低效率。这个办法说起来简单，却是现在许多建筑工地都不知道采用的——运筹学，这东西说起来简单，真要是能够应用到实践中去，却不是那么容易。

是难是易，取决于人的智力，所谓难者不会，会者不难。许多人在考场解答运筹学题的时候，纵横睥睨，目无余子，可等到了现实生活中，这个筹从何运起，那就掂不清了。究其原因，就在于王守仁是主动地寻求解决问题的法子，而别人却只是为了应付考试，除了答题蒙分数，从来不知道书本上的东西是拿来用的。

这就是王守仁和大多数人的区别了。

接下来的故事，就变得有戏剧性了，威宁伯王越的家人，对奉旨前来修缮坟墓的王守仁感恩戴德，搞来一大堆金银财宝给王守仁送来：一点儿心意，不成敬意，请领导笑纳……

借王守仁一个胆儿，他也不敢收这些银子。小小的实习生，干点儿活儿就私收贿赂，不想混了是不是？所以王守仁坚定不移地两袖清风。然后，威宁伯的家人拿出了昔日威宁伯王越所佩的宝剑，赠送给王守仁，王守仁见剑大喜，顿时想起他的梦来——在梦中，威宁伯王越可是亲口答应把剑送给他的啊，所以这柄剑，他没理由拒绝。

收下这柄剑，表明了王守仁内心中最为艰难的选择：他迟早、他最终、他必然要走伏波将军马援之路，走威宁伯王越之路，他们都是同样类型的人，有着同一个怪毛病，一见工作就忍不住手心痒痒，哪怕被人千秋万代地诅咒，骂为大奸臣，他们都无法抑制住内心干活儿的冲动。

命中注定要成为一只老黄牛，替帝国拉车卖命。这活儿是必然要干的，但心里的委屈，终究是难以抒怀。

有没有既能开心地干活儿，又不至于被宵小骂到惨的人生之路呢？

到底有没有呢？

吾不能同草木而腐朽

在工部实习期结束，吏部查看过王守仁上班打卡的考勤记录，开会说：这个小王还可以的嘛，迟到从来没被逮到过，早退从来也没有被抓住过，看看哪个部门缺人手……什么？刑部人手不足，那就让他去刑部吧。

王守仁出任云南清吏司主事，虽然他的工作是负责云南地区的刑事案件，但他并不需要去云南上任，就在北京城中，自己的办公室里坐着看案卷，正翻看着，刑部又有新工作分配给他：小王，那什么，今年轮到你值班，负责管理全国所有的监狱，小心着点儿，但凡有虐囚之类的事件，你自己看着办吧。

王守仁提督狱事。这还没等他弄明白这活儿怎么干，又有出差跑腿儿的工作轮到了他头上：小王，你年轻，就去南直隶淮安出差吧。你的工作很简单，就是当地的官员审案子的时候，你坐一边儿看，有什么不妥当的地方，要指导当地的官员纠正过来……注意别乱说话，你才吃几斤几两干饭？你在各地的表现如何，要由当地的官员呈文盖章上报的，如果你惹了当地小官僚，跟你拼起老命来，告你一个作风不正派，你八百辈子也说不清……

后来啊，王守仁的弟子为了抬高自己的老师，在《年谱》上瞪眼撒谎说：所录囚多所平反——说他平反了大量的冤假错案，赢得了人民群众的一致称赞，老百姓们奔走相告，都说：小王是俺们百姓的贴心人……然而这根本是不可能的，编这段瞎话的人，欺负读书的孩子没有行政管理的常识，要知道举凡一件冤假错案，莫不是盘根错节，纠扯不清，最低限度，这错案也直接牵涉到审案者个人的面子。如果说这个案子错了，那么对于审理案子的官员来说，轻者意味着他能力不足，重者必然有私情在内，无论是哪一种，这事都不可能跟你王守仁有完。

前面也说了，王守仁虽然是上级领导派来的，可是他最多不过是下乡干部，表现如何，水平如何，这些都需要当地官员点头才行。如果王守仁惹了当地官员，他早就没得混了。

再者说了，王守仁的《年谱》之中，连他小时候吃奶不说话的丢人事都翻出来了，平反冤案这么大的事儿，怎么可能没有点儿记载？说他平反了很多冤案，却偏偏举不出一个简单的例子来，这事儿明摆着是瞎掰。

我们确信王守仁根本没平反过一起冤案，这跟他的行踪也有着莫大的干系。

他登上了九华山。

这是王守仁一生中第三次登九华山了，在山上，他写了篇《九华山赋》，说了一句很奇怪的话：

吾诚不能同草木而腐朽，又何避乎群喙之呶呶！

这句话是什么意思？

这正是王守仁人生痛苦选择的关键当口儿，他在说：我王守仁啊，怎么就这么倒霉呢，怎么偏偏有着干活儿的本事呢？有本事却什么活儿也不干，不留个名声让后人景仰，那我活得岂不是太冤了？

可我如果要干活儿，就必然会像伏波将军马援、威宁伯王越这俩倒霉蛋一样，你在前面拼死拼活地干，后面却有一群混事油子指着你的鼻尖儿破口大骂。凭什么啊，凭什么？他们凭什么骂我？

就凭了他们没有任何本事，只能靠骂有本事的人舒缓一下心里的郁闷。连一点儿本事也没有的人，你再不让他骂几句，这岂不是太不人道了？

不甘心啊，真是不甘心！

怎么办呢，要不，咱们去找蔡蓬头问问？

蔡蓬头？这又是个什么东东？

🐍 幽明相隔的异界

首先我们可以确信的是，不管蔡蓬头这个东西到底是什么，它多半就不存在。

不存在的东西，扯出来干什么呢？

这个事儿，先要从宋时代的大儒朱熹说起了。话说朱熹这厮，端的是人类历史中的一个异类。理学大家陆九渊小时候，就曾经问他的父亲：朱熹这个人，他怎么会知道千年以后的事情呢？陆九渊的父亲回答说：因为朱熹是个圣人啊，圣人这种动物，思维已经洞穿了人类的局限，知道未来之事，真的没什么稀罕的⋯⋯

朱熹是不是真的知道未来之事，这事也不大好把握，但有一件事，朱熹这位圣人，也和前面我们提到的威宁伯王越一样，都是被人家活活骂死的。而且朱熹比王越被人骂得更惨，王越最多不过是被骂为奸臣就到头了，可是朱熹却被人栽赃说他和自己的儿媳妇通奸。临死前朱熹一边扳着《大学》修订，一边流着老泪替自己辩解：没这事儿啊，真的没有啊⋯⋯

管你有没有，反正这种事儿说起来超级刺激人，先骂你再说吧，有本事你再活过来解释？

事实上，朱熹和他的儿媳妇真的是清白的，但这段谣言却在历史上长盛不衰。没办法，谁让朱熹有名呢？换了普通的老百姓，不要说老百姓，搞儿媳妇的皇帝就能挤满一火车——可是皇帝太多，都比不了朱熹的圣学世代承传，这就意味着朱熹比皇帝更有名气，注定了被骂得更惨。

除了惨遭人民群众编瞎话修理，朱熹还曾经在武夷山认栽，这段历史也是儒家的一个公案，但知道的人却不是太多。

早年间曾有一幅画秘密流传，名曰《梦蟾图》，面卷上，两个道士背对山岩而立，各自手持经卷，在他们中间的，是一只超级巨大的大蟾蜍，正笑眯眯地看着两个小道。书中暗表，这只特大号的蟾蜍，便是人类历史上顶顶神秘的怪人白玉蟾。

白玉蟾，本名叫葛长庚，系南宋时琼州人氏，他的祖父叫葛有兴，原本是个京官，不幸遭逢干部下乡挂职，被下放到海南岛并落户于此，不久生下儿子葛振业，读书时又娶了当地的女子为妻，终于成为了地地道道的当地居民。儿子葛振业读书最终没读明白，只能做一名私塾先生，靠糊弄几个小朋友，教授《三字经》混口饭吃。古人云：家有三斗粮，不当孩子王。葛振业干教书这一行，算是彻底沦落潦倒了。

然而，在南宋光宗绍熙五年三月十五日的夜里，贫苦教师葛振业忽然做了一个奇怪的梦。

他梦到自己走在一条街道上，四周景物朦朦胧胧，仿佛笼罩在浓浓的雾气之中，看不分明，光线晦涩的远处，有什么披鳞挂甲的东西不时跑过，少顷的寂静过后，是刺耳的咀嚼之声响起，分明是尖利的牙齿咬碎坚硬的骨头的声响，听在耳中，葛振业不寒而栗。

正在惊恐之中，忽然之间前方亮起一道绚丽的光晕，光晕之中，就见一个须眉皆白、峨冠高耸的道人缓步而来。走到了葛振业面前，那道人咦了一声：咦，你是凡间之人，怎么会来到这种地方？

葛振业战战兢兢地道：我也不知道自己是怎么来的，烦请道长指点迷津，让我早日回家，我的妻子还在家中大着肚子……

那道人"哦"了一声，顺手拿起悬垂在腰间的玉坠，递到葛振业的手上：不要怕，这里虽然是九幽阴府，可横竖你早晚也要归宿于此。现今你时辰不到，就算是先行旅游一遭儿，考察考察吧。拿好了这只白玉蟾，你先回家把它安顿好，然后再回来报到，放心，没人跟你抢地府里的位置，你真的用不着这么急……

葛振业低头一看，见那道人递过来的是一只白玉雕琢的蟾蜍。这只白玉蟾雕工细腻而精良，尤其是白玉蟾的那两只眼睛，似乎还在转动着，葛振业心下诧异，也不太注意道长在说些什么，触手一碰那只白玉蟾，霎时温良舒服的感觉传遍全身。这时候他耳中忽然听到婴儿的啼哭之声，猛一睁眼，发现他已经回到了自己的蜗居陋屋。只是那婴儿的啼哭之声，却是越来越响亮。葛振业怔愕良久，突然醒悟：妻子生产了。

生下来一个大胖小子，葛振业替儿子起名叫葛长庚，又因为生子的时候做的那个怪梦，孩子的乳名，就叫玉蟾。

四年后，葛有兴、葛振业父子双双亡故，葛长庚的母亲无以为生，就带着儿子改了嫁。新嫁的那户人家，姓白，于是母亲干脆给孩子改名叫白玉蟾。

茅山道士白玉蟾

白玉蟾虽然是个拖油瓶，跟着母亲嫁到别人家。但是继父并不讨厌这个孩子，相反，还为这孩子请了名师教导，而白玉蟾也是天资聪颖，读书一目十行，作诗出口成章。于是等白玉蟾十岁的时候，教书先生就建议：送这孩子去广州参加童子试，说不定这孩子会一举夺魁，去临安面见天子，也说不定。

白玉蟾的继父遂亲自送继子到广州应试。乡下人进城，不懂规矩，不知道这童子试，不是看你孩子会不会作诗，而是要看家长送不送礼物。先行奉上厚礼，考官自然喜欢，没有礼物，那考官顿时冷下脸来，当即以织机为名，让白玉蟾作首诗来看看。

白玉蟾得题，朗声吟道：

　　大地山河作织机，百花如锦柳如丝。
　　虚空白处做一匹，日月双梭天外飞。

听了白玉蟾的吟诗，就见考官勃然大怒，猛一拍桌子，骂道：傻小子，你会不会作诗啊？竟敢说日月只是你的织梭，整个虚空都只是你织出来的一匹布，好大的口气，你以为你是谁？竟然如此狂妄？这分明是蔑视朝廷，欺凌圣上，若本官将此诗奏上去，只怕你全家老小都要被拖到法场上去，一刀一个剐了……

被考官劈头盖脸一顿臭骂，白玉蟾不敢吭声，他的继父听说这孩子会连累满门抄斩，也是吓得魂不附体，不等出考场，就将小白玉蟾按倒在地上，哐哐哐一顿暴打。继父以后就不让白玉蟾读书了，给他一根鞭子，让他去放牛。

此次事件之后，白玉蟾在家里的地位急转直下，继父恨透了这个连累全家的小东西，隔三差五，就找个由头儿把这个小东西暴打一顿，就这样连打了六年，打得白玉蟾再也受不了了，就找母亲要了三百文钱，离家出走了。

据白玉蟾自述，他离家出走后，在深山老林中遇到了异人，授他以天元雷法，从此就有了超能力。

但是据后来的史学家考据，白玉蟾这个自述，分明是瞎掰。实际上，白玉蟾离家出走之后，就去了江西龙虎山，去找张天师，想投入张天师的门下，做一名小道童。不承想，白玉蟾刚到龙虎山，就被张天师的几个弟子带到了一间黑屋子里，关上门，打了个半死，然后被扔下山来。

原来，在龙虎山张天师门下学艺的弟子非常之多，大家都在争一个出头机会，竞争原本已是惨烈，再来一个白玉蟾，别人还怎么混？所以把他打出门去，倒是一个省事省心的法子。

求师受辱，白玉蟾怒不可遏，就改投了茅山派。这一门派里果然没有恶性竞争。实际上，茅山派里就没有丝毫的竞争——投入道门之人，压根儿就没人来这个怪怪的茅山派，这一派被龙虎山张天师压得几乎到了灭门的凄惨境地。这一派之所以遭受压制，就是因为没什么拿得出手的绝活儿，搞不过龙虎山。

白玉蟾发现了这一情形之后，就立即下山，拜了道家南宗四祖陈泥丸为师，学到了丹法，从此开创了茅山系的神霄派，很快就名传江湖，威震九荒，竟然与龙虎山的张天师分庭抗礼，相提并论了。

艺成天下，白玉蟾立于茅山之顶，仰天长啸，赋诗一首：

> 三分天下二分亡，犹把山川寸寸量。
>
> 纵使一丘添一亩，也应不似旧封疆！

白玉蟾要以这首诗挑战龙虎山上的张天师，挑张天师于马下，以雪前番被暴打至半死之血仇。

朱熹也爱玩马甲

白玉蟾道术大成之后，就周游天下，四处乱写诗，其人其名很快传入朝廷。这时候主政的皇帝是宋理宗，他看了白玉蟾的诗，就派人出宫，四处寻访白玉蟾，请白玉蟾到宫中小叙。

据道门记载，白玉蟾接到邀请函之后，就飘然而来，理宗皇帝为他设下了盛大的欢迎酒宴，到场的，全都是国家重要领导人，清一色的王公大臣。酒宴之后，理宗皇帝发表了重要讲话，诸大臣齐声歌颂南宋帝国的大好形势，然后大家举杯痛饮。然后这才切入正题，就见大家挤眉弄眼，上上下下地打量着道长白玉蟾，却发现这厮只不过是个面皮嫩嫩的小青年，众人就有些诧异，问道：道长，你如此年轻，却名震天下，这有什么窍门没有？

白玉蟾微笑摇头：没窍门，我的知名度，跟各位领导比起来差得远了，哪里有什么窍门。

众臣却不肯放过他：有谣言说，你能够把天界的仙女叫下来，陪唱歌陪跳舞陪喝酒，三陪啊，你说这些谣言都是什么人造出来的呢？

白玉蟾笑道：有人的地方，就有谣言，各位领导对此，应该是司空见惯才对。

众大臣还待再说，却突然发现一桩异事，就见白玉蟾的酒杯中，突然升起来一缕极细小极细小的水汽，那水汽直上云霄，竟然形成了朵朵祥云。就在众人诧异之时，耳边却听得仙乐之声缥缈而来，伴随着这让人心醉的仙乐，就见高天之上，祥云冉冉，四个娇小玲珑的素衣仙子，于空中盘旋出绚丽的舞姿，正自漫然飘下。

在场的人全都惊呆了，不由自主地站起来，伸长脖子，想瞧清楚那美丽的仙女的模样。可是忽然之间，半空中发出一声异响，"砰！"极光掠过，祥云霎时间消散，连同那曼舞在高空的仙子，也一并不见了。

仙女呢？仙女哪里去了……众臣急了，纷纷吵嚷起来。这时候就听白玉蟾怒声喝道：各位领导，我看你们衣冠楚楚，满脸忧国忧民，所以请来天界的仙子，为领导们助兴，可是你们怎么可以对仙子起淫心？你们这淫心一起，亵渎了仙子，仙子发怒而去，再也不肯来了。想不到你们一个个人模狗样，却全都是些衣冠禽兽，这让我怎么跟天界的仙子解释？

群臣目瞪口呆，却无一人敢出言辩驳，因为当他们看到美丽的天界仙子之时，确曾起了淫欲之念。这时候他们不敢承认，可也不敢否认，生怕白玉蟾施展仙法，把他们脑子的淫欲掏出来，让大家看个清楚。

一片死寂之中，白玉蟾叹息一声，扬长而去，头也不回地离开了皇宫。

此一去，他直接登上了武夷山顶，搭了个小窝棚，开始炼起丹药来。有一天他正在忙着，忽然"吱呀"一声，小窝棚的门被人推开，从外边走进来一个点头哈腰的人来：嘿，某乃崆峒道士邹诉是也，闻知道友在这里修炼，特来拜访，有没有多余的丹药，给咱一粒尝尝？

白玉蟾扭头，冷眼打量着这个怪老道：过来，过来，你过来，我悄悄地告诉你……

那老道急忙走到白玉蟾的面前，竖起了耳朵。就听白玉蟾温柔地道：让我轻轻地告诉你，丹药我这里有，炼丹的法术，我也知道，可我……就是不告诉你！

为啥呀？那老道伤心地问道。

因为，你是一个大骗子。白玉蟾回答道。

🐸 有人在瞎掰

诗云：远上寒山石径斜，白云深处访仙家。敲门做爱丹药丸，老脸羞比二月花。话说那崆峒道士邹䜣，专诚来找白玉蟾求丹药，却遭到公然拒绝和羞辱。当时邹䜣就有说不尽的悲愤，道：白老弟，你听我说，做老道不要这样无耻，大家都是老道，都一样的花白胡子，你炼丹丸我来吃，反正你一个人也吃不了那么多，何必这么自私呢？

没想到白玉蟾只是冷哼一声，道：水仙不开花，你少跟道爷装大瓣儿蒜。你以为脱了儒生服，弄一顶道冠扣脑壳上，我就认不出你是圣人朱熹了吗？我呸！还伪造了身份崆峒道士邹䜣，你还要脸不要脸？

当时那自称崆峒道士邹䜣之人就惊呆了：白玉蟾，你真的有点儿门道，居然能一眼看破我的身份，莫非，你真的是一只大蛤蟆吗？承认了吧，人类是没有这种异常视野的。

白玉蟾道：我是蛤蟆还是人，不关你的事儿，反正我留在这世上的有许多诗，有我的门派，还有许多跟我学炼丹的徒弟，你就算是想拿我不当人也不成。反倒是你，朱熹，你以为圣人是那么好做的？哼，就等着被人活活骂死吧。

朱熹道：小白啊，你所言极是，实际上目前的朱熹我，已经打通了佛儒两家，但这没用，朝野官民，仍然是惊天动地的谩骂声。我寻思着，你要想逃掉不被人污辱谩骂，非得走道家的门路不可，所以才来找你要丹药。

白玉蟾摇头：小朱你差矣，并不是道家不被人骂，谁都逃不过。但你们儒家之所以被骂得最惨，那只是因为你们的名气忒大。你也不是不知道，越是没本事的人，骂起有本事的人来就越是凶。道家只因是出世的，不多做事，所以挨骂的机会就少了点儿。你儒家讲究个入世，讲究个为国为民，干的活儿最多，所以挨骂也就最多。

朱熹摇头：可他们骂得实在是太难听了，我还是跟你在这儿一块儿研究炼丹吧。

白玉蟾也摇头：抱歉，你来得太晚了，现在你的儒学根基已经养成，不可救药的为国为民思想，已经浸入了你的基因中，想逃过万世辱骂，基本上来说已经没机会了。我奉劝你明智一点儿，趁早转身下山，老老实实干活儿，踏踏实实挨骂，你别无选择。

朱熹：可我还是想……

白玉蟾劈头打断他：还是别想了，你跟我在一起，我帮不了你不说，你反倒会拖累我，搞不好以后我也被人谩骂。拜托，算我求你了，快点儿滚蛋吧……不由分说，白玉蟾强行将朱熹推到门外。朱熹还不死心，隔了几日又回来，却发现那小窝棚冷冷清清，空无一人。白玉蟾竟然不知所踪。时过八百年，一批又一批的历史学者上天入地，想找到白玉蟾，却无论如何也找不到，这个不知到底是人还是蛤蟆的神秘动物，就这样神秘地消失于历史的长河之中。他失去踪迹的那一年，刚刚三十六岁，除了留下一本诗集，几个弟子，根本不曾为这世界做点儿什么正事儿，所以知道他的人极少，就算有人想骂他，也无从骂起。

朱熹拜谒神秘动物白玉蟾，试图闯入道家之门，打通儒佛道三家的通道，最终功败垂成，不久被活活骂死。但他所经历的这件事，却成为了一个蓝本，让王守仁抄袭过后，安在了自己的头上。

冯梦龙著的《皇明大儒王阳明先生出身靖乱录》上，是这样记载的：

明年，授官刑部主事，又明年，奉命审录江北。多所平反，民称不冤。

事毕遂，遂游九华山，历无相、化城诸寺，到必经宿。时道者蔡蓬头踞坐堂中，衣服敞陋，若颠若狂。先生心知其异人也，以客礼致敬，请问神仙可学否，蔡摇首曰："尚未尚未。"

有顷，先生屏去左右，引至后亭，再拜，复叩问之。蔡又摇首曰："尚未尚未。"

先生力恳不已，蔡曰："汝自谓拜揖尽礼，我看你一团官相，甚说神仙。"

先生大笑而别。

这段记载，说的是王守仁游历九华山，到了一座寺庙里，发现一个怪道人蔡蓬头，纨衣百葛，状若疯癫。王守仁断定此道非凡道，当即上前询问：大师，你看我能学神仙之术否？怪老道蔡蓬头摇头：还不行还不行……这话连说了两次，最后给了王守仁一句：你满脸官气，说什么求仙学道？

这段记载，我们可以十拿九稳地断定，如果此事不是王守仁自己瞎掰的话，那么就是他的弟子们瞎掰的。到底是谁瞎掰的不好说，但瞎掰却是肯定的。

有什么证据吗？

有！

🦎 虚无世界来的人

　　断定一件事是不是瞎掰，并不难，通常情况下，我们是先来查证历史上是否有这么一个人，他是做什么的，有什么样的经历，什么样的坎坷，有什么样的心路历程，他的理想是什么，他追求理想的过程如何，他又是怎样以他的存在来影响这个世界的。

　　比如我们说白玉蟾，这个人尽管来历不明，以一种刻意的低调方式，保持一种刻意的高调招摇，知道他的人，少之又少，但我们却可以断定这个人真的存在——不管他到底是只误喝了丹水的蟾蜍，还是一个大活人故意摆迷魂阵。但他到过许多地方，和许多人交流过，所过之处都留下了零星的记载，而且他本人还留有一大卷本诗书，再加上他的门人弟子，要让我们相信这么多的人在伪造一个并不存在的人，而且连个目的都没有，这很难。

　　至少，朱熹化名为崆峒山道士邹䜣这事，已经是史学界的共识，都知道朱熹在白玉蟾这里碰了壁之后，转而去研究《周易参同契》，最终也没搞出个名堂。这是史实，所以白玉蟾确曾存在过。

　　而王守仁在这里突然搬来一个蔡蓬头——在此之前，没有任何人提到过这个蔡蓬头，此人无爹无妈，没有幼年，没有少年，没有相识的朋友，没有左邻右舍。等于是凭空跳入历史之中，就已经是成年老道了——在此之后，也没有任何人发现蔡蓬头，这导致了此人又没有晚年，更没有三朋四友，不曾有只言片语留在这个世界上……

　　俗话说得好，人过留名，雁过留声，连脊椎动物死了，都要留下点儿化石证明自己曾经存在过。这个蔡蓬头居然有此智慧学识，一眼瞧得出王守仁的来龙去脉，但在王守仁见到他之前，却不曾有过丝毫的记载，这就够让人纳闷的了——更离奇的是，日后王守仁功名大成，声名赫赫，按理来说少不了会有刨根问底的人，挖地三尺去寻找这位蔡蓬头的行踪，可是却没有找到他。最可疑的是，九华山的传说之中，提到这个蔡蓬头，居然也是来自于王守仁的这段记载。

也就是说，蔡蓬头以前不曾存在过，见到王守仁之后又神秘地消失了，比白玉蟾消失得更为干脆彻底。他分明是从一个虚无的世界突兀地跳出来，跟王守仁打了声招呼，然后又跳回到了虚无世界之中，这真的可能吗？

自然界中，灭绝的动物死了千年万载，犹自会留下甲壳化石供人凭吊。而思想则是人类逝者的甲壳化石，只要你曾经存在于这个世界上，并以自己的思想感召或是影响过别人，那么你的思想就必然会留下零星残迹。

一如白玉蟾，此人消失得如此干脆彻底，但他的诗文留了下来，他与朱熹的交往留了下来。仅仅是因为，白玉蟾在道家的领域中有他的不凡造诣，这种思想一如灭绝动物的甲壳化石，纵然是再过了千秋万代，只要有人闲极无聊，去历史的书堆里掏坑挖洞，就迟早会把他掏出来。

但却没人能够把蔡蓬头掏出来，这岂非怪事一桩？

一个没有以前，也没有以后的人，我们无法确信他会有着现在。蔡蓬头，他只不过是王守仁自己，又或是他的门下弟子，把朱熹拜谒白玉蟾的故事，移花接木了过来。

那么，不管这桩公案是王守仁杜撰的，还是他的门人弟子虚构的，他们为什么要这样做呢？

很简单，他们要掩盖一些已经发生的事情。

什么事情呢？

这个事，说起来就复杂了，王守仁是中国历史为数不多的、其历史资料完全呈现正面的人物，他的门人弟子深谙纸笔千年会说话的道理，在修史时已经是严防死守，分头把关，将任何影响到王守仁正面形象的真实资料，通通销毁了。尤其是涉及王守仁私人情感信息的资料，你挖地三尺都无法找到。

我们所面对的，是一个净化了的，脱离了现实生活本色的，近乎不食人间烟火的圣徒。如果不是王艮的一封书信泄露了天机，我们压根儿想不到这厮居然敢娶六个以上的老婆，甚至许多人武断地认为，王守仁和他的表妹夫妻感情融洽，却完全忽视了，王守仁留在这世上的骨血，并非是表妹生的，而是另外一个女人生的。

现在，我们需要弄清楚的是，王守仁或他的门人弟子，希望借助这个不存在的蔡蓬头，掩饰什么事情。

蔡蓬头是个什么玩意儿

但我们必须要承认的一件事情是：王守仁确曾登上了九华山，也确曾钻树林扒地洞地寻找神仙踪迹。为了证明这一点，王守仁甚至写了首叙事诗，也就是有诗为证的意思：

> 路入岩头别有天，松毛一片自安眠。
>
> 高谈已散人何处，古洞荒凉散冷烟。

好好看看这首诗，好好看看，这分明是写的朱熹拜谒白玉蟾，遭到拒绝之后再度拜访，却发现白玉蟾已经人去屋空，"古洞荒凉散冷烟"啊。

但《靖乱录》上说，这首诗跟朱熹老夫子没有半点儿关系，它是王守仁写的自己的经历遭遇。

什么遭遇呢？

> 游至地藏洞，闻山岩之巅，有一老道，不知姓名，坐卧松毛，不

餐火食。

先生欲访之，乃悬崖扳木而上，直至山巅。老道蹻足熟睡，先生坐于其傍，以手抚摩其足。久之，老道方觉，见先生，惊曰："如此危险，安得至此？"

先生曰："欲与长者论道，不敢辞劳也。"

因备言佛老之要，渐及于儒，曰："周濂溪、程明道，是儒者两个好秀才。"又曰："朱考亭是个讲师，只未到最上一乘。"

先生喜其谈论，盘桓不能舍。

次日，再往访之，其人已徙居他处矣。

看看这一段，王守仁又在九华山翻找出一个避世异人。该怪人隐居于山峰之巅，不吃水煮火烤的食物，只食用松子野草，结果遍体生长着颜色鲜艳的毛发，实际上是寄生类孢子植物繁殖过盛的原因。要见到这个原始人，王守仁必须要走过一座搭在悬崖两岸的独木桥，人走在上面，只要刮起一阵轻风，左右一晃悠，那就挂了。但尽管有如此之危险，王守仁还是渡过了这道人生的险隘，来到极峰之巅。

当他登上来的时候，发现那绿毛原始人正在睡觉，就坐在一边儿替人家按摩脚掌。为什么要按摩脚掌呢？推究起来原因只有一个，那就是这个避世隐居的怪人，通体寄生着鞭毛类的孢子苔藓，只有脚掌底部因为经常走路，与地面产生摩擦，寄生类鞭毛无法在此处繁殖。所以要想接触到这个怪人的身体，就只能通过这个闹心的部位了。

经王守仁这么一番摆弄，怪人终于醒过来了，大惊曰：这么危险的地方，你上来干什么？

单是这么一句话，我们就可以确定此事真实的程度比较高。因为这句话是纯粹性的人间烟火，没什么前知五百年后知八百年的仙味儿在里边。如果这个怪人说：王守仁啊，你终于来了，我等你快要等了五百年了……蔡蓬头就是这么说的，虽然原话不是这样，但意思却没有走形。

这个避世隐居者，最多只是像王守仁的前几代祖先，如躲进四明山石洞中的第三代祖先王与准一样，都只是凡夫俗子。假如王与准躲在石洞之时，也有一个类似于王守仁这样的无聊之人，钻入洞中去给王与准按摩脚掌，王与准也同样会吓得尖叫起来：你是什么动物？钻进这洞里来想干啥？

正因为他们是人，所以有人的感情，会有担心、惊讶或是疑惧等复杂的情绪表达出来。

在接下来的对话中，恰恰印证了我们的推断。

🐎 神马都是浮云

假如躲入四明山石洞中的王与准，也遇到个王守仁这样的无聊闲人，钻进洞里跟他聊天，大聊那些走街串巷的算命术士，猜猜王与准会怎么说？

王与准铁定会来上这么一句：算卦术士神马的，都是浮云……

为什么要这样说呢？

因为王与准才是真正掌握了玄学命理的大师，可掌握这些不正经的琐碎知识又有什么用？无非是算算东邻家的针掉在什么地方了，右舍家的鸡为何不下蛋了。如果你不替大家扯淡，大家就不会跟你有完。这不，王与准就是因为不乐意算这鸡毛蒜皮，结果被迫躲进洞里扮老鼠。

而王守仁，他在九华山的地藏洞之峰巅，就是亲耳听到了类似于此的这么一句话。

因备言佛老之要，渐及于儒，曰："周濂溪、程明道，是儒者两个好秀才。"又曰:"朱考亭是个讲师,只未到最上一乘。"

听听,极峰之巅的怪人说:周敦颐、程颢这俩人还行吧,不过朱熹就差得多了,最终还没有登堂入室啊……

怪人所提到的周敦颐,乃理学的开山鼻祖。他最著名的作品,是散文《爱莲说》,其中的名句"出淤泥而不染",这是几乎每个中国人都耳熟能详的,但又有谁想得到,这篇《爱莲说》是暗合了《华严经探玄记》的经义,与他的《太极图说》构成了一个完整而严密的儒学思想体系。而要命的是,这个儒学思想体系,竟然是从道家的太极图中演化出来的——但实际上,太极图这东西源自《易经》,《易经》本是儒家六经之首,早在道家未成气候之时就已成定论,这时候却忽地一下子从儒家被抢走,硬被拖入道家的门里,这一切,原本就是为了替王守仁的思想门派硬搞出一个路子,以便误导后人,让你照这个路子来,却只能是越搞越糊涂。

要知道,所有的智慧都将在哲学的终极相逢,无论是出自儒,出自道,还是出自佛,终点都是对三个终极问题的思考所形成的系统性思想认知。

这三个问题,早在王守仁格竹七日累得瘫倒之时,我们就已经提出来了:

第一个问题:我是谁?(自我意识)

第二个问题:他人是什么?(社会意识)

第三个问题:宇宙是什么?(自然意识)

人生的所有问题,都是这三个问题的化形。这三个问题考虑不明白,人生就活不明白,就会陷入极度的痛苦之中。儒家千本书,佛家万卷经,道家一炉子又一炉子的丹药,全都是为了寻找这三个问题的答案。一旦有谁真的思考透了这三个问题,那么他就会立即居身于智慧的极峰。这时候居高下望,就会发现无论儒,无论佛,无论道,都是从山脚下延伸至山顶的羊肠小路，所有的终点都在这三个问题的答案所凝成的智慧峰顶相汇。

所以说，对这三个问题还没有考虑明白的人，妄言打通儒佛道三家，纯属自过嘴瘾。儒佛道三家并不存在着打通之说，只有费尽牛力在智慧的道路上艰苦跋涉，除非你登到峰顶，否则的话，任何时候回望来路，眼前唯见一片苍茫。

极巅之上的长毛怪人，说的那句话，意思就是：周敦颐、程颢这俩人，在这人生的三个终极问题上，考虑的还是有点儿门道的。朱熹就差得远，所以可怜的朱夫子才会被人活活骂死。

那么，在这三个问题上，周敦颐和程颢，到底有什么进境呢？

有这样一件事，理学夫子程颢和他的弟弟程颐，哥俩一道出门去饭局。出门的时候，恰见前面来了一个绝色美女，就见哥哥程颢鼓起两只色眼，大叫一声：哇，好美好美的美女耶，我喜欢死你了……弟弟程颐在一边看着，吃惊得目瞪口呆。

等到了饭局时，哥哥程颢谈笑风生，狂吃海喝。弟弟程颐却愁眉不展，忧心忡忡。哥哥问他：喂，你怎么了，为什么不吃不喝？

程颐道：哥哥，咱们是学理之人，讲究的是为天地立命，为生民立心，为往圣继绝学，为万世开太平。可你看你今天的样子，路上一个美女就让你现出了猪哥原形，你这个样子，又怎么为天地立命啊？

程颢大惊：那个美女我早就放下了，你怎么还把她藏在心里？

大程小程爱美女的故事，在佛家也有类似的版本。通常有个解释叫放下，意思是说，只要你放下心中的执念，生活就会快乐许多——可是你连自己是怎么回事都不知道，美女是怎么回事你不知道，你和美女的关系你更不知道，你什么都不知道，连拿起都难，又何论放下？

与成功只有一步之遥

到目前为止，我们基本上可以断定，九华山地藏洞之峰巅，完全有可能真的曾有一个类似王守仁先祖王与准的人物，自行放逐，结果被王守仁掏了出来。但是遭遇蔡蓬头之事，却分明是杜撰。而杜撰出这么一个不存在的怪人怪事，只是为了掩藏一些真实发生的事情。

王守仁和他的弟子们，到底在掩饰什么呢？

还是继续从地藏洞中的鞭毛怪人说起。这个遁世者，他和王守仁一样的，学问晋阶到一定的程度，基本上就已经能够弄清楚终极的智慧思想，到底应该是个什么样子的。但如果想最终接近这一终极智慧，却又是千难万难，难就难在人体的能量，远不足以支撑大脑进行如此复杂的思考，王守仁在格竹子之时，短短的七天之内就累得病倒，就是一个最现实的明证。

譬如登峰，若要是攀登世界最高峰珠穆朗玛峰，其高8844米，你攀爬到7000米并不很难，此后每再攀登100米，时间都会加倍地漫长。等到了最后那一步，登山者往往要付出积年累月的工夫，只为了迈出那小小的一步，而且绝大多数人就在试图迈出这一步的时候，失踪了，跌落山崖粉身碎骨，又或是被永远封存在冰川之中……

只是一步，只差小小的一步。但能够跨越这一步的人，少之又少。

世上之人，适合体力运动者，远比适合脑力思想者的数量多，然而，拥有如此庞大的人口基数的体力运动者，能够登上珠穆朗玛峰之巅的却是寥寥无几，可知能够跨越智慧极巅之人，几乎是能够掰着手指头数出来的。

眼看这终极智慧近在眼前，触手可及，却总是捕捉不到，可想王守仁的心里，是何等的惶恐惊怒。

这一步，究竟要用多久才能跨越过去？

会不会也和朱熹一样，声称自己跨越了，而且人人也都认为你真的跨越了，但实际上你并没有跨越？正因为朱熹实际上并没有跨越智慧的极峰，所以才无法摆平现实的人际关系，最终被人活活骂死。

会不会是这样？

如果真的是这样，那就太可怕了。为了追求这个终极智慧，付出了如此多的心血，最终却只得在门外徘徊，始终不得其门而入。这样的人生，岂不是太悲惨了呢？

倘若真的是这样，那还不如做一个普通的老百姓，无知无识，乐呵呵傻乎乎地就这样过一生，虽然从未体验过追求智慧与思想的快乐，但也不至于还要承受这般功败垂成的巨大痛苦。

若没有出发，倒也罢了，可你已经走到了这里，8844米的世界极巅，已经走完了8800米，只差最后这点儿距离，如果这时候再回头，让人如何甘心。

无论如何，这一步也要跨过去。

可体能已经耗尽，大脑的运转已经僵滞麻木，失败正在面前露出狰狞的嘴脸，换了你，又该怎么办？

你怎么办，我们不知道。但我们知道的是，王守仁娶了六个老婆。

区区六个老婆，与皇宫中的三宫六院七十二嫔妃相比较，一点儿也不多，甚至是太少太少了。但这六个女人摆放在诗书世家的王氏豪门，却明显有点儿多。

王守仁，他为什么要娶这么多的老婆？

他娶这么多老婆的原因，和他杜撰不存在的蔡蓬头所掩饰的事情，是同一桩事。

到底是什么事呢？

假如你还活着

想要弄清楚王守仁到底对历史隐瞒了什么，我们必须深入皇宫大内，去调查一桩看似与此无关的历史悬案。

据道家记载，这桩悬案发生在大明宪宗皇帝时期，也就是在边关浴血保国的老书生——威宁伯王越被活活骂死的时代。当时朝廷有个副主任科员，叫李孜省，他琢磨着，自己在仕途上已经不太可能有什么发展了，一咬牙一跺脚，我下海了我，于是摔印揣金，拿着一笔公款走人了。

此一去，李孜省专挑着荒无人烟的小径，往大泽深处走，越走越荒凉，越走越远离人世，举目所见，或是花纹斑斓的巨蟒，或是张牙舞爪的虎豹，总之是杀机四伏，步步惊心。李孜省却咬紧牙关铁了心，宁肯让走兽巨蟒吞了我，也要找到仙人的踪迹……咦，前方有一座小茅屋，活人怎么敢在这么可怕的地方定居，铁定是仙人没错。

李孜省狂奔过去，向门里一张望，正见一个白胡子老道，在茅屋里席地打坐。没错了，这铁定是仙人，于是李孜省"扑通"一声，跪倒在门外，口中高叫道：晚辈乞请仙长赐教，传以仙人之术。

嗯？屋里的老道探头向外一看，顿时乐了：哈哈哈，你这个乖巧鬼，还真来对了地方，我虽然不是仙人，但的确懂得许多仙术，你想学不想学？

想学，想学。李孜省一个劲儿地磕头。

想学也不成。老道突然板起脸：仙人之术，岂可轻授，你快走吧。

李孜省闻言大哭，扒着茅屋的门苦苦哀求，并威胁道：仙长，求求你赐我仙人之术吧。你不传给我，我是不会离开的，不仅不会离开，还会扒住你的茅屋门不撒手，万一让我弄塌了你的茅屋，可不要怪我哦。

道长听了，顿时眉开眼笑：你这家伙果然有点儿门道，看来我这仙术，不传你是不成的了……不过呢，仙人之术，不可妄授，我肯定是要考验考验你的，不知你能否经受得住考验啊。

李孜省想也不想就磕头：肯定能经受得住，不信，道长你尽管考验好了。

好！道长站起来，说道：这样好了，我也不打算给你出太难的题，就象征性地考验你三年吧。从今天开始，你要任我踢，任我打，任我骂来任我踹，荆条木棍专往胫骨上打，石头瞄准你的脑壳砸，只要三年以后你还活着……我是说假如，假如你三年后奇迹般存活，那这仙术，我就传授给你了。

假如三年后奇迹般存活……李孜省偷眼打量这老道，见他慈眉善目，心说这一定是道长在吓唬我，我先答应下来再说。

可不承想，李孜省刚刚开口答应下来，就见那一脸慈眉善目的老道，霎时间化成了凶神恶煞。他凶猛地扑将过来，顺手抄起一根粗大的木棍，照李孜省脑壳上"砰"的一声，重重地砸将下来。

李孜省呆了一呆，已然昏死。

被一阵钻心的剧痛刺醒，李孜省先拼命地号叫出声，拼命挣扎着，定睛细看，却发现自己已经被老道悬吊在一棵树下，而那坏老道则在一边生了堆火，此时正用燃烧的树枝，慢慢地炙烤他赤裸的双脚。

这下子李孜省终于醒过神来了，原来这老道说假如他三年后还活着……并不是开玩笑的。想不到这老道心理竟然是如此的变态，照他这般惨无人道的折磨法，李孜省能挺过三天就不错了，三年是绝对不可能的。

这老道哪里是什么仙人，分明是个凶人，是恶人。

这时候李孜省才后悔自己自投罗网，苦苦哀求狠老道放过他。可是老道正沉浸在虐待他的幸福快感中，对他的哀求，根本不予理睬。

眨眼工夫，李孜省就被这缺德老道虐待了三日三夜。

现在，李孜省全身的皮肉，已无一处完好，没被老道烧焦的部位，基本上来说全都腐烂了。李孜省估摸着，他绝无可能再拖过第四天，这老道真是太生猛了。

幸好，勤勤恳恳地虐待了三日三夜之后，老道终于疲倦了，就趴伏在一张香案上，打个小盹儿，打算醒来时用更毒的招数整治李孜省。耳听着老道鼾声响起，李孜省一咬牙，蜷伏着身体，将被反捆的手腕猛地伸入火堆中。

烧吧，这点儿疼痛，相对于老道的残忍虐待来说，已经不算什么了。就听哧啦啦火焰燎烤着皮肉的声音，茅屋里霎时间弥漫起浓郁的肉香。突然之间两手一松，缚在手腕上的绳子，终于烧断了。

不顾焦烂的手腕伤痛，李孜省咬紧牙，慢慢地站起来，抄起一根粗大的木棍，对准老道的脑壳，突然用力砸下。

砰！

老道的身体，猛地一挺，然后"扑通"一声，栽倒了。

李孜省哈哈大笑，扑到老道身上，在道袍里胡乱地一翻，就摸到了一本书。拿出来看时，书的封面上写着三个字：五雷法。

就是这本书！

🐛 怪病怪药方

拿着从老道那里抢来的书，李孜省回到了京城。一进城，迎面就是一张通缉令，上面通缉的在逃犯，正是他李孜省。

原来他拐了公款逃走，朝廷早就发出了海捕文书，务须要将他捉拿归案。

不过是一纸通缉令，这点儿小事儿，是难不住已经有了仙术的李孜省的。

他弄来一身道服，穿在身上，大摇大摆地进了京城，走着走着，忽见一个小太监从一家药铺出来，他急忙上前拦住：小公公，宫里是谁病了？

小太监瞪了他一眼：管得着吗你，给咱家滚开！

李孜省笑道：你让贫道滚开，倒也不碍事。怕就怕等病人病情严重，一定要来找贫道医治的话，到时候可别怪贫道生你的气，不肯去哦。

小太监诧异地看着他：不信你能治好梁公公的病！

梁公公？那是宪宗皇帝身边最宠信的大太监梁芳了。李孜省大喜，道：还真让你说着了，别人的病，贫道或许真的没法子。贫道才疏学浅，就会治个梁公公的病，别人的病，贫道还真治不了。

小太监听他这么说话，顿时转了口风：道爷，若真是如此，就请你跟我去梁公公的府上，真要是能治好梁公公的病，别的不敢说，起码金银财宝，让你随便搬。

李孜省兴奋得满面红光，跟着小太监去了大太监梁芳的府上。到了地方，小太监先让他在一间小花厅里等着，自己进去禀报。

趁花厅无人的时候，李孜省拿起茶杯，在茶水里洗了洗脏手，然后摆出道貌岸然、正襟危坐的样子。

可是这厮不知道，大太监梁芳的府中来客，时刻都有人在盯着，李孜省干的怪事，早已被外边的人，偷看得明明白白。可是李孜省浑然不觉，依然装出没事人的样子，等着梁芳出来，少顷，就听一声咳嗽，大太监梁芳竟然被几个小太监架着出来了。

他的病情太严重，严重到了已经无法走路的程度。

什么病呢？

便秘！

可怜的大太监梁芳，他足足有半个月没拉出屎来了，已经憋得人不人、鬼不鬼，都快要憋疯了。

见面第一句话，梁芳就问李孜省：道长，咱家还能活到明天吗？

李孜省摇头：按说是已经没希望了，不过呢，如果公公你饮下我这盏茶，我包你身轻如燕，一口气绕着金殿跑仨来回，不带喘粗气儿的。

梁芳诧异地看了看李孜省手边的那盏茶，勃然大怒：与咱家把这个坏家伙拿下！

一群小太监蜂拥而入，将李孜省捉住。李孜省却是一头雾水：梁公公，为何要如此对待贫道啊？

梁芳愤怒得都快要哭出来了：你你你……你竟然敢戏弄咱家，让咱家喝你的洗脚水……

李孜省打断他：梁公公，不是洗脚水，是洗手水……

梁芳：那不是一样吗？你的手比你的脚更脏，咱家有说错吗？与我拖下去，乱棍打死这个妖道！

且慢！李孜省高叫道：梁公公，横竖你要乱棍打死贫道，何不在贫道被打死之前，试试贫道的药方呢？若无效，贫道死而无怨。

非要让咱家喝你的洗脚水？梁芳满脸说不出来的痛苦：要不……咱家就试试，反正不喝也是被活活憋死……

捧起那盏脏茶，梁芳犹豫了再犹豫，最后一狠心一咬牙一仰脖儿，咕嘟咕嘟地喝了下去。

放下茶盏，大太监梁芳拿眼睛狐疑地看着李孜省。李孜省也是紧张地盯着他，两人你看着我，我看着你，好长时间过去，突见梁芳脸上的皮肉微微抽搐起来，抽搐的频率和节奏慢慢加快，越来越快，忽然之间他站起来，大声疾呼：

快扶咱家去厕所，咱家等不及了……

🐍 神秘的五雷法

大太监梁芳去了厕所，好久好久也不见回来，李孜省正等得焦急，突听一声哈哈大笑：这位仙长，果然是妙手仙丹，起死回生啊，嘎嘎嘎……就见梁芳大步流星地走了进来。

他的便秘，真的让李孜省给治好了。

五雷法，端的是不同凡响，不可小觑。

实际情况是，李孜省给梁芳治病，用的根本不是什么五雷法，而是一个障眼法。

什么叫障眼法呢？

先说说大太监梁芳，好端端的，怎么会突然便秘呢？这是因为，当时的宪宗皇帝最喜食丹药，每天蹲在小黑屋子里，拿扇子在一只小火炉前扇个不停。而火炉里煮着的，都是些铅啊汞啊的重金属，试想人体是多么脆弱，却每天都要吞服这么多重金属进去，谁能受得了？

皇宫里边，不光是宪宗皇帝喜欢炼丹，如大太监梁芳，也是非常热衷。铅汞之物吞服过多，结果都淤积在小肠里，堵塞了肠道，导致了便秘，实属正常之事。而李孜省是以毒攻毒，给病人灌一盏脏水下肚，患者的肠胃突然遭受到如此肮脏的刺激，顿时就会剧烈蠕动起来，肠胃这一蠕动，就将堵在小肠里的铅铊子水银块全部给蠕动了出来。

有的史家认为，李孜省是个聪明人，自己悟到了这么个招数，恰好解决了大太监梁芳的问题。

但更大的可能是，这个方法不是李孜省悟到的，而是他从那本偷来的五雷法书上看来的。

要知道，炼丹这种活儿，是老道的专业领域，道家人士，一代又一代浸淫于服食铅汞之物的追求上，憋死憋惨的老道，满山满谷，不知凡几。但憋死的老道多了，就有更多的老道来琢磨如何才能不被活活憋死，琢磨的时间久了，总会有人把这个方法找到，所以写在书本上，起一个吓死人的名字：五雷法，也好让这个方法显得庄严一点儿。

现在这本书落到了李孜省的手中，实乃皇宫特大喜讯。

大太监梁芳的病治好了，另一个和梁芳分量等同的大太监钱义，他和梁芳都是宪宗皇帝最宠爱的人，也闻声找上门来了：仙长，李仙长，求求你让咱家也喝一盆你的洗脚水吧……

李孜省耐心解释：钱公公，那不是洗脚水，是洗手的水……

钱义哼哼唧唧地道：不是说，仙长的脚比手干净吗？

李孜省猛然省悟：对对对，原先是脚比手干净，但因为手已经洗过了，脚还没有洗过，所以现在手比脚干净了……

钱义大喜：那咱家就喝洗手水好了，洗脚水就不要喝了吧。

李孜省却道：不行，洗手水对你来说没效果，一定得洗脚水才行。

钱义：……

无奈之下，钱义喝掉了李孜省的洗脚水，果然是立竿见影，把积压在小肠里的铅汞全都排了出来。自此，两名大太监坚信李孜省就是神仙，李孜省不承认也不管用了。于是两人急急进宫，见到宪宗，说道：陛下，天大的好消息，有一个活神仙从天界下凡来了，此时正被我们供养在家中。

宪宗皇帝正忙着炼丹，听到后就问：真的假的？

两名大太监齐齐保证：如有半句虚言，陛下可将我们二人满门抄斩。

宪宗皇帝大惊：连这种毒誓都敢发，可见这事假不了。传朕旨意，有请活神仙入宫，朕有大事与神仙共同商讨。

美女炉鼎的传说

李孜省入宫来，宪宗皇帝不敢让他跪，而是让宫女拿锦墩来，请他坐下，说道：神仙啊，朕今日请你来，是想和你共同探讨一下炼丹的鼎炉材质问题。

哦，李孜省点头：原来陛下你想吃春药……

宪宗皇帝明明说的是炼丹的鼎炉，怎么李孜省却说皇帝想吃春药呢？

这个问题，涉及道家最基本的理论思想体系。话说中国道家方术，最是繁杂神奇，有三尸三彭，内丹外丹，姹女河车，三昧真火，华池神水，圣胎吐纳，辟谷行药，八难七伤……单是这些专业术语，就有着数千本的典籍予以解释。我们这本书主要是研究王守仁，不是琢磨教大家炼丹，所以我们只说一个名词：

炉鼎！

炉鼎？不就是说的炼丹用的小火炉吗？

非也非也，道家之炉鼎，按《云笈七签》中的解释：青谷先生常修行九息服气之道，后合炉火大丹，服之得道……看不懂是不是？看不懂没关系，这是内丹学家的基础理论，这种理论将炉鼎分为四等；最下等者，身为玉炉，心为金鼎，以炉火烹煎之象，形象修炼金丹之法。中等是以乾坤为鼎器，上等则是以天地为鼎炉，在上等之上还有最上等，是以太极为炉。

重复一遍，道家载之于册的所谓鼎炉，计有四等：上上等是以太极为炉鼎；上等是以天地为炉鼎；中等是以乾坤为炉鼎；下等是以身心为炉鼎。

好好看看这四个分类，有没有什么问题？

好像缺少了一个吧？既然有上上等，那么就应该有个下下等，要不然的话这个分类就不科学，不完善，不完整，不严密，不系统，不规范，不全面……那么，到底有没有个下下等呢？

还真有！

现在宪宗皇帝问起的，就是了。

瞧这皇帝什么水平，放着上上等不问，非要问下下等。事实上，这个下下等的炉鼎，长期以来被研究学者认为是茅山派的拿手绝技。现在我们知道，道家里有龙虎山张天师一派，这个派别是东汉年间的一名公务员张道陵辞职下海创建的门派，此一门派是张家子孙世代承袭的，除非是张道陵的后人，别人是绝不允许染指的。

你创了个门派却不允许别人染指，这让别人怎么办？

只能是自创门派了。

就在公元252年，正是三国的晚期，这一年东吴孙权死了，随着孙权之死，一个女孩子哇哇降生了，这个女孩子长到了二十四岁出嫁，但为了创立一个新的道教门派，她毅然决然地和丈夫分居了，开创了以捉妖拿怪为主营业务的茅山派。从此她成为了茅山的祖师爷，史称魏华存夫人。

前面我们说过，那位曾拒朱熹于门外的异人白玉蟾，惨遭龙虎山张天师门派拒绝之后，成为了茅山派的独立运动领袖。而历史上，自打茅山派创立以来，其门下弟子们，就始终坚持不懈地与其他道家派系作斗争，斗争的一项就是道家的房中术。

房中术，就是道家丹炉中下下等的分类了。这个分类让人出奇地郁闷，是以女性的身体为炉鼎，又称美女炉鼎。

有关美女炉鼎的分类，道家已经不厌其烦地辟谣无数次，但却没有丝毫的效果。

这不，宪宗皇帝张嘴就问炉鼎，而李孜省与他心意相通，马上知道他要的就是个春药，这些烂事让白胡子的道家真是情何以堪啊。

🐚 仙子爱上凡人

李孜省来见宪宗皇帝，一门心思琢磨着替宪宗把病治好，那他就要风得风，要雨得雨了。可他无论如何也没有想到，宪宗皇帝竟然见面就朝他要春药。

为什么他会想不到这一点呢？

因为，这时候的宪宗虽然四十岁刚到，却已经十分衰老，牙齿掉光，说话漏风，白发苍苍，行将就木。谁能想到一个行将就木的人，竟然满脑子琢磨这些事？

可是话说回来，正因为宪宗皇帝行将就木，所以他才有一种急迫感，才比年轻人更需要性刺激。李孜省没想到这一点，只能说他不懂得人性。

现在他懂了，却陷入了惊恐之中。

倘若一枚药丸下去，搞得宪宗亢奋过度，突然咽了气，那他李孜省岂不得被灭门抄家？

不要说李孜省没有春药，就算是有，也不敢给宪宗用啊。

可你既然是个仙人，却不给宪宗皇帝春药吃，恐怕宪宗现在就会发火，吩咐武士将你拖出斩之。

找了个借口退出宫，李孜省急得团团转，给宪宗皇帝春药吃不妥当，不给也不妥当，这左右为难、进退维谷之局，如何处之呢？

想来想去，就剩下最后一个法子了：三十六计，走为上策！

逃就一个字！

李孜省悄悄地收起这些日子赚来的银子，卷成一个小包裹，不敢走大门，悄悄地打开窗子，把头往外一伸，就听"砰"的一声，痛得他惨叫一声，急忙缩头回来，拿手一摸疼痛处，分明是肿起来一个大血包。

撞在什么东西上了？

往窗外看看，外边并没有什么东西啊。李孜省百思不得其解，再把脑袋往外一伸，"砰"的一声，又撞在了不知什么东西上。李孜省急忙伸手，往前一摸，嗯，好像摸到了一只鼻子，嗯，好长好长的胡子，还有两只耳朵，一张嘴巴，这到底是什么怪东西啊？他扭脸一看，顿时发出了一声惨叫：

饶命啊！

只听咻咻的笑声，窗外钻进来一个老道的脑袋：徒儿啊，我跟你说过三年就是三年，可才刚刚三天你就受不了为师的考验，偷了书跑京城里来，现在怎么样？不敢喂皇上吃春药，你终于认栽了吧？

窗外这个老道，就是李孜省寻仙时在荒野遇到的那个野蛮变态，以虐待李孜省为乐事的老家伙。想不到他竟然追到了京城，而且找到了自己，想起他那血腥而残忍的手段，李孜省就吓得魂飞天外。可此时听这老道说话，并无恶意，于是李孜省又抱有了希望，问道：师傅，那你可愿意帮助徒儿？

老道笑道：你是我的徒弟，我不帮你，还有谁会帮你？告诉你问题出在哪里吧，徒儿啊，你拿走的那本书，只讲了五雷法，却没有讲到六雷法，所以你才无法解决眼前的问题。

李孜省急忙爬起来，问道：师尊，徒儿请教，什么叫六雷法？

怪老道笑道：东南西北中五个方位，再加上天雷，就是六雷法了。

李孜省问：请教师尊，这六雷法有何神效？

怪老道笑道：这六雷法的神奥之处，就在于它能够召唤仙界雷部的天女，而且还能够让她们心甘情愿地对这世上的凡人投怀送抱。凡人若是与仙子交合，就能够延年益寿，甚至飞升成仙，也不是什么稀罕事儿。

🜁 天雷法的秘诀

听了怪老道的话，李孜省半信半疑：师傅，你可不要忽悠徒儿，那天上的仙子，岂是你招之即来的？

怪老道笑道：你不信吗？那你来看。

说话间，就见老道慢慢地捏了一个手诀，分明是有意让李孜省看个清楚，然后步罡踏斗，念一声：太上老君急急如律令，疾！就见四面冷风猝起，遥远的天际之上，隐隐约约响起了美妙的仙乐之声。伴随着这奇异的乐音，就见流云冉冉，数十个美丽到了极致的仙子，罗带轻拂，红袖飘飘，隐现于云端高处的天界宫阙，漫然飞舞而下。随着那曼妙绝伦的轻舞，仙界异花漫天飘坠。

仙子们飘拂而至，已经到了触手可及的地步，李孜省激动得险些大叫起来，正要小心翼翼地伸出手，触碰一下仙子的衣袂，却不想仙子们突然一个曼妙地旋舞，竟然舞上高空，向着四面八方分散开来，逐渐远去，渐而消失。李孜省失惊之下，大叫起来：师傅，你怎么不叫她们下来。

"啪"的一声，怪老道一巴掌拍在李孜省的脑袋上：你想什么呢？这可是天界的仙子，居然想让仙子陪你，也不想想自己有没有这个福分！哼，这些仙子，除非是见到人间的龙种，像皇帝什么的，才会愿意下来和他们交合，你算什么东西，也敢想入非非？

原来是这样……李孜省如梦方醒。

拿好了，这是六雷法的口诀。怪老道交给李孜省一张纸条：你现在就进宫吧，替皇帝把天界的仙子召下来，让他们去交合，你呢，也就是从皇帝那里多拿点儿银子，安心做个土财主吧。

多谢师傅。李孜省大喜，揣着那张纸条飞奔皇宫，太监传话，宪宗皇帝传他进入。到了宪宗皇帝面前，李孜省先把六雷法的神奇之处，添油加醋地对宪宗皇帝讲了一遍，听得宪宗也是亢奋莫名，立即叫他施术，快点儿把天界的仙子叫来，皇帝要临幸。

李孜省立即仿效怪老道的法子，捏起手诀，步罡踏斗，结印烧符，果然就见冷风起处，屋脊上瓦片"哗哗哗"地响成一片，十几个仙子你拥我挤地从大殿的屋脊上跳下来，上前就按住了宪宗皇帝。只听宪宗皇帝发出了惊恐交加的尖叫之声，拼命地挣扎出来，冲到李孜省面前：你给朕叫来的，到底是什么仙女？

李孜省呆了一呆：陛下……这个这个……这个仙女，确实有点儿太丑了，一个个皮粗肉糙，或许是我刚刚施术的缘故……

少来了，你还敢忽悠朕！宪宗悲愤地骂道：你给朕看清楚了，这些女子，都是在宫里扫地的、倒马桶的粗使宫女，你这哪里是什么仙术，分明是邪术!

李孜省大骇，细一看那几个仙子，果然都是宫中地位最低、容貌最丑的粗使宫人，而且还年纪老大，只是她们中了李孜省的邪术，一个个表情迷惘混浊，分明是自己都不知道自己在干些什么。

情知自己被那可恶的怪老道玩弄了，李孜省吓得魂飞魄散，跪在地上连连磕头，把事情经过一五一十地说了出来。宪宗皇帝还认为他在瞎掰，把那张老道写给李孜省的心诀要过去，却发现是道家的元始天书，根本不是正常人能看得懂的。

传朝中精熟道家元始天书的大臣进来，让他认一下那张纸条上的字，就见那大臣大惊：陛下，此乃南宋时茅山灵霄派始祖白玉蟾所书，怎么会在皇宫里出现？

白玉蟾？

那么，元始天书上到底写的是什么呢？

> 德者道之符，诚者法之本。道无德不足言道，法非诚不足言法。

这句话，恰恰是白玉蟾所创天雷法的口诀。

那个奇怪的老道，到底是不是白玉蟾本人，这事不太好说。但是，他真的没有欺骗李孜省，是李孜省自己骗了自己，这却是毋庸置疑的。

🐚 从灵异事件到政治阴谋

有关李孜省这桩悬案，我们已经讲完了。

现在，我们需要在一个问题上达成共识：

著史读书，最忌讳的就是道听途说，不负责任，最忌讳的是不尊重史实的胡言乱语。本着严肃、客观的史学态度，我们必须要承认，李孜省这桩悬案，其人名、年代都出现了明显的讹误。

道家记载说，这桩事情发生在宪宗年间，故事的主角叫李孜省。实际上，这桩事发生的真实时间，是世宗皇帝年间。那个搞怪的主角，也不叫李孜省，而是叫王金。

正史上记载说，王金这个人，原本是一名国子生，入山修道，归来后果然学了几手绝活儿，于是他进入皇宫，给世宗皇帝讲房中术，协助世宗幸御宫女，吓得宫里的嫔妃们到处躲藏。再后来，世宗皇帝服丹药暴死，于是朝臣纷纷上奏，要将王金拖出去斩首。可谁也未曾料到，这桩灵异事件，竟然转化成了一场空前的政治大阴谋。

当时上奏弹劾王金用丹药喂死世宗皇帝的，是大学士徐阶。可万万没料到，徐阶的门生高拱，突然反戈一击，质问老师徐阶：老师，你说的是啥意思？你说皇帝是个糊涂蛋吗，让一个江湖术士给活活骗死了，是不是？老师啊，你这可是犯下了严重政治错误。谁不知道我们的皇帝，最是英明神武，明察秋毫，怎么可能会让一个江湖术士给骗了？

让高拱这么一说，徐阶顿时目瞪口呆，结果徐阶就被加以罪名，当场赶出北京城，从此高拱独霸内阁。最幸运的是骗子王金，按理来说他本应该被砍头的，可如果要杀他，就意味着说世宗皇帝犯了错误，所以为了维护世宗皇帝的光辉形象，就不能承认王金是个骗子，反而要嘉奖他、鼓励他……

当时朝廷对此案的最终审决诏书，是这样写的：

> 我皇考圣神睿智，荷天笃佑，寿者正终，享国享年，乃自古帝王所罕及者，何尝轻用方药！却乃委罪于人。兹事既会鞫明白，宜宣付史馆记录，垂示万世。金等既有别罪，依拟更论具奏。

讲这么一段事，甚至连当时的诏书都抄了来，就是为了证明李孜省的怪异之事，在历史上确曾有着真实的记载。

可是，我们这本书是在讲述王守仁的圣贤之路啊，突然半路上杀进来一个李孜省，而且还费了如此多的笔墨，这又是一个什么原因呢？

讲这个故事，是想证明一件事情：王守仁在他的追求圣贤之路上，会不会和宪宗皇帝走到一起去？

这话是什么意思呢？

让我们想想王守仁吧，他登上九华山，到处寻访避世的老道，为什么他不去和尚庙里，和僧人聊聊天呢？莫非他也和朱熹一样，儒佛两家已经打通，单只是道家还欠着火候了？

然而我们在前面已经分析过的，佛儒道，包括其他类型的思想体系，在智慧的终极是相遇的。譬如王守仁要攀登的是一座智慧高峰，佛儒道三家的思想理论，就是通向峰顶的三条羊肠小路。不管你沿哪条小路登上峰顶，回望来路，"会当凌绝顶，一览众山小"，三条小路都清清楚楚地摆在你的眼前。而在你还没有登上顶峰之前，绝无可能会先将其中的两条路径，尽收眼底。

这个意思就是说，佛儒道三家，一通皆通，不通就是不通，绝不存在着通了一家还差两家，又或是通了两家还差一家的怪异情形。

把这话说明白了，那就是：如果王守仁还没有晋阶到圣贤的意境，那么，他就搞不懂道家的把戏，那么就存在着这样一种可能，他或许也会和宪宗皇帝一样，对道家的美女炉鼎信以为真。

总而言之，这一章东拉西扯，言不及义，就是搜集到四条资料，放在这里，以供读者自行得出结论：

资料一：王守仁在九华山访道不访僧，并将朱熹与白玉蟾的故事安在自己身上，凭空杜撰出一个不存在的蔡蓬头，他想掩盖什么？

资料二：道家方术，流失民间，愚众确信其有美女炉鼎之说。这个说法就决定了，凡是相信这一点的人，定然会挖地三尺搜罗美女。

资料三：王守仁家里有六个老婆，无论从任何角度上来说，都有点儿多了。

资料四：这时候的王守仁，学问尚未大成，未必不会相信美女炉鼎之说。

总结上述四条资料，你能得出什么结论呢？

但是，如果有谁在此得出结论，说王守仁很有可能，在追求圣贤的道路上，曾经误入歧途，步入了把美女当做炼丹的炉鼎之谬误，所以才一口气抱了六个美女放在家里——那么这个说法绝对是不负责的，是缺乏史料依据的。这些稀奇古怪的事情凑在一起，完全有可能只是纯粹的巧合。

既然如此，那王守仁为啥要娶六个老婆？

……天晓得！

反正王守仁这么个搞法，铁定是连圣贤的门槛儿都摸不到，这却是毫无疑问的。

🐛 唐伯虎遭遇家庭暴力

弘治十五年，也就是公元1502年，王守仁三十一岁了。

这一年，他刚刚游历了九华山，出差回到了北京城，到了家里坐下，左看右看，忽然想起来了：子曾经曰过，三十而立。孔子在他三十岁的那一年，就已经形成了自己的人生观和世界观，形成了自己看待这个世界的完善思想体系，从此迈着方步，行走在圣人的金光大道上。

相比之下，自己就要惨得多。

尤其是这一次九华山之旅，居然没一点儿正事，满山飞跑着找老道，你说自己连炼丹的炉鼎是怎么回事都弄不清楚，还找老道干什么？就算是找到，也铁定是李孜省那样的大忽悠、大骗子，把自己骗得惨不忍睹……

忽然之间，王守仁想要辞职。

好端端的，为什么要辞职呢？

必然是在九华山所遭遇到的事情，严重刺激了他。

但是《年谱》上暗示说，王守仁所受到的刺激，并非来自九华山，而是来自李梦阳。

李梦阳？这人又是谁？

李梦阳，陕西人氏，他母亲生下他的时候，梦见一轮红日滚入怀中，所以名叫梦阳。他的年龄比王守仁小一岁，但才华明显强过王守仁，科举时轻松过关，在朝中做个六品官。当王守仁沦为落榜生的时候，他却因为上书反对孝宗皇帝的小舅子张鹤龄非法抢占百姓田地，竟然挥鞭打落了张鹤龄的两颗牙齿，因而声名鹊起，被推为明朝前七子的头一名。

王守仁回到了北京之后，就跟在李梦阳的屁股后面混。

李梦阳发起了一场文化复古运动，以后大家再写诗，不许叽叽歪歪，就照着李白、杜甫那种风格来写，能模仿就算是不错了，还装什么大头蒜，创什么新呢？可是这场文化复古运动，在中国文学史上却很少有人知道，为什么呢？

因为，有一个重量级的人物被排除在这场运动之外。

这个人是谁？

他便是唐寅唐伯虎！

哇！莫非是三笑点秋香的那个大才子唐伯虎？

然也。

但是历史上的唐伯虎，并没有秋香可点，相反，他倒是吃尽了千般苦头，受尽了万种折磨。细说起来，唐伯虎和王守仁，是一道儿进考场的同学，而且唐伯虎的答卷，比王守仁好出了不知多少倍。但是王守仁却榜上有名，入朝做官，唐伯虎却被拖到天牢里往死里打，这又是什么缘故呢？

这里边又有一桩天大的悬案，当时诸考生中，水平最高的是唐伯虎和富二代徐经，主考官是大滑头李东阳和程敏政，而且程敏政最是欣赏唐伯虎和徐经，没听说过王守仁是谁。

史载，程敏政阅过试卷之后，高兴地对人说：我看到两张水平超高的卷子，敢和你们打赌，这两张试卷，铁定是唐伯虎和徐经的。

此言一出，立即有一封匿名举报信飞入皇宫，落在当时的孝宗皇帝的龙床上：爆料，爆料，紧急爆料，主考官程敏政，泄露了考题给考生唐伯虎、徐经……孝宗见此匿名举报信大怒，立即将程敏政撤职，唐伯虎和徐经两人，被拖入牢房往死里打，打到他们招认为止。

富二代徐经受不了折磨，进了大牢就招了，说他让自己的家童，花银子从程敏政那里买到了考题。

既然有了口供，那就三堂会审，进行最后判决。

不承想，三堂会审的时候，徐经突然翻供，说他的口供是屈打成招的。如果他不编瞎话抹黑自己，铁定会被当场活活打死。会审诸官目瞪口呆，就把这个情形报给了孝宗皇帝。

孝宗皇帝就是宪宗皇帝的儿子了，猜猜他是怎么判决的？

判决如下：给徐经平反冤案，至于唐伯虎嘛……流放算了，至于事情到底是怎么回事儿，估计再也没人弄清楚了，干脆一股脑儿全扣在唐伯虎的头上，不失为一个好法子。

唐伯虎当时没说什么，就是回家后被老婆打了个半死。而富二代徐经，却因为咽不下这口气，竟然活活地气死了。

大才子唐伯虎就这样被流放了，因此也就不可能来京师领导文化复古运动，这场文化复古运动没有他的领导，却是些五流诗人扎堆儿叽叽歪歪，这岂不是扯淡？

谎言下的圣贤之路

有意思的是，王守仁是满山遍野去找老道，而在唐伯虎这里，却是老道自己找上门来。史载，有个衣衫破烂的老道，来找唐伯虎投资，要求两人合伙经营炼丹，炼出金子来大家一起发财，唐伯虎听了，顺手抢过老道手中的一柄折扇，在上面题写道：

> 破布衫中破布裙，逢人便说会烧银。
>
> 如何不自烧些用，担水河头卖与人。

唐伯虎这首诗的意思是说：你既然有烧炼金丹的本事，何必还要找合伙人？像你这种骗子，最多也就忽悠忽悠王守仁，想骗我唐伯虎，还差着点儿。

总而言之，唐伯虎真的有点儿像现代影视剧中的那个幽默形象，比方他给一本专写神仙故事的《列仙传》题诗，诗曰：

> 但闻白日升天去，不见青天走下来。
>
> 忽然一日天破了，大家都叫阿瘟瘟。

这首诗最后三个字"阿瘟瘟"，是江南儿语。江南一带的小朋友遇到害羞丢脸的事情，就齐齐拍掌叫：阿瘟瘟，阿瘟瘟……诗居然可以这样写，估计你就算是打死王守仁，他也不敢这样搞。

事实上，这首诗实际上是写给王守仁的——未必是写给王守仁本人，毕竟唐伯虎和他无冤无仇，但却是写给王守仁正在干的事情的。

这首诗的意思是说：那些脑子灌水、神经短路缺心眼儿的人儿啊，你一天到晚地往深山老林里钻，求仙访道，梦想着飞天成道，成为圣贤，你少来忽悠了。都听到你瞎掰这个成仙了，那个得道了，真要有这回事儿，你怎么不把这些成仙得道的人，拉过来让大家瞧瞧呢？王守仁，你尽管放开牛皮吹吧，吹吧吹吧，等到哪一天，"嘣"的一声巨响，牛皮吹爆了，我看你到时候咋整。

可以确信，这也是当时京城诸官对王守仁的工作评价。

放着正儿八经的工作不好好儿干，一天到晚钻原始森林，一会儿忽悠说你遇到个不存在的蔡蓬头，一会儿瞎掰说你遇到个身上长满了鞭毛孢子的原始人，谁信你呀？

总而言之，王守仁发现他有点儿混不下去了。

辞职，病退。

他的辞职报告在第一时间被批准。明摆着，大家都有点儿受不了他了。

郁闷的王守仁回到老家余姚，学着他三世祖王与准的花样，钻进了四明山的老鼠洞里。娶六个老婆扔在家里，他自己却去钻老鼠洞，这么个搞法，有派头儿。

然后他又编了个瞎话。

《年谱》中这样记载他在四明山上的快乐生活：

> 久之，遂先知。一日坐洞中，友人王思舆等四人来访，方出五云门，先生即行仆迎之，且历语其来迹。仆遇诸途，与语良合。众惊异，以为得道。

这段记载说，王守仁在四明山的阳明洞里，并不是避居人世，而是带着仆人。有一天几个朋友来看望他，还在路上，他就吩咐仆人去迎接，并详细说出了几个朋友的情形，朋友们大惊，认为他已经能够未卜先知，真的得道了。

这个故事，表明了王守仁仍然是执迷不悟，行走在求仙访道的错误之路上。据他自述，这时候的他：日夕勤修，练习伏藏，洞悉机要，对道教的见性抱一之旨，不但能通其义，盖已得其髓。能于静中内照形躯如水晶宫，忘己忘物，忘天忘地，与空虚为体，光耀神奇，恍惚变幻，似欲言而忘其所言，乃真景象也——这段记载，见于《王龙溪笔记》。

但如果王守仁真的达到这种莫名其妙之境界，他又有什么理由回到朝廷，做一名小官，任由大太监刘瑾横踩竖躏呢？又怎么会娶六个老婆，把自己的家搞到了一团糟？

而且这种未卜先知的谎话，太容易被戳穿了，所以《年谱》上为此事先圆了一个场，以免真相被戳穿，使大家难堪：

> 久之悟曰：此簸弄精神，非道也。又屏去。

这段话的意思是，王守仁说：虽然咱家已经与空虚为体，前知五百年后知八百年，但咱不干预知未来这种没意义的事儿，太累，太无聊。所以你想让我算一卦证明一下，抱歉，懒得理你。

嘿，这王守仁，他还真不笨。

喝断禅机心

三十二岁那一年，王守仁搬到钱塘西湖，去养病。

养病喝药，端起药碗来正要喝，突然听说虎跑寺中，有一个坐关的老僧，已经不语不视、不吃不喝三年了。当时王守仁勃然大怒，当即丢了药碗，跑去找那和尚吵架。

先生往访，以禅机喝之曰：这和尚终日口巴巴说什么？终日眼睁睁看什么？

其僧惊起作礼，谓先生曰：小僧不言不视，已三年于兹。檀越却道口巴巴说什么，眼睁睁看什么。此何说也？

先生曰：汝何处人，离家几年了？

僧答曰：某河南人，离家十余年矣。

先生曰：汝家中亲族还有何人？

僧答曰：止有一老母，未知存亡。

先生曰：还起念否？

僧答曰：不能不起念也。

先生曰：汝既不能不起念，虽终日不言，心中已自说着；终日不视，心中自看着了。

僧猛省，合掌曰：檀越妙论，更望开示。

先生曰：父母天性，岂能断灭。你不能不起念，便是真性发现。虽终日呆坐，徒乱心曲。俗语云：爹娘便是灵山佛，不敬爹娘敬其人。

言未毕，僧不觉大哭起来，曰：檀越说得极是！小僧明早便归家省吾老母。

次日，先生再往访之，寺僧曰：已五鼓负担还乡矣。

先生曰：人性本善，于此僧可验也。

这段故事，就是有名的王阳明喝断禅机心——这时候的王守仁，因为筑室四明山，号曰阳明洞，所以以后的他，就被称为阳明先生。俗人的叫法，就称之为王阳明——王阳明自己在《与胡少参小集》中称之为：道心无赖入禅机。

实际上，这里边儿既没有什么道心，也没有什么禅机，有的唯一东西就是个无赖。要知道，王阳明自己可是过来人，人生的事情啊，最怕的是自己亲身经历，用心体会。尽管王阳明娶老婆一口气就六个，终日徘徊在圣贤的门外，不得其门而入，正如他头两次科举不中，终日徘徊在官场门外一样，但思想的进益，却一天比一天深远。

他之所以喝破这僧人的心事，不是他进入了圣贤境界，悟道了。而是这样的事情他亲自经历过，知道不管用。所以他说那和尚：你终日不言，心里却喋喋不休。终日不视，心里却饱看了美女无数——他有这样的见识，仅仅是因为这也是他自己的亲身经历。所以他才会跑来告诉僧人：这没用，你这招儿我本人用过的，真的不管用……

这招也不管用，那还能怎么办？

　　于是益潜心圣贤之学。读朱考亭语录。反覆玩味。又读其上宋光宗疏有曰：居敬持志，为读书之本；循序致精，为读书之法。掩卷叹曰：循序致精，渐渍洽浃，使物理与吾心混合无间，方是圣贤得手处。

　　于是从事于格物致知，每举一事，旁喻曲晓，必穷究其归，至于尽处。

真正管用的，只有最后这一招：圣算！
什么又叫圣算？

苏格拉底的圣算

圣算，在王阳明的思想理论体系中，有着一个漫长乏味的解释：
知道人的天性，自我修养就不会紊乱。把握事情的规律，言行举止就不会惑乱。——是为圣算。

查其事情的本源，便能预知其终止。观察一个人的环境住所，便能预知他的回归。——是为圣算。

居处静中，清楚自己所干的事情。行动之中，知道所去的方向。处事了解所执掌的规则，事后明白所做的缘由。——是为圣算。

清静恬淡，是圣算的根本。规矩法则，是圣算的依据。圣人的心算思维，是圣算的具体概念。从一个端点出发，而扩散到没有止境之地，是圣算的秉性。遍及八方极远之处，又可以总括于一个洞管之中，是圣算的本能。

好啦，说那么多，那么你知道什么叫圣算了吗？

你知道？OK，太好了，麻烦你给大家算一个先。

你马上就会发现，这堂课你听了半天，全都是白费，你压根儿就听不明白什么叫圣算。你之所以听不明白，是因为讲课的老师，只掌握了圣算的方法要领，却没有掌握教授圣算的方法要领。

他知道如何做，却不知道如何讲给你听，这下子你可就惨了。

王阳明不会讲，或者是会讲也不乐意讲给你听，毕竟你一分钱的学费也没有掏。那么在这世界上，有谁知道什么叫圣算，并且愿意讲述给你呢？

这个人还真有。

此人于公元前469年生于古希腊雅典，名叫苏格拉底。他的父亲是个雕刻匠，母亲是个助产婆，小时候苏格拉底跟父亲学雕刻，后来他开始读智者的哲学书，越读越上瘾，读到最后，他提出来了古希腊式的"致良知"——"美德即知识"的思想体系，成为了人类历史上巨大的思想家。

苏格拉底比王阳明提前两千年就"致良知"了，两人得出了一模一样的结论，而且他们的推演方法，也完全一模一样。在王阳明这里，称之为圣算，而在苏格拉底那里，则称之为启发法，通过问答的方式，让学生自己逐步接近知识与真理，获得思想上的进益。

当时有一个狂妄的年轻人，叫尤苏戴莫斯，来踢苏格拉底的场子。尤苏戴莫斯的观点是：人应该做一个充满正义的人。

苏格拉底说：好，我坚决支持你做一个正义人士的决定，而且我坚信，你一定具有识别正义和非正义的能力，对不对？

尤苏戴莫斯说：废话，谁没有这种能力？你以为人人都像你那样弱智啊。

苏格拉底说：好，现在咱们拿出张纸来，请你把正义的事情列在左边，不正义的事情列在右边，也好教一教我这个弱智的老头儿，好不好？

尤苏戴莫斯就在纸上右边，非正义的栏目里分别写入了虚伪、欺骗、奴役、偷窃、抢劫等诸多恶行。

苏格拉底乐了，立即展开抬杠：你说偷盗是非正义的，那么潜入敌军阵营，窃取其情报，这种偷盗是非正义的吗？为了防备朋友自杀，把朋友自杀用的刀子偷走，这是非正义的吗？你说欺骗是非正义的，那么当孩子不肯吃药的时候，父亲骗说一点儿不苦，这是非正义的吗？

这个这个……尤苏戴莫斯被问得直翻白眼儿：那你说到底啥是非正义？

苏格拉底说：我最多只能告诉你，到底是什么样的知识才是我们所需要的，这就是认识你自己。你无法区分正义与非正义，就是因为你对自己还缺乏最基本的认识。而如果你想认识自己，那么，你就必须致良知，要对一切美好的事物存有想望，并努力让自己掌握获得这些美好事物的能力：

美德是对高贵事物的想望和获得这种事物的能力。

苏格拉底和王阳明，就这样走到了一起。

现在我们终于也知道什么叫圣算了。

圣算，就是最基本的逻辑分析与推导能力。

逻辑分析能力与人们平时的胡思乱想是不同的，胡思乱想只是一种平面思维，消耗的心智能量极小。而逻辑思维能力则是逐次渐近，要一点一点地打开大脑中那些未曾投入到运行中的部分，譬如拓荒开垦，所消耗的心智能量极大。苏格拉底显然知道这一点，所以他拿来笔纸作为辅助。王阳明却傻乎乎地只在自己的大脑中思考，结果生生地把自己累病。

王阳明在一次又一次的碰壁之后，终于意识到圣贤之路，并无什么奇迹的发生，有的只是勤奋的思考、不断的探究，什么时候这种思考与经历积累到一定程度，从量变到质变，全新的圣哲思想就会在他的大脑中迅速爆发。

——轰！

这一天还要等多久？

快了，这一次是真的快了。

立场决定生死

正因为人性的黑恶一面，比之于兽性更不堪，所以人类社会才会有如此之多的苦难。同样的，正因为人性中的光明一面，已经接近了佛家的圣灵，所以人类才演绎出了绚丽无比的文明。

人心惟危，道心惟微。一念之差即成魔，一念之差即成佛。佛性与魔性并无交界，更无距离。所谓的圣贤之路，就是让你的心永远沉浸在善的境界之中，再也不受到恶的袭扰。

🐉 京城最大的黑帮头子

终于想明白了，圣贤之路不是一蹴而就的。那需要漫长时间的思考推演，不管是佛家儒家还是道家，哪家都没有区别，都只有这么一条羊肠小道。

于是阳明先生王守仁再回京师，重新做官。

这一次回来，他可真是来对了地方。此时的朝廷，已经发生了翻天覆地的变化，人类的历史也在此抹上一丝喜庆的色彩。

此时宪宗的儿子孝宗也终于死掉了，轮到了孝宗的儿子朱厚照出马，宰制江山。

那么这个武宗朱厚照，又是一个什么样的人呢？

要想知道武宗皇帝是个什么样的人，这事还得从大明立国之时说起。当年朱元璋尽逐元人北走，建立大明。当时南京城中就有一些下层的蒙古民众，被留下来服苦役，再后来又从北方逮回来许多蒙古族战俘，一并关入了战俘集中营。此后从洪武大帝朱元璋开始，历经成祖、仁宗、宣宗、英宗、宪宗、孝宗，眨眼工夫到了现在的武宗朱厚照，这已经是整整八代人了，那些战俘营中的蒙古难民们，也一代代艰苦繁衍下来，只是一代更比一代穷，到了这一代，北京城中的蒙古后裔，终于出了五个不世英雄，他们都是谁呢？

策珠尔、托果齐、甘珠尔、都呼、布都罕。

这几个人，是历史上的大英雄吗？怎么就从没听说过他们？

虽然你没有听说过他们，但在当时的北京城，百姓们听到他们的名字就怕，连听到他们的脚步声，都会吓得哆嗦起来。话说这五个兄弟，每日横行于北京街头，举凡小商小贩，门脸儿铺面，都得按月向他们缴纳保护费，倘若有哪家小铺敢不缴，砸，就一个字，不跟你客气！

原来是北京街头的地痞流氓，街头市霸。

没错，这五个哥们儿组成了北京城中的具有浓厚黑社会性质的民间社团，每人腰揣杀猪刀一把，每天敲诈勒索，以此为生。尽管北京城中也有其他的江湖组合，但却狠不过他们，所以这支江湖势力，俨然独霸北京城。

可是忽然有一天，另一支江湖社团找上门来，领头儿的，是一个满脸油滑的少年，但他手下居然有几十号人马，突然围住五名蒙古兄弟，不由分说搂刀子就砍。策珠尔等五名兄弟勃然大怒，当即抽出杀猪刀，与对方大砍大杀起来。虽然对方人多，却奈何不得策珠尔等人，五人悍勇无比，轻而易举地将对方砍散，向那少年猛冲了过去。

那少年不虞有此，掉头飞逃，五名江湖兄弟在后面穷追不舍，追入了一条巷子之中，眼看就要将那少年追上砍死。不料巷子两边突然喊声大震，就见无数官兵，少说也有几千名，从巷子两头突然抄堵过来，锋冷的枪尖紧抵在五名江湖人物的脖颈上，吓得这五人一动也不敢动。

嘻嘻，嘻嘻嘻，那油滑少年乐颠儿颠儿地走了过来，先摸了摸五名江湖人物身上的肌肉块儿，说道：不错不错，你们真的很能打，要不要以后跟着我混？

策珠尔等五人道：跟你混没什么问题，可你到底是谁啊？

那少年嘻嘻一笑：实话告诉你们，我便是当今天子，你们以后跟了我，若是有人敢欺负你们，就报我的名字，吓死他们。

五名江湖好汉痛苦地扭过头：……这是真的假的啊，当今天子应该坐在金銮殿上，幸御数不清的美貌宫女，不可能跑到街头当流氓吧？

然而这却是真的，当今天子朱厚照，虽然他不幸生在帝王之家，却有一个浪漫的流氓之梦。他最渴望的就是带着一群小打手，上街砸了商贩的小摊儿，再调戏几个民女，这种生活，才是他真正想要的。

史书上记载说，策珠尔、托果齐、甘珠尔、都呼以及布都罕这五名江湖好汉，以后就跟在武宗皇帝朱厚照屁股后面儿，在北京欺行霸市，横行不法。由于他们几个表现得非常流氓，深受武宗皇帝的欣赏，于是收了他们当干儿子，并替他们改名叫：朱采、朱静、朱满、朱恩和朱窥。

像这样的干儿子，有名有姓记载在史书上的，武宗皇帝就收了一百二十七个。朱厚照的干儿子，不光有地痞流氓，还有边关逃兵、乐户、伶人，西域来的番僧，从深山里钻出来的老道，外加宫中的太监等等。反正这个皇帝最讨厌待在皇宫里，每天带着一帮小兄弟出宫打群架，他打败了对方，就不客气地往死里砍。但如果是对方打败他，他就按江湖规矩，收对方当自己的马仔，让他替自己砍人。

由武宗皇帝朱厚照所统领的流氓团伙，成为了京城中最大的黑帮，无人敢撄其锋。

既然如此，明武宗放着好端端的皇帝不做，出宫兼任流氓头子，那么国家大事，谁来照管呢？

国家大事，自然就交给刘瑾了。

刘瑾，何许人也？

🍃 恐怖的权力格局

话说大明英宗年间，陕西兴平县有一户人家，姓谈，这户人家生了个儿子。然而这个孩子的姓名，已经湮没于历史的长河之中，我们姑称之为小谈吧。小谈这孩子聪明伶俐，喜读诗书，按说这孩子理应走科举功名之路，可是不晓得什么原因，忽一日他挥刀切割下自己的卵蛋，去了大太监刘顺的门前，自愿卖身为奴，侍候刘公公。刘公公喜欢这个怪孩子，遂收了他为干儿子，替他起了个名字，叫刘瑾。

于是大太监刘瑾横空出世，到了宪宗年间，他被分配到教坊司工作，主要是负责替皇宫歌舞团的演员们做好服务工作，这说明他除了精读诗书之外，在音乐方面也有一定的造诣。除了多才多艺，他还有一个暴脾气——有一天，他出宫采购，因为价格谈不妥，与卖家发生争执，结果他三拳两脚，竟然将对方活活打死了。

出人命了，按刑律，当斩。

有关部门把斩决刘瑾的报告报了上来，却恰好被当时还当太子的孝宗遇到了，孝宗截下了这纸斩决令，找了个由头儿，开释了刘瑾。然后等孝宗做了皇帝，生下儿子武宗的时候，孝宗就让刘瑾去东宫伴读，就是陪太子武宗读书。

孝宗怎么会派个杀人犯到自己的儿子身边？他就不怕刘瑾哪天无名火发作，捏死他的亲生儿子吗？

不怕，居于权力的巅峰，孝宗对于人性有着与众不同的认知。他知道，人性这个东西，是根深蒂固的，其中起主导作用的，就是恐惧心理。朱家子孙世代承袭皇帝之位，原因是什么？是朱氏皇族智商高吗？差矣，孝宗比任何人都了解自己这一家子，朱氏皇族中，朱元璋雄才大略不假，成祖朱棣也有两把刷子，但此后的子子孙孙，其智商已经回落到了普通人的水平之下。这时候资质平庸的皇帝们之所以还能够把持皇权，只是因为一种沿袭日久的习惯——大家已经习惯看到姓朱的坐在皇帝宝座上，这时候最羡慕的是皇帝的命好，而不是他们的智商。

尤其是侍立于金銮殿之上的大臣们，这些大臣无一不是智商才学过人之辈，如李东阳，如李梦阳，如王守仁——连名传千古的唐伯虎，都被这些精似鬼的天才人物挤到了江湖上去，可知朝臣的智商是何等之高。

那么多聪明绝顶的臣子，偏偏帝王的智商是越来越低，长此以往，不堪设想啊。

所以，皇帝想以智力的优势驾驭群臣，那基本上来说是不可能的。你一个笨到家的蠢人，居然敢和一群天才人物斗智商，这不明摆着搞笑吗？

智力上斗不过群臣，倘若哪个聪明的大臣想要玩弄你，那实在是再也容易不过的事情了。因为你笨，你蠢，被人家玩儿了你自己也不知道。只是玩儿一玩儿倒还罢了，怕就怕被玩弄到最后，太阿倒持，反倒被智商超高的臣子夺走了你的权力，那后果就太可怕了。

有什么办法可以避免这可怕的结局呢？

有办法！

这办法就是要激起群臣心里最深的恐惧之感，让他们害怕你，不管他们有多么聪明，可恐惧会最大幅度地降低他们的智商。而且只要他们害怕你，就不敢欺骗你，更不敢玩弄你，至于夺走你的权力这事儿，想也不敢想。

可如何才能够让群臣心怀恐惧呢？

办法太简单了，就是找一个像刘瑾这样有着明显暴力冲动的人出来，授予他特殊的权力，让他为所欲为，杀大臣宰高官，让群臣生活在死亡的阴影之下，人人自危，个个胆寒。这时候，大臣们就会无限渴望着皇帝的拯救，倘若你再将哪个倒霉的大臣从刘瑾这种暴力主义者手中拯救出来，那么他就会感恩戴德，五体投地地膜拜你，再也不敢兴起别的心思。

所以明宪宗的时候，设置西厂，让大太监汪直统领锦衣卫，专一杀戮群臣。而孝宗替自己儿子安排的是刘瑾。知子莫如父，自己的儿子是什么德行，孝宗比任何人更清楚，所谓望之不似人君，既然儿子贪玩，明显镇不住群臣，那就需要一个刘瑾赶场救火，充当邪恶的大魔头，让群臣从此生活在恐惧与绝望之中。唯其如此，自己儿子武宗的江山，才会得以稳固。

显而易见，刘瑾绝顶聪明，他知道自己被安排在武宗皇帝身边的意义是什么，所以他终究没有辜负皇家的希望，把他的角色演绎得非常精彩。

🦎 解决历史遗留问题

说刘瑾把他的角色演绎得非常之精彩，那是后来的事情——后来刘瑾进入了角色，与朝中群臣展开了互动，越演越生动，越演越逼真。但在一开始，他仍然只是武宗皇帝身边的一名工作人员，以领导满意作为他的最大目标和宗旨，压根儿没想到会有人来找他的麻烦。

群臣来找他的麻烦，也是吃饱了撑的。早在武宗他亲爹孝宗当政时代，朝政就形成了一个内批制度，凡事涉及权幸贵戚，涉及皇族利益，行政公文就只在宫里边儿走，皇帝批阅了转太后，太后批阅了转皇后，皇后批阅了再转回皇帝这里，然后皇帝再转回皇太后处，如此反复以至无穷，直到这纸行政公文，在无数次的批阅中被恼火的太监偷偷撕了为止。

也就是说，涉及皇亲国戚的事情，无论是刑事案子还是民事案子，抑或是法规政策，都只在皇宫里内部公文履行，内阁也好，六部也罢，都没机会参与。所以当时的大臣们很是窝心憋火，但谁也不出头说话。

为什么大家不肯出头说话呢？

这里有个原因，大明帝国在朱元璋开创时期还马马虎虎，成祖朱棣同样以武功治理天下，则牛气得很。此后是仁宗、宣宗，仁也好宣也罢，都是拿出来响当当的字号，表明帝国的皇帝超级英明神武，帝国很有面子。但到了英宗时代，虽然这个皇帝谥号为英，但实际上却丢人现眼，英宗曾经在亲征土木堡之时，遭到蒙古瓦剌部落的绑架，堂堂皇帝被人家绑了肉票，说出去已经够丢人的了，可是英宗之后的宪宗更怪，竟然长期拒绝上朝。

明摆着，帝国出了问题，越来越走下坡路。所以群臣心里急惶，就琢磨在宪宗的儿子孝宗这一辈扳回一局，哪怕是孝宗再没有出息，那也要把孝宗人为地打造成一个绝世帝王，也好让帝国有点儿面子。

所以大明历史上，对孝宗的评价就很高，认为孝宗这个皇帝蛮不错——但实际上，这个蛮不错的评价，是群臣们彼此默契搞出来的商业包装。事实上孝宗超级的扯淡，比之于宪宗更不堪提起。单说一个公文内批，内阁六部不得与闻，就明摆着会遗患无穷，迟早会把帝国搞得一塌糊涂。

但为了维持孝宗时代和谐的假象，群臣们闭紧了嘴巴不说话，那是因为他们打算等孝宗死了之后，到了孝宗的儿子武宗这一辈，再把这个历史遗留问题纠正过来。

所以武宗甫一登基，群臣就纷纷上书，要求废除公文的内批制度，行政办公透明化，公开化。

可是事情的麻烦在于，虽然武宗登基时才刚刚十五岁，可是他肩上的担子却非常重，他不仅要供养老太后，也就是他的生母，还有一个太皇太后也需要供养，这可是他的亲奶奶啊，不养成吗？

可不管是皇太后，还是太皇太后，供养起来都是非常花钱的。皇家的太后，可不像民间的老太太，给一碗凉水，打发两个干硬馍馍就OK（行）了。太后和太皇太后两家，男男女女都少不了几百号人马，个个都要吃山珍海味，人人都要住超豪华级别的公家免费大别墅。这么麻烦的要求，全得由少年武宗皇帝来解决。

怎么个解决法呢？

把这事拿到朝廷上去，让群臣讨论？

想也别想，这事如果端出来，群臣少不了拼死劝谏，哭的有喊的有，上吊的有撞死在金銮殿上的有，是绝无希望解决的。

这种事，只能走内批。

武宗皇帝在文件上批阅：皇家没有那么多的钱来养活太后和太皇太后，咋办啊，转太后和太皇太后阅。

太后和太皇太后俩老太太，看了武宗的批阅非常恼火，批奏道：皇上，你缺心眼儿啊，不会让几个太监出宫，办几家企业……嗯，就叫皇庄好了，老百姓家的地咱们低价买来高价卖出，这不就有钱了吗？

武宗虽然是皇帝，但他是太后的儿子，太皇太后的孙子，只得依言照行。于是令太监出宫，强行夺占百姓家的土地和漂亮女人，老百姓呼天抢地去官府告状，官府急忙向朝廷报告。内阁及六部官员得知此事，无不是怒火攻心，义愤填膺，齐声吼叫道：

刘瑾不除，国无宁日！

咦，这事跟人家刘瑾有什么关系？

跟刘瑾是没关系，但是你替群臣想想，老百姓土地被占，妻女被抢，朝廷无论如何也得从宫里拖出来个活物来，还老百姓一个公道吧？可是皇帝不能拖出来，太后不能拖出来，太皇太后也不能拖出来，这些当事人都惹不起，那还能拖谁？

只能拖出来一个刘瑾凑个数字，谁让他和皇上的关系好呢？

🐌 史上最强硬的内阁

八虎不去，乱本不除！

朝臣不光是要找"无辜"的刘瑾的麻烦，还包括了谷大用、马永成、张永、魏彬、罗祥、丘聚、高凤七名内侍，为了名正言顺，朝臣还给这八个替死鬼起了个黑社会才有的称呼：八虎。

要知道，这时候的明武宗才刚刚十五岁，还不懂人情世故，全靠了他身边这八个人，替他出主意想办法。如果能够掀起一场轰轰烈烈的人民运动，将这八个人一次性全部打掉，那么，懵懂的明武宗就落到了群臣的手中。这些群臣无一不是智识之辈，到时候想让武宗圆他就得圆，让他扁他就得扁，岂不快哉？

儒家学者，莫不是存有一腔政治野心，希望能够得到机会，大展手脚，实行自己的治国理念。但是在皇权体制之下，这种可能性基本上来说就不存在，唯一的可能性，就是能够碰到一个不懂事的小皇帝，听任你的摆布，这种机会可遇而不可求，现在大家终于遇到了十五岁的明武宗，当然会莫名亢奋。

所以大家一定要找借口，编理由，甭管这借口多么离谱儿，甭管这理由多么荒唐，只要群臣一心一意，不愁清理不掉小皇帝身边的保护者，届时，孤零零的小皇帝，就落入大家手掌矣。

这些心里的念头，并没有写在史书上，但却是明明白白的事情。所以三名托孤老臣，也就是内阁三名元老，以刘健为首，李东阳、谢迁不停上奏章，强烈要求打倒以刘瑾为首的八虎集团。这时候户部郎中李梦阳发现了机会，也斜刺里杀出添乱，上奏章要求搞掉刘瑾。

但是李梦阳这事却做错了，任谁都有理由欺负刘瑾，唯独他不应该。

为什么呢？

因为李梦阳有恩于刘瑾。前面说过，刘瑾在出任教坊司领导的时候，三拳两脚打死了卖货的小摊贩，当时下了大狱。按理来说，这时候刘瑾的工资禄米，也应该停发了。但李梦阳当时就在户部工作，看到刘瑾的家人可怜兮兮地来领禄米，担心这户人家领不到禄米，就会活活饿死，所以就违反户部的管理规定，擅自发放了禄米给刘瑾的家人。事后，刘瑾的家人把这事告诉了刘瑾，并说：有生之年，可记住一定要回报李梦阳……但恩不恩，路线分，由于打掉"无辜"的刘瑾，更符合群臣的长远利益，所以李梦阳也不管那么多了，凑热闹跟大家一道合伙儿上奏。

《明通鉴·第四十一卷》中记载说：

> 疏入，上惊泣不食。

这段话的意思是说，由于诸臣所上奏章，一个个穷凶极恶杀气腾腾，把个可怜的明武宗皇帝给吓哭了，连饭都不敢吃了。

武宗小皇帝之所以被吓哭，那是因为他自幼在刘瑾的呵护下长大，对刘瑾等人的依赖感极强。说他在内心的感情上视刘瑾为父兄，也不为过。此时宫外一伙人突然上书，强烈要求打掉他所依赖的父兄，这让可怜的武宗如何不惊恐？

为避免宫外那伙怪异的白胡子老头儿干出什么可怕的事情，小武宗就央求司礼太监李荣、王岳去内阁，与刘健、李东阳、谢迁三人商议，看看可不可以不要这样恐怖，找个妥协的法子。李荣和王岳在皇宫和内阁之间，来来回回地跑了无数趟，一再转达小武宗的意思，能不能把八虎流放到南京，就不要杀他们了，都怪可怜的……

但是内阁执意不允，不杀八虎，誓不罢休。

眼见得小武宗哭个不停，于是内阁商议，宜将剩勇追皇帝，不可沽名学霸王。等明天凑齐满朝文武，大家一起上朝理论，数百名大臣一起冲小武宗吼叫，不信吓不死他。

🐉 恐怖大杀器

正德元年十月，内阁首辅并朝中群臣上奏，略曰：

> 臣等伏睹近岁朝政日非，号令失当。自入秋来，视朝渐晚。仰窥圣容，日渐清削。皆言太监马永成、谷大用、张永、罗祥、魏彬、丘聚、刘瑾、高凤等造作巧伪，淫荡上心。击球走马，放鹰逐犬，俳优杂剧，错陈于前。至导万乘与外人交易，狎昵媟亵，无复礼体。日游不足，夜以继之，劳耗精神，亏损志德。遂使天道失序，地气靡宁，雷异星变，桃李秋华，考厥占候，咸非吉征。此辈细人，惟知蛊惑君

上以便己私，而不思赫赫天命。皇皇帝业，在陛下一身。今大婚虽毕，储嗣未建。万一游宴损神，起居失节，虽斋粉若辈，何补于事。高皇帝艰难百战，取有四海。列圣继承，以至陛下。先帝临崩顾命之语，陛下所闻也。奈何姑息群小，置之左右，以累圣德。窃观前古奄宦误国，为祸尤烈，汉十常侍、唐甘露之变，其明验也。今永成等罪恶既著，若纵不治，将来益无忌惮，必患在社稷。伏望陛下奋乾刚，割私爱，上告两宫，下谕百僚，明正典刑，以回天地之变，泄神人之愤，潜削祸乱之阶，永保灵长之业。

这篇上奏，是历史上少见的短文，此文正是户部郎中李梦阳执笔，户部尚书韩文最后修稿。当时韩文指导李梦阳说：

是不可文，文恐上弗省。不可多，多恐览弗竟。

韩文的意思是说：这篇上奏，不可以写得文绉绉，写得太华丽了，小皇帝是看不懂的。也不可写长了，文章太长，怕小皇帝没耐心看。

瞧瞧这些老家伙，这不是挺明白儿童心理学的吗？他们也知道小皇帝水平比较低，又缺乏耐性，明明知道武宗还是个孩子，却偏偏大帽子满天飞，非要把小武宗的玩伴们通通搞下去。这么个搞法，明摆着不妥当，肯定会引发小皇帝的对抗情绪。

再仔细看看这篇战斗檄文，通篇是东拉西扯，所谓的八虎云云，全部的罪证就是个道听途说，没有一丁点儿的事实依据。而且罗列出来的罪状，全都是孩子们的游戏，就凭这些，居然想将刘瑾等人搞掉，朝中这些老家伙，明摆着脑子进水了——他们就是欺负武宗皇帝年幼，不辨是非，以为自己人多势众，对错不管大家一起嗷嗷叫，想蛮不讲理，以多为胜。

所以武宗小皇帝才会被吓得哇哇哭，换了谁被一群花白胡子的怪老头儿团团围住，威胁恫吓，都得哭，不哭不行啊。

哭着哭着，武宗皇帝察觉自己的哭声越来越大，嗯，闭上嘴巴，侧耳一听，身前身后，左左右右，是一片呜呜的哭声。原来是刘瑾等八人得知朝臣要搞掉他们，吓得全都身体绵软，走不动路，就这样跪在地上，爬到了武宗小皇帝的身边，陪着小皇帝一起哭。

看着这些陪伴自己长大的人，武宗皇帝忍不住再次号啕：为啥呀，这是为啥呀，大家在一起开开心心，多好的事儿啊，为啥外边那些怪老头儿非要杀掉你们呢？

刘瑾哭着说：怪老头想害我们，理由就一个，因为我们都是皇帝身边的人，我们全都死了，皇帝以后还靠谁呢？

小武宗道：……不会这么严重吧，也许他们只是吓唬吓唬你们……

刘瑾大哭：皇帝啊，都到了这一步你怎么还不明白啊，如果你现在不管我们的话，等到明天，我们这些人通通都将被切成碎块儿喂狗，到时候皇帝你可就落入那群怪老头儿的手中了，再也没有人帮助你、保护你，到时候你可咋整啊……

小武宗腾地站了起来，脸色惨白地道：那……要怎么办，才能够不被那些怪老头儿欺负呢？

刘瑾道：除非，皇上你立即下旨，将司礼监、东厂和西厂全部掌握在手中，这是从你祖宗朱元璋开始，一代又一代传下来的暴力工具，是专门用来整治外边儿那些怪老头儿的。人人都说锦衣卫是特务组织，太血腥，太暴力，太残忍，可是皇帝你也亲眼看到了，就这情形，你不使用锦衣卫，能行吗？

小武宗站了起来：传朕旨意，钦命刘瑾掌管司礼监，马永成掌管东厂，谷大用掌管西厂！

正如刘瑾所说，早在帝国初期，朱元璋就为他的子孙准备了最凶残的暴力工具——锦衣卫。一旦小皇帝操起这恐怖的大杀器，就该轮到外边儿那些怪老头儿倒霉了。

🐲 物极必反

次日，内阁三元老并朝中诸臣，继续写奏章要求诛除八虎，正在走笔疾书，突然宫中传旨，宣诸大臣入宫。众人从四面八方向宫中走来，在宫门前相遇，内阁刘健对户部尚书韩文道：弟兄们，再加把劲儿，成功就在眼前了。

另一名尚书许进提醒道：我说你们诸位，可不要逼得太紧，小皇帝可不是吃素的，逼急了只怕事有反复。

刘健冷笑：反复你娘个头，只要我们大家齐心协力，不信小皇帝能玩出花样儿来。

正说着，就见司礼监太监李荣，拿着厚厚的奏章出来了，对大家说：诸位，肃静，肃静，咱家传达一下皇上的旨意。皇上说了，你们大家的意见，都对，都有道理，你们这么多人，没道理也有道理了。只不过呢，你们所要求诛除的那些人，都是打小侍候皇上长大的，无罪杀之，皇上于心不忍啊。希望诸位能够缓和几天，皇上肯定会给大家一个满意的答复的。

众人面面相觑，户部尚书韩文抢先冲了出来：宫中八虎，为害甚烈，如不诛除，国将不国，我等身为朝中重臣，自古冰炭不同炉，正邪不两立，今日不除八虎，誓不收兵！

旁边又冲出来一个侍郎王鏊，振臂高呼道：八虎不去，乱本不除！众臣也立即举起拳头，同声高呼：八虎不去，乱本不除，打倒八虎反动集团……

李荣两手乱摆：别吵，别吵，你们大家不要吵，都是多年的老臣子了，有理你说理嘛，喊什么口号呢，显你嗓门儿大啊？再说皇上也没说不答应你们，只是恳求你们稍稍宽限几日，可不可以啊？

侍郎王鏊冲到李荣面前：如果皇上不除八虎，你又怎么说？

李荣笑道：我李荣只是个没卵子的小太监，脑袋上又没有铁壳包着，哪有这胆子坏了国家大事？

众臣无可奈何，只好怏怏退出。

一击不中，这就意味着彻底失败了。

回来之后，刘健、谢迁和李东阳三名内阁元老，趴在办公桌上开始写辞职信。这是一个抱有三分侥幸心理的试探，但没人对试探的结果还抱有希望。

辞职书递了上去。按照朝廷的工作条例，老臣要求辞职退休，一定要驳回三次到五次，这是为了给做臣子的留点儿面子，也好显示皇帝的宽怀慈悲。但是这一次却有所不同，刘健和谢迁的辞职书信刚刚递上去，里边儿就立即递出来批准的回复。

三名内阁元老，立即被批准退休的只有两份，刘健和谢迁的，而李东阳的却被驳回了。

为什么呢？

前面说过了，李东阳在这次事件中，其政治立场实际上是非常含糊的，他一边儿在内阁写奏章弹劾刘瑾，一边儿偷偷地替刘瑾写碑铭。而且当刘健和谢迁怒气冲冲喊口号，表态誓除八虎的时候，李东阳就紧闭了嘴巴，坚决不吭一声。

所以李东阳幸免于难。

老臣刘健、谢迁黯然退场，收拾行李离开京师，李东阳设宴为他们送行，席间，他举着酒杯，泪水"哗哗"地从脸上淌流下来。瞧他这副怪模样儿，刘健和谢迁火冒三丈，怒骂道：老李，你装什么孙子？当时你要是腰板能够挺直一点点，站出来说一句话，至于到了今天这地步吗？

朝臣无故寻衅闹事，上书诛除刘瑾，结果物极必反，激发了小武宗的逆反心理，最终将刘瑾推到了权力的顶峰。由是，对朝臣的大清算，正式拉开了帷幕。

🐚 一代名士成奸党

要被清算的，第一个就是户部尚书韩文。这厮闹得最欢，所以锦衣卫也将他视为重点目标，大批的审计人员拥入户部，开始进行审计大检查。这一检查可不得了，竟然发现国库中的银子，赫然有假的。

不太明白假银子是如何混进国库的，但责任人户部尚书韩文，立即被朝廷宣布辞退。

事情到此还没完，虽然韩文被朝廷开除了，但锦衣卫一路上如影随形，穷追不舍，还在继续搜集韩文的犯罪证据。可是韩文这家伙超级精明，收到朝廷的辞退书，他立即牵出来一匹跛脚老驴，骑上去，打驴出京，沿途竟然不住官家客栈，就在道路边的大树下，点一堆篝火宿营，夜风冷寒，冻得那些贴身跟踪的锦衣卫不住声地骂娘。

第二个遭到政治清算的，是左都御史张敷华，这厮出京后着急忙慌，飞逃如电，一口气逃到徐州，改由水道，乘一艘独木舟顺流直下，不想舟行过快，"砰"的一声撞击在河心的大石头上，独木舟被撞成了碎片，张敷华落入水中，如果不是贴身跟踪的锦衣卫把他捞上来的话，他铁定就葬身河心了。

第三个倒霉蛋，就是李梦阳了。

李梦阳虽然以前对刘瑾有恩，但在此次事件中他上蹿下跳，闹个不停，执意要将刘瑾置于死地，那刘瑾也没办法了。

打入天牢，准备干掉。

李梦阳入狱之后，就写了封信，求人送出牢外。信上写的是：

> 对山救我，唯对山能救我！

这个对山，乃当时的名士康海。康海在今天的名气，远小于王守仁、唐伯虎之类的人物。但在当时，他却是大名鼎鼎，他的名气大到什么程度呢？纵然是大太监刘瑾，在名士康海面前，也是毕恭毕敬，低声下气，连说话都不敢放大声音。

既然此人在当时有如此大名，何以在历史上却默默无闻呢？

——都是被这个李梦阳害的！

话说康海接到李梦阳的求救信，叹息一声，就来刘瑾府上拜访，当时刘瑾正在洗脚，闻知名士康海到来，鞋也顾不上穿，光着脚丫子就飞跑了出来，到了康海面前一躬到底：不知先生远来，刘瑾有失远迎，先生勿怪，勿怪。于是康海入内，替李梦阳说情，刘瑾二话不说，拿起笔来就写圣旨——小武宗贪玩儿，圣旨都是他来写，写完了自己盖章。圣旨下达，李梦阳逃得一死，头也不回地逃到老家，躲藏了起来。

李梦阳算是得救了，可不久之后，刘瑾的势力被扳倒，倒霉的康海却因为这件事，惨遭群臣落井下石，开除公职不说，从此在历史上被划入了奸党的队伍中，再也没机会翻过身来。

一代名士风范，救人于危难之际，却不幸跌入了奸党的泥坑中。这种事，你听起来可笑，感觉有些不可思议，但却勾勒出了人类社会的相处之难，勾勒出了人性的微妙与变幻。

如果你做一个坏人，杀十人而饶过一人，那么，残存的人就会对你感恩戴德，千恩万谢。因为你可以杀他而没有杀，这就等于给了他一条生命。救生之恩，不啻再造之德，感激那是必须的。

如果你做一个好人，救一个人却没有能力救十个人，那么，你救的这个人嫌你没有尽心尽力，救人没有救到底。你无法去救的十个人，却从此对你恨之入骨——你可以救他们而没有救，这是不可饶恕的恶行，不能原谅。

名士康海就是栽入了这么一个人性险恶的泥坑之中。他能救李梦阳，却无法救出所有的人。因为刘瑾与朝臣的对峙，是朱元璋设置的权力对冲，要么是刘瑾死，要么是群臣死，不存在中间地带。所以康海最多只能救一个李梦阳，却无法改变权力对冲的格局。

他只救了李梦阳却没能救出别人，余者自然就会愤怒至极，这时候大家已经不再仇恨刘瑾，因为刘瑾是个坏人，坏人杀他们是正常的。可你康海既然是个名士，是个好人，就应该把我们救出来，能救而你不伸手来救，可见你比刘瑾更坏！至少也是个伪君子。

人心惟危，道心惟微！

这句话，正是儒家学者对人类社会最具智慧的思考。悟透了这句话，虽然成不了圣贤，但已经像王守仁那样，踏上了圣贤之路。

咦，说了这么多，王守仁哪里去了？他不是回到朝廷上当官了吗？怎么发生了这么大的事情，就没看到他的影子呢？

🐚 王守仁在劫难逃

武宗临朝，刘瑾乱政，这时候朝野名气最大的，是康海；官职最高的，是刘健、谢迁、李东阳；上蹿下跳闹得最欢实的，是李梦阳。这时候的王守仁要名气没名气，要官职没官职，根本轮不到他出来说话。

但是，政治清算的风潮愈演愈烈，越来越多的官员不由自主地被卷入其中。内阁被太监集团扳倒，于是南京给事中戴铣、御史薄彦徽等纷纷上奏，不支持放逐内阁老臣子的做法。刘瑾见疏大怒，拿了去给小武宗看，小武宗看了后也是怒不可遏，看起来不给外边儿那些怪老头儿一点儿厉害尝尝，他们是不知道好歹的。

传旨，拿南京给事中戴铣、蒋钦等二十四名大臣，押入京城，拿大棍子狠狠地打，打到他们老实为止。

戴铣被拿到京城，被一阵乱棍活活打死了。那个蒋钦却是命大得很，打得鲜血淋漓，硬是不死。竟敢不死？不死就开除公职，削职为民，交由群众监督劳动改造。可不承想，三天后蒋钦苏醒过来，马上趴在地上写奏章，曰：陛下，你就听小民一句话吧，快点儿杀了刘瑾，杀完了刘瑾再来杀我，我死也甘心……武宗看到这奏章，鼻头差点儿气歪，这是什么怪人啊，再接着打。

于是半死不活的蒋钦，又挨了三十杖，昏死过去。三天后，蒋钦忽地一下子睁开了眼睛，趴在地上继续写奏章，曰：陛下，老民与刘瑾那厮，誓不两立，若不杀我，就请杀刘瑾，既然不肯杀刘瑾，那为什么还不杀我？……武宗见奏，派人拿大棍子来，再给他狠狠的三十杖，不信他还能活过来。

这一次，人民的好御史蒋钦，终于闭上了眼睛，再也没有睁开。

像戴铣、蒋钦这般，宁可被活活打死，也要和小武宗对着干，这被称为士大夫的骨气。此二人虽然身死，但在士林之中，人人皆赞不绝口，更有许多人自告奋勇地替他们写传，一直躲在后面不吭声儿的王守仁，这时候也不能不出来说句话了。

于是王守仁咬住笔头，冥思苦想良久，终于琢磨出来一套说辞，曰：戴铣蒋钦，他们的职务是御史，工作职责就是见什么不顺眼就上疏批评，本是言官，以言为职。如果他们说得对，朝廷理应采纳；如果他们说得不对，那也应该包容。所以，提请朝廷不要打死他们，让他们回去继续尽职吧……

> 臣闻，君仁则臣直。今铣等以言为责，其言如善，自宜嘉纳；即其未善，亦宜包容，以开忠谠之路。今赫然下令，远事拘囚。在陛下不过少事惩创，非有意怒绝之也。下民无知，妄生疑惧，臣窃惜之。自是而后，虽有上关宗社安危之事，亦将缄口不言矣。伏乞追回前旨，俾铣等仍旧供职，明圣德无我之公，作臣子敢言之气。

看看王守仁这个奏章，应该说已经非常老到了，丝毫不提刘瑾，也不提李东阳李梦阳，爱阴不阴爱阳不阳，他只是就事说事，只是说朝廷不应该以言之罪加于言官，这个理，到任何时候也站得住。

但是站得住也没用，这时候的武宗和刘瑾，正在气头上，他们俩认准了外边儿的朝官是存心找麻烦，正要用杖刑打得这些人服服帖帖，再也不敢多嘴多舌。可是王守仁突然跳了出来，刘瑾和武宗大喜，立即传旨，命王守仁马上赶到午门，接受朝廷工作安排。

什么工作呢？

剥了裤子，露出屁股，屁股撅向天，脑袋瓜子贴地，接受三十杖的暴打。

午门之前，众目睽睽之下，王守仁被人扒了裤子打屁股，这下他可出大名喽……等等，他在四明山的老鼠洞里隐居的时候，不是说已经进入到了未卜先知的境界了吗？既然他明知道回到朝廷里来，会被剥了裤子打屁股，还回来干什么？

所以我们在前面分析过，所谓未卜先知之说，纯是王守仁瞎掰，又或是他的门人弟子瞎掰。瞎掰的目的是神化他的功业形象，但是他们却忘记了，所谓的圣人，只不过是蹚过了晦涩的人性之暗河，抵达了智慧彼岸的普通人。而这时候的王守仁，还在智慧之河中哗啦啦蹚着水，水流湍急，两边的河岸消失在茫茫的水雾之中，所谓智慧，在水一方。逆流而上的王守仁，没掺和到弹劾刘瑾的乱局中，就说明他的智慧已经有了很大的进益，但这个进益，离圣人的境界，还差得远，远到了他无法逃过屁股被打得稀烂的程度。

屁股被打烂之前，王守仁的职务是兵部主事。屁股被打烂之后，他已经被降为贵州龙场驿丞。从中央部门的司局级干部，直降到边远地区的乡镇企业里做一名勤杂工，这个降职的幅度，可真不算小。

🐌 京城正邪大决战

明武宗恨王守仁跟他死抬杠，行刑的时候，由宫中派出亲信太监监杖，打得不狠可不行。结果王守仁被打得昏过去又醒过来，醒过来又被打昏过去，如此几番，等三十刑杖打完，他只剩下出的气儿，没有进的气儿了。

然后，他就拖着血肉模糊的屁股，艰难上路了。临行之前，礼部侍郎站在家门口，用目光替他送行。这位礼部侍郎，就是王守仁的亲爹王华——现在明白王守仁为什么明知屁股会被打烂，还硬着头皮上书了吧？

如果王守仁不出这个头，那么就得他父亲王华出面，朝中群臣，无数只眼睛都盯着他们王家呢。值此正邪大决战的关键之际，你们王家人，怎么也得出来一个表态吧？

现在王守仁出头了，王华就可以理直气壮地不吭声儿了。怎么着，老子已经把亲生儿子的屁股贡献给了这场正邪大决战，还不够吗？

所以《靖乱录》记载说：

> 龙山公（王华）时为礼部侍郎，在京，喜曰：吾子得为忠臣，垂名青史，吾愿足矣！

当爹的心愿是足了，儿子王守仁可就要受苦了。拖着血淋淋的屁股，奔行在流放的人生之路，走啊走，走啊走，一直走到夏天，终于走到了杭州。到了地方，就见三亲六故纷纷赶来问候。这其中，有他的妹夫兼弟子徐爱。

徐爱这个人，出生在一个超级离奇的家庭中，不久前他得知王守仁的妹妹还没嫁人，正在择婿，就跑来毛遂自荐。可搞笑的是，徐爱的叔叔听说了这事，也跑了来加入到竞争者的行列之中，和侄子争抢美女。当时王守仁的父亲把这奇怪的叔侄俩研究了好久，得出结论来说：徐爱这孩子还马马虎虎吧，不过他的叔叔……跟侄子抢美女，无论从哪个角度来看，都有点儿太新潮了。于是徐爱的叔叔出局，徐爱抱得美人归。

徐爱是最崇拜王守仁的，在他的眼里，王守仁简直是一部读不腻的传奇。你看这王守仁，一会儿上九华山找老道，一会儿去虎跑寺骂和尚，一会儿在四明山老鼠洞里筑巢，一会儿又跑到京城挨刑杖，好端端的屁股说打烂就打烂……传奇，传奇，真是太传奇了。

除了徐爱，还有冀元亨、蔡宗、朱节、蒋信、刘观时等弟子，都带了厚重的礼物，前来探望王守仁。王守仁大喜，就住在了胜果寺，每天亲切地会见各地来访的群众，问农时问天气问收成，还有各种规模的茶话会，让王守仁留恋不已，舍不得走了。

眨眼工夫，王守仁就在杭州居住了两个多月。

按理来说，他既然被贬为贵州龙场驿丞，就应该马不停蹄前去上任，哪怕上任之后，点了卯，表示我已经到任了，然后再偷跑到别处一个人休闲避暑，这样才说得过去。但王守仁居然敢在杭州一住就是两个多月，这多少有点儿出人意料。

明摆着，他是不想去上任。

再想一想，虽然他挨了刑杖，被贬出京，可是他亲爹王华，仍然稳坐在礼部侍郎的官位上。想来这些日子，王华少不了四处活动，替儿子求情。王氏父子在这件事情上一定有着默契，所以，王守仁是有意留在杭州，等待着小武宗回心转意，撤销将他贬至贵州龙场的裁决。

等啊等，等啊等，果然有了消息：

坏消息！

有一天午后，王守仁正穿着小褂儿，搬了只脚凳，独自坐在长廊之下纳凉。他的弟子门人全都不在身边，这时候忽然来了两个彪形大汉，头戴矮帽，腰悬利刃，突然走了进来，一张嘴，就是满口的北京腔儿：你就是王守仁吧？

霎时间王守仁呆住了。

锦衣卫!

他们终于来了。

🐉 杀人之夜

锦衣卫突至,王守仁大惊,急看左右,却发现一个人影儿都没有。明摆着,这两个锦衣卫已经在近处窥伺良久了,就等着这个没人的时候进来。无奈何,王守仁只好硬起头皮,道:没错,我就是王守仁。

两名锦衣卫上前架起王守仁:是你就好,跟我们走吧。

王守仁拼力挣扎:去哪里?我不要去,不要去……

锦衣卫道:王先生,你最好别乱扑腾,我们哥俩手重,万一弄伤了你,吃苦的可是你。

王守仁不敢动了,却还想拖延时间:你们……到底想带我去哪里啊?

锦衣卫道:别问了,到地方你自然就知道了。

王守仁被两名锦衣卫架起胳膊,脚不沾地,疾行如风。这时候的王守仁,大脑一片空白,圣贤之路啊,你咋就这么遥远呢?我艰苦卓绝,上下求索,却是始终摸不到这个门槛儿。可死亡之门却是近在眼前,甭管什么人,伸手往前一摸,就能摸到死亡的门槛儿……什么世道!

绝望之中,忽听背后响起了脚步声,接着是"呼哧呼哧"的出气声。王守仁扭头一看,看到后面追上来两个人,看他们的容貌,似曾相识。可是这两人的名字,却似乎没什么印象。

王守仁正在纳闷儿困惑,就听那两人自己说道:王先生,你不认识我们的,我叫沈玉,他叫殷计,我们两人的家就在胜果寺附近,常听说先生是当世的大圣人，我们俩都是粗人，没文化，没见识，自惭形秽啊，不敢让先生看到我们，平时只敢扒在门缝儿里偷偷看先生。刚才看到锦衣卫绑了先生走，估计他们多半是要杀掉先生，所以我们跑来看看，看他们在什么地方杀。

原来是专程来看热闹的。王守仁还没说话，两名锦衣卫已经厉叱道：大胆刁民，此人乃朝廷的钦犯，你们竟然敢和这种人亲近？

不想沈玉、殷计两人却极有见识，只是笑道：自古一罪不二罚，王先生是不是钦犯，我们不知道。但此番王先生已经谪官了，就不应该再加以别的惩罚了。二位先生，我们说得在理不在理？

在理个屁！锦衣卫憋气窝火，架起王守仁加快脚步。可是沈玉和殷计两人也加快脚步，紧跟在王守仁身后。锦衣卫快，沈玉殷计就快，锦衣卫慢，沈玉殷计就慢，虽然两名锦衣卫都有武艺在身，可是他们还拖着一个大活人，所以始终无法甩开沈玉殷计，只能让两人亦步亦趋，始终跟随着。

堪堪走到天黑，两名锦衣卫将王守仁架到江边，将王守仁重重地推进一座小空屋子里，两名锦衣卫转身，拔出刀来，以刀尖儿对着沈玉、殷计二人：你们两人，听好了，我实话告诉你们，我们此番来到这里，是有密旨取王守仁之性命。你们若是还念及家里的爹妈妻儿，就趁早滚开，以免拖累满门。

沈玉殷计二人却把脑袋一摇：不好意思，我俩是两个光棍儿，没有家小，不怕拖累的。

锦衣卫急了：难道你们敢跟当今的圣上对抗吗？

沈玉殷计二人却笑道：你们千万不要误会，我们跟来，其实也是为了你们两个好。你们想想吧，王守仁先生，当世的圣人也，你们俩居然要拿刀杀他，这岂不是太不像话了吗？再者说了，你杀了王先生，尸体怎么处理？尸体必然会丢弃在江口，地方官就得赶来破案，破不了案就得连累地方，说不定会把王先生之死，栽到我们头上。所以我们建议你们两个，在如何处死王先生的问题上，还需要认真研究，仔细思考，务必找到一个十全十美的法子，不知二位以为然否？

两个锦衣卫被沈玉和殷计绕糊涂了：你们这么个说法……也有道理，咦，要不这样如何，拿根绳子给王守仁，让他自己上吊。他自己吊死，属于自杀案件，自杀案件就不用到处找凶手了，自然也就连累不到当地，你们说如何？

沈玉殷计二人摇头：不妥，不妥，此举大大不妥。

锦衣卫气急败坏：这有何不妥？

沈玉殷计二人道：夫王守仁者，圣人也，圣人前知五百年，后知五百年，可你们竟然想让这样一个圣人自杀……这要是说出去，多难听啊。

锦衣卫怒不可遏，破口大骂起来：老子知道你们两个东拉西扯，无非是想让我们放过王守仁。可是实话告诉你们，我们是负有皇命在身的，此来就是取王守仁性命的。若王守仁不死，死的必然是我们二人。你们敢阻拦我们执行公务，那就拿命来吧！

不由分说，挥刀向沈玉殷计二人砍将过去。

🐍 积极向上的绝命诗

沈玉和殷计两人见锦衣卫怒了，毫不犹豫地掉头就跑，跑到安全地带，回过头继续说道：别发火，两位别发火，你们是奉了天子之命，要杀王先生，我们哪有胆子敢阻拦？要不这样好了，干脆等到半夜的时候，你们就让王先生自己投江自尽，这样王先生落得一个全尸，不枉他圣人之名，当地官府又不会受到连累，你们两个也可以回去交差，你们说这主意好不好？

　　两个锦衣卫听得还真动了心，就低声商量道：有这俩家伙死缠活搅，只怕事情还真不好办，万一这两人大声嚷嚷，让皇上知道了，我俩可就全完了。横竖这王守仁已经落到了咱们手里，只要拖到半夜，无论如何也要动手就是了。

　　于是两名锦衣卫回过身来，说：这个主意好，那就依你们俩了。

　　沈玉趁机要求道：古来没有饿死鬼之说，饿死之鬼，会永生永世纠缠着你。既然王先生横竖过不了今夜，要不你们两个分一个人出来，跟我去买点儿酒肉，让王先生临死前吃个饱，也免得他死后缠上你们。

　　两名锦衣卫打了个寒战，正要说话，王守仁已经趴在门边上，冲着沈玉和殷计哀求道：两位好兄弟，我肯定是活不过今夜了，麻烦二位，等我死后告诉我的家人一声，让家人替我收尸……

　　沈玉却摇头道：王先生，你这可难为我们了。要替你报信，得有你的亲笔书信啊，没有你的亲笔书信，我们跟人家说，人家也不信啊。

　　王守仁道：我身上随时带有素纸，就是没有带笔出来……

　　沈玉道：有纸就好办，笔我可以找酒家借一支来。

　　商量妥当之后，两名锦衣卫拨出一个人来，跟沈玉去买酒买肉，同时监视沈玉，严防他给别人通风报信。而殷计则和另一名锦衣卫守在屋门外，防止这名锦衣卫突然发凶，一刀砍了王守仁。两伙人就这样相互紧盯着。不长时间，沈玉和同去的锦衣卫买酒回来，也借来了一支笔。然后沈玉用椰瓢盛了一瓢酒，递给王守仁，说：王先生，你就要上路了，我敬你一瓢。话未说完，已经是泣不成声。

　　王守仁看乐了：沈先生，要上路的是我，我还没哭，你怎么哭成了这样，哈哈哈……将那瓢酒一饮而尽。

　　殷计也上前敬了一瓢：先生喝了我这一瓢，路上也好不甚寒冷。

　　王守仁喝掉。两名锦衣卫犹豫了一下，也拿椰瓢过来：王守仁，我们两人也是奉皇命行事，请你莫怪，也喝了我们这一瓢吧。

　　王守仁摇头：不好意思，我酒精过敏，真的喝不了太多的酒……要不咱们这么着，你们哥四个先喝着，我抓紧时间写绝命书，也好让你们回去禀报？

两名锦衣卫大喜，有绝命书就好办了。

屋外四人蹲在地上，凑成一团喝酒吃肉，王守仁一个人在屋子里拿起笔，蘸上墨，不由得悲上心来：圣贤之路啊，怎么越走越窄呢，几天前还琢磨着再上九华山找个老道逗乐子，今天怎么就写起绝命书来了呢？人生啊，真是太他娘的无常了……悲情难抑，王守仁挥毫写下了绝命诗一首：

> 学道无成岁月虚，天乎至此欲何如？
> 生曾许国惭无补，死不忘亲恨有余。
> 自信孤忠悬日月，岂论遗骨葬江鱼。
> 百年臣子悲何极，日夜潮声泣子胥。

诗成。这首诗的意思是说：人生无常真他娘，求仙纯属扯瞎谎。做官全都是扯淡，至死不忘是亲娘。其实我是大忠臣，只是扑通掉进江。好比春秋伍子胥，死得有点儿太荒唐……诗写得蛮好，就是风格有点儿太消沉了，缺少了一种积极上进、振奋人心的精神气概。

那就再来一首积极向上的：

> 敢将世道一身担，显被生刑万死甘。
> 满腹文章宁有用，百年臣子独无惭。
> 涓流禅海今真见，片雪填沟旧齿谈。
> 昔代衣冠谁上品，状元门第好奇男。

这第二首，果然是充满了大无畏的扯淡精神，大意如下：天下数我最牛皮，打烂屁股不稀奇。文章虽然不如你，万古流芳你莫急。以前被你瞧不起，以后大名震寰宇。要想知道我是谁，状元儿子最调皮……大意就是这个意思吧。

写完了两首风格迥异的绝命诗，王守仁悲从心来，泪如雨下：我不要死啊，我要做圣贤，如果我做了圣贤，是不是就不会死了呢……不太可能吧？只听说千年王八万年龟，没听说圣贤也有这本事的……算了，横竖做了圣贤也是要死的，现在就死，又有什么区别？

他奋笔疾书，写了篇超长的绝命书。由于这封绝命书过长，基本上没有哪本研究资料愿意引用。受不了，会把人读得疯掉的……写完之后，王守仁又留了个心眼儿，在纸后面用篆书写下了十个字：

阳明已入水，沈玉、殷计报。

这十个篆书，以锦衣卫的学识是万万看不懂的，所以营救王守仁性命的这两个人，就这样在历史上留下了姓名。

🐚 神秘的丝巾

俗话说得好，钱越赌情越薄，酒越喝情越厚。在这世界上，你再也找不到比酒更能拉近人与人距离的东西了。沈玉和殷计是来救王守仁的，开始时和两个锦衣卫还是相互提防，紧张戒备，谁知道喝着喝着，四个人竟然亲亲热热搂抱在一起，彼此称兄道弟起来。

兄弟是兄弟，工作是工作，这两桩事还是分得清。虽然两名锦衣卫醉态可掬，但是他们还是摇晃着身子，挥舞着钢刀：王守仁，到半夜了，你快……快点儿自己投江，我们也好回北京写结案报告。

王守仁赔笑道：两位好兄弟，咱们能不能再商量商量？要不这个江……咱们今夜就别投了，水太凉……

锦衣卫叱道：少来！王守仁，你有没有搞错，皇上让你投江，是安排你的工作，你对工作是什么态度？这种态度，能搞好工作吗？哼，亏你还是个读书人。

王守仁无奈，只好向两名锦衣卫鞠了一躬：无论如何，谢过二位的全尸之德，就是怕江里的水冷寒，会着凉拉肚子的……

锦衣卫：别废话了，快点儿走吧，早点儿投江我们也好早交差。

王守仁迈着艰涩的步子，往江边走去，此时夜半，云月朦胧，怒江涛声充斥了整个天地，王守仁的心里，却比江水更要冰冷。走到了江边的滩涂之上，王守仁停下来，回望喝得醉醺醺的沈玉和殷计，哭道：两位兄弟，求你们醒一醒，一定要把消息告诉我们家，一定要啊。

沈玉和殷计举起空空的椰瓢：再……再来一瓢。

王守仁真是没辙了，踏着泥沙，一步一步地走到江边，就听"扑通"一声。两名锦衣卫赶紧揉揉眼睛，已见江边空无人影。锦衣卫急忙奔到江边，只见江边扔弃着王守仁的一双鞋，还有一块丝巾。

值此，两名锦衣卫长松一口气：王守仁已经投江了，我们的工作，也顺利完成了。这双鞋和这块丝巾，我们要带回京师去，作为这次结案的重要物证。

这时候沈玉和殷计东倒西歪地走了过来，道：差矣，你们俩傻瓜蛋差矣。物证有两样，鞋子和丝巾，你们只需要带回去一样就可以了。留一样放在江边，让来来往往的人都能够看到，都知道王先生掉江里了，消息传到京都，这也算是你们的工作成绩啊。

有道理，看不出来你们两个还很有头脑啊。锦衣卫点头道：那我们就带丝巾回去吧，把鞋子留在这里。

沈玉和殷计道：为什么不把丝巾留下，把鞋子拿走呢？

锦衣卫笑道：你们俩缺心眼儿，我们可不缺。鞋子又脏又臭，丢在江边也不会有人捡。可是这丝巾太漂亮了……你说这么漂亮的丝巾，是哪个女生送给王守仁的呢？甭管谁送的，反正这丝巾留在这里，肯定会让人偷走，再当礼物送人。

沈玉和殷计听得点头不迭：有道理，真是太有道理了，那你们拿着丝巾回去吧，再见……

依依不舍地与沈玉殷计挥手告别，两名锦衣卫迈着醉步，踏上了回京之程。

回过头来再说王守仁离开的胜果寺，王家是派了仆人照料他的，当时仆人恰好不在，回来后发现王守仁失踪，仆人吓坏了，连夜提着灯笼到处寻找，却始终找不到。这时候恰好王守仁的弟弟王守文，正在杭州准备应试，仆人赶去报告。王守文闻讯大怒，立即找了官府，声称铁定是胜果寺的僧人贪图哥哥王守仁的钱财，将王守仁谋害了。地方官天大的胆子，也不敢得罪王家，人家的爹可是京城重臣啊，就立即吩咐衙役出动，先将胜果寺的僧人拘起来，大板子先打个半死再说，直打得胜果寺僧人惨号连天，受不了疼痛，就乱招一气。

然后，衙役押着胜果寺的倒霉僧人，四处去寻找王守仁，恰好遇到沈玉和殷计回来，还带着王守仁的绝命诗和绝命书，交给了王守文。王守文仔细一看，认得是哥哥的笔迹，当即放声大哭。

不长时间，又有人在江边捡到了王守仁的鞋子，拿来报官，地方官急请王守文看鞋。王守文低头仔细一看，大叫一声，此乃吾兄之履也。然后一头栽倒，昏死过去。救醒后，王守文哭着写家书，告诉家人这个不幸的消息，于是，王家所有人接信后又是一片号啕大哭之声。

消息很快传到了京城，王守仁的父亲王华得报，立即吩咐道：我活要见到人，死要见到尸，无论花多少银子，也要将我儿子的尸体捞上来！

花重金，出赏格，聘水性好的渔人，沿江捕捞。那些日子，江上都是贪图王家重金，纷纷撑船捕捞的渔人。还真捞出来不少怪东西，唯独无人捞到王守仁的尸体。

难道说，王守仁的尸体飞了不成？

这时候王守仁的弟子兼妹夫，最调皮的徐爱突然放声大笑，曰：我大舅哥铁定是没死，你们不知道他那人，一肚子的花花肠子。你们还不知道吧？我大舅哥在京城有一个秘密情人，曾送他一块红粉丝巾，此时你们只发现了他的鞋，却没发现那块丝巾，所以我断定，大舅哥必然还活着！

当然，徐爱不可能说得这么直白，他的原话是：

天生阳明倡千古之绝学，岂如是而已耶！

🐚 千里大逃亡

王守仁，果如妹夫徐爱所判断，他压根儿就没有投江。

人这个东西，若非自己逼自己，那是决计不愿意投身赴水的。更何况王守仁还满脑子琢磨着做圣贤，圣贤未成，岂能如此作罢？只是被锦衣卫所迫，万不得已，才一步步走向江边，一边走还一边回头，指望着能够出现奇迹……奇迹还真的出现了，他回了几次头，突然发现锦衣卫的人影儿有点儿模糊。

是了，这都大半夜的时辰了，光线晦暗不清，那锦衣卫又喝了太多的酒，肯定是看不清楚自己这边的动静，如果附近能找到一个洞……可这节骨眼上，哪来的时间再去找洞？王守仁一边动作飞快地脱下鞋子，取下丝巾，顺手放在江边的滩涂上，又拿起块石头，用力往水面上一砸。

咕咚！

求求老天爷保佑，让他们听到这个声音，不起疑心。这边王守仁蹲伏下来，尽量缩小目标，沿着滩涂泥地拼了命地掏洞，耳听得锦衣卫走上前来，要看个清楚，王守仁忙不迭地往个泥坑里一趴，也不顾屁股和两只光脚板还暴露在外边，乞求老天吧，都这时候了，老天不会看着硬是不管吧？

锦衣卫走到江边，实际上跟趴伏在泥坑中的王守仁距离极近。这时候倘若光线不是太暗，就能够一眼看到王守仁那顾头不顾腚的狼狈模样。可是这时辰毕竟是大半夜了，月亮又被云影遮住，再加上沈玉和殷计这两个醉猫，一个劲儿地跟锦衣卫东拉西扯，竟然奇迹般地让王守仁逃了过去。

听着四人走远了，王守仁不敢爬起来，害怕再遇到那两名锦衣卫，就弓着身子，沿着江边的滩涂，向下游方向用力地爬行奔走。可怜他那双从未吃过苦的白嫩脚，也不知被石子和蚌壳划出了多少伤口。

一口气爬奔了大半夜，王守仁更加心慌，耳边总听到有人在后面疾追上来，凝神细听，却只是江涛激荡，风声回旋，原来不过是自己吓唬自己。忽然间他眼前一亮，就见远方有一星孤零零的灯火。看到灯火，王守仁立即不由自主地奔了过去，到了近前，不敢靠近，趴伏在黑暗中窥视着。

观察了好长时间，发现那艘船是江上的一户渔家。霎时间王守仁心中燃起了希望，只要搭上这条船，逃过江去，就再也不会碰到那两个锦衣卫了。

正要登船呼救，王守仁忽然醒过神来了。不成，这半夜三更的，自己又是光着脚板，满身淤泥，一旦从黑暗中钻出来，船家多半会大呼救命。最大的可能，是他被船家打个半死，再押去报官。万一见到地方官，自己该怎么说？难道还能说皇帝派了锦衣卫来取他性命，可他非要和皇上较劲儿，竟然不肯死？

一旦有人发现自己还活着，那就惨了，更多的锦衣卫肯定是络绎不绝而来，等到了下一次，哪还有活命的运气？

把这层关节想明白之后，王守仁就死了心，自己在船只附近的地方，于滩涂上掏了个洞，钻进去躲避风寒。半夜里迷迷糊糊睡着了，又几次被冻醒。绝望之下，忽然想到圣贤之路，天，这条圣贤之路也太难走了，难怪自打孔子以后，大家都不肯做这个圣贤，圣贤真不是人做的。

就这样在瑟瑟颤抖之中，终于熬到了天亮。听到船家起来，往江边里倒污水的声音，王守仁急忙从泥洞里钻出来，一瘸一拐地向船边走去：老人家，老人家救救我，我是……行路的客商，不幸遭遇到了劫匪，抢走了我的行李，我趁贼人不备，逃了出来，结果……一边儿说，一边儿紧张地盯着船家的脸色，准备稍有不对，就掉头狂奔。

那船家是个上了年纪的老人，他诧异地打量着王守仁，半晌才道：瞧你模样，像是个读书人。

然也然也！王守仁大喜，这船家好眼力，既然能够看出来他是个读书人，当然也就知道不是匪类，也就不会再扭他去报官。于是他急忙爬到船上：老人家，你行行好，能不能渡我过江？

船家没吭声，转身从舱里拿出来一双草鞋，丢在王守仁的面前：把脚洗洗穿上吧，看你这模样，就没吃过这种苦。

一边说，船家一边撑船离开岸边，徐徐地将船荡向江中。

七日后，王守仁逃至江西广信府。

🐢 瞎掰的专业境界

到了广信府后，王守仁上了岸，把自己身上稍微值点儿钱的东西，全部卖掉，拿了这点儿钱，换了一条船，开往船山县，船行到半夜，王守仁的心里突然紧张起来，感觉到追杀的人就要赶到。他急急下船，又换了一条快船，这真是一条快船，疾行一日一夜，等船靠到岸上，王守仁问这里是什么地方，回答说是福建省的北界。

眨眼工夫，就从杭州逃到了福建，这速度，连王守仁自己都觉得有些不可思议，认为是有神相助——亦疑非人力所及。

但王守仁一上岸，就遇到一队警惕的巡逻官兵，上前拦住了他：站住，你是干什么的？

王守仁：我……这个这个，我是个商人，嘿嘿，嘿嘿嘿，做买卖的商人……

巡逻兵厉喝一声：住嘴，你以为我们没见过商人长什么模样吗？你到底是干什么的，老实说出来。否则的话，把你送去官府，到时候拿海捕文书一对，甭管你干下了多少案子，到了这里就算是到头了，你明白吗？

王守仁叹息了一声，心说，看来，不使出我的拿手绝活，是不行的了！

他的拿手绝活，是什么呢？

你往下看，就知道了。

就见王守仁轻咳了一声，道：好眼力，好眼力，你们不愧是好眼力啊，一眼就看穿了我的来历。哈哈哈，没错，我便是兵部主事王守仁也，在京城大名鼎鼎，无人不知啊，只因为一点儿小事儿惹到了当今天子，因而被天子拖出午门之外，按倒在地，剥了裤子暴打我的屁股。把我的屁股打烂之后，朝廷又将我贬官为贵州龙场驿丞。你们替我王守仁想想，从一个兵部主事贬到贵州龙场驿丞，这是多么丢面子的事情啊，更何况我王守仁才名满天下，岂能落到这个地步？然而我毕竟是获罪于朝廷，罪无可赦。所以我当时越想越觉得自己对不起圣恩，对不起朝廷，我我我羞愧之下，"扑通"一声，投入钱塘江中自杀了。

巡逻兵听得目瞪口呆：噢，你自杀了……那站在我们面前的这个东西是什么？是人还是鬼？

王守仁不疾不徐地道：莫急莫急，你们听我说下去啊。却说一头扎入钱塘江后，只觉得冷水浸透了全身，那个不舒服啊，由不得拼命挣扎起来，正挣扎着，忽然之间好似一阵温暖的香风飘过，寒意顿时散去，我发现自己的身体竟然轻飘飘地浮于水中，也不觉得憋气，居然能够呼吸自如。正当我诧异莫名的时候，前面突然来了一物，我定睛一看，吓得我差点儿大叫起来。你猜前面来的怪物是什么？那是一个人，却长了颗鱼头，但身上却穿着华丽的衣衫，还提着一盏灯笼。就在我目瞪口呆之时，那鱼头怪人已经飘到我的面前，口出人言，曰：王主事休要害怕，某乃巡江使者是也。只因我家龙王与你有三生之约，所以特意让我前来迎请。就请王主事移步，到龙宫中一叙……

说王守仁瞎掰，并不是后人杜撰，而是王守仁自己承认的。他瞎掰的全部故事内容，不妨放在这里供大家参考：

> 巡海兵船见先生状貌不似商贾，疑而拘之。
> 先生曰：我乃兵部主事王守仁也。因得罪朝廷，受廷杖，贬为贵州龙场驿驿丞。自念罪重，欲自引决，投身于钱塘江中，遇一异物，鱼头人身，自称巡江使者，言奉龙王之命前来相迎。我随至龙宫，龙王降阶迎接，言我异日前程尚远，命不当死，以酒食相待。即遣前使者送我出江，仓卒之中，附一舟至此，送我登岸，舟亦不见矣。不知此处离钱塘有多少程途，我自江中至此，才一日夜耳。

这段话乃王守仁自叙，《靖乱录》中有载。可知王守仁之瞎掰，可谓功力深厚，手法老到，技巧已经臻于化境。如这般奇谈，说出来是不会有人相信的，但王守仁最是善于瞎掰类似的故事，讲到最后还满脸天真地询问巡逻兵：……龙王请我吃饱喝足，送我出得龙宫。我随便找了条船，昨夜刚刚离开的钱塘江，不知这里是什么地方啊，离杭州远不远啊，应该不远吧？毕竟我才刚刚行船不及一日一夜……

巡逻兵相信这个故事，正透着王守仁对人心世情的洞察。须知，古代人相信冥冥中自有一种神秘的超自然力量，主导并影响着这个世界。所以王守仁专门对巡逻兵讲这种故事，巡逻兵不敢不信，万一是真的，只怕海龙王随时找上门来，那后果可就太可怕了……于是巡逻兵急忙拿来酒肉，搬来小桌椅，请王守仁坐下开吃，那边早有人飞跑去向官府报告。这么大的事情，一定要报告给领导才行。

然而王守仁这时候却是最害怕见官，见了官，他还活着的消息就等于泄露了出去——实际上已经泄露了，他跟巡逻兵瞎掰了如此之久，岂有一个不泄露之理？但泄露给小兵没关系，倘若见了官，只怕是再也逃不掉了，肯定是被押回朝廷去……于是王守仁吃着吃着，趁巡逻兵不备，说了声：我去趟洗手间先……搁下酒肉，慢慢地走入黑暗之中，突然发足狂奔起来。

🐍 食人无数的怪物

有分教：圣贤之路太难行，满口瞎掰难为情。未卜先知屁股烂，低头咬牙往前冲。

害怕巡逻兵再追上来，王守仁向着远离村庄灯火的方向，不顾一切地发足狂奔，一口气狂奔出三十余里，堪堪逃到一座古寺之前，这才一屁股坐倒在地，咻咻地喘息起来。

和尚庙，到地方了。

大明时代，举凡逃难之人，最终的归宿都是和尚庙。这是因为出家人是不问来历的，即便遇到有人纠缠追问，你也可以这样回答道：老衲自幼出家，时日长久，早已忘却父母姓名，阿弥陀佛……和尚这么个回答法，彰显佛法精深。但如果是普通老百姓，你硬说忘了自己爹妈是哪个，只怕不会有好果子吃。

投入佛祖的怀抱，从此不问世事。王守仁喘息方定，整理了一下衣襟，迈步走到寺门前，重重地敲门。

敲了好半晌，才听到里边有个粗鲁的声音吼道：敲什么敲，还让不让佛爷睡觉了？再敲捏碎了你的骨头！

这里边的和尚好凶！王守仁吐了吐舌头，用温和的口吻说道：烦请大师开一下门，路过之人，借宿一下。

里边的声音吼叫道：本寺不收容外人，有本事去山神庙里睡去！

山神庙？王守仁转目一看，果然发现距离这座寺庙不远，还有一座破败的山神庙。这正是：王圣贤风雪山神庙，鱼头怪再别钱塘江。既然那座正儿八经的寺庙不收留路过行客，看起来，今夜只能暂时在山神庙中休息一下了。

王守仁转身向山神庙走去，到得门前，就感受到一股冷飕飕的阴寒之气，分明是座废庙，已经好久没有住人了。而且这寒气还有点儿不对头，王守仁再拿鼻子嗅了嗅，嗅到了一股子臭味。

是什么味道呢？莫非这庙里边儿有野兽？

王守仁提心吊胆退开几步，捡起块石头，向庙里丢了进去。

"砰"的一声响，除了石头滚落的声音，庙中别无声息。

王守仁又丢了几块石头进去，仍然不见有什么动静。他这才小心翼翼地走进去，先在庙里四处检查一番，果然发现地面略显色重，依他在刑部断案的专业经验判断，这应该是鲜血浸入地面所造成的。

这座庙，果然有问题！

这下子王守仁心里害怕起来，到底是什么东西，专门在这座山神庙里害人呢？是野兽？是大蟒蛇？还是那座寺庙里的和尚干的？

不管里面有什么东西，保住自己的性命才是头一桩事。于是王守仁仰头看了看山神庙的屋脊，又绕着山神庙转了一圈儿，终于找到了个略显低矮的地方，搬来几块儿石头，吃力地爬了上去。

说老实话，山神庙的屋脊之上，绝对不如里边儿更舒服，至少那凛冽的山风，呼啸而来，就吹得王守仁浑身颤抖。可再颤抖，也比丢了老命强。他就这样双臂环抱着身体，蜷缩在屋顶等待着，等待着，等待着那食人无数的怪物出来。终于等到了下半夜，就听风声大起，能够明显嗅到强风挟来的腐臭气息。

这味道让王守仁猛然醒悟，惊叫一声：我道是什么怪物，原来是老虎！

🐚 一念成佛一念成魔

史书上记载说，这座山神庙，年久失修，人烟绝灭，结果就被山里的老虎相中了，选择这里当做自己的窝。近在咫尺的寺僧知道这一切，就故意立下寺规，禁止过往客人入住自己的寺院，迫使行客睡到老虎窝里去，等到了深夜，老虎欢跳而来，将山神庙中的行客吧唧吧唧吃掉，打几个饱嗝儿，扬长而去。

而等天明之后呢，寺僧再拎着铁棍出来，到山神庙里，把被老虎吃掉的客人的行李包裹，金银细软通通收归己有。实际上这是寺僧与老虎双方合作分赃，老虎负责吃人肉，而寺僧负责替老虎清扫残痕，避免新来的客人发现痕迹，以便让新来的客人不虞有此，也住进虎穴中，从而将寺僧与老虎的合作顺利进行下去。

人与老虎之间能够达成如此默契的合作，这表明了老虎是有人性的，同时也表明了人是有兽性的。

而王守仁，他显然是知道人之所以成为人，正是因为兽性未脱。

正因为人性的黑恶一面，比之于兽性更不堪，所以人类社会才会有如此之多的苦难。同样的，正因为人性中的光明一面，已经接近了佛家的圣灵，所以人类才演绎出了绚丽无比的文明。

人心惟危，道心惟微。一念之差即成魔，一念之差即成佛。佛性与魔性并无交界，更无距离。所谓的圣贤之路，就是让你的心，永远沉浸在善的境界之中，再也不受到恶的袭扰。

每个人都可以鹦鹉学舌地说：我心即佛，佛在我心——但你心中的魔性未除，兽性未除，那么你最终得到的，就是禽兽不如的糟糕境地。

确信这一夜的经历，对于王守仁的圣贤之路起着决定性的作用。正如古希腊的苏格拉底提出"美德即知识"一样，王守仁最终也提出了他的"致良知"学说。二者殊途同归，相互印证，都是为了去除人心中的魔性、兽性、邪性以及其他种种污杂之物，永远停留在善与圣洁之中。

但是在当时，王守仁并没有意识到这一点，恐惧与寒冷，必然降低他大脑的运行效率。这时候他的大脑思维，只是在一个平面上滑行，无法进行理性的逻辑思考。

所以，他在讲述这段事情的时候，又犯了爱编瞎话的老毛病。非但没有说出他躲到屋脊上的事情，反而尽情演绎，导致漏洞百出：

先生既不得入寺，乃就宿野庙之中。饥疲已甚，于神案下熟寝。夜半，群虎绕庙环行，大吼，无敢入者。

这叙述中，王守仁真诚地说：我真的没有爬到屋脊上，我爬那么高干什么？我就睡在了庙里的香案下，因为过度疲劳，睡得死沉死沉，根本不知道寺庙外来了一大群老虎啊，在野庙外张牙舞爪，吼叫个不停……

哪怕你是圣贤，一旦犯了编瞎话的毛病，就会顾头不顾腚，露出破绽来。王守仁硬说他天命攸归，老虎竟然不敢入内——那怎么在京城之时，午门之前，几个太监就可以扒了他的裤子，拿刑杖照他的屁股噼啪噼啪暴打呢？

天生王阳明，镇得住老虎，却镇不住太监，这圣人未免太差劲儿了。

此外，古有一山不容二虎之说，王守仁却说野庙外来了一大群老虎，拜托，老虎这种动物食量超大，一只老虎就需要方圆两公里的食草动物来喂养，所以老虎才从不成群，一旦成了群，那得需要多少食物？自然界的生物链局限了老虎的数量，这是王守仁所没有想到的。

说到底，王守仁错就错在只格过竹子，没有格过老虎——但他马上就会格的，这事我们有证据。

🐛 老虎害怕什么

那一夜，想来老虎没少做努力，想要扑到屋脊上，逮住王守仁饱餐一顿。但最终，老虎发现这个努力是徒劳无功的，临天明之前，只好悲愤地吼叫着，扭头回到深山里去了。

还是逮只野兔吃吧。当时老虎肯定是这么想：人这玩意儿肉酸得硌牙，还爬那么老高，真以为谁稀罕你呀！

老虎愤然离开，王守仁也不敢下来，他只是紧张地盯着寺庙方向，直到看到寺庙的门一开，他这才立即跳下来，飞钻到山神庙里，哧溜一声，滑入到香案之下，眼睛刚刚闭上，就累得呼呼睡了过去。

寺僧敢出来，就说明这一带已经安全了。紧张恐惧的心情一去，浮上来的就是噬骨的疲劳。所以王守仁这一觉，虽然时间短，睡眠质量却是极佳，寺僧拿铁杖捅了他好几下，他也不知晓，仍然是大睡如故。直到寺僧不耐烦了，用铁杖敲了敲他的胫骨，这地方有麻筋，疼得王守仁"哇呜"一声，睁开了眼睛。

寺僧大惊：你你你……怎么是个活人？

王守仁这时候脑子已经恢复了清醒，遂笑道：是个活人有什么不妥？难不成你还希望我是个死人，到时候你吃官司吗？

寺僧却万难置信：可是昨夜……你没有听到老虎进来吗？

老虎？王守仁笑道：对对对，你一说这事儿我想起来了，昨天夜里庙外边来了好多的老虎，好家伙，成群结队，浩浩荡荡，把这座破庙围得水泄不通啊。当时我吓坏了，这么多的老虎光临，我岂有活命之理？肯定是要葬身虎腹了……

那你怎么还活着？寺僧直眉瞪眼地问道。

王守仁搔了搔头皮，诧异地道：你说这事儿，我也是觉得特别奇怪。昨天夜里，那成群的老虎聚集在门外，又吼又叫，又蹦又跳，可是却一只也不敢进来，好像这山神庙中，有什么东西让它们害怕一样。会是什么东西呢，嗯，你说它们到底害怕什么东西呢？

一边儿说，王守仁一边儿扭动身体，摆出一副认真寻找的样子，那满脸的困惑，似乎他找不到让老虎害怕的东西，就绝不肯罢休。寺僧却越看他越是害怕，不由得后退了两步，说道：你这个客人，真是怪，怪透了。以前的客人，都被老虎吃掉了，可是轮到你，老虎却不敢进来……你不会是天上的星宿下凡吧？

我？天上的星宿？王守仁先是满脸诧异，旋即正色道：开玩笑，你这个秃驴，我可告诉你，这种话是不能乱说的，乱说是要负法律责任的。不仅要负法律责任，而且要负政治责任……

王守仁越是不承认，寺僧就越是认为他不是凡夫俗子，当即躬身：若客人不嫌弃的话，就请客人到小寺用餐吧。

王守仁假装犹豫：要去吗？就不用了吧，你们寺庙向来不招待外人的……

寺僧连连赔罪：寺中是有这样的规矩，但那都是对别的客人而言。像您这样的不凡之辈，能够到小寺观光，正所谓蓬荜生辉，小僧脸上也有光啊。

好说歹说，寺僧将不情不愿的王守仁请到了寺庙里。进了寺庙，王守仁在寺僧的带领下行走侧殿，正要往里走，这时候侧殿突然走出来一个人，说道：

王守仁，你终于来了。我等你等了二十年了。

王守仁诧异地扭头一看，失惊之下，差点儿没有跌坐地上。

要知道那人是谁，有分教：江湖诡谲骗中骗，圣贤之路难上难。美德智慧致良知，全凭瞎扯渡难关。二十年前的一桩旧骗局，到得这寺院却弄假成真，这离奇的世事，让王守仁的思维突飞猛进，向着圣贤的境界急速前进。

🐾 人与兽的亲密合作

王守仁在寺庙中遇到的，是一个道士。

从这座和尚庙里钻出来老道，一点儿也不稀奇。实际上我们很清楚，这是一家经营特殊业务的黑庙。寺僧与山里的老虎签有合作协议，这边寺僧敲钟烧香，把远处的人骗来，然后再以寺庙不留外客的借口，将客人骗入老虎的巢穴之中，虎食人，僧拿钱。互利双赢，两全其美。这样一座黑寺庙，出现什么事也不奇怪。不要说从里边钻出来一个道士，就是钻出来个外星人，王守仁也能够接受。

但是他却实在无法接受眼前这个老道。

说起这个老道来，他实是打开王守仁圣贤之门的神秘钥匙。在这个道士身上，潜藏着被王守仁的门下弟子销毁的所有资料，这些资料的表现形式，将揭开王守仁人生爱情的全部秘密，并为我们展示所谓圣贤之路的曲折与坎坷。

此老道，便是二十年前，王守仁与小表妹新婚之夜，他无意中溜达到旌阳铁柱宫时遇到的那个怪老道。

新婚之夜，王守仁不去抱美丽的小表妹，却和一个老道坐了一夜，于是让我们发现了王守仁对小表妹的极度厌恶情绪。而且我们曾怀疑，这个老道实际上是王守仁的爷爷、白衣秀士王伦，因担心王守仁过于聪明，失足踏上追求物质刺激的错误道路而聘请来的大忽悠。而此时我们发现，原来这老道只是个兼差，真正的职业是食人饿虎的生意伙伴——不光是这个老道，连寺庙里的僧人都是假的，都是江湖黑社会的剽悍人物。

但王守仁也不是什么善茬，软弱无能之辈岂敢问津于圣贤之路？再者说，书香门第的王家，原本也是这黑社会道长的大客户，而且王守仁又逃脱了虎口，分明是有资格与他们分庭抗礼。

现在，潜伏在这座寺庙中的黑道兄弟们，寄希望于和王守仁达成共识，展开进一步的合作。

这个合作，很快就达成了。

王守仁证实说，当他见到这个奇异的老道之后，老道立即向他展示了一首事先写好的诗。诗曰：

> 二十年前已识君，今来消息我先闻。
> 君将性命轻毫发，谁把纲常重一分？
> 寰海已知夸令德，皇天终不丧斯文。
> 英雄自古多磨折，好拂青萍建大勋。

这首诗的意思是说：我是一个活神仙，从来不会把人骗。未卜先知闹得欢，约好再见二十年。王守仁来我推荐，绝对是个大圣贤。兜里有钱快给他，反正你是穷光蛋……大概就是这个意思。

为了强化老道这封推荐信的真实性，王守仁也留诗于武夷山，与老道共同炒作这件事情。王守仁的诗是：

> 险夷原不滞胸中，何异浮云过太空！
> 夜静海涛三万里，月明飞锡下天风。

王守仁这首诗的意思是说：我的本事真的大，屁股挨打也不怕。仰天大笑出门去，成圣成贤乐哈哈……无非是表白自己，打死也不要做凡夫俗子而已。

🐚 虚像背后的真实

我们可以确信的是，武夷山上遇故人，尤其是发现了老道和寺僧联手的经营模式，这件事对于王守仁的刺激，空前强烈。这种刺激霎时间激活了他的大脑细胞，让他猛然悟到了太多的圣贤道理。

具体是什么道理，这事王守仁拒绝交代。但有一点，老道寺僧养虎为患，和大明天子养太监杀戮群臣，都是一个道理。这其中所折射出来的正是人心的迷茫与人性的晦涩。皇城明明养着杀人的锦衣卫，可读书人还疯了一样往朝廷跑。山里明明是猛虎出没，可香客们还喜欢跑到这座黑寺里来——人生的所谓追求，又有几桩不是飞蛾扑火？

在深山黑寺里，和衣冠衮衮的朝廷之上，演绎着同样的故事。这种行为选择上的类同，是因为隐伏的规律在起作用。

这规律就是道，就是这个世界上的本原与真相。

王守仁吃了这么多的苦，遭了如此多的罪，编了不计其数的瞎话，目的就是要接近并发现这个真相。

他从竹子中没有找到这个真相，他从深山中的遗世传奇中没有找到这个真相，他从朝廷上的刑杖殴击之下，也没有发现这个真相。但是，山中那只老虎与这座黑寺，却给了王守仁一种异常的感觉——道就在咫尺之间，就在眼前，就在……可是却仍然无法精确捕捉到。

于是王守仁就和黑道长商量：兄弟，你看看我怎么样？我可不可以，嗯，更名改姓，跟你们合作呢？嗯，让我也逮几个大活人，喂老虎吧……原话是：

> 我今与逆瑾为难，幸脱余生，将隐姓潜名，为避世之计，不知何处可以相容？望乞指教。

老道却笑道：不成不成，不是我们兄弟不让你入伙，只是你这个人啊，心肠太花花了，文人都有个毛病，爱写东西，爱把自己干的事张扬开来，生怕别人不知道。一旦你把这事张扬开，我们是不怕的，最多不过是宰了你，再换个地方开一家分店，再经营新的业务。但搞到最后弄出来这么个结局，又何必呢，你说是不是？

王守仁点头：……你说的也有道理，对了，我的父亲还在朝中担任礼部侍郎，如果我的事情传出去，肯定会连累他的。那什么，我干脆就去贵州的龙场当驿丞去得了……我的意思是说，兄弟，你看咱们既然已经展开了良好合作，咱们的诗都写好了，涂得寺庙里到处都是。你看你……嗯，能不能追加一点儿投资呢？

那道长行骗日久，早已是鬼灵精，听了王守仁追加投资的建议，遂笑曰：

> "吾知汝行资困矣。"乃于囊中出银一锭为赠。

道长这么容易就接受了王守仁的建议，追加投资，那是因为他的钱来得太容易。只需要用力重击几下寺钟，骗几个香客来到，晚上老虎来吃个饱，营业利润就会刷刷刷上升。

拿了这块银子，王守仁就算是地地道道的黑道人士了。可是话又说回来，黑道也好，白道也罢，江湖也好，朝廷也罢，这些都只是一个虚像，并非真实的世界本身。王守仁要的是窥破天机，发现隐匿于这无数虚像之后的真实世界，这是求道之路，圣贤之路，也是智慧的探寻之路。

要如何做，才能够窥视到于纷繁虚像之后所隐匿的真实世界本原呢？

唯一的途径是格物。

格物！

王守仁想起了最早把格物原理教给他的那个人。

离开黑寺中的生意伙伴们，王守仁出武夷山，走铅山，直奔上饶。他要再见到那个人，再听一听那个人的话，或许这一次，他能够于只言片语之中，体会出更多的东西。

🐛 食人族的故乡

王守仁抵达上饶，拜访那位独起占星夜不眠的娄谅。有关两人的会面，史书上是这样记载的：

> 先生得此盘缠，乃从间道游武夷山，出铅山，过上饶，复晤娄一斋。
>
> 一斋大惊曰：先闻汝溺于江，后又传有神人相救。正未知虚实。今日得相遇，乃是斯文有幸！
>
> 先生曰：某幸而不死，将往谪所。但恨未及一见老父之面，恐彼忧疑成病，以此介介耳。
>
> 娄公曰：逆瑾迁怒于尊大人，已改官南京宗伯矣。此去归途便道可一见也。
>
> 先生大喜。娄公留先生一宿，助以路费数金。

看看这段记载，娄谅称刘瑾为逆瑾，这明摆着是后来的杜撰。中国人不傻，谁有胆子骂正在台上英明神武的领导？连老百姓都不会这么干，更何况娄谅这种智识之辈了。

实际上，王守仁此来上饶，拜谒娄谅，肯定是和娄谅交流格物理论的心得体会。但等交流起来的时候，王守仁就会惊讶地发现：智慧固然会在终点上相逢，但在未臻于化境之前，人与人之间思想的差距，比之于宇宙空间更要广阔。智慧略高一点儿的人，能够听明白低层次的人在说些什么，但如果你想让智慧层次低的人，去理解深层次的智慧，那却是绝无可能的。

智慧与智慧之间的距离，犹如食人生番和环保主义者之间的区别，这种区别只可意会而无法言传——食人生番无法知道他们彼此之间还有区别，而环保主义者却无法讲出这种区别。

所以古人说：道不同，不相为谋——听你都听不懂，还谋个屁啊谋！

这个意思是说，王守仁，他花样百出，奇招不断，辛勤地狂奔在智慧的小径上，虽然他还没有抵达圣贤的境界，还没有把握这个世界最终的本原。但这时候的他，在智慧上的进益已经实现了突破，早已将他的导师娄谅老先生甩到了八千万米开外。

这时候王守仁再想和娄谅谈格物，谈圣算，就形同于鸡同鸭讲。可怜的娄老夫子，根本就听不懂他掰扯的是什么。

在智慧的羊肠小道上，跋涉者所感受到的最强烈的情绪，就是寂寞。

所以王守仁说：吾性自足矣！

为什么他的性就自足，别人的性就不足呢？

原因在于，智慧是私有的，是不可拷贝不可复制的。譬如同一个座位上的两个同学，甲同学成绩再好，也跟乙同学没关系。智者无论如何努力思考，于不思考的人来说，都不具丝毫的意义。孔子是圣人，但门下三千弟子，除了七十二个贤人之外，余者通通是废物点心。原因就在于智慧只有私我的思考，才能够获得。别人思考的智慧，是别人的，讲给你听也全都是白讲，你必须要在自己的大脑中艰难地跋涉，走过无数个歧途，经历无数的险难，最终激活你大脑中沉睡的思维细胞，才能让智慧在你的大脑中生成。

智慧的进益，就是这样一点一滴、无声无息、不知不觉的，你会发现自己已经孤独了，你的智慧，已经远远地将别人甩在后面。

失落的王守仁离开上饶，起程赴南京，去见他那被赶出北京城的父亲。父亲王华见宝贝儿子竟然活着回来，直如枯木逢春，不胜之喜，少不得要抱着王守仁号啕大哭一场，这是自然之事。

哭罢，王守仁再次起程，前往流放之地贵州龙场。

龙场又是个什么地方？

史书上记载说：

> 龙场地在贵州之西北，宣慰司所属。万山丛棘中，蛇虺成堆，魍魉昼见，瘴疠蛊毒，苦不可言。夷人语言，又皆鴂舌难辨，居无宫室，惟累土为窟，寝息其中而已。夷俗尊事蛊神，有中土人至，往往杀之以祀神，谓之祈福。先生初至。夷人欲谋杀先生……

天啊，这里竟然是比石器时代更要落后的地方，这地方"蛇虺成堆，魍魉昼见"。连魍魉都跑出来了，可知龙场这个地方，其文明发展正处于混沌未分、阴阳晦涩、鬼怪出没、人妖混居的时代。

这个时代，实在是有点儿太落后了。

而且，这里果然有食人族。

闻知王守仁要来，食人族亢奋莫名，立即架起石锅，堆柴引火，拎起石斧，磨刀霍霍。打算逮到肥肥白白的王守仁，大家饱餐一顿。

石破天惊圣人出

　　而王守仁所做的，就是把孔子的话，把孟子的话，把老子的话，把苏格拉底的话，把阿那克萨哥拉的话，把柏拉图的话，用他自己的语言，重新表述一遍：

　　无善无恶心之体，有善有恶意之动。

　　知善知恶是良知，为善去恶是格物。

　　翻过来，掉过去。你东拉，我西扯。所有的智者，说的都是同一个终极真理，这个真理你可以称之为仁，称之为义，称之为道，称之为慈悲，称之为大善知识，称之为良知，称之为美德，称之为你愿意称之为的任何东西。

🐚 审计大风暴

当王守仁在武夷山中仓皇逃窜的时候，在北京城中，大太监刘瑾已经全面接管朝政，并推出了由他首创的两个科学管理方法。

一个叫审计大风暴，另一个叫效益考核法。

先说审计大风暴。史书上老套的说法叫盘查法，第一个挨刀的是户部尚书韩文，负责账目审查的锦衣卫在内库中发现了假冒伪劣的银子，这是正宗的假钞，按说应该查个清楚给大家一个交代。但涉案当事人韩文立即被开除公职，匆匆出京，导致了此事成为一桩再也没人能够说清楚的历史悬案。

当时朝廷有规定，外地在任官员，每三年入京考核一次，京官则是六年考核一次。考核方法，由吏部联合都察院进行考核，基本的规范是年纪太老的，有病在身的，先辞退。考核不及格的，暂时进行审查。发现的贪官和犯罪逃跑的，予以辞退。刘瑾把这个制度作了修改，改定期考核为随机抽检，说不定突然抽到谁的头上，届时锦衣卫一手拿算盘，一手拿账本，就立即对你进行审计。审计结果发现，许多官员都有个账目不清楚的怪毛病。

有毛病怎么办？

于是刘瑾又推出了他的效益考核法，这个方法在历史上叫罚米法。也就是说，如果查出来账目有问题，那么，除了官员要将公家的窟窿补上之外，还要追加一笔罚款。开始时罚款的数目并不高，达不到对官员的教育目的，于是刘瑾就提高罚款数额，从罚米一二百石，增加到罚米五六百石，甚至增加到了罚米一二千石的程度。

于是，大批领导干部纷纷破产。

愤怒的官员们议论纷纷，齐声声讨：还让不让领导活了，啊，让不让活了？

这场恐怖的审计大风暴，迅速从普通领导干部向历史上有名的大人物覆盖了过去。兵部尚书刘大夏，此人在历史上名气比较大，也不幸被卷入了这场审计风暴中。

说起刘大夏这个案子，都要怪田州的土官岑猛。话说那岑猛乃边疆少数民族出身的领导干部，是当地的土著人，所以称土官。但是土官制度太原始，都是世袭，这样就会导致当地的群众产生错误的思想认识，以为土官才是最大的领导，认识不到皇帝的重要性。所以朝廷就考虑，要不改土归流吧，废除土官制度，建立流官制度，把边区原始部落的土官调到外地去，再派京官们进入当地，教育广大群众热爱皇帝。

官员委任制度的变革，听起来好像是吏部的差事，但边区少数民族比较凶，稍有不慎，就会抢起刀子来砍人。所以改土归流的工作，在当时是由掌握了兵权的兵部来负责。于是兵部尚书刘大夏就下达命令：调任田州土官岑猛，去福建平海任千户。

可是岑猛又不傻，他家世世代代生活在田州，此时调到福建去，岂不是断他的老根？于是岑猛断然拒绝了这一调令。

岑猛不肯赴任，朝廷有令不行，事情有点儿麻烦。于是兵部复议，却不料复议的时候出事了，刘瑾和众官吵了起来，刘瑾认为：对田州少数民族部落的处置，关系重大，稍有不慎就会激起叛乱，刘大夏必须要承担相应的法律责任。众官抗议说：岑猛并没有叛乱，现在说这种话还太早。刘瑾回答说：等岑猛真的叛乱了，再说这话就太迟了。

传旨：岑猛无须调离，径任田州同知。刘大夏工作不力，有激起民变之险，流放到肃州充军。

这一年刘大夏已经七十三岁了，花白的胡子，佝偻着腰身，布衣徒步至大明门下，京城的百姓一片哭声，扶老携幼为刘大夏送行，说：这刘瑾太不像话了，七十三岁的老人了你还流放他……不过话又说回来，刘老头都七十三岁了，怎么还不退休回家抱孙子呢？这下惨了吧。

刘大夏被流放，只是故事的开端，涉及人性的智慧思考，在后面才真正展开。

良知的彼岸

话说那兵部尚书刘大夏，虽然惨遭流放，并没有被罚多少米，但是他上路的时候，只有一个粗布包裹，身后还跟着一个老家仆。北京城中有许多他的老朋友、旧门人，纷纷出来替他送行，拿了许多银子送给他。

但是刘大夏全部拒绝，他说：银子你们一定要拿回去，倘若朝廷知道了这事，你们是知道后果的，这可不是我吓唬你们啊。

他一路流放走来，不断遇到送银子给他的门人，却总是这同样一套说辞，拒受分文。

但等他进了肃州地段的时候，又有一大群老门人蜂拥而来，送酒送肉送银子给他。刘大夏说：你们诸位，要是真的想帮我的话，求求你们把这些银子拿走，全部拿回去，我求你们了。

众人道：老恩师，你不要怕成这个样子，此地离京师，何啻百里之遥。你拿了这些银子，让自己少受点儿苦，少遭点儿罪，那刘瑾也不会知道的。

刘大夏摇头：实话我也告诉你们吧，自打离开京城，想送盘缠给我的旧故门人，不知道有多少，可我始终不敢收。人人都以为我是害怕刘瑾，不敢收下这些银子，可你们不想一想，我都七十三岁的老头了，黄土没了半截腰，岂会怕刘瑾那个没卵子的太监？

众人不解：既然如此，那你为什么不敢收下这些银子。

刘大夏道：你们听我跟你们说啊，我不敢收下这些银子，拿来改善自己的生活，是因为我的心里，确实是害怕。但我怕的不是刘瑾，而是人性。

人性？人性又是个什么东西？众人茫然。

刘大夏说：人性这东西……我要是知道人性是怎么回事，还至于落到今天这个地步吗？但我跟你们说吧，只要我坚决不拿你们的银子，就这样布衣芒鞋，吃糠咽菜，保证能平平安安到肃州，再平平安安回来。骏马照骑，美食照吃。但如果拿了你们的银子的话，我还能不能活着回来，这都是一个疑问。

众人面面相觑：说得好深奥哦，能不能解释得更明白点儿呢？

刘大夏：天机不可泄露，人性不可点破。一旦点破，事情就会走向对立面，到时候有什么更可怕的结果，我可就不敢说了，真的不敢说。

众人心里生气，你说这个刘老头儿，好心好意给他银子，他却跟你整这景儿，闹心不闹心啊？还说什么拿了银子有可能不会活着回来，不信，要不要试试？

于是那些门人弟子，表面上唯唯诺诺，连连点头，暗地里却乘刘大夏不注意，悄悄地把银子塞进了他的小包裹里。

几日后，刘大夏到了肃州的一家客栈里，却突然病倒，躺在床上呻吟着，叫老家仆拿碗水来。可是左喊没动静，右喊也没声音，刘大夏先是诧异茫然，然后突然醒悟，大哭起来：王八蛋啊，你们这群王八蛋，我告诉过你们的，不要塞给我银子，你们肯定是偷偷地把银子塞我包裹里了，完了完了，这下我老头子死定了……

我之所以不敢拿银子，不是害怕刘瑾，而是害怕侍候我的老家仆！

这个老家仆，侍候了我一辈子，端茶倒水，洗碗刷锅，表现得勤勤恳恳、兢兢业业，典型的劳动人民本色。但这种表现只不过是一种假象。他也是个人，也有人的喜悦与憎恶，他侍候我的时间越长，心里对我的憎恶就越深，只要有机会坑害我，他是丝毫也不会犹豫的。

他早就想逃走了，把我一个人撇下，没人管也没人问。之所以还没有逃，是因为他在我这里拿不到什么东西，我手里一锭银子也没有，他逃走后也是穷光蛋。但一旦我手里有了钱，那么他就会立即揣银子走人。如果不这么做，那么他就不算人了，因为他的表现，正是人性。

现在那些门人偷偷塞银子给我，于是那老家仆立即将他这么多年的忠诚与付出套现，拿着银子跑掉了。可怜我七十三岁的孤老头子啊，谁来照管我啊……

人性！

刘大夏最近距离地接近了它，但是他的年纪太老了，已经再没有力气，推开圣贤这扇紧闭的门。

铁面无私大权奸

刘大夏，历史人物，忠直老臣，尚且还要承受着人性之煎熬。

更何况别人？

这个别人，比如说刘瑾。

刘瑾不是个大权奸吗？难道说权奸也要承受人性之炉的炙烤吗？

说刘瑾是个大权奸，那是被他在审计大风暴揪出来的贪官们的打击污蔑之词。至少在刘瑾的心里，他就从没有认为自己是个什么权奸，而是一位勤勤恳恳、兢兢业业，为朝廷服务、为人民服务的好领导。如果要让刘瑾来评价自己的话，那么，他肯定会挑选这么八个字：

铁面无私，公正执法！

这八个字，不是瞎掰的，历史上的刘瑾，真的是这样做的。

头一桩事，有个太监王秀，在御马监建了豪宅，请武宗皇帝住进去。

然后跪在武宗皇帝面前，要求由他成立一家公司，全面垄断京城的银草业务——也就是运输物流业务，垄断业务赚钱啊，赚到了钱，通通归武宗皇帝。武宗皇帝听了大喜，立即准奏。

不料这事被刘瑾察知，盛怒之下，刘瑾来找武宗天子，问：皇上，问你一件事，古往今来，你听说过哪个明君自己开公司，垄断皇城的物流运输的呢？

武宗皇帝：……没听说过有这样的皇帝……

刘瑾：那么皇上，咱家问你，怎么我听说你和王秀合股开了家公司，垄断了北京城的物流运输，有这回事没有？

武宗皇帝：这事……没有！

刘瑾：真的没有？

武宗皇帝：……真的没有。

刘瑾：没有就好办，传旨……不对，传咱家的命令，将那欺君罔上的王秀及公司全体员工，通通枷于户部大门之外，枷死为止！

结果，武宗皇帝好不容易刚开了家公司，全体员工就被刘瑾这厮活活给枷死了。

像刘瑾这么个搞法，算不算铁面无私，不畏权势？

谁说不是，那让李东阳、王守仁、唐伯虎这些人来搞搞试试，吓不死他们——刘瑾不畏权势的事情有很多，武宗小皇帝为了供养太后和太皇太后，在外边开办了许多皇庄，这事满朝文武，无人敢吭一声，唯有刘瑾，他明确表态反对。有个小太监跑到武宗面前，要求在临清开设一家皇庄，经营利润全部归武宗皇帝，此事不幸被刘瑾察知，立即将那个小太监捉来，打个半死之后，丢到大牢里去了。

被朝臣将之与刘瑾同列为八虎的大太监马永成，要求提拔一名锦衣卫，小武宗已经批准了。刘瑾却跑来，在武宗面前将那名锦衣卫营私舞弊的勾当全部摊开，让武宗自己看个清楚，弄得武宗只好收回成命。

刘瑾这么个搞法，未免有点儿太正直了。要知道，历史安排给他的角色，是大奸大恶啊，他却抢了忠臣的角色，大搞刚正不阿、公平执法的事儿，这这这这不妥当啊。

刘瑾的刚正不阿，惹火了另外七虎——大家都是大坏蛋嘛，你怎么演反了，成了正面角色？最瞧刘瑾不顺眼的，就是八虎之一的大太监张永，有一次两人在武宗面前争执起来，吵着吵着，张永突然跳了起来：刘瑾你跟老子充什么正直善良大瓣儿蒜，老子今天打死你……冲上前来，对刘瑾哐哐哐往死里暴打。刘瑾被打得仰面朝天，直呼皇上救命啊，快救命啊！

武宗皇帝急忙冲上来，将两人拉开：不要打架，不要打，要文明，咱们都是文明人，有话好好儿说，动什么手呢……然后武宗找来大太监谷大用，摆了一桌酒席，给张永和刘瑾两人说合：大家都是好兄弟，有话好好儿说，以后不要动手了……

刘瑾端着酒杯，却是满脸的痛苦：我大公无私有什么不对？我公平执法又有什么错？

人性啊，可怜刘瑾这个倒霉蛋，连王守仁、刘大夏都摸不到人性的门槛儿，他又有什么理由逃过人性之苦劫？

史载：刘瑾假窃大义——意思是说，他明明是个坏蛋，却以为自己是个好人——结果开罪宫中的太监们，他必须要为自己想做好人而付出代价，以权奸之名，遗臭万年。一如前面提到的那位营救李梦阳的名士康海，所有的人，都必须要为他们自己的善良埋单，这事儿不会有例外。

🐉 著名交际花王九儿

却说早年洪武天子朱元璋，雄才大略，勤于房事，后宫美女无数，生下皇子一大堆。这其中有个第十六子，名朱㭎，洪武二十四年，朱㭎封王，是为庆靖王。两年以后，朱元璋才吩咐朱栴到宁夏去，从此宁夏成了他的地盘。

朱栴到了宁夏之后，也生下一大堆儿子，其中的老四朱秩炵，被封为安化王。安化王又有个儿子叫朱邃墋，被封为奉国将军，还没来得及接班安化王就死了。此后这安化王的爵位，就由朱邃墋的儿子朱寊铁世袭了。饶是那刘瑾一代权奸，铁面无私，却不知道他的老命，就要葬送在这位莫名其妙的朱寊铁之手。

然则那朱寊铁，又是何等人物？

史载，朱寊铁其人，生具异相，身长九尺，声如洪钟，龙行虎步，不怒而威。但是他和王守仁同一个毛病，就是对大泽深山之中的神仙传说，充满了钦羡之情。区别就在于，王守仁虽然上天入地去寻找神仙，但偏偏不信这么个玩意儿，而朱寊铁虽然没有踏破铁鞋去寻找神仙，却坚定不移地相信，这世上铁定有神仙。

朱寊铁相信神仙之术，也不是无缘无故的，不晓得什么时候，他曾遇到一个术士，那术士见之大惊，说他合当大贵。他都已经封王了，还要怎么个大贵法？

那术士言外之意，是朱寊铁有机会当皇帝。皇帝这东西好啊，朱寊铁喜不自胜，就想找两个明白人，确认一下。

什么人才能算得上明白人呢？

当然是读书人了。

于是朱寊铁就让人找来当地有职称的两名高级知识分子，生员孙景文与孟彬，想听听这两个读书人的意思。孙景文听了朱寊铁说起术士之事后，丝毫也不犹豫，推金山，倒玉柱，望着朱寊铁跪倒，口称：吾皇万岁万岁万万岁……陛下，我们做学问的人，讲一个较真儿，陛下你到底是不是真龙天子，咱们再找个权威专家确认一下吧。

朱寊铁有点儿头晕：你们俩在咱们这儿，是专业技术职称最高的了，生员啊。难道还有比你们更具权威的专家吗？

有！孙景文道：陛下有所不知，我说的这个权威专家啊，她就住在城东，也曾是咱们宁夏社交界最知名的人士，她的名字叫九儿，有分教：芙蓉如面柳如眉，秋水为神玉为骨。那小姑娘的男朋友多得要挤爆她家的门。

王九儿？男朋友超多？朱寘鐇痛苦地皱起眉头：这个……跟咱们要说的事，好像不挨边儿吧？

挨边儿，太挨边儿了。孙景文道：那王九儿家里有一只绿脑壳黄嘴巴的鹦鹉，本非凡鸟，乃大唐年间杨玉环贵妃所养。后来杨贵妃假称在马嵬坡缢死，实际上是去了海外的仙山上，走时就带着这只鹦鹉。但是有一天这鹦鹉出来散步遛弯儿，不料那仙山是浮于水面的，已经起锚远航了，撇下了这只鹦鹉没地儿落脚，就暂时栖息在王九儿家里了。这可是一只仙鸟儿，前知五百年，后知五百年，陛下你到底是不是真龙天子，让那只鹦鹉辨认一下，就清楚了。

有这事儿？不会是你顺口瞎掰吧？朱寘鐇听得目瞪口呆。

是不是瞎掰，陛下一见便知。孙景文淡定地道。

🐾 智商退化五百年

听了孙景文的建议，安化王朱寘鐇就乔装为一个白衣秀士，由孙景文、孟彬陪伴，前去拜访著名交际花王九儿。三个人缓步走入城东一条肮脏的垃圾巷子，就见一个丑得怕人的老太婆突然冲出，"扑通"一声跪倒在朱寘鐇的脚下：陛下，民女王九儿迎驾来迟，伏望陛下恕罪。

当时朱寘鐇一惊非同小可：你你你……你就是王九儿？孙景文，你不是说王九儿是个绝色美貌女子吗，可我怎么看到一个老太婆？

孙景文笑道：陛下所言极是，五十年前，王九儿确曾美绝人寰，那时候为她打架的男人，成百上千，正所谓自古名将如美人，不许人间见白头，红粉飘零皆是梦，长安不见使人愁。现如今，这王九儿已经是七十岁的老太婆了，难怪陛下看了，会发古人之幽思。

乱讲，我什么时候发过古人之幽思，都是现在人的感叹。朱寘镭摇头不止，问老太婆王九儿：王九儿，你刚才说什么迎驾来迟，这话是什么意思？你难道不知道，这种话，只能用在当今天子身上吗？

那老太婆爬起来，讪笑道：跟你说老实话吧，刚才我说的是什么意思，我自己压根儿就不知道。皆因刚才我正在洗手间里方便，可是太真娘娘杨贵妃养的那只鹦鹉突然飞进去，对我说：九儿九儿，陛下来了，你不快点儿出去迎接，还蹲在茅坑上干什么？结果，我连裤腰带都没系好，就忙不迭地跑了出来。

你说这都是那只鹦鹉教你的？朱寘镭表示怀疑：那能不能让我见一下太真娘娘的鹦鹉？

当然可以。王九儿笑道，陛下请。

朱寘镭走进一间低矮的茅屋，里边光线昏暗，却有两点明亮的光点闪烁不定，定睛一看，竟然是一只绿脑壳、黄嘴巴的鹦鹉。乍看之下，朱寘镭有一种奇怪的感觉，这只鹦鹉分明不是从什么仙山上飞来的，八成儿是从阴曹地府钻出来的，因为这怪鸟身上的阴森气息，太过于浓烈了。

正当朱寘镭看得胆寒之时，就见那怪鸟两只幽火闪烁的眼睛，直勾勾地盯住了他。然后他就听到了一个怪异的声音：咦，老天子，你不在京城坐金銮殿，为何要在这里闲逛？

老天子？这个称呼让朱寘镭心头一热，急问道：你是说，我真的能当上皇帝吗？

可是鹦鹉却不回答，只是扭动着脑袋，不停地乱叫老天子。王九儿在一边笑道：陛下，天机玄秘，深不可测。说出天机者，历来要受到天罚的。这只鹦鹉虽然是只仙鸟，可也难逃天谴。陛下请看，它刚才点破天机，结果大脑智商迅速退化了五百年。陛下要想听它说第二遍，那只有等这只鸟儿的智商再进化回来。

朱寘鐇听得头晕，这什么怪鸟啊，还带玩智商退化的，真受不了你。

出得王九儿那低矮的茅屋，朱寘鐇与孙景文、孟彬六目交接，心意相通。

既然天命有归，朱寘鐇命中合当坐于金銮殿上，那就快点儿去吧，别在这里瞎耽误时间了。

🐉 有钱才能造反

宁夏是边疆地区，长期驻扎着军队。但麻烦在于，不管是不是有战争，士卒都要吃饭。所以大明立国之初，就实行屯戍制度，简单说来就八个字：士兵屯垦，领导吃饱。

大明时代，实行的是皇家所有制，所有的土地都是皇家的，士兵驻守边关，保家卫国，这是属于公民的职责，理应如此。但开拓荒地，屯垦种植，就必须从皇家租地，也就是说，朝廷要在士兵的屯垦中征赋，这个制度已经实行好久好久了。但到了武宗时代，大理寺少卿周东要求：屯边士卒的赋银加倍，原田五亩，要交十亩的租银；原田五十亩，就要交一百亩的租银。屯边士兵顿时闹将起来。

闹事这就不好了，于是周东下令，举凡闹事的士兵，扒了裤子打屁股。不只是打士兵，闹事士兵的妻子，也要一块儿剥了裤子打屁股。听说了这条政策，生员孙景文飞奔到安化王府，对朱寘鐇说：陛下，你听到了没有，周东正在外边打士兵老婆的屁股。

朱寘鐇说：那些女人我都看过了，都是丑女人。你说这周东真是重口味儿啊，他怎么就对丑女人的屁股这么感兴趣呢？

孙景文道：陛下，你没听明白我的意思，欲起大事，此其时也。

何以见得？朱寘鐇冷静地问道。

孙景文急得跺脚：陛下，你想啊，士兵保家卫国，自己种地还要缴加倍的租银，这已经够过分了。如今周东还要把他们的女人扒了裤子打屁股，如此奇耻大辱，士兵们岂能罢休？陛下，这正是我们发动士兵们起事的好机会啊。

朱寘鐇道：也有几分道理，那就马上行动吧。

孙景文：……陛下，可要是行动的话，你总得拿点儿银子给我。

朱寘鐇：……银子，唉，我是个穷王爷，家里也没多少银子，要不等咱们到了北京城，我加倍赏你，如何？

孙景文：陛下啊，你现在不拿出银子来，又怎么可能到北京登金銮殿？成大事者，你何必在乎这点儿银子呢。

好说歹说，孙景文总算是从朱寘鐇那里弄出点儿银子来，就在家里摆下宴席，请那些受辱的将佐兵卒到他家里开吃。席间，他先故意问起众人妻子屁股上的创伤好了没有，激起众人的愤怒，然后说道：诸位，这是明摆着的事儿，大明朱氏天下，迟早必为刘瑾所篡，怪就怪当今天子德政不修，望之不似人君。唯有我们的安化王生具异相，雄才大略，有并吞天下之志。像这般天怒人怨之时，若是诸位愿意拥戴安化王登基，必然一呼百应，豪杰并起，届时诸位必然加官晋爵，又何必非要受这种肮脏气呢？

此言一出，众人纷纷点头。当即众人商议得当，出安化王朱寘鐇出面，以赴宴为名，诱杀巡抚总兵等人，然后举旗起事。

到了日子，朱寘鐇果然摆下酒宴，大会文武，众官纷纷赶到开吃，唯独大理寺少卿周东没有来。没来也没关系，正当众官员吃得满嘴流油之际，孙景文突率士卒闯入，不由分说，抢刀子照赴宴的官员脑袋上就砍，当场宰杀了巡抚、总兵、镇守太监等多名领导。然后众人呐喊一声，冲出安化王府，径奔衙司公署，逮到大理寺少卿周东，将他乱刀剁成肉泥。

朱寘鐇发布命令：打开监狱，释放所有在押囚犯，将府衙举火焚毁，将官家库府打开——打开库府，却是怪异，里边竟然空空荡荡，一锭银子也没有。朱寘鐇脑子不灵光，不知道这是奉命劫库之人，趁机将库中的金银财帛抢了个干干净净。无奈何，他只好将安化王府挖地三尺，把所有值钱的东西都拿出来卖掉，换得的钱，用做这次起事的士兵工资和奖金——不给钱，就没人给你干活，所以造反这种事，也得是有钱人才能搞成，穷人闹腾，最多不过是个群体事件。

然后朱寘鐇命孙景文发布檄文：清君侧，进兵北京。

造反开始了，时间是武宗五年四月初五。

🐉 意外的结局

安化王朱寘鐇起兵造反的消息，飞报朝廷。

有书上言之凿凿地说：权奸刘瑾接到消息，隐匿不报——但刘瑾哪天接到的消息，拖延了多久，为何不报这事，却没有交代。可以断定隐匿不报之说，只是个习惯性的说法：既然刘瑾是个大权奸，那铁定是隐匿不报的。如果他不隐匿而报了，那还叫什么权奸？

实际上，这么大的事儿，谁敢隐瞒？但在奏报武宗皇帝之前，必须要证实这个消息的可靠性，万一下面哪个小官把小规模群体事件报成了造反，你不核实，岂不要弄出大错？但一旦这个消息得到几方面的相互印证，那就可以确信是真实的，这时候再奏报给武宗皇帝，也不能说迟。

确信安化王真的反了之后，武宗命令廷臣立即开会，商量如何解决这个麻烦。廷臣开会，头一个建议就是废除审计大检查，废除刘瑾创办的盘查法。理由是正是这场审计大风暴破坏了大好局面，才导致了安化王朱寘鐇的造反，所以审计大检查不取消，国无宁日。

刘瑾这时候才知道事情之严重，命令各地正在审计中的锦衣卫急速回京，以免再起乱子。

然后廷臣推出第二个议案，废除奖惩制度，也就是废除刘瑾创办的罚米法。正是罚米法破坏了大好局面，才导致了安化王朱寘鐇的造反，所以罚米法不取消，国无宁日。

连各地开展审计大检查的锦衣卫都撤回来了，罚米法名存实亡，刘瑾只有认命。

全部的目的都达到了，廷臣这才说实话：实话就是大家都是混饭吃的，不敢招惹安化王朱寘鐇。因此大家建议，将已经开革的老臣子杨一清召回，令其总制陕西、延绥、宁夏及甘凉各路军务，剿平安化王。

计算一下时间，安化王反叛是在四月初五，消息传到京城，是第三天，四月初八，然后是廷臣开会，集思广益，热烈讨论，花了整整一个星期的时间。到了四月十五日，才任命泾阳伯神英出马。又拖了六天，才将老臣子杨一清揪出来赶场救火。扣除消息传报的三天，廷臣整整扯皮了两个星期。

所以杨一清及大太监张永，是四月二十六日才率京军三万人从北京出发，沿途浩浩荡荡，风尘仆仆，正行之间，就见前方马蹄卷尘，一名信使如飞而来：报，游击将军仇钺有表上奏。

游击将军？这个官有点儿太小了。

杨一清命人接过信使的书信，问道：怎么个情况啊？

信使道：也没什么大事，就是游击将军仇钺已经擒获反王朱寘鐇，余者千人一并在押，只待大人一到，即行献俘。

真的假的？杨一清听得直眨巴眼儿，那仇钺不过是一个小小的游击将军，手下才几个人手？安化王朱寘鐇既然造反，必然是深谋远虑，手下死士定然无数，岂会这么容易被摆平？

可这是真的，事实上，游击将军仇钺摆平安化王朱寘鐇的速度与效率，已经创了世界纪录，只不过十八天的工夫，就将这场叛乱彻底平定了。

这个速度，纵然是已经晋阶到圣贤阶段的王守仁，也无法办到的。

那么这个名不见经传的仇钺，他又是如何干成这件惊天动地的大事的呢？

🐯 柙中猛虎欲出笼

仇钺，甘肃人氏，是接了父亲的班，才当上这个小小的游击将军的。又因为没读过书，与朝中史官没有交情，史官没有得到好处，拒绝披露仇钺的详细资料。只知道安化王突然造反的时候，正逢边关有警，仇钺和副总兵杨英，各率了一支军马出屯玉泉营，进入战斗状态。

正在这时候，安化王朱寘鐇反了，派人持信而来，命令两人立即统兵奔赴宁夏，加入到这场皇帝换届的正义战争中来。副总兵杨英不答应，结果引发了士兵们的愤怒——边关屯垦几代人，这些士兵已经是地地道道的宁夏人氏了，父母妻小都在当地，若是不追随安化王，投入到轰轰烈烈的皇帝换届战争中来的话，只怕安化王不会跟自己的老婆孩子有完。所以士兵们都吵吵嚷嚷要求造反，副总兵杨英孤掌难鸣，单骑逃往灵州，于是部下溃散。

仇钺的家小也全在宁夏，所以他接到安化王的命令之后，就带领着部下回到了宁夏。安化王亲切地接见了他，说：小仇，欢迎你识大体，明大局，加入到这场正义的战争中来。你辛苦了，身体又患有多种疾病，就先交了兵符，去看医生吧。

仇钺说：我没病……

安化王道：瞎说，你怎么可能没病呢，有病才对。

于是安化王收其兵符，尽夺其军。仇钺无可奈何，只好暂时离休，回家关起门过自己的小日子。而安化王是丝毫也不把他放在心上的，笼中鸟，柙中虎，失去了部队的仇钺，是不再具有伤害力的。现在安化王考虑的是，等日后战争全面展开的时候，还需要仇钺替他上战场，流血卖命，所以先把仇钺晾在这里。

前面还有一个单骑逃走的杨英，这厮逃了之后，又重结兵力，杀回来跟安化王的士兵战于屯河，尽将战船抢走，让安化王不能渡河，然后杨英使人秘密送信给仇钺，要求仇钺做内应，大家一起来干掉安化王。

仇钺接到杨英的书信，顿时心生一计。

他派人忽悠安化王朱寘鐇，说：陛下，不得了，官兵的大队人马已经来到，马上就要渡河而来，当此之时，陛下欲何处之啊？

安化王朱寘鐇实际上是个极缺心眼儿之人，听了忽悠就派人来问仇钺：怎么官兵大队人马来得这么快？有没有什么办法解决他们啊？

仇钺道：唯一的办法，就是兵来将挡，水来土掩。立即分遣骁将，率兵出城，分守渡口，则官兵即便是肋生双翅，不能飞越也。

安化王听了大喜，就立即打发城中所有部队，通通出城去守渡口。只留下了一个叫周昂的亲信，负责宁夏城里的治安工作。

这么一来，内城就空虚了。

四月二十三日那天——也就是安化王起兵的第十八天，朱寘鐇出城祭祀社稷，命令仇钺同去。仇钺声称有病，安化王居然真的信了。等祭祀过后，就派了亲信周昂来探望仇钺的病情。

仇钺哼哼唧唧地躺在床上，等周昂进来。周昂进来后，关心道：老仇啊，你的身体到底怎么样啊，领导们都很关心啊。

仇钺哼哼道：我的身体没什么，倒是你，要多关心关心自己了。

周昂道：我的身体，不属于我自己，它属于各级领导。所以我一直为领导们关爱着我自己。

仇钺摇头：不过我瞧，你对自己身体的关爱，明显让领导们失望了。

周昂诧异地上下打量了一下自己：不会吧，你看我这腰板儿，看我胸前的肌肉块儿，没有什么地方失职嘛。

仇钺道：失职的地方，在你身后。

周昂回头，霎时间脸上变色。

🐍 你们不过是垫脚料

当周昂回头的时候，恰见数十名彪形大汉，人手一只超大号的巨锤，将他团团围住。周昂急叫救命，可这时候哪还来得及，就听见哐哐哐，啪啪啪，噗噗噗，哧哧哧。可怜周昂一个活蹦乱跳的大活人，生生被巨锤武士们砸成了肉饼。

随着周昂的肉体被消灭，仇钺已经一跃而起。早有亲随立即替他套上甲胄，递过来长剑。外边就听战马用力打着响鼻儿，百余名精选出的死士亲信，早已是人人持戈在手，排好了最具战斗力的队形。

仇钺上马，大呼一声：弟兄们，机会难得，像安化王朱寘鐇这般缺心眼儿的对手，这辈子没第二次了。立功留名，加官晋爵，机不可失啊。

众人顿时激愤起来：杀入王府，活捉心眼儿不够用的安化王，提薪之日，就在眼前啊！

这百余名骁死之士，在仇钺的率领下冲出门来，冲上长街。此时城中士兵皆已派去守河，城中空虚，仇钺所率百余人如入无人之境，顷刻间杀到了安化王府门前。知识分子孙景文正搬了张小桌子，在安化王府院子里办公，忽见来了这么多人，惊讶地站起来：老仇，你哪弄来这么多的人？

仇钺笑道：都是追随我多年的亲兵死士，砍你脑壳，跟玩儿一样。

孙景文大骇：老仇，你不会想不开吧？若是帮助安化王夺得天下，加官晋爵，就在眼前啊，你怎么肯舍弃这样的好机会呢？

仇钺笑道：你说你这个人，自己心眼儿不够用，就以为人人都缺心眼儿啊？像你们这种蠢货，原本不过是我们提薪加奖的垫脚料，你还真以为自己是块儿料啊？左右，与我把这个蠢货的脑壳切下来，拿盐腌了，送到朝廷换银子回来……

孙景文同安化王刚刚组成的领导班子十几人，通通被仇钺宰杀了。然后仇钺按剑进入安化王的卧室：王爷，收拾一下东西，住到大牢里去吧，放心，我会让狱卒好好照顾你的。

当时朱寘鐇那张生具异相的脸，实在是说不出来的惊讶啊。他解释，劝说，苦口婆心，泣泪铭血，全都白扯。因为他许诺给大家的，全都是空头支票，还要流血卖命、侥幸存活才有可能享受到。可现在把他老兄拖监狱里去，工资奖金津贴等各项福利，马上就能够套现，孰轻孰重，孰易孰难，大家心里都有一本账。

安化王，出师未捷先入狱，长使笨人泪满襟。他被仇钺逮到，余众顿时陷入群龙无首的状态，霎时间全部反水，只有零星个别卷入较深的，只能是拖儿带女，向着中亚草原策马狂奔，逃到欧洲去做流浪汉了。

等到杨一清和张永率京军赶到，安化王已经在大牢里吃了快一个星期的牢饭。这一个星期仇钺也没闲着，生恐有人劫出安化王，他抓了一千多名嫌疑犯，通通下在大牢之中。

杨一清是儒家老臣，着了这情形，连连摇头，说：抓的人太多了，快点儿把那些无辜的人放了吧。

大太监张永却持反对意见：不对，是抓的人太少了，让士兵就在城中展开搜索，看谁不顺眼，一块儿逮起来。抓到的俘虏越多，咱们这次出师才越有面子啊，等到北京城献俘的时候，光只是俘虏走上两个时辰，皇上看得也开心啊。

杨一清摇头，说：张公公，皇上的面子固然重要，可这些人被无辜卷入这次事件中，他们的父母妻儿，还在家中哭泣等待，咱们能抬抬手，就抬抬手吧，公公这边的手一抬，可就是功德无量啊。

　　张永被说得动了心：嗯，救人一命，功德无量，这话你说得对。可是……为了救别人，把咱们自己搭进去，那未免太亏了，你说是不是？

　　杨一清眼珠一转，心念忽动，就说：张公公担心捉去北京的俘虏数目太少，皇上不高兴。那我替你找一件事，保证能够让皇上高兴，不知道张公公敢不敢干？

　　张永道：只要能够让皇上高兴，没有咱家不敢的，你快说什么事吧。

　　杨一清拿起张永那肥肥白白的手，在对方的手心里，写了一个字：

　　瑾！

◎ 你知道的太多了

　　《明史·杨一清传》，有一段杨一清说服张永的详细记载，当他在张永的手掌心里写了个"瑾"字之后，张永登时愕然，不做声，杨一清索性把话说得更透，这时候张永才为难地说：刘瑾深得武宗天子的欢心，一日不见刘瑾，就闷闷不乐，值此刘瑾已经羽翼养成，撼之不易。

　　　永难之……一清慷慨曰：公亦上信臣，讨贼不付他人而付公，意可知。今功成奏捷，请间论军事，因发瑾奸，极陈海内愁怨，惧变起心腹。上英武，必听公诛瑾。瑾诛，公益柄用，悉矫前弊，收天下心。吕强、张承业暨公，千载三人耳。永曰：脱不济，奈何？一清曰：言出于公必济。万一不信，公顿首据地泣，请死上前，剖心以明不妄，上必为公动。苟得请，即行事，毋须臾缓。于是永勃然起曰：嗟乎，老奴何惜余年不以报主哉！

这段记载，应该是很给力的了。杨一清精心算计好了每一步，用以说服张永，最后把张永说得勃然而起，具有很强的文学色彩。

但这段记载，应该是瞎掰出来的，即便是真事，也只是他们之间的部分谈话，并非全面的记载。任何人，处在张永的位置上，被一个居心叵测的怪老头儿撺掇着冒如此之风险，张永肯定会问一句：我冒这么大风险，干这么桩怪事儿，你给我什么好处？

要知道，张永是那种为了烤熟自己的一只鸡，不惜把你家房子放火烧掉的邪恶人士。其人冷血残酷，阴狠毒辣。就在被他押解往北京献俘的队伍之中，至少有六十一人，他们只是驻守在宁夏的低级官兵，并没有参与安化王的谋反事件，但是张永为了让俘虏队伍长一点点，强行将这些人拖入俘虏队伍之中，拿这些人的身家性命，换取自己的功名富贵。

如张永这样的人，杨一清的那般说辞，是决计不会让他冒这种风险的。

从历史记载推测起来，杨一清之说服张永，应该是这样一个次序：

首先，他告诉张永，朝臣正在策划一起声势浩大的造谣行动，就是所有人一起瞪俩眼珠子撒谎，硬说刘瑾要造反。

事实上，就在杨一清往说张永的时候，北京城中，已是风声鹤唳，人人自危。数不清的神秘人士出入于公卿府门，四处传播一条流言：刘瑾将于八月十五谋反举事！

这个谣言也不是凭空造出来的，自打安化王谋反之后，北京城中就实行了戒严，唯恐有不法分子于城中响应朱寘鐇，所以实行了宵禁，隔绝了消息。夜晚巡逻的士兵兵甲撞击之声，都被传成了刘瑾正在秘密调集军队。而且安化王起事，正是打着诛刘瑾的旗号，这就从侧面强化了这个谣言的可信性。

廷臣与杨一清之间，暗通消息，准备利用安化王起事之机，趁机栽赃刘瑾谋逆，将其剪除。剪除的理由也很简单，就是刘瑾搞出来个审计大检查，让朝中百官没法子混了，不搞死他，大家都没饭吃。但要搞掉刘瑾，就必须寻找一个可以替代刘瑾的人出来，否则的话，武宗皇帝就决不会答应。

所以，杨一清真正对张永说的话，应该是这个样子的：

张公公，搞掉刘瑾，由你取而代之。从此公公在宫中，我在朝廷，此呼彼应，暗通声气。如果有人在宫里威胁到你的位置，我在朝中替你摆平。如果我在朝中遭遇到麻烦，由你在皇上面前替我摆平。咱们哥俩你帮我，我帮你，共同发财，永葆富贵，不亦乐乎？

张公公，若是你不答应的话，我们只能找别的太监做内应。不管我们找的人是谁，但有一件事是毫无疑问的——等他获得了权力，第一个要干掉的，就是你。

因为你知道的太多了。

知道就意味着参与其中，或者跟我们一起干，或者被我们干掉。你自己掂量掂量吧！

🐉 刘瑾时代的落幕

八月初，当大太监张永押着俘虏行至京城时，城里城外已是消息满天飞，皆言刘瑾欲行起事。不清楚他是不是真的以为刘瑾要造反，还是与杨一清等廷臣有密约，遂星夜疾驰，抢在刘瑾得知之前，于八月十一日先期入京。

武宗天子得报大喜，立即命太监给自己套上一身笨重的铁甲，这小皇帝一生最大的梦想，就是决死沙场，马革裹尸。最喜欢不过的就是以胜利者的姿态，欺负那些倒霉的战俘们。

武宗武服出大内，亲迎张永于东安门，文武百官排成方队，在桥东充当拉拉队。不久就见张永威风凛凛，骑在马上，押解着蓬头垢面的战俘而来，武宗大喜，传旨将安化王全家押送至王馆，稍后男子全部宰掉，女性送入凤阳大牢高墙之内圈起来——这些女人从此被关进一个神秘的世界。

但是俘虏人数还是太少，不一会儿工夫就走过去了，武宗不尽兴，又命将俘虏们拖回来，从东华门重新入城，其时金鼓之声响彻大内，武宗玩儿得喜不自胜。

玩儿过了献俘，武宗皇帝亲自摆酒，为铁哥们儿张永接风。大太监刘瑾、马永成陪坐，酒一直喝到大半夜，刘瑾先走了——他可真不该走。刘瑾前脚出门，就听"扑通"一声，张永后脚已经跪在了武宗面前，从袖子里掏出来一封杨一清代写的投诉信，历数了刘瑾一十七桩大罪。

当时武宗天子那个别扭啊，低下头不说话。而这小皇帝的表现，早由杨一清推演得分毫不差，于是张永按照杨一清的吩咐，趴在地下抱着武宗皇帝的脚，满脸是泪地哀求：陛下，老奴为了你，可是连性命也不要了。陛下不肯杀刘瑾，老奴就死定了，老奴死倒是没关系。只不过老奴死了，陛下你落入刘瑾的手中，等过几天他造起反来，那可咋整啊，啊，陛下，咋整啊！

实际上武宗心里很清楚，刘瑾是没胆子造反的，连安化王系朱氏皇族血亲，造反都落得这么个结果，刘瑾连卵子都没有，这反又是如何一个造法？可问题是他对张永也是极为信任，手心手背都是肉啊，所以举棋不定，左右为难。

关键时刻，大太监马永成突然跳了出来，狠狠地给刘瑾上了一记眼药：陛下，你就别犹豫了，张永说得一点儿也没错，刘瑾他就是要造反，好多人都已经去他那里表忠心去了，单单瞒着陛下你一个人。今天这件事，就算是张永不说，我也要冒死上奏的，陛下，生死关头啊，你就下旨吧！

马永成突然跳出来，不是无缘无故的。一定是早有廷臣在他面前做了手脚，下了眼药，如果张永不挑头说话，那么出头打掉刘瑾的人，一定是他。

下旨……武宗长叹一声，唉，做皇帝难啊，连自己最宠信的手下都摆不平，真是没办法。

禁军出动，在张永率领下急扑刘瑾府。马永成忽悠武宗亲自出征，玩儿一把刺激的，可是武宗心里难过啊，就像个俘虏一样，跟在禁军大队人马的后面，三更时分，禁军到了内宫值班室，将正在值班的刘瑾捉住。

次日临朝，武宗将张永的奏章给几位阁老看，并暗示李东阳：刘瑾其实没什么太严重的政治错误，批评几句，教育教育，给一个记过处分，让他去南京闲住吧。

这时候刘瑾也在极力表白自己，他给武宗皇帝送来一纸书信，言称自己被双规的时候，没有让他回家取行李，现在是两手空空，一袭白衣，请求武宗皇帝看在他多年侍奉的情面上，给件换洗的内裤吧。

武宗心软了，就命人给刘瑾送去一大包衣物。

刘瑾这一招儿，绝！

武宗皇帝已经绝无可能对他下手。

🐾 不信玩儿不死你

眼见得刘瑾用旧情打动了武宗天子，张永心下惶然，若刘瑾不死，那他以后的日子可不好说。于是他想出来个好主意，请武宗负责查刘瑾的家。

对这件事，武宗还真不放心，一定要自己到刘瑾的家里，亲眼看看，他才能够确证刘瑾到底有没有二心。不承想到了刘瑾家一看，嘿，首先就抄出来金银百万两，有这么多的银子不给皇帝花，你说这个刘瑾还算忠臣吗？

再抄，抄出来玉玺一个，用来发号施令的牙牌五百枚。

再抄，抄出来两把切菜刀，还有些衣甲弓弩。

于是大家说：陛下，你可是亲眼看到了，如果刘瑾不想谋反，他贪污这么多的银子干什么？都是准备用来谋反劳军的。如果他不反，他家里偷藏玉玺牙牌干什么？那是准备用来造反时发布命令的。如果刘瑾不反，他家里藏这两把切菜刀干什么？那是用来砍陛下的啊。

武宗怒曰：刘瑾果反！

修史者承认，说刘瑾造反，是明显的栽赃。之所以大家非要栽刘瑾造反，就是因为刘瑾跟每个人过不去，他首创盘查法、罚米法，随时随地对官员进行审计大检查，查出来问题就狠狠地进行经济惩罚，如此一个搞法，获罪于天下之官。此时的刘瑾，已经是皆曰可杀，难逃一死了。

但到了开庭审理刘瑾的时候，又出了乱子。

刘瑾被押到刑部受审，可负责这个案子的官员，都是刘瑾亲手提拔的，尤其是刑部尚书刘璟，他见了刘瑾就好比老鼠见到猫，在堂上吓得哆嗦个不停，硬是不敢吭一声。这情形原本对刘瑾有利，可是刘瑾却因为心里憋火——他毕竟没有造反，当然不会拿自己当罪人，于是大声吼道：有没有搞错，你们这里大大小小的官儿，哪个不是咱家任命的？咱家倒要看看，你们谁有这个资格来审咱家。

就听"哗"的一声，参与庭审的公卿，都因为害怕刘瑾，不由自主地后退了一步。大家本来整整齐齐排列着，诸人一后退，就把个驸马都尉蔡震给凸显了出来，就见蔡震一拍桌子：刘瑾，我来审你！

刘瑾不知大势已去，还来了一句：你叫什么名字？忘了是咱家提拔的你吗？

蔡震哈哈大笑：刘瑾，你搞错了，老子这个驸马都尉，不是官名，是地地道道的皇家驸马，本是皇亲国戚，用不着你来提拔。左右，与我上前先抽刘瑾二十个耳光，打肿了他的脸再说话。

"啪啪啪"，刘瑾的脸颊被抽得红肿青紫，然后蔡震开审：刘瑾，你为何要谋反？

刘瑾：天地良心，咱家没谋反。

蔡震：不谋反，你家里为何会有弓弩？

刘瑾：咱家那是为了保护皇上。

蔡震：既然是保护皇上，就应该把弓弩放在手边上，为何要藏于密室中？

刘瑾：……这个，咱家明明没有谋反，怎么让你一审，竟然还说不清了呢？

说不清楚那就没办法了。武宗传旨，将刘瑾以谋逆之罪凌迟，枭首示众，不必复奏。而史书上说，亏了这个蔡震，若不是他瞎搅，刘瑾断然不会被定为谋反，也未必会死得这么惨。

而张永，前者从宁夏押回来一堆俘虏，现在又打掉了刘瑾，霎时间声威大震，获得了历史上最完美的评价。老臣子杨一清，则因为在幕后策划了这起冤案，与张永一里一外，从此形成了朝中最有实权的势力。

正在满朝文武欢庆之时，江湖上突然传来特大好消息：王守仁，于贵州龙场的食人族部落中，已经参破了天地之造化，悟透了宇宙之玄秘。

悟道了！

听到这个好消息，杨一清放声大笑，哈哈哈，小王王守仁，竟然趁这工夫晋阶到圣贤境界了，好，你这个圣贤碰到我杨一清，那就等着倒霉吧！

不信玩儿不死你！

🐛 占卜与释梦

前面我们知道，当王守仁从武夷山中出来，绕道上饶，复谒娄谅老夫子，再去南京看望父亲王华，然后才去贵州龙场。而龙场实际是尚未开化的蛮荒地带，那里活动着许多幸福而原始的食人族部落，闻说有个白白胖胖的王守仁要来上任，就打算逮到王守仁煮熟，尝尝他的味道如何。

那么王守仁，又是如何从食人族的口下逃出来的呢？

《靖乱录》是这样记载的：

> 先生初至，夷人欲谋杀先生，卜之于神，不吉。夜梦神人告曰：此中土圣贤也。汝辈当小心敬事，听其教训。一夕而同梦者数人，明旦转相告语。

这个解释，前一部分说到占卜，应该是真的。后半部分，是说的释梦，这应该又是王守仁动的手脚。

说前一半解释是真的，那是因为蛮荒地带的原始部落，盛行的是一种原始思维，这种思维是反逻辑的，或者说原始思维是元逻辑的。问题与结论之间不存在逻辑关系，以梦境、占卜等手段来指导自己的生活。所以说，既然食人族打算要吃掉王守仁，那铁定是要先占卜的，看看结果如何。如果结果大吉大利，那就吃掉王守仁，连骨头都啃光光；但如果占卜不利，那就算是王守仁自己把自己煮熟，人家也未必肯吃。

但原始部落是以松散的群居形式生活，在一片蛮荒地带，往往有许多原始部落。在是否吃掉王守仁，是清蒸还是红烧等具体烹饪细节上，必然是每个部落各自占卜，有的部落占卜结果不吉利，就不吃了；也有的部落占卜的结果，吃掉王守仁是很吉利的，所以他们会非吃不可。

以王守仁所形成的智慧而言，他既然敢来龙场，必然是步步小心，走一步停一停，遇到龙场方向来的人就向对方询问当地的情形，搜集资料。那么他很快就会知道，要想不被食人族吃掉，就必须求诸原始人最为信奉的手段：

释梦！

为什么要求之于释梦，不求之于占卜呢？说到占卜，那可是王家世传的绝学啊。

原因在于，占卜的形式太多，一个原始部落有一个部落的招数，有的是烧牛骨头，有的是看火焰，有的是砍一头鹿来，有的是捉一条蛇来。每个部落都只信奉自己那一套，别人的占卜招数，对他们没有任何影响。

但释梦则不然，古今中外，原始现代，对梦的理解几乎是完全一致的，就是因为梦对每个人的形成及影响来说，是相同的。

不管是原始人还是现代人，不管是食人族还是飞车党，都存在着一个无法区分梦境与现实的困惑。设若你现在做了一个梦，梦到王守仁对你说：我是王守仁，快点儿把你的钱给我……敢打赌，你一辈子都会逢人就说这个怪梦。

王守仁用的，就是这一招。

王守仁具体是怎么干的，我们说不上来。但他肯定这么干过，别忘了他是有前科之人——十三岁那年，他就是跟继母小夫人装神弄鬼，搞来只猫头鹰吓得小夫人半死。

假如王守仁没这么搞过，那就不可能出现"夜梦神人告曰：此中土圣贤也。汝辈当小心敬事，听其教训。一夕而同梦者数人，明旦转相告语"这种怪事了。

🐾 龙场悟道

当我们说到占卜与释梦的时候，就知道现在的王守仁，已经无限接近了道的入室之门。

这是因为逻辑思维是有局限性的，这种局限性来自于思维的工具，语言或是思想本身，尤其是前者，正如禅宗所说，以手指月，但手指不是月。人类用语言来表述智慧，但语言并非是智慧本身。而逻辑却被固化在语言体系之中，没有语言，也就无法表达逻辑。但有了逻辑，却又因为语言的妨碍，反倒是偏离了智慧本身。

因而这世界上的人，用脑子想，用笔写，都无法接近终极的智慧，反而会歧路亡羊，迷陷于语言逻辑的层面上。

所以禅宗讲究一个开悟。这种开悟，正是建立在元逻辑的基础之上，放弃你的固有语言，放弃逻辑，重返原始人的蒙昧境地，反而容易在一片混沌之中，重建你的思维体系，更为迅捷地接近终极智慧。

所以说王守仁来到龙场，算是来对了地方。倘若他仍然是钻深山走老路，只能是距离终极智慧越来越远。现在的他，不可能不近距离地感知到原始思维的特点与局限，再与他已经养成的智慧相互印证，就这样于渐然的思考之中，一步步向着终极智慧迈进。

《靖乱录》上记载了王守仁在龙场的幸福生活：

> 于是有中土往年亡命之徒能通夷语者，夷人央之通语于先生，日贡食物，亲近欢爱，有如骨肉。先生乃教之范木为墼，架木为梁，刈草为盖，建立屋宇，人皆效之，于是一方有栖息之所。夷人又以先生所居湫隘卑湿，别为之伐木构室，宽大其制。于是有寅宾堂、何陋轩、君子亭、玩易窝，统名曰龙冈书院。翳之以桧竹，莳之以卉药……

我们说，王守仁必然会潜心于研究当地土著部落的思维特点，正是这种原始的思维让他迷醉。但是他在年谱中却有意回避了这一点，这又是为什么呢？

这应该是他的弟子门人搞的鬼。我们知道，虽然王守仁最终是开悟了，但是他的弟子门人，却始终站在圣贤的门外，不晓得这扇门是应该往里推还是往外拉。他们只想到应该把自己的老师包装起来，让人人景仰，以便将王守仁的心学思想广泛推广。可是在他们登堂入室之前，就不可能对王守仁的智慧思想有一个正确的认知，他们只是凭着自己的浅陋之见，又生硬地把王守仁的智慧拉回到一个低层次来，结果导致了王守仁心学思想的最终迷失——试问，自王守仁而后，可曾有哪个人，拿了王守仁的书本就读成了圣贤的呢？

没有人能够只凭王守仁的书本，就掌握到王守仁独立思考才获得的智慧。书本与智慧无关，它记载的只是王守仁获取终极智慧的心得感受，但不是这种终极智慧的本身。

王守仁就是这样快乐地生活在原始社会里，忽然有一夜，他做了一个奇怪的梦：

> 忽一夕，梦谒孟夫子。孟夫子下阶迎之，先生鞠躬请教，孟夫子为讲良知一章，千言万语，指证亲切，梦中不觉叫呼，仆从伴睡者俱惊醒。

当时王守仁兴奋地狂跳起来，不停地高呼。

和他在一起的人吓得呆了：先生，你为何发癫啊？

王守仁兴奋地道：我明白了，我终于明白了！

旁人道：你明白什么了啊？

王守仁道：圣人之道，吾性自足啊！

> 自是胸中始豁然大悟，叹曰：圣贤左右逢源，只取用此良知二字。所谓格物，格此者也。所谓致知，致此者也。不思而得得什么？不勉而中中什么，总不出此良知而已。惟其为良知，所以得不由思，中不由勉。若舍本性自然之知，而纷逐于闻见，纵然想得着，做得来，亦如取水于支流，终未达于江海；不过一事一物之知，而非原原本本之知。试之变化，终有窒碍，不由我做主。必如孔子从心不逾矩，方是良知满用，故曰无入而不自得焉。如是，又何有穷通荣辱死生之见得以参其间哉！

这一段长到了令人发疯，也晦涩到了让人发狂的叽里呱啦，就是中国哲学史上大名鼎鼎的龙场悟道。

这是王守仁穷其一生的智慧与思想收获，对中国的哲学体系产生了重大的影响，任何一部中国哲学史，如果不写下这一段，不记下王阳明这个气派的名字，那么这本书铁定没人读。

悟道就悟道吧，这事我们理解，也能够接受。可王阳明为什么会梦到孟子呢？孔子岂不是比孟子的招牌更大？更响亮？王阳明何以不梦？

这是因为，王阳明所谓的"致良知"，不过是孟子的"取义"的翻版。孔曰"成仁"，孟曰"取义"，后者孟子的"取义"，"取"被王阳明改成了"致"，"义"的意思是"宜"字的通用，义者宜也，也就是正确的选择的意思。正确的想法，正确的做法，都是"良知"。所以"致良知"就是"取义"，所以王阳明非孟子不梦，就是这个道理。

但是，王守仁，他究竟悟到什么了？

好一个平坦宽阔的大脑门儿

我们曾说过，所有的智慧都将在其终点相逢。

哲学是关于人类智慧的学说，无论是东方的哲学，还是西方的哲学，所研究的都是人类的智慧。倘若东方的哲学拿到西方，发现全是瞎掰，没法子应用，那么这哲学体系就必然有问题。同样的，如果西方哲学拿到东方来，发现处处不对头，那么这西方的哲学也必然有问题。

如果东方的哲学体系没有问题，那么必然能够解答西方人的疑问。

同样的，如果西方的哲学体系是正确的，那么它也能够对东方人产生教益。

正如我们已经看到的，王守仁穷极二十年的苦苦思索，终于石破天惊地提出了"致良知"，你马上就会注意到，在西方也有一个苏格拉底，他和王守仁殊途同归，也提出来一个"美德即知识"的哲学取向。

但如果你只是从文字上推敲，就会发现王守仁的"致良知"与苏格拉底的"美德即知识"是存在着明显差异的。

但这种差异，只是文字表达的过失。王守仁和苏格拉底，他们发现的终极智慧，必然是同一个东西。

问题是，这个东西到底是什么？

想知道这个东西是什么，这事还得去古希腊，去找苏格拉底的弟子柏拉图问个究竟。

为啥一定要找柏拉图？

因为柏拉图这个人的一生，跟王守仁有得一拼。他于公元前427年出生在雅典的一个贵族家庭，出生时名字不叫柏拉图，原姓阿里斯托克勒。但因为他的脑门儿超级大，见了他的人，无不惊呼"柏拉图"——意思是说：好一个平坦宽阔的大脑门儿。此后人人都称呼他的绰号柏拉图，叫得时间久了，连他自己都把自己的正式名字给忘了。

大脑门儿柏拉图二十岁的时候，忽然兴起，想学点儿知识，就出门去找老师，结果一出门儿就遇到了苏格拉底。苏格拉底告诉他：柏拉图啊，你看到天上的太阳没有？我来告诉你，太阳实际上很大很大，大到了不得了，大到了你无法想象，是一个超过你想象的巨大火团。还有还有，你看到了月亮没有？月亮也很大很大，但比太阳小多了，而且月亮只是一块儿大石头。

当时柏拉图听了，极为震惊，说：苏格拉底，你可不要瞎掰，胡扯什么太阳是个火球，月亮是块儿大石头，这种话能乱说吗？让人家听到了会笑话你的，搞不好还要说你造谣惑众。

苏格拉底道：这话也不是我说的，是阿那克西米尼的弟子阿那克萨哥拉说的，他说太阳是一团燃烧的物质，比整个伯罗奔尼撒半岛还要大。他还说月亮真是一块大石头，上面有山有谷，还有好多人居住在那里。还有还有，他还说月亮之所以发光，那是因为太阳照射到月亮上面。

柏拉图很气愤地看着苏格拉底：苏格拉底，你每天就整这些没用的东西，难道你一点儿也不关心你的祖国吗？

苏格拉底说：也有人拿这话问阿那克萨哥拉，当时阿那克萨哥拉用手指指着天空，说：不要乱讲，我对我的祖国是最关心不过的。

柏拉图想了想，说：那好，以后我就跟着你学习吧，我倒要看看，你凭什么说太阳是个巨大的火球……

此后，柏拉图就跟随在苏格拉底身边，整整八年之久。到了第八年，雅典的统治者将苏格拉底逮了起来，说他造谣惑众，误导毒害青少年，弄来杯毒酒给苏格拉底灌了下去。柏拉图眼看着自己老师被毒死，悲愤至极，说：什么人就该做什么事，鞋匠就应该修鞋，铁匠就应该打铁，最有学问的哲学家就应该治理国家，怎么这个国家的统治者愚昧又无知，反倒把最有学问的哲学家给毒死了呢？

于是柏拉图游学到了西西里，积极活动，想要进入政治界，头一次，当地的国王狄奥尼修斯没有理他。第二次也没有理他，等到第三次的时候，柏拉图的影响已经很大很大了。国王就邀请柏拉图去商谈国政。柏拉图兴冲冲地赶到，发现早有一艘贩奴船等在那里，不由分说，他被丢到贩奴船上，拉出去要当奴隶卖掉。幸亏他的朋友闻讯追上，花钱将他买了回来。从此，柏拉图才总算弄明白，在这个世界上，暴力、财富和智慧，都是通向权力的道路，但智慧是最不给力的，绝不是野蛮暴力的对手。

智慧表述的是终极真理

正好好说着王阳明，突然又扯到了古希腊的柏拉图，这是因为，唯有从柏拉图的认知角度出发，才能够让我们弄明白王守仁到底发现了什么。至于我们提到的古希腊哲学家阿那克萨哥拉，其人的哲学思想中，也有着和王守仁一般无二的说法。

如我们在前面所提到的，王阳明最为精典的美学片断：他与朋友游南镇，朋友指岩中花树问：天下无心外之物，如此花树，在深山中自开自落，与我心亦何相关？

> 先生曰：你未看此花时，此花与汝心同归于寂。你来看此花时，则此花颜色一时明白起来。便知此花不在你的心外。

而在古希腊哲学家阿那克萨哥拉留下来的哲学残章之中，也有着和阳明先生同样的叙述：

> 当心灵开始推动时，在运动中的一切事物就开始分开。心灵推动到什么程度，万物就分别到什么程度。而这个涡旋运动和分离作用同时又造成了事物的更强烈的分离。
>
> 这个永恒的心灵，确乎现在也存在于其他一切事物存在的地方，以及周围的物质中，曾与这物质相连的东西中，和业已与它分离的东西中。

诸如此类。

总之大家是殊途同归。总归大家说的都是同一桩事体。总归一句话：所有的智慧都将在终点相逢，所有的智慧，描述的都是同一个东西。

这个东西，孔子称之为仁。子曰：仁者爱人。而《大学》开篇，则曰：大学之道在明明德，在亲民，在止于至善——注意这个至善。

这个东西，孟子称之为取义。义者，宜也，也就是你该做什么事，不该做什么事。该或是不该，其衡量标准，就是仁，就是善。

这个东西，佛家称之为慈悲，禅宗则直截了当称之为善知识。知识的取向就是善，善的本身就是知识。苏格拉底听到这句话，会眉开眼笑的。

这个东西，道家称之为道，老子著《道德经》，"道德经"这三个字，"道"说的就是这个东西，"德"是说这个东西的性质特征，"经"就是表述的意思——而对这个东西的性质表述，最终成为了品评人类品德的道德，这就是最典型不过的致良知，最典型不过的美德即知识。

而王守仁所做的，就是把孔子的话，把孟子的话，把老子的话，把苏格拉底的话，把阿那克萨哥拉的话，把柏拉图的话，用他自己的语言，重新表述一遍：

> 无善无恶心之体，有善有恶意之动。
> 知善知恶是良知，为善去恶是格物。

翻过来，掉过去。你东拉，我西扯。所有的智者，说的都是同一个终极真理，这个真理你可以称之为仁，称之为义，称之为道，称之为慈悲，称之为大善知识，称之为良知，称之为美德，称之为你愿意称之为的任何东西。

但这个东西，到底是什么玩意儿呢？

这事你得去问柏拉图，他将用他的洞穴理论，告诉我们这东西到底是什么。

就是这样，仁也好，义也罢，慈悲也成，大善知识也可，良知也不错——虽然这都是东方哲学的常用术语，但如果这个东西是真实的存在，那么，西方的哲学家也同样会发现它，感知它，表述它。而柏拉图的洞穴理论，或许是人类历史最清晰的道之表述。

走出恐怖的洞穴

却说柏拉图学问大成之后，雄心勃勃想要以智慧宰制万民，结果不幸被统治者当做奴隶卖掉。幸亏他的朋友花了高价，又从奴隶市场把他买了回来，此后他潜心研究，最终提出了世界哲学史上最为知名的洞穴学说：

我现在打个比方。整个人类就像是这样的一群人：身上带着枷锁，躲在黑暗的山洞里，背对着光线。我们的后面有栏杆，栏杆的外边生着一堆火。我们看到的只是沿我们身后的栏杆走动的人，映在我们前面墙上的影子，听到的只是他们的回声。

如果我们中间有人回过身，对着光线，正面看着这些人，他们最先的感觉就是眼睛发花，如果让他们把这些人看得清清楚楚了，还能感受到观看的乐趣。如果他们告诉别人，自己在外边看到的东西，别人肯定会说他们是在胡说八道。所以，那些见到过光明的人，就不想回到普通世界，也就是那个黑暗的山洞里去了。

然而我们要知道，山洞里的人都能看到东西，他们要做的就是把身子转向光明。如果将他们身上逼迫他们背对光明的肉体欲望的枷锁除去，每个人都会转变，开始真正的生活。所以，我们要把最能面对光明的人找出来，让他们回到山洞，告诉山洞里的人知识的优势所在。如果他们认为这会很辛苦，我们就要像以前那样牢记，全体的利益是最重要的，个人为全体的利益而受的苦，是次要的。

我们要怎样做才能让这些人转向光明呢？要想达到目标，仅仅进行音乐和体育的教育是不行的。我们接下来要进行的第一个教育是算术，然后是几何，接着是天文学教育。还有一个相关学科，就是抽象的和声学（不是声音的和声学）。这些课程，只是在为学习辩证法作准备而已。辩证法是最高的科学，它引导理智去思考最终的目标：善的理念……

看看柏拉图，他拿了一个洞穴来比喻人类的思维认知，认为我们眼睛所见，耳朵所听，鼻子所嗅，舌头所品，手指所触，通通不是真实的世界本身，而只是一个由我们的感觉知觉嗅觉味觉触觉等器官合伙儿制造出来的一个虚像。虚像就虚像吧，我们不跟他老人家较真儿——但当他表述了这个虚像世界之后，却离奇地和王阳明走到了一起。

前面我们说过，理学家陆九渊高吼过：宇宙就是吾心，吾心就是宇宙。王阳明换个词再把这句话重新吆喝了一遍：吾性自足！

到了柏拉图这里，他则是坚定不移地认为：知识并不是由他人从外面传授给我们的，不是后天获得的，也不是从灵魂中自发产生的，而是灵魂固有的，或者说，是先天存在于我们灵魂之中的，但处于潜伏状态，宛如梦境一般，我们不可能通过洞壁上的影像认识身后的事物，除非转过身来；我们不可能知道太阳是万物的主宰，除非被拉出洞穴。

就算是吾性自足，知识原本就沉睡在我们心里，可是这又怎么跟善扯上了关系呢？

柏拉图用他的日喻说，来解释这个原因。

他认为，现实世界实际上是假的，是虚幻的，而在这个虚幻的现实世界之外，还有一个真实的理性世界。理性世界中的善理念，就好比现实虚幻世界中的太阳，是真实存在并能够引发我们灵魂的认知功能的。

于是，苏格拉底、柏拉图、王阳明这些人凑在一起，联手推出了美德论，此一论点的观点，计有三条：

> 没有人愿意作恶。
> 美德即知识。
> 诸德为一。

关于这三点，论据也有三个：

1. 所有的人，都只渴望善的事物

——因此，没有人希望恶的东西。作恶就是以一种能产生恶的方式行动。因而，没有人想这样做。因而，当某个人作恶时，他并非出于本意。

2．所有的人都只渴望，善的事物

——因此一切人都会行善，只要他能够行善。如果他不这样做，那是因为他不知道如何行善。美德会带来善的事物。因而，美德就是通晓善的知识。

3．各种美德都指在特定情形下的善的事物

——在任何情形下，所有的人都希望得到善的事物。如果他们未能得到善的事物，那是因为他们不知道什么是善的事物。因而，只要一个人知道什么是善的事物，那他在任何情况下都只会是有德的。因为所有的美德都依赖于一件事——关于善的事物之知识。因而，诸德终究为一。

如果我们把苏格拉底、柏拉图师徒的三条论据归纳起来，那就只有一句话：你知道，你就会去做。你不知道，你想做也不知如何做。而这，正是王阳明的知行合一之说：

诸如此类。

总之，大家说的都是一码事。

❧ 与智慧大师相遇

现在我们的问题是：孔子、孟子也好，苏格拉底、柏拉图也罢，还有这王阳明，他们都认为，存在着一个东西你还没有看到，而且这个东西对我们来说相当重要，那么这究竟是什么怪东西呢？

最早描述这个东西的，是老子李耳，他在《道德经》中说，这个东西啊，这个东西，那可是孩子没娘，说来话长啊：

有物混成，（有个浑然一体的东西，）

先天地生。（它先于天地而生。）

寂兮寥兮！（无声啊，又无形！）

独立不改，（它永远不依靠外在力量，）

周行而不殆，（不停地循环运行。）

可以为天地母。（它可以算做天下万物的根本。）

吾不知其名，（我不知道它的名字，）

强字之曰道，（把它叫做道）

强为之名曰大。（勉强再给它起个名叫做大。）

大曰逝，（大成为逝去，）

逝曰远，（逝去成为辽远，）

远曰反。（辽远又返转还原。）

故道大，（所以说道大，）

天大，（天大，）

地大，（地大，）

人亦大。（人也大。）

域中有四大，（宇宙间有四大，）

而人居其一焉。（而人居其一。）

人法地，（人以地为法则，）

地法天，（地以天为法则，）

天法道。（天以道为法则。）

把老子说的这个没头没尾、没头没脑的怪东西，与柏拉图的洞穴理论对照一卜，我们的心里就会"咯噔"一声：哇，走出洞穴的柏拉图，所看到的正是这个，他看到了，许多人都看到了，可是谁也无法说清楚。

他们不是智者吗？怎么智者还说不清楚？

事实上，不是他们说不清楚，而是我们听不明白。你无法对一个盲者，描述各种颜色的区别。因为对于盲者来说，世界上压根儿就不存在颜色。你也无法对一个聋者，描述各种音律音韵的区别，因为对于聋者来说，音律与音韵同样也是不存在的。

即便是从现代科学的角度，我们也知道人类的认知存在着局限性。我们双目所见，只是光谱上极窄的范围。我们的耳朵，既听不到超声波，也听不到次声波，既然你无法对天生的盲者描述颜色，也无法对天生的聋者描述声音，这就决定了离开了洞穴的幸运儿，他已经无法再与我们进行沟通。因为我们人类所创造的语言体系，正如盲者的视觉，正如聋者的听觉，无法对感知不到的东西进行理性描述。

而王阳明，他上天入地，编神仙瞎话娶一堆老婆，被刑杖打屁股和食人族同居，目的只是离开人类感官认知的洞穴，一睹那先天造化的神奇真界。

他终于走出了洞穴，也终于在智慧的极点，与孔子、孟子、老子、苏格拉底及柏拉图等所有的智慧大师相遇。

一个在思想领域实现突破，一窥终极智慧的人，犹如一个爬到桅杆高处的人，他并不需要大喊他在高处，所有人都知道他在高处。悟道者不需要说道，人人都知道他在智慧上已经到达了自己无法比拟的境界，所以悟道者是从终极智慧的角度来看待事物问题，他说的话，我们都能够听懂，就如同我们能够看懂棋局上谁输谁赢一样。但是，你知道谁赢了，但你无法重复他的棋路，一句话，在你没有到达智慧彼岸之前，你对于智慧的理解，始终是停留于盲者对于颜色的理解、聋者对于韵律的理解的状态。

最后一个问题，终极智慧与仁、与义、与道德、与美德、与慈悲、与善良、与良知之间，是什么关系呢？

🐍 大师们如是说

实际上，终极智慧与仁、与义、与道德、与美德、与慈悲、与善良、与良知之间，没有半点儿关系。

没关系？如果说这两者之间，真的没半点儿关系的话，这岂不是说，古往今来的贤圣智者，都是在胡说八道，忽悠我们吗？

古往今来的圣贤智者，并没有忽悠我们。他们都已经晋阶到智慧大师了，还忽悠我们干什么？闲极无聊吗？

先贤圣者并没有忽悠我们，而他们的思想理论体系，又与终极智慧之间没有半点儿关系，此话究竟何解？

这件事解释起来，那就有意思了。要知道，现代科学思想体系，虽然繁复庞杂，但却有一个条理清晰的纲目，这个纲目，简单地表述如下：

首先，现代科学知识体系，可以简单分为两个类别：工具类学科与知识类学科。所谓工具类学科，就是我们借以认知这个世界、建立规范的知识体系的基本工具。这门学科一共有三种：哲学、数学与形式逻辑。除此三者之外，余者均是知识类学科，是以哲学、数学及形式逻辑为工具建立起来的。衡量一门学科是否科学、是否有价值的标准，就是看这门学科是否应用到了哲学、数学并形式逻辑这三门工具学科。如果有谁闭门造车，自行创造出一门特殊国情的怪异学科，却没有应用到这三门工具学科，那么你肯定遇到骗子了。

简单说来，就一句话：所谓的科学思想与知识体系，均是由哲学、数学与形式逻辑构建起来的，是我们对人类社会与自然宇宙的认知标准。

也就是说，如果我们给现行科学知识体系做一个分类的话，这个分法是这样的：雄踞于所有知识体系之上的，是哲学、数学并形式逻辑。而其他学科，都是低于这三者的，你不掌握这三门工具学科，就无法自如地创建科学思想与知识体系。而就算是你掌握了科学思想与相关的知识体系，却未必能够掌握居于高端的工具学科体系。

而我们所提到的终极智慧，提到的这个世界的本原与真相，却比我们的工具学科更为高端，是我们的认知工具所无法触及的。

哲学、数学与形式逻辑，这对于许多人来说，就已经够生涩的了。但在终极智慧面前，这三门工具学科，却表现得不够给力。

如果一定要打个比方的话，那么，正如盲者是通过触觉来感知外部世界，他对于这个世界的所有感知，都是建立在触觉的基础之上。而触觉是无法描述色彩的。同样的，哲学、数学与形式逻辑，也正如无法描述色彩的触觉，无法用来表述终极智慧，无法用来描述世界的真相。

提及终极智慧，禅者说：说出一个字，你就失去了它。

正如盲者不具有认知色彩的工具，正如聋者不具有认知音律的工具，我们同样也不具有认知终极智慧与思想的工具。没有描述终极智慧的工具，所以悟得终极智慧的先贤圣者，也就无法对我们详细描述。

他们最多只能是，告诉我们如何去寻找终极智慧。

尽管终极智慧与仁、与义、与道德、与美德、与慈悲、与善良、与良知之间，没有半点儿关系，但如果，你具有仁心，具备义念，具慈悲之情，追求美德，追求善良，苦求于自己的良知，那么，你就会对这个世界的认知角度，从外部转向自我的内心审视。而诚如王阳明所言：吾性自足……既然吾性自足，那就尽量减少与别人的摩擦，不可求之于别人，而人反求之于己。

反之，如果你不仁不义不慈悲，不善良也对美德不感兴趣，更有可能泯灭自己的良知，这时候的你，就会将关注点放在别人身上，而这种关注，必然会让你远离智慧与思想。

所以大师们如是说。

🐉 激活你沉睡的智慧

如果你想掌握最高超的棋艺，必然要拜名家为师。可如果名家告诉你说，只要你善良、可爱、乖巧，那么你的棋艺就会嗖嗖嗖见风就长，成为天底下所向无敌的棋艺大师，你是不是认为这个建议，有点儿扯淡？

如果你想掌握最精妙的烹饪的技巧，你肯定会去找名厨学艺。可是这位名厨却对你说：你不用切菜，不用掂勺，也不用研究古往今来的菜谱，只要你扶老携幼、与人为善，你炒出来的菜就会成为天下第一美味，你会不会将这位所谓的名厨，按在地下暴扁一顿？

学棋也好，掌勺也罢，都只是用来打一个比方，旨在说明我们寻求终极真理的途径。而举这两个例子，则是为了说明一件事，良知或美德，与智慧之间并不存在着正常的逻辑关系。孔子、孟子、老子、苏格拉底、柏拉图乃至王阳明，却不约而同地表述出同样的观点，这就带给我们深深的疑惑。

陆九渊这样为我们解惑：宇宙就是吾心，吾心就是宇宙。

王阳明则这样告诉我们：你性自足啊。

但真正解释清楚的，却是柏拉图。他说：终极的智慧啊，实际上并不在外部世界，不是能够让人告诉你的，这东西原本就在你的脑子里，却处于休眠状态之中。只有善良的品性，才是照亮你沉睡智慧的一线烛火。

天！原来是这样！

原来那所谓的道，并不在深山大泽，不在书本中，而是早已存在于我们的脑子里。自打我们生下来时，这个莫名其妙的道，就已经构成了我们大脑的一个组成部分。只不过，我们的大脑犹如一片浩瀚的原始森林，道的壮丽宫殿隐匿于森林的深处，而我们只在思维森林的边缘徘徊，所能够看到的，只有美丽的异性、精美的食物再加上形形色色的炫耀欲望。

没人能够替代我们思考，所以也就不会有人能够进入我们的脑海思维，引领着我们步入黑暗的蛮荒地带。只有我们自己的愿望和决心，才能够让我们踏入这片神秘的世界。经历过不计其数的迷失，遭遇到重重叠叠的艰难险阻，所有人终将在自己的思维森林中迷失，而王守仁，他是在长达二十年的迷路之中，突然发现了被重重绿荫遮掩的，那道之圣宫的所在。

你原本就是一位棋艺大师，原本就练就了高超的烹饪手艺，奈何因为生活意外，脑壳上遭受到了一下重记，"砰"的一声，你就什么也记不得了。这时候再让你弈棋，你已经不认得棋子；这时候再让你炒菜，你已经无法区分咸盐和味精，不知道如何才能够炒出一盘可口的菜了。

这时候的你，最应该做的就是重返自己的故地，寻找那些往昔生活的零星片断，去找你曾经爱的人，去找那些曾经爱过你的人，让人与人彼此之间的爱，唤醒你大脑中失落的记忆。

但如果你发脾气，耍性格，执意不肯回到爱你的人当中，却固执地认为：既然满大街都是美女，那就应该及时行乐，操起棍子趁哪个美女不注意，照她脑壳"砰"的一下，将她打昏，然后赶紧拖到没人的地方去……这么一个搞法，就是最典型的及时行乐，就是自我的迷失，从此你会迷陷于人与人的相互争斗之中，再也无法重返往昔的梦境，也就再也找不回过去的你自己，再也无法恢复你的绝高棋艺和出神入化的烹饪技能。

终极的智慧不在远处，就在我们的脑际，就在我们思维的最深处。但如果你为物欲所迷，终其一生只在自己的思维边缘打转，这就等于放弃了对自己思维的探究，也就永远无法抵达智慧的驻地。

你本是一台设计精良的超级计算机，驱动系统上业已安装了功能最为强大的智慧软件。但令人沮丧的是，你这台超级计算机每天打开运行的，只有几个最低级的欲望软件，女人、美食、金钱……为追逐这些本能的东西，你每天要花费好大的力气。但如果你一旦找到系统中的智慧软件，激活并让它运行起来，那么你这台计算机，就立即成为计算机中的战斗机，表现出超强的智慧功能。

找到安装在你大脑中的智慧软件，激活它吧。

🐌 至高境界是平淡

王守仁成功激活了自己大脑中的智慧软件，下一步的工作，就是让人人都知道这件事，借以推广这一智慧。

于是就发生了这么一桩事件，思州知府派人来到，专诚羞辱王守仁。

思州知府为何要派人来？又是如何羞辱王守仁的？这事没人说得清楚，也没人想要查个明白，但结果却是非常之有趣，知府派来的使者，遭到了龙场原始部落的围殴，被打得哭着跑掉了。摆明了是一起群体事件。

但王守仁，为什么要高调搞群体事件呢？

答案就在王守仁的一封信上。事发之后，他兴高采烈地拿起笔来，给贵州按察司副使毛应奎写了封信，信上说：

昨承遣人喻以祸福利害，且令勉赴太府请谢，此非道谊深情，决不至此，感激之至，言无所容！但差人至龙场陵侮，此自差人挟势擅威，非太府使之也。龙场诸夷与之争斗，此自诸夷愤惋不平，亦非某使之也。然则太府固未尝辱某，某亦未尝傲太府，何所得罪而遽请谢乎？跪拜之礼，亦小官分当，不足以为辱，然亦不当无故而行之。不当行而行，与当行而不行，其为取辱一也……

史载，这封信很长，乃王守仁悟道之后第一次出手，在信的后面他还忽悠说：某之居此，盖瘴疠虫毒之与处，魑魅魍魉之与游，日有三死焉……后人评说曰：高手出手，并不见有何惊天动地之处，只是一个平淡如砥。越是高手，越是喜欢运用平淡的招数，越是平淡的招数，你越是无法抵挡，越是显现出高手的不世风范。

可以确信，这场群体事件，实则是王守仁暗中挑起来的，全部的目的就是写这么一封信，让领导们知道，就在龙场蛮荒之地，有一位绝世智慧高手。

高手一出手，就知有没有。这封信一发出，知府立即"惭服"，官府立即给王阳明送来了米、肉，还派了农民工来替王守仁劈柴担水。王阳明明确表示拒绝。领导送来的礼物，他也敢拒绝？因为现在的领导们与王阳明相比，就如同刚学棋的初级选手跟国手大师相比，智慧上的差距天差地远，王阳明知道，领导们也知道。所以领导们非但不敢生气——谁见过臭棋篓子敢跟国手大师发火？见王阳明不收礼物，领导们惶惶不可终日，又改送金帛、鞍马，唯恐阳明先生不开心。

阳明先生很开心，欣然提笔写信：敬受米二石，柴炭鸡鹅悉受如来数。其诸金帛鞍马，使君所以交于卿士大夫者，施之逐臣，殊骇观听，敢固以辞——这就是国手大师的境界了，收了你臭棋篓子的礼物，是瞧得起你。悟道之前的王阳明，可是不敢这么拽的。

当地秀才、官员纷纷登门求教，领导也纷纷登门。来的领导有一位乃提督学政席书，他听说王阳明悟道了，觉得这事不大可能，就来给王阳明出了道难题：同是理学家，朱熹和陆九渊的学说，有什么相同及不同之处？

正如我们写这本书的风格一样，王阳明不讲陆九渊，不讲朱熹，而是随着性子东拉西扯——他已经悟道了，怎么扯怎么有道理。听得席书一个劲儿地眨巴眼睛，头昏脑涨地回去了。

回去后席书又回来了，听了王阳明一通忽悠，又回去，然后又回来，就这么来来回回地跑了好多趟，终于放声大哭起来，曰：没想到今日能重睹圣人之学！

说过了，进入终极智慧境界之人，犹如爬到桅杆高处，任谁都能一眼就看出你在高处的位置。

在智慧面前，没有人不心悦诚服。

阳明先生生活在一个权力社会里，在这个世界，权力无处不在。

权力是个坏东西，它不光是腐蚀掌握权力的人，同样也腐蚀被权力凌辱的人。

掌握权力的人，会被异化为暴君。被权力凌辱的人，会被异化成无知懦弱而又残暴的奴隶。事实上，正是奴隶和暴君的两极社会，才构成了权力的现实。如果社会上不存在着奴隶，那么暴君也就不称其为暴君。但世上一旦有了暴君，他就会想尽办法把尽可能多的人异化为奴隶，以延续权力的效力。

权力是暴力的产物，它的一端是暴君，另一端是暴民。

🐍 规律是盲者的陷阱

人类社会，比之于动物界的原始物种，要复杂得多。这种复杂，就是因为人性太过于简单——每个人都是以自我为中心。

一个人以自我为中心，还好办，你自己爱怎么想就怎么想，懒得理你——但一旦有了两个人，你以你自己为中心，他以他自己为中心，你希望他往东，他却希望你往西，你指望他打狗，他却指望你撵鸡。这就构成了人与人相处最大的苦局。就如同围棋一样，虽然技巧简单到了不堪一提的程度，但对弈的本身，却导致了棋局复杂多变。哪怕是一个终生沉溺于棋道之中的国手，一辈子都见不到重复的棋局。而正是因为社会交际没有重复之局，所以你的个人意志，甚至是你的人生经验，必然会遭遇到不适用的麻烦。

这种极尽微妙的人心感觉，源自人性本身，是不可见的。我们总是通过最终的结果，才能知道这种微妙的存在。譬如你与朋友开了个玩笑，结果他立即翻了脸，与你不死不休，又或是随意无心，信口一说，已经惹得某人暗动杀机，这种事，正是人类社会最让人痛苦的现状。

这种人际关系不和谐的因素，构成了人类社会的陷阱，许多时候你一脚踩了进去，还弄不明白是怎么回事。人性的冲突宛如一个个陷阱，失足踏入就会摔死；宛如一道道激流，不慎卷入就会萍漂无际；宛如一座座高峰，横亘在你的人生面前，让你举步维艰。然而这些陷阱、激流与高峰，却是你看不到的，所以不管你是多么谨慎小心，都无法避免跌入。

人性中陷阱密布，你却硬是看不到，这就如同一个盲者行走在杀机四伏的沼泽地里，其侥幸抵达彼岸的可能性，几乎可以说是不存在的——所以佛家说，众生皆苦，苦就苦在看不到人性的隐秘冲突，如盲者般行走在泥沼险域。

佛将自己称为觉悟者，就是我们最常说的悟道了。什么叫悟道了？就是获得了——甭管是怎么获得的——获得了一种宏大的思想智慧，能够居高临下俯瞰人性，于是人性中的形形色色隐秘冲突，尽显其中。这就好比正行走在高峰地带的盲人，突然获得了视力，举目一望，眼见得自己正处于悬崖，不由得会惊吓出一身的冷汗来。

儒家成圣，道家修真，佛家成佛，古希腊哲学家追求永恒的真理，都是为寻求那潜伏在我们心中的神秘大智慧。儒家声称，获得这种智慧的人，即可达到刀枪不入、水火不侵的境界。不是你成了如神仙那般更为奇特的高级生命现象，而是人类社会的冲突规律尽看在你的眼里，好比明眼人跳过一条小沟，绕过一个陷阱，都是自然而然的事。而那些远离智慧的人们，则如同盲者一样，一个接一个栽进陷阱里，任谁也拦不住他们飞蛾扑火般自寻死路的冲动，因为他们看不到规律，在规律面前撞得头破血流哭爹喊妈，是必然的事情。

阳明先生在经过了无数次难堪的瞎折腾之后，终于在龙场获得了智慧上的突破，从那一天起，他眼中的世界，与此前已经是完全不同了。

此前的他，虽然也知道一点点人性的道理，但那种知道，犹如盲人挂杖夜行，必须要小心翼翼提心吊胆。因为他看不到规律，不知道冲突隐伏在什么地方，只能是假设处处都是陷阱，即便是在平坦的大道上，也不敢放开脚步。这种拘泥与谨慎，看起来就会非常可笑。而且最终还是无法避过陷阱，结果在午门之外被人扒掉裤子打屁股，搞得很没面子。

正如明眼人才会坦然行走在人生大道上，获得终极智慧的阳明先生，也从此获得了对于自己的自由裁量权。现在不管他说什么，做什么，都有道理，就如同明眼人不管怎么走，都不会让自己跌进陷阱里一样。此时的阳明先生，再也不会遇到平常人才会遇到的麻烦。

于是先生欣然写诗曰：

> 江日熙熙春睡醒，江云飞尽楚山青。
>
> 闲观物态皆生意，静悟天机入窅冥。
>
> 道在险夷随地乐，心忘鱼鸟自流形。
>
> 未须更觅羲唐事，一曲沧浪击壤听。

阳明先生这首诗，说的正是上述的道理。尤其是那一句：道在险夷随地乐……这句话的意思是说：虽然我周围遍布泥沼陷阱，但是我看得见，因此就是不会掉进去，气死你，气死你，你有本事也把道悟了再说！

🐸 人性无法改变

阳明先生运气好，他躲在龙场琢磨悟道的时候，正值游击将军仇钺搞掉安化王朱寘鐇，大太监张永搞掉同样的大太监刘瑾。朱寘鐇倒还罢了，但刘瑾被搞掉，就意味着朝臣的复辟，首先是废除刘瑾制定的审计大检查和奖惩考核法，然后是给那些被刘瑾流放的倒霉蛋平反。

阳明先生是被刘瑾打的屁股，所以他这个反，是一定要平的。

但阳明先生这个反，平得并不是那么解气，他只是被升任了庐阮县知县。原先他可是京官，多次以朝廷大员的身份，和巡抚啦布政使啦等高官同桌审案，巡抚跟他说话是不敢大声的：守仁同志你看这事，这么个处理法行不行？……现在却成了个七品芝麻官，巡抚再见了他，就会把手一挥：去，小王，把地扫一扫……总之很衰。

但官职卑微，也怪不了朝廷，打掉安化王的是仇钺，打掉刘瑾的是大太监张永、名臣杨一清。你王守仁搭顺风车，坐享其成，给你落实政策平反，就已经很人道了，总不能把人家的功劳也让给你吧？

所以阳明先生雄赳赳，气昂昂，带着大队人马出发上任去了。

跟在阳明先生屁股后面的大队人马，都是些什么人呢？

都是他的弟子门人。

孟子说过：看到一个无知的婴儿，向着火盆爬将过去，任何人都会大吃一惊，上前阻止。同样的道理，看到一个盲者大步流星向沟壑里走去，任何人也会急喊一声：危险，止步！还是同样的道理，悟道者犹如明眼人，看到不谙规律的芸芸众生，前赴后继义无反顾地冲向人性的晦涩角落，也会急切地上前劝阻。

所以，知道规律的阳明先生，就要劝阻不知道规律的人，别掉进陷阱。

所以，阳明先生酷爱讲学。

讲学，就是讲道理，讲规律，告诉人们应该怎样做，才能够避过人世间的危难险恶。

古今中外，举凡参悟到了终极智慧者，如孔子，如孟子，如苏格拉底，如柏拉图，如释迦牟尼，如耶稣，都有一个传道讲学的癖好。不是他们爱唠叨，而是无法眼看着别人如盲者一样不停地在规律上撞个头破血流，真的看不下去。

看不下去，就会出来提醒。而需要提醒的，又不是一个两个人，而是这世界上的所有的人。所以这种提醒，就只能是采用开班办学的方式了。

阳明先生的讲课癖，已经到了令人发指的程度。他不分时间场合地点，逢人就说，见人就讲。不只是他自己讲，还要他的学生们也到处乱讲——可怜这些学生仔，原本就连规律的边儿都没有摸到，真不知该从何讲起。摸不到规律的边儿也得讲，阳明先生甚至给他的弟子布置了硬性任务。他有一个弟子，去外地做官，刚刚到任事务繁忙，就写信给阳明先生，央求开班办学这事稍迟一些，结果惨遭阳明先生的狠狠修理。

看着不谙规律的人民群众往火坑里跳，阳明先生替你着急。

真的替你急啊！

这么费尽力气地讲，到底管不管用呢？

来看看《靖乱录》上怎么说：

> 城中失火，先生公服下拜，天为之反风。乃令城市各辟火巷，火患永绝。

看看这段记载，我们就会知道，不管用，阳明先生的讲学，连他的弟子都没有丝毫的感觉。看看这段明摆着的瞎掰：城中失火，阳明先生公服下拜，天为之反风……这不明摆着胡说吗？

学生们之所以胡说，崇拜阳明先生这是一个原因，但把阳明先生说神了，给自己脸上贴点儿金，这才是真实的心态。之所以要靠瞎掰贴金，就是因为不愿意下苦心去琢磨。投机取巧，假冒伪劣，这也属于人性的一部分。阳明先生可以洞悉人性，但他不可能改变人性。

也就是说，阳明先生可以自己悟道，却没办法也让别人悟道。这就好比学习成绩好的学生，再努力也只能提高自己的成绩，却无法提高不肯学习的差学生的成绩。

别人不肯悟道，怎么办？

没法办！

阳明先生只好——能者多劳，替大家干活儿。

🐍 只能去立功

老子说：上德不德，是以有德；下德不失德，是以无德。

这句话的意思是说：真正悟到了人性大道之人，是不需要做事的，什么事都不做，就是对这世界最大的贡献了。而没有领悟到人性规律的人，就需要卖命苦干，只有卖命苦干才能搞出点儿人生成就。

老子又说：太上立德，其次立言，其次立功。

这句话的意思是说：领悟到终极智慧的人，只需要在品德方面作出表率。如果这招不灵，那就对大家讲课，让更多的人明白人生规律。如果这招还不灵……那就得劳您大驾，自己干活儿了。

但这世界上，还有一样东西比智慧更生猛——权力！

权力这东西是群体的意志，是一种极为怪异的社会结构。比如石墨和金刚石，都是由碳原子组成的，但因为原子组成的结构不同，金刚石是世上最硬的东西，而石墨则软绵绵的，一软一硬，物呈两极，但却是结构不同的同种。人类社会也是这样，不同的社会结构，呈现出不同的社会形态。有的是民权惨遭剥夺的专制体制，有的是民权广泛的民主体制。虽然体制不同，但组织这些不同体制的人，却没有任何区别，区别只在于社会结构不同。

已经悟道的阳明先生运气不是太好，他偏偏赶在了民权被剥夺得最为残酷的皇权专制时代，这时候权力远比智慧管用——没悟道的时候，阳明先生就比刘瑾有智慧，可有什么用？屁股照样挨板子。

现在虽然阳明先生悟了道，可是他这个道悟得太迟了。此时皇权一统，名臣杨一清和大太监张永已经形成了对帝国具有决定性作用的黄金组合，杨一清在内阁替张永炒作，张永在宫里替杨一清炒作，两个人扛着权力相互替对方立德，所以这立德之事，就暂时轮不到阳明先生了。

不让立德，那就立言如何？

阳明先生正是这么想的，所以他不停地开办各种名目的学习班，广招弟子，见人就讲。

可立言这事也轮不到阳明先生。时有名臣王琼出任兵部尚书，正赶上江西闹土匪，这土匪闹得凶啊，没人治得了。王琼就琢磨：谁能替咱们把土匪摆平呢？顺着人头一拨拉，哈哈哈，发现了王守仁。

谁让王守仁那厮，又有立德的本事，也有立言的本事，你很拽嘛！少来了，立德立言这事以后再说，先去立功，把江西的土匪剿灭了再说。

升阳明先生为都察院右佥都御史，巡抚南赣、汀漳等地。

这个职务，就是让阳明先生把土匪剿灭了。现今土匪都聚集江西，偏偏叫阳明先生去巡抚南赣，你不先行剿灭土匪，如何抚又如何巡？

没法巡也得巡，正德十二年正月，阳明先生赴任南赣。

走水路，行至吉安府万安县，就见前方行人奔逃呼号：土匪来了啊，铺天盖地的土匪啊，逢人就抢，见人就杀，大家快点儿逃命啊！正摇船的舟子见状惊慌，立即就要将船掉头，逃往安全地带。

阳明先生出舱，大喝曰：不许掉头，迎着土匪冲过去。

老子都得道了，还怕你们一窝小土匪？

🐎 帝国没有赔偿法

阳明先生让船迎着土匪冲过去，是基于他对人性规律的彻底性认知。

人这种动物，没有哪个是生下来的先知先觉，都是在后天环境的成长之中，与外部环境的刺激信号形成反馈，大脑最终形成了对某种信号的选择性敏感。如阳明先生诗书世家，纵然是他懒得悟道，也必是一代风流才子。而一个生长在土匪窝中的婴儿，因为外部缺乏对知识的刺激，也就难以形成大脑的敏感点，想成为阳明先生这样的人，非得几代人栽培才可。

同样的，一个优秀军事人才的出现，也需要相应的环境。大明帝国虽然隔三差五总闹出些群体事件，但却没有持续性的规模战争，而这就意味着军事方面人才的稀缺。即使有零星几个对军事超级敏感的异类，也奈何不得儒教文化氛围浓厚的社会环境，不是将其绞杀，就是难以找到追随者。

从这个规律上判断，活跃于江西一带的土匪，虽然人多势众，但却未必拥有强势的军事人才。乌合之众鸡鸣狗盗的可能性，近乎百分百。

也就是说，阳明先生要对付的是些鸡鸣狗盗之徒，而这类人又有什么特点呢？

放着好端端的人生之路不走，而是沦为鸡鸣狗盗，那是因为他们的智商过低——略高一点儿就会老实耕田，再高一点儿就会辛苦读书。在大明帝国的黄金时代，读书种子稀缺，大凡一个人愿意读书，朝廷就会给你提供禄米，鼓励你读书，可朝廷的禄米放在那儿你不拿，却偏偏当了土匪，你说这智商靠得住吗？

智商低的人距离文明有些距离，距离动物界却比较近。这就注定了智商靠不住的人，都有几分奴性。而奴性具有这样的特点，他们不谙规律，不懂得起码的道理，唯独对暴力和权力有着极度的恐惧心理。

有恐惧就好办。只要你恐惧，那么阳明先生就可以吓唬住你。

《靖乱录》之中，这样描写了那些智商超低、因其过强的奴性而终日陷入恐惧状态的土匪们：

> 正德十二年正月，赴任南赣。道经吉安府万安县，适遇流贼数百，肆劫商舟。舟人惊惧，欲回舟避之，不敢复进。先生不许，乃集数十舟，联络为阵势，扬旗鸣鼓，若将进战者。贼见军门旗号，知是抚院，大惊，皆罗拜于岸上，号呼曰：某等饥荒流民，求爷赈济活命。

看到了没有，这就是那些低智商、高奴性的土匪们。他们刚才还在气势汹汹，杀人放火，欺男霸女，突然见到几艘空船，一个戴了官帽的长胡子，就忙不迭地跪下了。你说他们至于吗！

见了弱者就欺凌，其手段残暴到了令人发指的地步。见了强势就下跪，其奴性表现令人叹为观止。

差不多和阳明先生同一时代的法国，有智者孟德斯鸠撰《论法的精神》，书中说道：世上的政体有三种：君主政体、共和政体和专制政体。君主政体需要尊严，共和政体需要信用，而专制政体，则需要恐惧。大明时代的帝国治下，就是这般满心恐惧、极度无知又充满了不可救药的奴性之国民。

对此，阳明先生的认知，比孟德斯鸠更为深刻。

于是阳明先生不紧不慢地将船停靠在岸边，派了手下人拿了小旗上岸，宣布道：巡抚王老爷知道你们缺心眼儿，又懒到骨子里，弄得吃不上饭，所以才因饥寒交迫沦为土匪，现在宣布你们立即解散，等待王老爷给你们发放救济粮。如果你们再横行不法，就不跟你们客气了！

这事就算是处理完了。

处理完了？那遭到土匪抢劫的人怎么办？

算他们倒霉吧，这节骨眼儿上还是少惹事儿。

理论上来说，阳明先生既然不追究土匪，那就应该用公款支付被抢夺人家的财产和生命损失，可如果有这种好事儿，《年谱》不会避而不谈，但既然没有谈到，应该是没这回事儿——帝国没有赔偿法，所以我们也没理由追究阳明先生。

🐉 把暴民关在笼子里

悟道是件好事。

但你悟道之后，也许会和阳明先生同样地失望。

阳明先生生活在一个权力社会里，在这个世界，权力无所不在。

权力是个坏东西，它不光是腐蚀掌握权力的人，同样也腐蚀被权力凌辱的人。

掌握权力的人，会被异化为暴君。被权力凌辱的人，会被异化成无知懦弱而又残暴的奴隶。事实上，正是奴隶和暴君的两极社会，才构成了权力的现实。如果社会上不存在着奴隶，那么暴君也就不被称为暴君。但世上一旦有了暴君，他就会想尽办法把尽可能多的人异化为奴隶，以延续权力的效力。

权力是暴力的产物，它的一端是暴君，另一端是暴民。

阳明先生一定深入想过这个问题——又或者，以他的智慧，也许根本用不着想，上德不德以为有德，连这种事都要费脑筋去想，那未免太没劲了。

但阳明先生一定曾经长时间盯着负责军营后勤事务的一名老衙司在看。

这名老衙司真的好老了，头发花白，腰身伛偻，走几步就要喘息上大半个时辰。如这般老人应该坐在家门前，品着香茗，安享晚年，但他却必须要出来工作，以养活他那正坐在家门前，品着香茗，安享青年的儿子。

养个年轻力壮的小伙子，比养个老人更要花钱。老人最多不过是一口热乎饭，一碗温水，再就是陪着聊聊天，这就够了。可年轻人的需求就比较多，他要吃最精美的饭菜，穿最华丽的衣服，还需要年轻美貌的女人——而且一个还不够，似乎多少美貌女人也不够。

所以这老衙司，他的家庭负担就比较重。

朝廷开出来的微薄薪水，最多只能让老衙司饿不死，却无法满足他儿子的无尽欲望。

只能是另想办法。

办法也不是没有，老衙司的工作是度支军中粮草，一旦有征剿土匪的官兵要来，三军未动，粮草先行，老衙司就会比任何人更早地知道。所以这老衙司就在土匪的总部挂名了个信息搜集员的兼职，勉强维持了家用。开始时阳明先生也没有注意到这个不起眼儿的老衙司，但几次征调官兵，山匪都闻风而走之后，阳明先生就盯上了这个老头儿。

拿这个老衙司怎么办呢？

杀了他？

好像不妥吧？你阳明先生是个悟道之人，至于跟个老衙司过不去吗？

留着他？更不妥，这老头天天不辞劳苦替土匪送情报，看着让人上火啊。

想来想去，阳明先生在晚上临睡觉时，突然派人把这个老衙司叫进来，商量道：老人家啊，你这么大年纪，还兼职替土匪卖命，真够敬业啊。你说我要杀了你吧，你年纪真是太大了。不杀也成，可你至少得给我一个不杀你的理由吧？

老衙司诧异地看着阳明先生：巡抚老爷，我听不懂你的话耶。

阳明先生摊摊手：听不懂就算了，推出去斩了。

老衙司惊叫起来：老爷老爷别玩儿真的，我招我招我全招，我把土匪设置在城里的秘密联络站全部告诉你，求求你别杀我……

阳明先生摇头叹息：唉，人性啊，人性！

阳明先生先下令将城中土匪的秘密联络站全部拔除，然后下令：既然人性如此难缠，是非好歹懂懂不知，那也好，咱们就弄个铁笼子出来吧，把暴民关进笼子里，或许你们会老实一点儿。

又严行十家牌法。其法十家共一牌，开列各户籍贯姓名年貌行业。日轮一家，沿门诘察，遇面生可疑之人，即时报官，如或隐匿，十家连坐。所属地方，一体遵行。

这就是《靖乱录》中所记载的，由圣者阳明先生所推行的保甲法。在此之前，民众还是有一定自由度的，而保甲法的实施，将彻底剥夺民众那微乎其微的自由度，从此沦为囚笼中的奴隶。

以阳明先生的圣者之智，他要琢磨着把老百姓关进笼子里，老百姓又能有什么办法？

然则，以阳明先生圣者之智慧，他为何不选择把暴君关进笼子里呢？

很简单，暴君只是暴民的产物，你依附暴君，对付暴民是可以的。但如果你想对抗暴君，首先遭遇到的就是暴民——而这就意味着，你将沦为天下人的公敌。阳明先生可不傻，才不上你这个当。

而这个保甲法，于民众而言并无丝毫实际意义。事实上，正是因为民众先行将自己关进了无知的笼子里，所以才会有阳明先生的保甲法。任何时候，一旦民智开启，获得智慧，也就获得了与权力分庭抗礼的资本，这时候，民众也就获得了自由——总之一句话，民众的自由，只能是通过智慧自行获得，任何人，哪怕是圣人，也无法拯救一个沉溺于无知之中的惰民。

这或许是阳明先生保甲法的本意。

❧ 用兵如神

如果一定要替阳明先生说句公道话，那就是：他的保甲法本意，并非要将民众关进笼子里，而是将民与匪分开。

要知道，民众百姓是无拳无勇的，特点就是懦弱。而土匪则混杂于民居之间，就是要最大限度地将自己与百姓混淆。这样做的目的，有三个心理因素：首先是即便是坏到家的土匪，他也不认为自己是恶人，只是世道太坏了，他才被迫替天行道。所以在土匪的心里，他比圣人还要纯洁。这么圣洁的土匪，跟你百姓搅和在一起，是看得起你。其次，举凡匪恶之人，也都是以己度人，认为自己坏，别人更坏，世上压根儿就没有好人，既然你老百姓根本就不是什么好人，还有什么好说的？最后一个才是土匪的隐身之术，混于民众之中，官兵来了他是比老百姓还勤恳的老百姓，官兵前脚走，后脚他仍然是凶恶的土匪。

所以阳明先生的保甲法，实则不过是坚壁清野，切断土匪与百姓之间的联系，让百姓不敢支持土匪，让土匪陷入孤立之中。

但即使有了这个保甲法，阳明先生仍然不敢相信百姓——或者是说他更担心土匪的狡诈。

所以他在剿匪之前，不敢调集官兵，唯恐消息走漏，土匪撒丫子逃开。一旦让土匪逃入原始森林之中，你追都没地方追去。等你粮食吃完，前脚撤走官兵，后脚土匪就回来，烦也烦死你了。

又或者，阳明先生根本就不相信别人的军队，他要亲自创建一支新的军队出来。只有自己创建的军队，才能够得心应手地为他所用。

这支军队，实际上是民兵。

阳明先生令各州县精选年轻力壮的小伙子，要人品端正，不能有丝毫的恶习，憨厚、老实、听话，再加上力气大，这是最优秀的士兵人选。这样的人实际上数量不多，总共训练出了一千来人。再挑选读书识字、喜欢读兵书的年轻人成为将领，每天将这些年轻人集中起来训练。

几百号人集中在一起训练，饭总是要吃的。所以每天官道上络绎不绝，来来往往都是运输军粮的兵车，训练的士兵们也是今天调到这里，明天调到那里，军队行动的方向路线，全无个规律准头儿而言。

真的没规律也没准头儿，四个分队的民兵各二百五十人，每支部队都接到不同的命令，向着完全不沾边儿的方向行进，有的是说去运军粮，有的是说移营，有的是说把守城隘，有的纯粹是急行军逗乐子。诸军正匆忙赶路，突然又各自接到命令：进剿詹师富匪伙。

在几省交界之地，如詹师富这种史上默默无闻的小土匪有许多。追溯这些小土匪的身世，莫不有个特别能吃的技能。这些人多是食量超大，力气也超大，但却极是惜力的懒汉。他们能轻而易举地举起沉重的碾子石磨，一顿饭只是半饱，也要吃掉一斗米，但却绝不肯下地干农活儿。所以这类人不管在任何时代，都是天生的土匪。詹师富之所以头一个挨刀，因由只是他偏偏跑到阳明先生的地盘上添乱。

这就不能怪阳明先生跟他不客气了。

民兵突袭长富村，村子中的土匪丝毫也不知晓，正在幸福的酣睡之中。阳明先生很可能布置的是四面围村，突然放火，然后杀掠而入，则可全歼盘踞在村子里的土匪。这种打法是最符合兵法的，但阳明先生知道兵凶战危，才不会亲临第一线，万一被敌军的冷箭射到，那可就太划不来了。所以抵达长富村的四支军队，并没有围村，而是聚拢在一起，大喊大叫，明火执仗地杀入村中。

这个意思是说：土匪们，你们快点儿跑啊，跑慢了别怪老子砍你脑壳！

对于前线作战的部队来说，这种打法更科学，更符合兵法，因为不围村的话，土匪就会疯狂地逃跑，不会较真儿跟你真的对砍。但如果你把村子围上，逼得土匪跟你玩儿命对砍，那可就说不准谁死谁活了。

饶是官兵这边打法完全符合科学发展观，但土匪终究是土匪，还是让阳明先生这边吃了亏。

✿ 暗夜糊涂仗

长富村剿匪，阳明先生既然不到场，那总得有个懂军事的在现场发号施令。这个人就是指挥覃桓，所率部队是广东民兵。指挥人员中排第二的是个县丞，叫纪镛。排第三的是从民兵中提拔起来的义官曾崇秀。是夜一声号令，民兵呐喊着蜂拥而入，指挥覃桓一马当先，县丞纪镛随之，后面是拼尽了力气疯吼的民兵，人手几支熊熊燃烧的火把，见到屋子，就从门或窗丢一支火把进去，霎时间房屋燃烧起熊熊烈火，烧得屋子里的人鬼哭狼嚎，光着身子冲将出来。

外边的民兵正等着你冲出来呢，不由分说，搂头就是一刀。

要知道，这些民兵也是头一次参加战斗，心里的恐惧，比被烧得焦头烂额的土匪更甚。他们根本不敢看土匪一眼，只想快点儿杀了对方，自己就安全了。

事实上，他们杀的到底是百姓还是土匪，这个事儿从未有人较过真儿。但真要是较起真儿来，杀的是百姓的可能性更高些。

但要先将长富村里的土匪和百姓区分开，这个事可就难了。战争这东西的残酷就在这里，良莠不分，玉石俱焚，最倒霉的往往是被土匪死缠住的百姓。

战场之上，杀敌是次要的，首要的任务是保全自己。而要想保全自己，除了眼下这个办法，是不存在第二招的。所以，长富村的百姓，冤死也就冤死了，他们永远也找不到个说理的地方。

说过了兵凶战危，官兵这边正向村子里冲，就听见前面喊声大震，竟然是被吵醒的土匪们，不说快一点儿撒腿跑路，竟然光着膀子，露出胸肌，集结起来，打着火把举着钢刀，迎着民兵冲杀过来。

这就是长富村的实际情况了，实际上这里是一座匪村，家家户户都是土匪，但同时也是善良的老实人。匪巢扎在这里，老婆孩子也在这里。白天家家户户其乐融融，夜晚出门杀人放火抢劫财物。土匪就是这个样子，他们会慢慢地用土匪文化熏陶百姓，将女人孩子也变成和他们一样满脑子弱肉强食观念的匪属。但如果不说杀人放火的事，单看村子里的人，和别的村子并无区别，都是一样的普通人。

以前官兵来征剿，强壮的男人逃光光，村子里只余女人孩子，官兵是没办法动手的。但如此深夜，又是偷袭，土匪的女人孩子可就倒霉了。也正是因为这个原因，匪首詹师富不退反进，率匪众迎战民兵，保护自己的妻儿老小。

杀啊，砰砰砰，噗噗噗，刀枪撞击在一起，戳入肉中，砍进骨头，发出了令人毛骨悚然的异响。

眼见得詹师富怒气冲冲、挟刃带血地冲将过来，指挥覃桓急叫放箭，并向四处投掷火把。万不承想这时候他座下战马被这夜晚的冲天火光与震耳欲聋的呐喊之声吓到腿软，突然之间脚下一个打滑，战马竟然跌倒。未待爬起，詹师富早已一个箭步冲到，一刀将覃桓砍死，回手一抓，抓住了骑在马上正想掉头的县丞纪镛的脚腕儿，猛地抡起，纪镛发出一声惨叫，"砰"的一声，身体被詹师富重重地摔在一只石碾子上，当场被活活摔死。

这是长富村匪帮转败为胜的最好时机！

官兵这边，三名指挥人员一下子就让人家干掉了俩，而且还是排在最前面的两名指挥官。余下的人，这就等于是群龙无首了。

可詹师富哪晓得这事儿？一击得手，趁官兵们吓得呆了之时，他急速掉头，在黑暗中拼命狂奔，只想快一点儿逃离险地，免得被后面的大队官兵追杀。他一口气逃到象湖山，那里是地势更为险要的匪巢，躲进去不出来了。

这边官兵好长时间才醒过神来，也掉头往回逃，逃不多久，发现后面并无人追赶。相反，长富村反而是一片混乱。众官兵壮起胆子，复又转身杀回，一口气砍了人头四百三十二颗，烧毁房屋四百余间，夺牛马无数。

再看自己这边的损失，包括两名最高指挥官在内，损失只有六人。于是余众兴高采烈、赶着牛马浩浩荡荡地回来报功。

阳明先生得报，心中狂喜，脸上却是勃然大怒，当即命人将民兵义官曾崇秀推出去斩之。

🐍 专为你打造一只笼子

民兵首战长富村，斩首毁屋，掳畜无数。然而阳明先生闻报，顿时大怒，吩咐将义官曾崇秀推出斩之。众人惊问何故，阳明先生咬牙切齿地说道：曾崇秀这贼居心叵测，拥兵不进，逗留不前，陷主帅覃桓、纪镛于死地，十恶不赦，罪在当诛，故斩之。

众人纷纷劝道：不然，不然，虽然这曾崇秀陷死了两名主帅，可念在他原本不过是一介无知百姓，又是头一遭上战场，想来他贪生怕死、畏惧不前，应是念及家中白发父母的缘故吧。就请大人网开一面，饶他一命吧。

不可以！阳明先生摇头道：主帅陷死，此人多半是与贼人暗通声气，为免后患，我看还是先杀了再说吧，推出去斩！

众人苦苦求情，阳明先生最终被勉强说服了，却指着曾崇秀的脑门儿骂道：今日暂且留你一命，但你与贼人暗通声气之事，待本官上奏朝廷，再追究你的罪过。推下去监押起来。

曾崇秀好不晦气，大半夜急行军战悍匪，累得都快要吐血，侥幸活命回来，这边巡抚大人却硬说他暗通贼人，居然连水都不让喝一口，就被监押起来了，这叫什么事儿啊！

正在郁闷悲愤，忽然之间烛光一亮，外边进来个阳明先生的近侍，走到曾崇秀的囚笼前，低声道：巡抚大人让我告诉你，他知道你为国为民，与贼人搏杀于两军之前，你的功劳，巡抚大人已经向朝廷奏报了。

曾崇秀有些发呆：……既然如此，那为何还要把我关进笼子里？

近侍道：这笼子是专为你打造的，有一处是松动的，等到了半夜，你拿手一晃，就能弄出一个洞口，然后你就钻出去，趁黑夜逃亡，去打听詹师富匪人的下落行踪。巡抚大人之所以故意诬你为匪，将你监押，就是为了迷惑潜伏在军营中的匪人，以保护你的性命。

曾崇秀恍然大悟：原来是周瑜打黄盖……可这么玩儿也太惊险了，会把人吓死的。依我说咱们别这么玩儿了，求求你们放我回家种地吧，我不要去打探贼踪，太危险了。

近侍叱道：你不缺心眼儿吧？你若是带着消息回来，铁定会加官晋爵。如果你一去不回，那你的家人就是贼属了，你自己掂量着办吧……还有，你逃走时一定要小心，万一被官兵发现，可是真的追杀哦，不跟你玩儿假的。

曾崇秀听了，险些号啕大哭：早知道不如上山当土匪去了，做一个善良正直老实人的代价，未免太过于沉重了。

没办法，这世道就是这样。做坏人，已经跌破了做人的底线，反倒没有了顾忌。可是做个好人，难免会受坏人的欺负。坏人欺负也就认了，再加上已经入圣的阳明先生也凑热闹欺负你，那你可就太惨了。

曾崇秀流泪等到了半夜，拿手一摇晃，囚笼上果然出现了一个窟窿，他钻出去，小心翼翼地往前走，沿途躲避着巡逻的士兵。终于出了军营，正撒腿往前跑，忽然听到后面喊声大振，回头一看，就见灯笼火把的一条长龙，无数人呐喊着追杀而来：追啊，捉到曾崇秀人人有赏……

听到这追杀之声，曾崇秀险些放声大哭出来：我怎么这么倒霉啊……顾不上多想，急急如漏网之鱼，匆匆如丧家之犬，双手抱了头拼命地逃，头也不敢回一下。

❦ 殉情而死的烈女子

曾崇秀一口气逃到象湖一带，这才收住脚，坐在地上咻咻喘息起来。

象湖，是贼匪聚集的第二线巢穴，贼匪一旦在第一线遭遇到官兵攻击，就会逃到这个易守难攻的安全地带。等到官兵退走后，再蜂拥而出，该杀人就杀人，该放火就放火，总之是不让你消停。

象湖之险，险就险在一座突起直立的陡壁，竖插在辽阔的湖中心，四面无路可行，只有划小船才能靠近悬崖底端。而詹师富贼人的巢穴，就在悬崖上那密布如鼠穴的洞窟之中。如此险要地形，官兵如欲仰攻，根本没丝毫成功的可能，而洞窟上的贼人已是备足了食物饮水，甚至还有女人，盼就盼着能和官兵打上一场消耗战，拖也拖死官兵了。

曾崇秀到得象湖边上，耳听那湖水激荡，远望那高耸的悬崖陡壁。心里说，要不如我现在就回去？反正巡抚大人是让我来追查贼踪的，我现在已经追查得明明白白，贼人就躲在象湖里，你巡抚大人有本事，自己爬进洞里把贼人揪出来！

虽然心里这样想，但曾崇秀也知道不妥当。巡抚大人比谁都精，才不会冒险钻老鼠洞去捉贼。巡抚大人既然派了自己来，那肯定是有别的目的的。

什么目的呢？

曾崇秀想不明白，就绕着湖边走，走着走着，忽然见到前面有一个大脚丫子渔家女，正从船上下来，手里拿了条绦带，走到湖边的树林边。然后就见那渔家女找了棵歪脖子树，搬来块石头，登上将绦带系在树杈上，然后把颈子往绳子里一伸，脚下用力一蹬石头，这丫头立即身体悬空，滴溜溜地打起转儿来。

曾崇秀远远地看着，心说：象湖的渔家女果然了得，会打渔，还会上吊，上吊的姿势还蛮有味道……不对，我得抓紧救人！

猛醒过来，曾崇秀急忙抢到树下，拦腰将渔家女抱住，放下她来。扳过渔家女的脸一看，还好，这丫头瞪两只圆眼睛看着他，幸好未死。细看这丫头模样，不丑啊，还挺俊俏的……曾崇秀正在瞎琢磨，就听那渔家女张嘴，说出一句让他魂飞魄散的话来。

渔家女说：你这个官兵奸细，不去刺探情报，管这闲事干什么？

曾崇秀惊恐地道：姑娘，不要乱讲话，我哪里是什么官兵奸细，我是老实巴交的种田人……不对，我是老实巴交的生意人。

渔家女撇撇嘴：别瞎掰了，没有用的。詹师富经营象湖多年，早已将这里打造成了铜墙铁壁。象湖的人，不管是农人还是渔人，包括外来的行商，都是匪众，不同的人按不同的路线走不同的路，农人不许靠近湖边，渔人不许入市，目的就是能够让人一眼辨认出外来的官兵奸细，你不明就里，来到象湖就乱走一气，早就被悬崖上的贼兵发现了。

居然有这种事？曾崇秀吓得呆了，急忙对着渔家女跪下：姑娘救救我，救我一条性命，求你了……

渔家女冷笑道：我为什么要救你？

曾崇秀：因为……不管因为什么吧，总之姑娘你要是救了我，我就娶你为妻，一辈子对你好……

呸！渔家女坐起来，一口唾沫吐在曾崇秀的脸上：我吕二姐是烈性女子，好女不嫁二夫，好马不配二鞍，现今我夫陷身贼巢，执迷不悟，我劝他他也不肯回头，为今日计，唯有一死以洗我身家清白，岂是与你苟且之人？

原来你丈夫陷身贼巢？曾崇秀大喜：他可是就在那座悬崖上的鼠洞中吗？

渔家女吕二姐流泪道：正是，实则我和他是指腹为亲，至今尚未过门。前几日他被贼首詹师富裹胁进了洞，我不顾女儿家的体面，偷偷潜入洞中，想劝他回来，岂料他却铁了心从贼，自谓象湖地势险要，无法攻克，反倒劝我与他同留洞中，做一个贼婆，此事岂有可能？所以我唯有一死而已。

曾崇秀心如电转：嗯，这美貌女人竟然能偷偷溜进悬崖上的窟窿洞中，这说明了什么呢？说明了……他急忙恳求道：吕姑娘，不如你把入洞的秘道告诉我，我替你把你丈夫找回来，如何？

休想！吕二娘断然拒绝。

✿ 象湖攻坚战

吕二娘谢绝了曾崇秀入穴替她寻找丈夫的建议，这让曾崇秀大惑不解：为什么呢？

吕二娘道：我意已决，你不必再问了。

曾崇秀不肯死心：姑娘，既然你意已决，就让我替你走一遭，又怕什么呢？你快把入山的秘道告诉我……

曾崇秀揪住吕二娘不放，花言巧语，苦苦哀求，下跪相请，诅咒发誓，终于说得她动了心：好吧，如果你一定要去，我就把入山的秘道告诉你，但二娘是个已经死过一次的人了，无论你入山的结果如何，反正与二娘无关。

把吕二娘的话想了一想，曾崇秀明白了，这姑娘已经被他说得丧失了死去的勇气。她自称自己死过一次，意思是暗示他可以追求她。曾崇秀大喜，就说：二娘放心，你就在船上等着，我回来后，带你一同离开。

二娘红着脸道：早知道你不是好人，谁会跟你走？虽然口中不假辞色，但还是拿起一根树枝，在地面上替曾崇秀画清楚了入山的详细秘道。

曾崇秀就按照吕二娘画出来的秘道，登山而去。这秘道果然隐蔽，开始时根本就不是一条路，但一旦过了最难走的无路之路，前面的道路却非常好走，只不过这条路隐藏在丛林之中，若非世世代代生活于此的当地人，外人根本无法想象还有这么一条捷径，能够绕到悬崖之上。

花费了整整两天的工夫，曾崇秀才爬到了悬崖最顶端，居高而望，下面的象湖小得就像是一座小水洼，又像是一面镜子，映照着天上的流云飞鸟。悬崖顶端，荆丛密布，怪石林立，仿佛蛮荒之地，看似无路可行。但怪石之间，荆丛遮掩之下，却有许多被一人多高的秋草遮盖住的洞窟。曾崇秀顺着一条洞窟走进去，不长时间，就听到了喁喁的说话声，他躲在巨石后，悄悄地探头向下张望。只见下面是堆如小山高的粮食和饮水，还有十几个小土匪，正坐在石椅上喝酒聊天。下面的深穴之中，还有许多孩子跑来跑去，深处传来女人打骂孩子的斥责声与孩子的啼哭声。

好一个世外桃源啊！

探明白地形之后，曾崇秀返回来，带着吕二娘离开象湖，回去后先将二娘安置好，然后密告阳明先生。阳明先生听了道：你先休息一下，然后带上二十个精壮的人手，秘密出发，事先埋伏在悬崖顶部的洞窟内，一旦听到外边攻杀声大震，你就立即投掷火把，将窟穴中的粮食先行烧毁，届时贼势必溃。

曾崇秀悄悄率了人去，等到了地方埋伏起来，这边阳明先生亲自督师，兵分两路，急行军奔至象湖，尽夺湖边渔船，然后趁着黑夜，向悬崖上的洞穴发起强攻。阳明先生此来也是经过精心策划的，初攻之时，命所有人齐声呐喊，且打着灯笼火把，竖起草人，实际不过是虚张声势。

崖上穴中，土匪们正在酣睡，被外边的喊杀声惊醒，也大声喊叫着，搬起事先贮存在穴中的滚木礌石，没头没脑地只管往下砸。

每当礌石砸落的频率有所降低，阳明先生就立即吩咐擂鼓，再让士兵们疯狂地吼叫起来，逗引着穴中的土匪将贮存的石块儿抛光。就这么经过几轮之后，崖上抛石的频率明显降低，虽然下面一再呐喊，可是扔下来的石块儿却不见增加。

阳明先生乐了：贼人的石块儿已经抛尽，尔等与吾冲啊！

弓弩手掩护，士兵们开始发起冲击。上面的贼人已经将石块儿抛尽，眼看着敌人爬上来，却无可奈何，只好退到上一层的洞穴中。

但是官兵已经攻进了洞穴之中，依然按照老办法，不停喊叫，虚张声势，引诱着上一层洞穴的土匪将石块儿抛尽，然后再以强弓掩护，冲上去夺取第二层。

这场战斗自凌晨开始，直打到大中午，眼见得官兵已经夺取了两层洞穴，土匪只能步步退缩。

但土匪也有土匪的机会，他们现在是尽量拖延战局，等过了中午，冲上洞穴的官兵们又饥又饿时，土匪再居高临下用火攻，切断官兵的粮草运输，那已经攻上悬崖的官兵，就算是死定了。

所以，土匪们并不着急。

可是突然之间，洞穴中的温度陡然升高，就见浓浓的黑烟，从各个洞窟处冒将出来。霎时间，土匪们全都惊呆了。

粮草起火了！

穴居动物，怕就怕穴中起火。一旦发生这种事，连逃生的机会都没有。霎时间所有的土匪发出了鬼哭狼嚎之声，在洞穴中四处乱窜，乱作一团。

🐎 圣贤今日开杀戒

洞穴起火，官兵趁机四面蚁聚，从各个路线强攻而入，陷入慌乱之中的土匪已经彻底崩溃，被官兵大砍大杀，直杀得人头滚滚，鲜血横流。

此后一段时间，就是追杀满山遍野逃散的土匪。从长富村至象湖，连绵水竹、大重坑等地，计有大大小小的匪巢四十三处，土匪一万多人。官兵的实力虽然不足土匪的十分之一，但却是个顶个的战斗人员，而土匪则聚而为匪，散而为民，此番失机，众人疯了一样往自己家里跑，扛起锄头假装勤劳善良的农民。

但这时候再装，已经是不顶用的了。阳明先生此出，就打算要把这帮家伙通通搞死。史书上说，阳明先生此次亲征，存的就是这个心思，他的两个友人在他走的时候交谈，其中一人曰：阳明此行，必立事功。另一人问曰：何以知之？对曰：吾触之不动矣！

最后这句触之不动，是说阳明先生已经打定了主意，绝不让那些土匪活着见到第二天的太阳。

有分教：圣贤今日开杀戒，阴曹地府门大开。阳明先生亲坐轿上，督师而行，把那四十三处土匪的巢穴据点，一个个尽皆焚毁。这时候贼人已经因为象湖之战，全都吓破了胆，躲在家里假装良民，不敢出来与官兵对打，所以这正是动手杀人的绝好时机。是役，阳明先生计杀人七千余名，包括了赫赫有名的贼首詹师富、温火烧等，盘踞在长富村一带的土匪，终于一次性彻底地让阳明先生剿平了。

然后就是向朝廷写奏章报功儿，这一次阳明先生的圣学终于失灵了，为了替手下将士表功，他足足写了五万字的奏章，印刷出来可与一部小说相媲美，但朝廷看也不看，坚定不移地认为阳明先生在瞎掰。

朝廷也不是非要跟阳明先生较劲儿，而是当时就有这样的规矩，地方官上奏章的时候，习惯性夸大自己的功劳，一般的夸大幅度在十倍左右。而朝廷却比较善良，你夸大十倍，上面也没办法仔细地清查，只能是见到奏章，先拦腰一刀，把你的功劳砍去一半再说话。

圣上有旨，奖励阳明先生银子二十两，奖状一张，升官一级。其余剿杀土匪有功之人，等查清楚了再说吧，这次就算了。

阳明先生再写奏章，苦苦哀求，曰：我这边儿没有夸大的，不要拦腰砍一半，就按我说的奖励吧……

朝廷曰：休想，二十两银子已经奖了，够你喝茶的了吧？马上起兵，去岭北，把那里的土匪窝给掏了，快点儿！

阳明先生再写奏章：掏土匪窝，那实在是再容易不过的了。但是，朝廷能不能先借我个旗牌，授予我临机指挥权力，也就是提督军务的全权。只要给了我这个权力，我保证，一个官兵不用出动，只用我训练出来的两千名民兵，最多不过半年，保证将土匪窝洗得干干净净。

朝廷对曰：别瞎琢磨了，借你旗牌，授你提督军务这事儿，是不可能的。

阳明先生仰天长恸，大哭曰：破山中贼易，破心中贼难！

于是阳明先生再写奏章：就借个旗牌，小事儿一桩，有什么不可以呢，完全可以的。各位领导，你听我跟你们说，我打算这样来训练民兵，请各位傻领导看看有没有道理：

> 每每调集各兵，二十五人编为一伍，伍有小甲。五十人为一队，队有总甲。二百人为一哨，置哨长一人，协哨一人。四百人为一营，置营官一人，参谋二人。一千二百人为一阵，阵有偏将。二千四百人为一军，军有副将。偏将无定员，临事而设。
>
> 小甲选于各伍中，总甲又选于小甲中，哨长选于千百户义官中。副将得以罚偏将，偏将得以罚营官，营官得以罚哨长，哨长得以罚总甲，总甲得以罚小甲，小甲得以罚伍兵。务使上下相维，如身臂使指，自然举动齐一，治众如寡。
>
> 编选既定，每伍给一牌，备列同伍姓名，谓之伍符。每队各置两牌，编立字号，一付总甲，一藏本院，谓之队符。每哨各置两牌，编立字号，一付哨长，一藏本院，谓之哨符。每营各置两牌，编立字号，一付营官，一藏本院，谓之营符。凡遇征调，发符比号而行，以防奸伪。
>
> 又疏请申明赏罚。兵士临阵退缩者，领兵官即军前斩首。领兵官不用命者，总兵官即军前斩首。其有擒斩功次，不论尊卑，一体升

赏。生擒贼徒，勘明决不待时。

夫盗贼之日滋，由招抚之太滥。招抚之太滥，由兵力之不足。兵力之不足，由赏罚之不行。乞假臣等，以令旗令牌，使得便宜行事。

话说兵部尚书王琼看了阳明先生的奏章，急得两眼冒火，就在廷会上放炮说：你们这些人到底是怎么回事啊？王阳明这个人，既有实战经验，又有军事理论，他既然提出来借个旗牌，提督军务，甚至还愿意立下军令状，那就让他去把土匪剿灭嘛。干吗非要跟他拗劲儿抬杠，不给他这个表现的机会呢？

众官一起摇头道：差矣，王琼你差矣，王守仁以一介文官，却要借旗牌提督军务，这事此前没有先例，不可以的。

王琼道：没先例的事情多了去了，再多这么一桩，也没什么了不起的。

经过整整半年的争吵与开会，最终是朝廷磨不过兵部尚书王琼，答应了阳明先生的要求。

借阳明先生旗牌，提督军务，让他去摆平岭北一带的谢志珊、高快马、黄秀魁、池仲容等匪部。

🐛 你们自己杀了自己

平长富村与象湖，圣贤阳明先生出手就杀七千余人，可谓大手笔。此事他也与许多人讨论过，多数人都认为七千之众太多了点儿，那都是活生生的人啊。但阳明先生告诉他们：杀是不杀，不杀是杀！

杀象湖七千人，是为了尽量少杀啸聚于岭北的谢志珊匪部，所以说杀是不杀。若不杀这七千人，岭北那边少说也得砍下数万颗脑袋，少一颗都不成，这就是不杀是杀。

为了说清楚这个道理，阳明先生专门写了篇《告谕浰头巢贼》的文章，派了人给盘踞在浰头的土匪送去。信中说：

各位土匪，你们好，最近我阳明先生小试身手，宰杀了象湖匪众七千余人，痛快，杀得痛快啊。可杀完了一审，我靠，你们猜怎么着？这七千多人，九成九都是活活冤枉死的，真正有罪的，不过四五十人。勉强算是土匪的，也凑不足四千人。诸位土匪，你说他们冤不冤，啊？

那些人活活冤死，可是怪谁呢？要怪就怪那些人自己，你说你一个正经人，干吗非要跟土匪搅和在一起？土匪杀人劫财，你们跟在土匪后面跑跑腿儿，分一杯羹，等到了官兵来到，你们还不快点儿跑，非要跟官兵对抗，这岂不是拿自己的脑壳开玩笑吗？

你们跟着土匪出力卖命，可曾有什么人生成就？没有！什么人生成就都没有，也不可能有！明明是与人无益、与己无利的事情，你们却干得乐此不疲，临到了砍你们脑壳的时候，你们又说自己冤，明知道冤你还不快点儿回头？

不知回头的人，不是我杀了你们，是你们自己杀了自己！

如果你们非要自己杀自己的话，那是谁也拦不住的。看看你们自己的实力吧，不过三五个洞窟，七八碗剩汤，却敢与天下人为敌，你让我有什么办法？我是真的没办法救你们，最多只能帮你把你自己杀掉。

话再说回来，我阳明先生已经是圣贤了，所以说你们都是我的孩子，孩子啊，我该说的话，都已经说了，说完了也没别的事，就剩下动刀子来宰你们了。一说到要宰杀了你们，我的心里难过啊，痛哉痛哉，我伤心得眼泪哗哗的，可眼泪流得再多，该杀还是要杀的，你们是自己把脖子伸过来让我砍，还是让我照你屁股打一顿板子，然后分你几亩地去种地呢？

你们自己掂量着办吧！

随着这封信送去的，还有牛肉、美酒、布匹。看了这封信，盘踞在浰头的土匪顿时就炸了窝，于是展开了热烈的大讨论。

讨论的话题是：是快点儿出去投降，还是干脆跟阳明先生对砍？

说到对砍，大家都有点儿发憷，阳明先生一出手就狂砍七千人，多大的手笔啊。和这样的狠人为敌，估计不会有什么好果子吃。正在不知如何是好，这时候外边忽然有人来报：报告，王守仁派了生员黄表，还有一个叫周祥的百姓，来这里劝降。

见有招降人员来到，贼首高仲仁第一个冲出去：我投降，现在就投降，巡抚大人你千万别砍我！由高仲仁打头，余者贼首黄金巢、刘逊、刘粗眉、温仲秀等也各率部下土匪跑出来：我们都要投降，阳明先生一家伙狂砍七千人，真是太狠了，惹不起……

不过就是一封书信，就瓦解了浰头的强大贼势。阳明先生大喜，当即吩咐道：你们这些投降的人，赶紧挑选出来最能打的五百人，补充到我的民兵队伍之中，让他们马上出发，去攻打横水的岭北！

阳明先生解释说：浰头这封信，是非写不可的。因为你们浰头与岭北相互响应，我若攻岭北，则你们就可以趁机出兵抄我的后路。如我要攻打你们浰头，岭北的贼兵也会趁机抄我的后路。现在我一封信摆平了你们浰头，攻打岭北，再也没有了后顾之忧，现在你们明白了吧？

从浰头来投降的土匪们听了，不由得面面相觑，这个阳明先生，忒狡猾了，什么招儿他都敢使，真是玩儿不过他。

玩儿的就是心跳

"当当当！"三声锣响，阳明先生的弟子们飞奔到自己的座位上，正襟危坐，等先生进来上课。

先生进来了，满脸的不高兴，登台之后就问一个学生：喂，你，说你呢。别东张西望，说的就是你，你的眼睛是怎么回事？

那弟子道：老师，我眼睛看不清楚东西了，我心里好害怕……

阳明先生问：你为啥害怕？

弟子哭了：老师，我怕我以后看不到东西了。

阳明先生不高兴了：你这种担心，是错误的，这是典型的重视自己的眼睛，却不重视自己内心中的智慧。贵目贱心，说的就是你！

那弟子呆住了：老师，我该咋个重视内心的智慧呢？

阳明先生道：这事真是再也简单不过的了，只要你心里有一刻想着追求智慧，那么在这一刻你就是圣者。如果你一辈子都在追求真理，那么你就是一辈子的圣者。你必须时刻警惕自己，有个不得已的心，金钱不到了万不得已的时候，不要拿，美貌的女生不到了万不得已的时候，不要碰，明白了吗？

马上有弟子插话进来：老师，那要怎样才能做到这些呢？

阳明先生道：要谦虚，不要有丝毫的争胜之心。人的恶行虽然有大小，但无一不是由争胜之心所引起，争胜之心一起，你就离人生大道远去了。

又一弟子举手：老师啊，你说这人是咋回事？有事他忙，无事他也忙，无事他忙什么呢？

阳明先生道：人的思维就是这样，疾云奔马一样无个休止，连睡着的时候都在梦中忙个不停。但如果你心中能有一个主宰，那么你的思维就会稳定下来。总之，你不要和别人比较，也不要和自己比较，彻底消除心中的功利欲望，只在思想智慧上用功，那么大以大成，小以小成，总之不枉你琢磨一遭。

又有学生举手：老师，有句话是这么说的，最高的智慧和最低的愚蠢，这两样东西是无法改变的，为什么呢？

阳明先生道：没有什么为什么，最高的智慧不必改变，你都到了智慧顶点，还改什么改？最低级的愚蠢不是无法改变，是他们拒绝改变。所以说愚蠢只有一种，那就是拒绝改变自己。

有的调皮学生发现漏洞，立即逮住：老师，那不肯改变自己的最高智慧，岂不也是愚蠢吗？

嗯……这个问题你们先讨论着，我去趟洗手间先……阳明先生转身下了讲台，出去了。学生们立即展开了热烈的讨论，唯上智与下愚不可移。上智不必移，下愚不肯移，横竖都是不移，那么这二者的区别在哪里呢？

讨论了好长时间，许多学生都体会到了一点儿心得，急切地想找阳明先生指导一下。可是阳明先生迟迟不归，学生们就吵吵嚷嚷地去阳明先生的私宅小院，到了门口，守门人问他们：你们不去念书，跑到这里嚷嚷什么？

学生们道：我们要找先生讲课。

守门人道：讲你个头啊讲，刚才先生已经带着军队出城打仗去了。此时正在向横水急行军，算计时间，已经走出了少说二十里地了。

什么？众学生大惊：我们这个老师，真能搞，这也太神出鬼没了吧？

一点儿没错，阳明先生就是这样神出鬼没。刚才他还在讲台上对学生侃侃而谈，眨眼工夫，他已经坐在轿子里，带领着军队，每疾奔一里地，就换一轮轿夫，正向着横水方向发足狂奔。

打仗，打的就是出其不意，连自己的学生都出其不意，更不要说盘踞在横水的谢志珊匪帮了。

🐌 神秘的匿名举报信

参与这次横水剿匪行动的，计有三省民兵，十路人马，计一万人。

十路人马于官道上发足狂奔，跑了一天，先停下来休息。阳明先生进了帐篷，吩咐道：与我把守好门户，任何人不许进来，我有重要事情要做。

什么事情呢？就见阳明先生用左手操起笔来，在纸上歪歪扭扭地写道：禀报巡抚大人，小人有机密要情报告。小人要告的是义官李正岩、医官刘福泰。巡抚大人啊，你有所不知，这俩家伙表面上人模狗样，实际上一肚子坏水儿，都是吃曹操饭、拉刘备屎的坏东西。他们俩假装听巡抚大人的话，实际上暗中与横水谢志珊匪部串通……信最后的落款：知名不具。

写完了这封匿名信，阳明先生把纸上的墨迹吹干，然后塞进一只破布包里。这才吩咐门外的人：与本官把义官李正岩、医官刘福泰叫来，卫队呢？带刀进来，站在这两人后面侍候。

义官李正岩、医官刘福泰进来了，一进门，就听后面"哗啦"一声，卫队的刀出鞘，雪亮的刀刃，斜对着义官和医官的脑壳，把这俩人吓坏了：巡抚大人，巡抚大人，请问有何事叫我们啊？

阳明先生却不吭声儿，只是满脸阴沉地看着下面的两个人。一边看，一边还不时地摇头，意思是说：就你们俩，敢跟我斗？活腻了吧？

李正岩和刘福泰吓坏了，"扑通"一声跪倒：巡抚大人，这到底是怎么回事啊，你为何要用那么可怕的眼光，看着我们俩啊？

阳明先生摇头道：这话，应该是我问你们才对。

李正岩和刘福泰磕头如捣蒜：巡抚大人，小的真的不知道是咋回事，真的不知道啊。

大胆！阳明先生生气了，用力一拍桌子：尔二人表面上忠厚老实，实则为贼首谢志珊埋伏的内奸，如今本官已经将证据截获，尔二人还有何话可说？

证据？李正岩和刘福泰惊得呆了：巡抚大人，这不可能的啊，我们真的是善良的百姓，怎么可能和谢志珊勾结呢……求大人把证据拿出来，让我们看一眼，假若是真，则我二人甘愿伏首就戮。

哼，你们这两个奸猾的家伙，真是不见棺材不落泪！阳明先生一伸手，把自己刚刚写好的匿名举报信拿出来，往李正岩和刘福泰面前一掷，你们自己看好了，这信可不是本官写的，尔等还有何话可说？

李正岩和刘福泰拿起信来一看，登时就急了：大人，大人明察啊，这是有人在陷害我们……

胡说！阳明先生斥道：若是陷害，如何不陷害本官，单是陷害你们二人，你们把话给本官说清楚？

可怜李正岩和刘福泰，这话能说清楚吗？他阳明先生自己写的匿名举报信，岂有一个举报自己的道理？

阳明先生的场景推演

说这封匿名举报信是阳明先生亲笔写的，这事史书上并没有记载。有关此事的原始记载如下：

> 先生于十月初九日兵至南康。有人出首义官李正岩、医官刘福泰与贼通者。先生召二人至，以首状示之，二人力辩无有。先生曰：即有之，姑释汝罪。乃皆留于幕下，戴罪立功。

原始记载是说，实际上是有人告发了义官李正岩和医官刘福泰，并没有说是阳明先生自己恶搞，何以我们要将此事栽到阳明先生头上呢？

这是因为，只有阳明先生自己，才有写这封匿名信的冲动，而对于别人来说，是没有任何可能这么干的。

先说为什么认为只有阳明先生自己才会干，这是因为，他盯上的这两个人，一个是义官，一个是医官。这两人有个共同的特点，都是社会交际面比较广泛，认识的人多。李正岩正是因为有一点儿小名气，才会被任命为民兵的义官。而刘福泰是医生，任何人都会希望与他认识并结交。

同样的道理，这两人也恰恰是横水贼人的统战对象。李正岩在当地有影响，是贼人拉拢结交的重点人物。至于医者刘福泰，做土匪的少不了会受到刀创之伤，认识一个医生，那是必须的。

但是，这些判断最多只是个推测，没有理由据此就断定二人有罪。更何况，即便是这两人与土匪有着联系，也必然是秘密往来，不会让别人知道。就算是有谁知道了，但一来惹不起土匪，二来还有求于此二人，不会有人犯这种忌讳告二人的状。

所以这事是明明白白的，阳明先生断定此二人肯定与土匪有着某种联系。但麻烦的是，不会有任何人告发这二人，你最多只能是怀疑。

阳明先生当时一定在苦苦等待，等待着有谁跳出来举报这两人，他也正好趁机下手——下手干什么，这事等会儿再说。

但正如我们分析过的那样，人们忌惮土匪，与此二人更有乡谊，再加上日后少不了有求于此二人，所以当地人写这封匿名举报信的可能性，基本上来说是不存在的。

不会有人出面揭发这两个人，但阳明先生手中确曾出现了匿名举报信。所以最大的可能，就是这信是阳明先生自己写的。

那么，阳明先生已经是圣贤了，还要干这种莫名其妙的事情吗？

这种事，也只有圣贤才能够干得出来。你不是圣贤，想干也干不了，就算是干了也没任何效果。那么，阳明先生这么个恶搞法，到底有什么实际意义呢？

这个意义，史书上写得再明白不过了：

景晚，李正岩、刘福泰禀有机密事求见。先生召入，密叩之。二人齐声禀称：欲攻桶冈，必经由十八面地方，此乃第一险要去处，乱山环拱，岭峻道狭，从来官军不能入。今有木工张保，久在蛮中，凡建立栅寨，皆出其手，要知地利，非得此人不可。

看看，这就是阳明先生写匿名举报信的最终目的了。

可以确信，阳明先生早已精心地研究过这两个人，认为他们必然与横水、桶冈的土匪有着秘密往来，要破横水、桶冈，必须由此二人出力才行。但此二人可以明着帮助官兵，也可以暗中治病救人，但要他们出卖横水、桶冈的客户，是不太容易的。

阳明先生此前肯定是多次敲打过二人，暗示二人帮助自己，但这两人也一定是闭紧了嘴巴，咬紧了牙关，打死也不肯吭一声。事到如今这二人还不肯开口，阳明先生这边的戏，就不好唱了。

所以这时候有匿名举报信突然出现，并最终将此二人逼得走投无路，不得不举手投降。

所以这封匿名举报信，只有两种可能：一是从天上掉下来的，二是阳明先生自己弄出来的。

我们否定这封信是从天上掉下来的，那就只能认为这信是阳明先生自己写的了。

正是这封匿名举报信，洞开了直入横水匪巢的门户，勾出了一位关键性人物：

木工张保！

卖山文契

听到木工张保这个亲切的名字，阳明先生心里有说不出的温暖，立功破贼，就全靠这位老木匠了。喝问道：此人何在？

李正巖和刘福泰两人道：我们两个无端被人栽赃，幸亏巡抚大人明鉴，不杀我们二人。所以我们誓死相报，老天保佑，正好遇到了张保，我们就逮住了他，此时正拘押在辕门之外，因为没有大人的吩咐，不敢让他进来。

阳明先生明镜似的，早就知道这俩家伙认识木工张保，只不过，他们的脑子不像阳明先生那般聪颖，意识不到木工张保与破横水贼巢有什么关联。此番被那封匿名举报信一折腾，这两人不得不绞尽脑汁，琢磨在阳明先生面前洗清自己的办法。绝境终于让他们不得不像阳明先生那样思考，终于意识到将张保捉来，献给阳明先生，是洗白自己唯一的法子了。

实际上，他们两个都是本地人，最熟悉横水贼巢的情形，如果他们以阳明先生的方式思考，至少能找到几百个法子，解决掉横水之贼。但正因为他们不是这样的人，所以横水谢志珊才不会提防他们，才让他们掌握了很多的机密。

也就是说，欲破横水贼巢，未必非木工张保不可，只不过，知道横水内部情形的人比较多，随手一抓，就逮了一个张保。而这一切，早就在阳明先生的算计之中，所以他才会故意欺负李正巖和刘福泰，目的就是这个。

现在这两人终于想出了法子，阳明先生很是欣慰，吩咐道：你们俩悄悄出去，将张保给本官带过来，注意不可惊动别人，也不要声张。

两人磕头退下，不一会儿将木工张保带了进来。阳明先生拿眼一看：嗯，果然是个老实巴交的糊涂人。不老实，贼人也不可能专门找他设计横水贼巢，不糊涂，贼人也不会留下他的性命。似这般既老实又糊涂之人，要不就稀里糊涂活一辈子，要不就莫名其妙丢了性命，到底是哪种结局，那全看他的运气了。

心里想着，阳明先生将案几一拍：大胆张保，你竟然勾结横水之贼，蹂躏乡里，甚至为贼人设置巢穴，布置机关，此乃杀头之罪！左右，与吾推出去斩了。

别别别！张保吓傻了，急忙解释道：巡抚大人，我就是个靠手艺吃饭的木工，谁给咱饭吃，咱就给谁干活儿。哪承想到横水那里竟然是贼巢啊……

阳明先生怒道：胡说八道！你身为木工，岂有不知道自己设计的机关是什么？你纵然花言巧语，也难逃今日一死，来啊，与吾推出去斩之……

这时候张保拼命哭叫求饶，身边的幕僚假装上前说情：巡抚大人，巡抚大人，虽然此人其罪当诛，但念其愚昧、不懂事理的份儿上，就饶过他吧。李正巖和刘福泰也跟着起哄求情，总之是大家一起来吓唬张保，非要吓到他彻底瘫软了为止。

估摸着闹得差不多了，阳明先生这才作出余怒未消的样子，恨声道：好，本官今日暂且不与你计较，且让你给本官把你替横水匪巢设计的地图原样画出，左右前后，明栈暗道，进出机关，门户方位，若是有一处你没有画明白，哼哼，休怪本官对你明正国法了！

丢了纸墨给木工张保，阳明先生退到帐篷外与幕僚们畅谈他的致良知思想：吾辈今日用功，只是要为善之心真切。此心真切，见善即迁，有过即改，方是真切功夫。如此则人欲日消，天理日明。若只管求光景，说效验，却是助长外驰病痛，不是功夫……你们听得懂吗？

众幕僚摇头：……听不懂。

阳明先生：这么简单的事，怎么会听不懂，你再听我说……这时候有人出来禀报：巡抚大人，那木工已经画完了地图，请大人验看。

阳明先生接过来一看，顿时乐了：这张保画的，简单就是一张卖山文契。

一点儿没错，张保被阳明先生吓住了，为了保命，咬烂了笔头拼命回想，图纸上画得极是详尽，什么山上有什么寨子，寨子里边有多少人，从什么地方进去，又从什么地方出来，什么地方路平，什么地方路险，什么地方路宽，什么地方路窄，如何上山，如何下山，画得滴水不漏。

有这么一张详细的地形图，横水谢志珊算是死定了。

🐌 大破谢志珊

隔日，阳明先生命令诸军齐进，顷刻间抵达横水。

话说那横水谢志珊，也是有着间谍为其通风报信的，他刚刚收到间谍的情报，说是阳明先生正在学馆里给弟子们讲学。山寨中众匪听到这个消息，立即都给自己放了长假，有的下山游玩，有的出门抢劫，有的蹲在家门口喝烧酒，正逍遥自在，四方官兵突至，霎时间惊得横水贼人，个个脸上变色。

震愕之后，横水诸寨齐齐发出了一片惊叫声，所有的贼人全都狂奔起来，没头没脑地向着各个方向，有的跑去敲锣，有的跑去打鼓，有的跑去搬运滚木，有的跑去飞快地关上寨门。还有的压根儿就昏了头，拿着刀只管乱跑。

狂奔了好久，却不见官兵进攻，山贼们这时候也缓过神来了，急忙集结兵力，布置迎敌。眨眼工夫到了晚上，山寨中的贼人惊心不定，没人敢去睡觉，全都手持刀弓，蹲伏在隘口处等待着，生恐官兵突然掩至。可是山贼们足足等了一个晚上，也不见官兵进攻，原来阳明先生所率领的主力人马，还没有赶到，此时兀自在夜中疾奔。

次日，阳明先生率大军赶到，在距离贼巢三十里外扎寨，士兵们都去砍伐山木，搭建栅栏，表示这一次是玩儿真的了，不剿尽山贼就不会撤兵。暗地里，阳明先生却叫过来一支敢死队，秘密授予他们战旗一面，炮铳、钩镰枪、铁枪等兵器若干，吩咐道：你们这支敢死队，等一会儿就跟着砍伐山木的士兵一起登山，但进了森林之后，就不要回来了，而要继续往高处攀登，要爬到每一座山头的最高处，然后收集茅草堆积起来，等到明天发起攻击之后，你们就将旗竖起，放炮燃火，响应下面的大队人马。

夜里，阳明先生吩咐士兵分队休息并警戒，防范贼巢里的山贼前来摸营。但是山贼终究没有这个胆量，一夜就这样过去了。

第二天，阳明先生发布作战命令，各队官兵呐喊着向贼寨冲杀过去。寨子中的贼人也各自抖擞精神，发出了震天的呐喊声，将那滚木礌石只管照正面的官兵砸将过来。双方正激斗得热闹，突然后面的山顶上号炮之声不断，浓烟烈火大起，这时候官兵们齐齐地发出了亢奋的呐喊声：贼巢破了，杀啊！

闻听巢穴已破，寨中诸贼顿时闻风丧胆，再也不敢与官兵相抗，发一声喊，丢下山寨向着山林中逃窜。官兵趁机追杀落单的贼兵，战事已经没有悬念。这时候阳明先生布下的十路官兵也陆续赶到，官兵声势更振。

这说不明白的战事，让贼首谢志珊连连摇头，他与另一名贼首萧志模商量说：官兵虽然来势汹汹，但是他们有一个致命的弱点，就是只能速战，无法持久。持久则官兵必乱，纵然不乱，也会因为后方的粮草不济，露出破绽来。所以眼下之计，就是我们先转移到最坚固的老巢，你看如何？

萧志模道：我看够呛。你好好看看那浓烟烈火，是来自于什么方位？再听听炮铳之声，是在什么地方响起？那里就是老巢啊，只怕老巢此时已被官兵攻破。

谢志珊困惑：这事不对啊，不是说王守仁正在书馆教弟子读书呢吗？

怎么这里突然来了这么多的官兵，这到底是怎么回事啊？

萧志模道：甭管是怎么回事了，你看那官兵已经冲咱们杀过来了，先走了再说吧。

谢志珊只好向着桶冈方向逃窜而去。

☺ 让人难忘的脸

贼巢既溃，官兵在后面穷追不舍，追杀中贼众自相践踏，失足跌入崖谷之中活活摔死的，不计其数。

但官兵这边也很凄惨，这一带终究是匪众的巢穴，谢志珊于山中设下了许多埋伏，有的是竹签坑，士兵们只顾闷头跑，"扑通"一声跌入竹签坑中，当即就是有死无生。还有的士兵爬过绝险的崖壁，追杀贼众，被贼人反手丢一块石头，打在脑袋或是手上，也只能落崖而死。

但相对来说，还是贼众死者居多。说到底，这些所谓的贼众，不过是缺心眼儿的老百姓，以为自己躲在山里，时不时出山抢劫点儿财物回来，就能过自己的小日子，轻松混口饭吃。却又如何知道他们所谓的轻松，就是这样死去。

这世道，获利的大小，永远是和风险相对应的。耕田劳作的收获最少，但风险也最小。当贼做匪利润是比较高，但风险大家也看到了。

端坐于中军帐内，耳听着四面八方传来的厮杀声，阳明先生连连摇头：何苦，你说这是何苦呢？人活在这世上，总是要和别人交换生存资源的，这个交换过程越是公道，就越是要求你更多地付出，如果你只想着占别人的便宜，那么别人就会让你付出更惨烈的代价，这个就叫规律。

如果连这么简单的道理都想不明白，那可真是取死之道了。正叹息着，这时候有人来报：报告，逮到一个俘虏。俘虏？阳明先生着实吃了一惊。

打仗嘛，逮个俘虏是再正常不过的事情了，阳明先生为何要吃惊呢？

这是因为，战争是最易于激发起人心中恶的社会活动，那些初上战场的农家子弟，原本善良而又憨厚，可是经历过几场惨烈的肉搏与厮杀之后，人就变得冷血起来，对人的生命渐而失去了尊重。尤其是在这场战事中，许多官兵不是被贼兵杀死，就是落入陷阱或是跌入山崖，这样的惨状更能激发士兵心中的仇恨。在这种情况下，即便是阳明先生，都未必能够阻止得了士兵们那充满了酷毒与仇恨的报复之心。

只要是抓到贼人，就会以最残酷的手法将其杀死。这个是战时的常态。

可是在这种情况下，贼众中居然还有人能够逃过一死，让士兵们捉了活的。

如此之人，肯定有他的小门道，倒未必全都是运气的因素。

阳明先生起了好奇之心：给我把俘虏带上来。俘虏被拖了下来，"扑通"一声跪倒在地，阳明先生喝道：抬起头来。

那俘虏把头一抬，阳明先生仔细看那张脸，顿时乐了。

俘虏的这张脸，真的很难形容。就这么说吧，如果有这么一张脸，即使是你在心怀怨怼的情形下，都不会砍了他，那么阳明先生现在看到的，就是这样一张让你无法下刀子的脸。

这张脸，似乎可以用亲和来形容，其中掺杂了几分惊恐，又有点儿像是狗的表情，无知、天真，又时刻充满热情。这样的一张脸，你踢他一脚倒是没关系的，真要是让你下刀子砍，你肯定下不了手。难怪此人在这种情形下，还能保住性命。

他的脸长对了。

🐚 终极智慧的问答

佛家说：相由心生。这个俘虏的相貌长得如此贴切，莫非他是个大善人？

可这世上，哪来的当山贼的善人呢？

佛家所说的相，与我们日常所见的相，是有着一定的区别的。虽然这二者都是表象，但高僧能从你的淡定中看出浮躁，从你的俊俏中看出贪婪与邪恶。若人的相貌与人的内心直接关联，那这世道就好办了，只要把长得丑的通通关进监狱，把长得美丽漂亮的，通通提拔到领导岗位上来，岂不美哉？

事情没那么简单，一个人容貌长得比较亲和，只是他脸上的轮廓肌肉比较合作，与他的品性没有丝毫关系。

但一个人的长相，却会影响到别人对他的看法，直接影响到此人的人生。

这些个道理，阳明先生尽知。所以阳明先生冷声问道：你在贼巢之中，地位恐怕不会太低吧？那俘虏连连摇头：不不不，我就是个小喽啰……

阳明先生大怒：好个不知死活的东西，到了这步还要瞒天过海，难道你父母生下你，就这么不值钱吗？非要为群贼卖命而死，死后还要连累家小？推出去，枭首示众！

这时候俘虏才慌了神，连忙摆手求饶：大人饶命啊，饶命啊，我说我全说，小人的名字叫钟景，刚刚随谢志珊等逃到了桶冈，只因为小人的长相富有亲和力，比较容易取得人的好感，蒙混过关，所以谢志珊差小的来打探情报……

果然是这样，这个钟景就因为长相有亲和力，所以贼首谢志珊就高看他一眼，单单选择他来打探情报，可见谢志珊也是个懂得用人之贼。

此番钟景的来历被阳明先生一眼看破，钟景再也无咒可念，终于死心塌地投降了，情愿临阵反水，帮助阳明先生剪灭谢志珊。于是阳明先生吩咐给他酒肉，让他把桶冈地带的地形与山寨布置，画一张清晰的图出来。

拿到钟景画出的详细地形图，阳明先生笑道：每一座牢不可破的堡垒后面，都有一条直抵其内的秘道。

正如每个人的心中，都有一个最软弱的敏感点。只要找到它，你就能赢！

传令三军，即刻出发，径取桶冈匪巢！

仍然是一成不变的老战术，兵分奇正二路。奇兵以极少数精锐人马组成，秘密行动，事先携带炮铳战旗，潜入到贼巢最高处埋伏起来。单等到大军杀到，再行放炮竖旗。正兵就是个横冲直撞，连踢带打，直接进攻。

这种战事是不会有什么悬念的，震天的喊杀声中，贼巢之中突然炮响，随即是浓烟并烈火同起，官兵的大旗随风飘扬。然后所有的官兵齐声呐喊：贼巢破了，杀贼啊，杀啊！

贼首谢志珊眼看这情形，只能是哀叹一声，束手就擒。

遇到阳明先生，真是没咒可念啊。

逮到贼首谢志珊后，阳明先生与他有过一段亲切的谈话，这段话，是任何一本研究阳明先生的书都要引用的。所以我们也非要引用不可：

先生奉新奏准事例，即命于辕门枭首。临刑，先生问曰：汝一介小民，何得聚众如此之多？

志珊曰：此事亦非容易。某平日见世上有好汉，决不肯轻易放过，必多方钩致，与为相识，或纵其饮，或周其乏。待其感德，然后吐实告之，无不乐从矣。负千筋气力者五十余人，今俱被杀。束手就缚，乃明天子之洪福也。又何尤哉？

因瞑目受刑。

先生他日述此事于门人曰：吾儒一生求朋友之益，亦当如此。

后人论此语：不但学者求朋友当如此，虽吏部尚书为天下求才，亦当如此。

有诗四句云：

同志相求志自同，岂容当面失英雄。

秉铨谁是怜才者，不及当年盗贼公。

这段记载，不惟是诗写得不好，而且其论其述，远离了阳明先生的道之本义，让我们距离终极智慧越来越远。

那么，这段问话到底隐含着什么意义呢？

🐌 条条大道通智慧

阳明先生与谢志珊的对话，实际上是他与乔白岩对话的继续。

乔白岩，当时的一名省部级领导干部，他被任命为南京礼部尚书，临上任前来找阳明先生聊天问道。

阳明先生说：学贵专！

乔白岩：说得太对了，你看我小时候学下棋，三年废寝忘食，不眠不休，满脑子净琢磨下棋，至今再也找不到一个对手，可见学贵专。

阳明先生说：学贵精！

乔白岩：小王你说得太对了，你看我小时候学诗赋，斟词酌句，由唐宋而汉魏，至今天下再也找不到一个对手，可见学贵精。

阳明先生说：学贵正！

乔白岩：哇噻，小王你说得太对了，你看我长大了之后学圣人之道，满胸的正气，满脑门儿的学问，所以才升任为省部级领导干部。可这事就奇怪了，我这么大的本事，却没人承认我悟道，而你棋下不过我，诗写不过我，官也没我大，怎么别人都说你悟道了呢？

阳明先生说：学棋、学诗和学道，都是个学习。但学道是学终极智慧，是大道，其他的都是荆棘小路，不是走不通，只是走起来太难了，又绕远儿。所以说学棋叫溺，沉溺于游戏之中。学诗叫僻，专门琢磨咬文嚼字，不干正事。总之，棋和诗都离终极智慧太远，所以你才会下棋，会写诗，玩得比谁都开心，但就是摸不到终极智慧的门槛儿。

乔白岩：……小王你看你这个人，真是不会说话，难怪官做不大……

把阳明先生与南京尚书乔白岩、贼首谢志珊的对话放在一起，那就是：不管你是下棋写诗，还是杀人放火，这其中都有大学问，都有道，都存在着终极智慧。但是，下棋是绕远儿，你之所以玩儿得开心，就是绕远儿时的风景太美丽。写诗则走的是一条荆棘小道，诗这东西不仅让你写得痛苦，也让别人听得痛苦，你说你闲着没事写这玩意儿干什么？至于当土匪，那就好比穿越万丈的深壑，却企图抵达终极智慧的彼岸，不是你到达不了，而是途中的危险太多太多，不是被激流卷走，就是被大鳄鱼逮到吃掉，总之是路子走得不对。

所以说，像阳明先生这般获得了终极智慧之人，也没什么了不起，无非不过是做正确的事，走正确的路——而人生最难最难的，莫过于此。

说到正确的事，就提到了史书记载中有关阳明先生大破谢志珊的一些事情，有的史书上白纸黑字，记载说：阳明先生为了彻底了解贼巢内部的情形，曾与木工张保两人一道，自称工师，兼通地理，去贼巢探险。谢志珊见到他大喜，礼为上宾，盛情款待。于是阳明先生趁机周行贼巢，看清楚了所有的险要，然后还带着五百小贼出来了。出来后阳明先生先将这五百小贼分布各处，使其消息不相通，另外又派了精卒千人，诈降混入贼巢之中，等到了发起进攻的时候，埋伏于贼巢的精兵趁机发炮放火，于是贼巢大乱，阳明先生大胜。

坦白地说，这段故事比之于正史的记载，要更刺激，更具有悬念和可读性。奈何阳明先生平横水、桶冈之贼，前后也只不过花费了二十天，这么短的日子还要玩深入贼巢的花样，时间上明显有点儿紧张。

更何况，阳明先生是悟透了终极智慧之人，智慧是让你获得安全，远离险地的东西。所以阳明先生绝无可能到贼巢里玩儿命，万一遇到哪个小贼喝多了，当头搂你一刀，找谁说理去？

总之，智慧就是说起来简单，听起来更简单，但做起来却是千难万难的东西。

破山中贼易　破心中贼难

阳明先生认为：道家说这世界是虚幻的，儒家是不会跟老道们抬杠的，你说虚幻就虚幻吧。佛家说这世界是无有的，儒家更不会和和尚顶牛儿，你说无有就无有好了，随你说。但是，道家说的虚幻，是从养生的角度下的定义。而佛家说的无有，则是从生死苦海的角度下的定义。儒家不会反对道家的定义，也个会反对佛家的定义，但是儒家也有自己的定义。讨论问题的时候，如果你说儒家，就要用儒家的定义来阐述，不可以拿佛家的定义来抬杠。如果你说道家，那就要用道家的定义，也不可以拿儒家的定义来顶牛儿。

一句话，人与人之间的争执，往往不是因为理论上有什么冲突，而是因为大家使用的定义不同。

✎ 世界不是你开的

话说龙川县内，有个款爷，叫池仲容，家里巨有钱，结果引起穷朋友们的憎恨。恰好前不久县里闹了贼，光天化日竟然杀人劫财，闹得沸沸扬扬。朋友们认为这是搞掉老池的绝好时机，就举贼不避亲，赶到衙门击鼓告状，硬说那杀人劫财之贼，就是款爷池仲容。

池仲容被拘押到衙府，听了这情形不由得连声叫冤，急忙出示自己不在犯罪现场的证据。但是朋友铁了心，一定要把老池搞死，反说池仲容不在现场的证人都是他杀人的同伙，让老池怎么也说不清楚了。

当时池仲容很伤心，就在衙府悄声问那个朋友：兄弟，这些年来我可没少资助你，连你父母的养老费，你生了一大堆孩子的赡养费，都是我替你掏的，我还时不时地替你找门路，想让你也发财。我真的没有得罪你啊，你为何如此仇恨我，非要置我于死地呢？

朋友回答：老池，你不会这么缺心眼儿吧？难道不知道人和人是要比较的吗？你这么有钱，这不是存心要把我给比下去吗？你的成功就是我的失败，你的人生成功就是得罪我的地方，就这理由，搞死你还不够吗？

池仲容气结，知道这位朋友已经铁了心。无奈之下，只好央求先行交保，容官府再行调查。

官府答应了，池仲容家里推来几车银子，总算是暂时回到了家。但事情还没完，他被监视居住，禁止出门，而且每天还要定时去衙门报到。怒不可遏的池仲容当即吩咐家人杀牛宰羊，聚起家丁庄户，给每个人上最好的酒，吃最香的肉。然后池仲容发表讲话道：这世上最可怕的，莫过于人心了。单说我那位朋友，他全家十一口人的衣食，全都是靠了我的周济，你不图感恩倒也罢了，但你也不能恩将仇报啊。你非要恩将仇报倒也罢了，你又何必非要置我于死地呢？你置我于死地倒也罢了，又何必非要把你们这么多的人，全都拖进来，让你们以贼人劫匪的罪名，被官府砍头呢？

然后池仲容道：我们原本是善良无辜的百姓，可是摊上这么一个恩将仇报的小人，他不惟是要害我，还要连你们一起害了。偏偏这个官府又糊涂透顶，这么简单的事情也看不透，眼见得我们平安的日子已经到头了，只能入监狱吃牢饭。如果你们不愿意进大牢，那就跟我池仲容干吧，与其入牢，莫如做贼。临做贼前，我要亲手杀了那个狼心狗肺的东西，我要看一看，他的心到底是什么颜色的……

众家丁门客气愤不过，纷纷响应：池老大，杀了他！喝完这碗酒咱们一块儿去，杀了他全家，大不了一块儿上山去做贼……说话间，众人将手中的酒碗重重一摔，各持刀枪锄叉，打着灯笼火把，怒气冲冲地向那个朋友家里冲去。

到了那个朋友家，池仲容一脚踹开门，正见那个朋友趴在床边，在哄孩子喝稀粥。池仲容冲过去，大吼一声，将那朋友踢倒在地。

朋友惨叫：……不要伤害我的孩子……

池仲容呆了一呆：哦，你还知道保护自己的孩子，那我就奇了怪了，你既然心疼孩子，为什么还要替孩子惹下祸来？

那朋友道：老池，你听我说，冤有头，债有主，你有事找我，绝不可动我的孩子……

池仲容大怒：你真以为这世界是你开的杂货铺？规则全是你定的？你说咱俩没仇，老子就得出钱养你儿子！你说咱俩有仇，就不惜诬告要害我全家！你说冤有头，你可以害我全家，我却不能找你家人的麻烦？

就在那朋友的目瞪口呆之中，池仲容大步上前，狂吼道：现在老子要告诉你，规则不是你定的，你对别人如何，别人只会加倍偿还你，这道理你听明白了没有？

那朋友：……明白了……

明白了就好！

"咔嚓"刀落，血花溅起。

🐾 做官要讲规矩

遭朋友陷害的池仲容怒极拔刀，尽杀陷害他的人满门老幼十一口。

杀了这么多人，就再也不可能过正常老百姓的日子了。于是池仲容带上自己的弟弟池仲宁、池仲安和全体的家丁庄户，占据三浰落草为寇。官兵象征性地征剿了一番，被他杀得屁滚尿流。然后池仲容铸金龙霸王印，勒令境内的富户纳米缴银，如有违抗，立即出动山贼镇压。

池仲容崛起三浰，当地的村庄人人自危，于是乡绅凑在一起，出钱出银子，找村子里最精壮的年轻人，组织成乡勇，保护家乡。这其中最大的三支乡勇，分别是卢珂、郑志高和陈英三家。此三人者，都有一身不俗的功夫，聚众千人，与池仲容对抗。池仲容晓之以理，动之以情，让小山贼游说三人归降，三人不肯，池仲容大怒，只好隔三差五地带山贼下山，与这三人厮杀。

临到阳明先生要剿杀横水谢志珊时，担心这几伙武装力量突然抄了他的后路，就写了封书信，可劲儿忽悠，连哄带吓，于是卢珂、郑志高和陈英三家都向阳明先生写信表白，说自己起兵只是为了保护家乡，并愿意接受阳明先生调遣。而山匪黄金巢干脆卷旗下山，回去种地当良民，害怕阳明先生跟他玩儿真的。

在池仲容的山寨里，众山贼也想卷旗下山，毕竟山贼这职业不是那么有前途，明摆着是吃一天算一天，说不定一觉醒来，官兵的大队人马已经包围了山寨，到那时候再说下山做良民，只怕没机会了。

可是池仲容笑道：我说你们是不是缺心眼儿啊，咱们做山贼，有多久了？咱们杀的男人，抢的女人，你能数得过来吗？你现在下山，让苦主告到衙门，到时候你跟谁说理去？再者说了，官府招安我们，也不是一次两次的了，可哪一次不是瞎忽悠？听我的没错，咱们就在山上待着不挪窝儿，先看看下山的黄金巢他们，如果他们真的没事，咱们再下山也不迟。

众贼喜道：大哥所言极是，极是……正极是间，忽然官兵打破横水，直捣桶冈，巨贼谢志珊授首的消息传来，霎时间所有的山贼全都吓傻了，急忙去找池仲容：大哥，不好了，这个王守仁好像是跟大家玩儿真的，连谢志珊都被他收拾了，我们恐怕更不是人家的对手。

正说着，山下又有信使来到，居然是已经投降的山贼黄金巢写的书信，上面的内容无非是阳明先生本事多么大，已经投降的山贼享受了多么高的待遇，催促池仲容快点儿下山投降，否则后果严重。

池仲容看了信，喝道：吵什么吵，都不要吵了，到底应该怎么办，你等我们讨论讨论再说。

参加这次山贼讨论会的，计有四个人：贼首池仲容，二弟池仲宁，三弟池仲安，以及一个读书识字的山贼高飞甲——这家伙原先是在谢志珊那边吃饭，谢志珊被剿灭后，他就跑到这里来了。

池仲容首先发言，说：弟兄们，目前的形势，是这个样子的，官府新来了个巡抚，叫什么阳明先生，好像有点儿真本事，横水的谢志珊，是最大的山贼，可是说收拾就收拾了。横水、桶冈失守，下一个就是咱们浰头了。高飞甲，你主意多，说说咱们应该怎么办？

高飞甲笑道：说起那阳明先生，不是我瞧不起他，玩儿死他太容易不过的了。你们知道他的软肋在什么地方吗？就在于他是官，我们是贼。官是要讲规矩的，不讲规矩不行，不光是老百姓在看着他，他头顶上还有许多更大的官，也都在虎视眈眈找他的麻烦。所以他必须要讲规矩。可咱们是山贼，山贼为什么让人痛恨？就是因为咱们山贼不讲规矩，怎么对咱们有利，就怎么来。所以那阳明先生遇到我，就活该他倒霉了。

池仲容大喜：老高，有你的，快说怎么个让阳明先生倒霉吧。

高飞甲道：很简单，我们兵分两路，大部人马就在山上不动，另派三寨主带上最精壮的五百人，卷旗下山，就说要投降。阳明先生一来是官要讲规矩，二来忌惮咱们大队人马未下山，所以他绝不会动三寨主他们一根寒毛，反而会好酒好肉招待着。然后呢，等到时候山寨一行动，三寨主这支精兵就立即于中响应，到时候，我不信阳明先生还能找到个坑埋了自己。

池仲容摇头：老高，你这主意好是好，可如果大队官兵来攻寨，又该怎么办？

高飞甲笑道：这更简单了，如果官兵来的人少，我们就居高临下，打退他们，然后以三寨主为内应，大闹一场。如果官兵力量太过于强大，我们就立即宣布投降，就说我们早就准备投降了，只是正在收拾东西，还没来得及下山。阳明先生要讲规矩，就只能听任我们，对付我们的办法是没有的。

池仲容大喜：此计大妙，就这么办了。

缺心眼儿的人最爱斗心眼儿

于是浰头的三寨主池仲安，就带了五百名精壮汉子，下得山来，赴横水去找阳明先生，说：我们不想再做山贼，恳求先生允许我们投降吧。

阳明先生大喜，问：是不是浰头的山贼全都归降了？

回答说：没有，只下来了五百人，还有更多的山贼没有下山。

阳明先生乐了，心里说：偷偷地告诉你们，其实圣贤也没多少本事，比如我吧，来来去去的就是那一招儿，兵分正奇两路，明的是大队人马，暗中再有一支伏兵。这山贼居然也用这一招儿来对付我，这可真是找对人了，呵呵，你说这山贼明明缺心眼儿，可偏偏要跟人斗心眼儿，唉，你们会死得很惨很惨的哦。

越是缺心眼儿的人，就越是喜欢和人斗心眼儿——因为他们缺心眼儿，不知道自己最没心眼儿。

这就是人性的愚昧了，纵然是阳明先生，也无可奈何。

于是阳明先生下令：刚刚归降的池仲安，你率你部下五百人马，星夜急行军赶至新地，那一带正是桶冈溃贼逃走时的必经之途，给我截住狠狠地杀！

见骗过阳明先生，池容安大喜：末将得令！

却不知阳明先生这是一记超损之招，他让池仲安赶赴的新地，实际上是片荒无人烟的郊野，并无一个贼兵。而阳明先生之所以这么个搞法，就是为了折腾折腾这伙贼，让他们星夜急行军累个半死，却全都是跑冤枉路。

另一个目的，就是调开池仲安，别让这贼在自己的腹心待着，万一这家伙突然给自己一刀，那可就不好玩儿喽。

然而阳明先生忽视了一件事：人与人，是会相互效仿，交叉感染的。

这句话的意思，就是说你遇到正人君子，就会学着走方步；你遇到无耻小人，就会学着骂娘。纵然是阳明先生这样的圣者，一旦遇到跑来和他斗心眼儿的蠢人，也会不知不觉地跟人玩起心眼儿来。

可阳明先生是何等的智慧？他如果玩起心眼儿来，别人岂是他的对手？

这个别人，比如说是盘踞在锁匙龙的匪首蓝天凤，这可怜的孩子，他居然被阳明先生活活给玩死了。

话说那蓝天凤，他本是横水诸多贼首中的一个，他很早就收到了阳明先生的劝降信，见信后就开始收拾行李，准备下山做良民。做山贼多年，洞穴里的东西太多，一件也舍不得丢，好不容易收拾妥当，扛着行李刚要出洞，迎面进来一伙熟人。

来的这伙人，正是谢志珊的同伙萧志模。原来是阳明先生行军打仗有点儿太快，这边蓝天凤刚刚收到信，他那边就已经打破了横水，砍杀了贼首谢志珊，可是谢志珊的同伙萧志模却逃了出来。

萧志模进来就问：老蓝，你扛行李要去哪儿？

蓝天凤道：还能去哪儿，当然是卷旗下山，做良民了。

萧志模听了后摇头：老蓝，你不是缺心眼儿吧？你既然已经是贼，还能再做得了吃苦受累的良民吗？你听那个王阳明忽悠你投降，说得天花乱坠，可你前脚下山，后脚你以前抢过杀过奸过的苦主就全都找来了，到时候你后悔去吧。

蓝天凤道：老萧，你这话就不对，有一日做贼的，哪有终生做贼的？不管是你还是我，也不管做了多少年的贼，杀了多少无辜的人，但迟早要下山做良民，你想对不对？

萧志模道：你说得对还是不对，我看咱们还是先开个会，讨论讨论吧。

🐟 骗死人不偿命

锁匙龙众贼首纷纷进入会议室，召开会议，这时候外边的信使纷至沓来，送来了龙川各级领导的敦促投降书，蓝天凤越发铁了心，这一次无论大家怎么说，他也要下山做良民了。

于是蓝天凤率先发言，道：我们兄弟之所以上山，只是因为被人欺凌，找不到个说理的地方，所以暂时避居于此。但朝廷是绝不会放任我们这样逍遥的，迟早有一天……还说什么迟早，现在他们就来了。横水、桶冈，那可以说是铜墙铁壁啊，以前你们都说是天险，是官兵无法攻克的，谢志珊还给自己铸了征南王的大印，可这印还没盖过几回，就已经被官兵砍了脑袋。兄弟们，这一次人家官兵可是玩儿真的了，你们还想留着脑壳吃饭的，就快点儿跟我下山吧。

萧志模摇头道：差矣，老蓝你差矣。你是不知道实际情况乱讲话。征南王谢志珊之所以被官兵端了老巢，那是事出意外，横水的险地没有派弟兄镇守，结果被官兵溜了进去，打了个措手不及。如果征南王当时稍有提防，哪怕是来百万官兵，也是无计可施的。再说咱这锁匙龙，这里比横水更险，我们有这么多的人，再加上已经有了防范，又何必自己吓唬自己，伸脖子让人家去砍呢？

蓝天凤道：老萧，你怎么就不明白呢，咱们做贼，是一时的，不是一辈子的。你总得找个机会下山吧？

萧志模道：下山也不能找这个机会，这时候下去，官兵肯定会说你是被逼无奈，杀了你你也没办法。要下山，只能另找机会。

会议上分成了两派，蓝天凤欲降，萧志模欲守，其余的山贼有的支持蓝天凤，有的支持萧志模，双方势均力敌，旗鼓相当，一时间难以决断。

见此情形，蓝天凤便道：也罢，要不我们干脆投票好了，支持下山做良民的，就坐到我这边来。建议坚守的，就坐到老萧那边去。如果我这边人多，老萧你就跟我下山。如果老萧你那边人多，我就与你一起坚守，如何？

萧志模喜道：这是个好主意。于是众贼便纷纷离开座位，想下山的往蓝天凤这边来，欲坚守的去萧志模那边。正自乱哄哄之际，突听外边喊杀声大震，仿佛整个洞窟都在摇晃。众贼惊愕之际，就见一个小贼疾奔而入：老大不好了，官兵已经杀进洞里来了……

蓝天凤大骇：不可能，刚才我还收到阳明先生的来信呢……他不会这么忽悠我吧，一边儿写信劝降，一边偷偷进兵？

阳明先生会的，为何不会？

阳明先生已经晋阶到了圣贤阶段，最喜欢干的事情，就是一边儿写信说好听的，一边儿起兵打你一个冷不防。蓝天凤这边因为不停地收到阳明先生的劝降书，心想阳明先生怎么也得等他回了信，才会采取行动。又如何想到阳明先生才不理你那么多，要的就是趁你看信的时候疏于防范，所以才乘这个机会突然杀入。

当蓝天凤醒过神来的时候，官兵十路人马，已经从各个洞窟杀入，这次阳明先生不知道又逮到了哪个知道巢穴详细路线的，连作战手法都跟前两次没有丝毫区别。先是设伏兵于贼巢深处，十路官兵突然杀到，然后伏兵立即点火放炮，只听穴中惊天动地的炮声，前方后方，尽是官兵那招摇的大旗。

明摆着，阳明先生就是要玩儿死善良的蓝天凤。

事到如今，蓝天凤别无法子可想，只能一边号啕大哭，一边跟在萧志模后面逃命。不逃不行啊，这些官兵连日里血战破贼，早已是杀红了眼，根本不给你投降的机会，只想切下你的脑壳拿去换奖金。

🐉 太能干了没奖赏

蓝天凤和萧志模逃到悬崖顶端，据险以守。官兵三路杀来，一路径前抢攻，一路从左边登峰，一路从右边登峰。蓝天凤强打精神，往正面抛了两块石头，忽听身后炮声猝起，急忙回头，却见后面左右两翼，各有两队官兵杀至。

这阳明先生，对这一带的地形，居然比山贼还熟悉。

蓝天凤和萧志模打起精神，斜刺里杀出一条血路，且战且走，官兵尾随穷追，一路上连破锁匙龙十三个巢穴。

蓝天凤和萧志模逃到了十八磊，这里是绝地，再往前走就是悬崖，后面则是官兵如蚁，从四面八方络绎不绝而至，将蓝天凤并萧志模堵在悬崖的尽头。这时节，就见萧志模血红了两只眼睛，手执钢刀，嘶喊一声：王阳明，你欺人太甚，老子跟你拼了……头一低，向着官兵大队冲了过去。

蓝天凤呆呆地看着，眼见得萧志模冲到官兵阵前，官兵"哗"的一声散开，又"哗"的一声合拢，又"哗"的一声散开——已经一人抱了一块萧志模的零碎儿，跑去报功了。

眼见得官兵如此凶悍，蓝天凤吓得一屁股坐在地上，再也打不起勇气来对抗。可是官兵却不趁机进攻，而是就地伐木搭建帐篷，瞧意思今夜就在这断崖顶上扎营了。明摆着，这伙子是有意拖延，留着蓝天凤不杀，等到明天早晨再呜嗷怪叫着冲过来，好渲染战事的激烈程度，以便表功。

看着官兵大营袅袅升起的炊烟，听着近在咫尺的官兵们的说笑之声，蓝天凤心里有无尽的悲愤。王阳明啊王阳明，你心眼儿真是太坏了，你明明知道我们都是善良的百姓，智商跟你不在一个档次上，却偏偏故意这样玩弄我们，如此不厚道，真是太不像话了。

想到这里，蓝天凤就对跟随他一起逃到绝地的小山贼们说：兄弟们啊，咱们之所以上山落草，就是因为心眼儿不够用，老是被人欺负，才躲到这与世无争的地方来。我也知道你们和我一样，无日不思下山，做一个睡觉踏实的良民。可是人家王阳明可不这么想，他算准了咱们笨，存心要拿咱们的笨脑袋，换取他的功名利禄。我已经打听过了，官兵这次征剿，是以斩杀了咱们多少颗脑袋来计数的，咱们被人家割去的脑壳越多，人家的功劳就越大。现在咱们横竖是没有活路了，但我们就算是死，也不会把脑袋白送给他们。兄弟们，你们要是没别的办法逃出生天的话，就跟我一起跳崖吧。事先咱们可要说好了，跳崖的人，一律脑袋冲下，让自己的脑袋撞在石头上，撞碎自己的脑袋，让官兵割不到咱们的首级，弟兄们以为如何？

众贼听了，兴奋地道：老大这个主意好，就听老大的了。咱们自己把脑壳摔烂，气死王八蛋王阳明……

于是群贼于绝崖上排成横队，每人都是弯腰做跳水姿势。就听蓝天凤喊口号：一、二、三，弟兄们跳啦……嗖嗖嗖，近千名山贼，全都以乳燕投林的优美姿势，头朝下跳下绝崖。

啪，啪啪，啪啪啪……断崖深处，响起了头骨撞击在巨石上的清脆声响。

大多数贼人，都如愿达成了撞碎自己的脑袋的人生目标，只有蓝天凤运气最糟，他本来大头朝下向下坠落的，不巧被断崖上斜伸出来的一根树权碰到，将他的脑袋一下子拨回到上面，当时蓝天凤大叫一声：杀千刀的老天，还是便宜了王阳明那厮……噗！

蓝天凤撞死在崖下的巨石上，但脑壳却完整无缺。让搜山的官兵喜不自胜，忙不迭地将这颗脑袋切下来，拿去报功。

史载，锁匙龙之役，贼人走投无路，纷纷坠崖而死。山谷沟壑之间，到处遍布着贼人的尸体，于是横水、桶冈之贼，到此悉平。

于是阳明先生又点灯熬油开始写奏章，奏章上说：横水、桶冈之役，捣毁贼穴共四十八处，斩获大贼首谢志珊、蓝天凤等八十六颗首级。斩获小山贼首级计三千一百六十八颗。活捉贼人的妻子父母计二千三百三十六名。从贼巢中营救出被掳的女人八十三名。另外还缴获牛马驴一百零八只，缴获兵刃二千一百三十一件，缴获金银一百一十三两八银一分……精确到分，表示这个数目是真的，阳明先生连一分银子也没有贪污。

朝廷回复：真的假的？要是真的话，继续努力……

上次朝廷还奖了阳明先生二十两银子，这次一钱银子的奖赏也没有。

谁让你阳明先生这么能干？

十八磊蓝天凤投崖，朝廷没奖励不说，连带着江湖兄弟，从此都对阳明先生有好大的意见，认为阳明先生忒奸诈，不是个好人。

所以算起来，这仗阳明先生实际上是吃了大亏。

🐾 假和平，真战争

天险之地锁匙龙被打破，贼首蓝天凤投崖而死，这消息吓坏了涮头的池仲容，立即布置寨垒，严加防范。

这时候山下来了一群人，赶着肥牛，驮着酒肉布帛，原来是阳明先生派信使来慰问刜头豪杰的。池仲容急叫信使请入，信使进来，呈上书信，却是对池仲容的严厉指责。指责池仲容假和平，真战争，表面上已经归顺，暗地里却招兵买马。阳明先生要求池仲容对此给出一个合理的解释。

解释有，现成的。池仲容解释说：不是我们假和平，真战争，实在是被人欺压不过，你看龙川有两股强匪，一个卢珂匪部，二是郑志高匪部。告诉你说这俩坏东西心眼儿最多，他们表面上归顺阳明先生，实际上却在暗地里布置人马，打算先吞并我池仲容，再对付阳明先生。我这边招兵买马，全都是为了保护阳明先生啊。

信使听了点头：你这么个说法，好像也有点儿道理。

池仲容：什么叫有点儿道理，这是天地间最大最大的道理了。那什么，为了表白我对阳明先生的一片诚心，我再派我的亲信鬼头王，跟你一块儿去见阳明先生，最多不过十几天，只要解决了卢珂和郑志高匪帮，我这边解甲归田，从此读书种地，做一个善良厚道的农民。

鬼头王去见了阳明先生，呈上书信。阳明先生看了信，恍然大悟：我说这事儿怎么不对头呢，原来都是卢珂这厮在搞鬼，我饶不了他，这就出兵，将他们杀个寸草不留。

鬼头王大喜：若是老爷肯为小民申冤，那真是再好不过的了。

阳明先生道：剿灭卢珂匪部，为尔等申冤，乃本官之职责，无须多谢。鬼头王，你现在马上回去，替本官伐木开道，等本官大兵一至，我们双方合围，管叫卢珂那厮插翅难飞。

鬼头王：太好了……不过大人，你要征伐卢珂，缘何要走刜头这条道啊？

阳明先生道：鬼头王，你缺心眼儿啊，你们刜头正处在官兵和卢珂之间，官兵不经刜头，难道还能飞过去吗？

鬼头王嗫嚅无语，只好回去报告。池仲容听了，既喜且忧。喜的是阳明先生果然心眼儿不够用，真的听他摆布要先打卢珂。忧的是官兵假道涮头，倘若中途官兵突然改了主意，攻打起他的涮头来，那他岂不是惨了？

想了半晌，池仲容再派鬼头王去见阳明先生，说：大人，对付卢珂匪帮，不劳大人动手，只需要我们涮头的兵马，就足够了。

阳明先生想了半晌，才道：鬼头王，你先下去休息，这事让本官想想再说。

鬼头王出来，正往客栈方向走，忽见迎面来了几个人，他急忙闪身在树后，仔细一瞧。没错没错，前面来的人，赫然竟是涮头贼的死对头：卢珂、郑志高和陈英。这几个人来干什么呢？肯定是要面谒阳明先生，替自己申辩的。

不知道阳明先生是会相信他们，还是会相信涮头。

鬼头王心想：不行，我得躲在一边，把事情看清楚了再说。

🐍 引蛇出洞

却说卢珂、郑志高并陈英三人，求谒阳明先生。不多时，就见阳明先生沉着一张脸出来，问道：什么事情啊。

卢珂大声道：大人，小民此来是为了涮头贼首池仲容之事。我不信大人你看不出来，那池仲容假意归顺，实际上却天天操练士兵，又召集远近各巢贼众，还授予众贼总兵提督等伪官。大人，池仲容他这是公然谋反啊。

阳明先生摇头：卢珂，我知道你和池仲容有仇。但是仇归仇，理归理，不能因为你和人家有仇，就乱讲话。

卢珂：大人，我没有乱讲话……

阳明先生大怒：卢珂，你说池仲容天天操练士兵，你看到了吗？你说池仲容公然授予众贼总兵提督之印，你把印拿来给本官看个清楚！

卢珂：大人，我上哪儿去拿印啊，你这不是难为我吗……

阳明先生：卢珂，明明是你公报私仇，难为本官，竟还说本官难为你。你和涮头池仲容，虽然是世仇，但既然都已经归顺朝廷，从此就是一家。可你却放不下心里的私怨，不断挑衅，挑起战争，这已经构成了死罪。本官念你无知，不予追究，你却不识好歹，居然敢在本官面前诋毁池仲容，无非是想掩盖你自己的罪状罢了。再者说了，池仲容的三弟池仲安，就在本官的帐下效劳，若池仲容敢怀二心，难道他不想要自己弟弟的性命了吗？

卢珂气结：大人，你听我说……

阳明先生：哦，上课的时间到了，本官要去讲课了。

卢珂三人气急败坏地出来，站在督院的门口争议起来，全然没有注意到，就在树后躲着个鬼头王，把他们的争论听得清清楚楚。

就听卢珂说道：怎么巡抚大人这么糊涂啊，那池仲容是落草为寇，杀人如麻，我们是为了保乡为民，才被迫起兵，可是在他眼里，我们居然比涮头群贼还不如。

郑志高叹息道：这世道就是这样，坏人把坏事做绝，反倒没人说他们是坏人。好人不管怎么做，总少不了会被人横加指责。

陈英道：可这个指责的后果，太可怕了。万一阳明先生真和涮头贼伙合兵，来攻打我们，那我们岂不惨了？

卢珂流下了眼泪，哭道：眼下是没法子可想了，我只能到阳明先生座前死谏……

郑志高和陈英大惊：卢珂，你可要想清楚，万万不可轻动……叫是卢珂已经气急，掉头冲进了督院，恰见阳明先生夹着书本，正要去书馆讲课，见卢珂出来，阳明先生沉下了脸：卢珂，你又回来干什么？

卢珂"扑通"一声，跪倒在阳明先生脚下：大人，今天你就是杀了我，我也要把话说出来，那涮头池仲容，真的是存了贼心，不堪信任啊……

阳明先生脸色说不出的难看：卢珂，你一而再、再而三地诋毁池仲容，究竟想干什么？你以为本官这双眼睛，就看不出你心里阴毒的打算吗？

卢珂急了：大人，我能有什么阴毒的打算？

阳明先生怫然变色：住口！不要以为装出这般清白模样儿，就能骗过本官的眼睛！本官杀的贼人多了，像你这般狡诈奸猾的，何止八百一千？你若是再敢在本官面前卖弄奸猾，本官就将你的脑袋，悬挂到旗杆之上，以儆效尤！

卢珂此时也豁出去了：那你干脆就杀了我好了！

阳明先生下令道：左右，与吾将此刁滑之人推出！斩首来报！

🐍 阳明先生的思维定势

阳明先生一声令下，左右亲随应诺一声，立即上前，拖起卢珂就走。这光景吓坏了郑志高和陈英，扑通通两声，两人全都跪下了：大人，大人开恩啊，这卢珂他冒犯大人，虽然死罪当诛，可是念他终究是无心之过，就请大人饶他一死吧。

阳明先生将脸偏过去，明摆着不卖此二人的面子。

这时候正在巡抚院内的将官们也纷纷跪倒，都替卢珂求情。阳明先生喝道：死罪可逃，活罪难免，左右，与本官将卢珂杖责三十，以儆效尤！

史料上说，阳明先生下令将卢珂无罪杖责三十，这个数目，与他当年在午门之前，被权奸刘瑾杖责的数目恰好相等。这个巧合绝非偶然，应该是那次被打屁股之后，阳明先生的大脑里就产生了一种思维定势，本能地认为屁股这个部位，不打板子则已，要打就是三十下，多一下不行，少一下不可。

三十杖打过，卢珂的屁股已经是鲜血淋漓，全然没了个屁股样儿。但这事还没完，他被士兵拖到抚衙门口，脖子上套上重枷，打成无数瓣的屁股被高高地抬起来，让过往的百姓瞧个清楚，这个就叫枷示，是很严重的一种羞辱。

卢珂被拖下，这时候突然响起一声号啕大哭，就见一人越众而出，扑倒在阳明先生脚下。紧接着，一个又一个，数不清的人冲进来，都跪倒在地，齐声号啕。阳明先生于惊讶中仔细一瞧，顿时乐了。

这群号啕大哭之人，正是浰头贼巢三寨主池仲安所带领的，他们一边号啕大哭，一边道：巡抚大人，你明镜高悬，今日总算是替小人出了一口恶气。大人你不知道啊，这个卢珂横行乡里，欺男霸女，干了也不知多少坏事。别人都是敢怒不敢言，只有浰头池家不买他的账，结果反遭他空口污蔑，若不是大人你明察秋毫，我等俱皆死无葬身之地矣！

就听阳明先生缓声说道：尔等且起来，你们的冤情，本官尽已得知。只是缺少了人证物证，若你们能够帮本官将证据收集齐全，等本官审查核实之后，就可尽收卢珂这贼的全家，打入囚笼，一并处置。

池仲安千恩万谢，等阳明先生退堂后，急忙爬起来，带上鬼头王和自己那伙人，到了房间里，把今天的情况写清楚，委托给鬼头王带回浰头巢穴。然后池仲安再继续趴在书桌上，冥思苦想，构思卢珂之罪。

鬼头王回到浰头，将书信交给池仲容。池仲容看完书信，又详细问过鬼头王当时的情况，得知阳明先生确实是准备借这次机会除掉卢珂，心中不由得大喜。这时候忽有小贼来报：阳明先生又派了信使前来。

池仲容急请信使入内。信使来到，先呈交了阳明先生的亲笔手书，池仲容打开信，见里边所写的正与池仲安所写相差无几。池仲容急请信使入座，当场杀牛宰羊，盛情款待。信使连吃带喝，拍胸脯向池仲容保证道：巡抚大人用兵如神，宽宏大量，手下又急缺人手，举凡下山投效者，皆有重用。池寨主若是下山，肯定会高升。

池仲容急忙举杯：全仗先生们提携。

于是众人举杯欢庆，再无丝毫芥蒂。少顷，池仲容去了厕所，信使就对二寨主池仲宁说：眼下你们和卢珂的官司，赢数占了八成。只是有一桩麻烦，那卢珂明明图谋不轨，可是他敢出奇招，亲到巡抚衙门，以示自己的清白。现今的情形是，卢珂人在抚衙，唯独你们的大寨主却躲着不露面，等到审案的时候，还不是得由着卢珂说啊？所以我建议你们大寨主最好也能去面见巡抚，到时候我们也好替你们说话。

池仲宁怀疑道：我大哥去了，不会有危险吧？

怎么会？信使哈哈大笑，阳明先生身为巡抚，上有朝廷，下有百姓，岂会伤害下山投诚之人？你看连卢珂那么明显的谋反迹象，巡抚大人都不敢将他明正典刑，你们又怕什么？

🐸 最后的诱惑

宴席散了之后，池仲宁把信使的话，告诉给了大哥池仲容。池仲容听了连连摇头：不妥不妥，这分明是王阳明在忽悠我下山，想兵不血刃拿下我。我可不能让他得逞。

池仲宁想了半响，道：我看信使说话时的表情，不像是有恶意。

池仲容拍了拍二弟的肩膀：老二啊，这要让你看出来，那还叫什么圈套？听我的没错，这个王阳明是个心狠手辣的笑面虎。我已经想清楚了，所谓杖责卢珂，八成是个苦肉计，目的就是让咱们放松警惕，诳咱们下山，我们决不上他的当。

池仲宁又想了想：大哥，我觉得你有点儿多心了……

池仲容道：宁可多点儿心，也不能掉以轻心。

池仲容既然这样说了，池仲宁也不好再说。日子就这样一天天过去，池氏兄弟每天都派小贼下山打探消息，忽一日小贼疾奔而回，言称山下来了一标人马。池仲容闻之大怒，高叫道：你看看，你看看，被我说着了吧？那王阳明诱杀不成，终于图穷匕见，派出官兵来攻山了。弟兄们小心在意，绝不要让他们攻上来……

寨中诸贼鸡飞狗跳，奔走惶惶。正欲将滚木礌石打下，却忽见山下有人高声大喊：不要打，不要打，我是三寨主，我回来了！

什么？来的是三弟？池氏兄弟疾奔到隘口，向下一看。只见山下精壮的士兵中，簇拥着一个最熟悉不过的人，新衣新帽新靴子，满脸喜洋洋的兴奋之色。后面的人扛着许多系着彩绸的礼物，正是三寨主池仲安所率领的五百小贼兵。

池仲容和池仲宁惊喜交加，急命搬开隘口的鹿角，飞奔下山，去迎接三弟。三兄弟见了面，两人紧抓住老三的手，将池仲安上上下下打量：老三，你吃苦了，回来了就好……

池仲安道：大哥二哥，我一点儿也没吃苦，就是在巡抚大人帐下听差，忙时点点卯，闲时喝喝酒，日子过得就甭提多舒服了。

池仲容问：那王阳明，真的没有把你怎么着吗？

池仲安道：大哥你看你这话说得，巡抚大人他是官，不是贼。我来的时候他亲口对我说，做官是有底线的，上有朝廷，下有百姓，无数双眼睛都在盯着你，不守规矩是不行的。做贼才是没有底线，想怎么干就怎么干……

池仲容不高兴地打断弟弟：老三，你别一口一个贼啊贼的，还真以为你自己是官兵啊？

池仲安道：大哥，我们虽然不是官兵，可我们可以下山投诚，做官兵啊。

老二池仲宁问道：老三啊，山下现在情形怎么样了？

池仲安道：此时的情形，是大局已定，横水的征南王谢志珊被杀了，锁匙龙的蓝天凤投崖自尽了。各地调集来的官兵都已经回到了驻地，巡抚大人已经下令，要于城中举办元灯会，以庆太平盛世。

说到这里，池仲安转向大哥池仲容：大哥，眼下所有的贼巢，都已经平灭了，就只剩下我们和卢珂两家在撕扯不清。眼下咱们池家的赢面居多，可如果大哥你再躲着不下山，我在巡抚大人面前就不好说话了……

池仲容冷哼一声：等到山上再说吧。

掉头走了。

🐛 说实话太伤人

到了山上之后，池仲安将带来的阳明先生的礼物，拿出来分送山上的小贼，众贼欢声雷动，只有池仲容一个人不肯出来，躲在屋子里生闷气。

池仲宁、池仲安知道大哥的脾气，就带上鬼头王等几个亲信，来到池仲容的门外，连连敲门，苦苦央求，让池仲容出来喝酒。池仲容无奈，只好推门出来，对两个弟弟说：你们两个啊，真是心眼儿不够用啊，王阳明这么明显的圈套，摆明了是要你大哥的脑袋，你们怎么总是向着他说话呢？

池仲安道：大哥，你是不了解巡抚大人，以为他也和平常的贪官一样，阴险狡诈。我保证他真的不是这样的人，阳明先生是悟道成圣的高人啊。他既然已经对我三番五次地承诺过，就绝不会伤害你的性命，大哥你还担心什么呢？

池仲宁也道：大哥，老三的话有道理，你说咱们的势力，比得上横水的谢志珊吗？比得上锁匙龙的蓝天凤吗？可是这两个猛人不过一夜之间，就让王阳明扫平，如果王阳明真的对咱们不怀好意，只需要一声令下，让官兵直接攻打山寨就是了，我就不信我们能顶得住。

鬼头王也道：大寨主，依我看这真的不像是一个圈套，卢珂跟郑志高、陈英他们商量的时候，我是在暗处偷听到的。王阳明怒极杖责卢珂，我也是亲眼所见的，真的假不了……

池仲容怒极：你们的脑子进水了吗？我问你们，卢珂他为什么竖旗起兵？还不是因为咱们据寨称王，焚掠四乡？明明咱们才是杀人放火的贼，卢珂他是为了维护乡里，只因两厢里厮杀成仇，不除卢珂于我不利，所以我们才栽诬卢珂是贼。照你们说王阳明是个圣人，你们见过诬良为贼却以贼为善的圣人吗？

池仲宁、池仲安与鬼头王面面相觑，半晌才道：大哥，你所说的，都是你自己的想法，实际情况是我们是贼，卢珂他也不是善人。是善人他就应该伸过脖子让咱们砍，他既然不让咱们砍，少不了也要杀人放火，总归大家都是贼。但现在的情形是卢珂得罪了王阳明，所以王阳明要借这个机会，找个理由杀他，也不是说不过去。

池仲容摇头：你们的话，前后矛盾，反复颠倒，一会儿说王阳明是个明察秋毫的圣人，一会儿说王阳明是个有仇必报的小人。好话坏话都让你们说尽了，你让我如何是好？

池仲安道：大哥，你就别挑毛捡刺儿了，我就说一句话，若是巡抚大人欲对你不利，又何必放我回来？

池仲容长叹一声，在心里说：兄弟啊，你太抬举自己了，你是我弟弟，我拿你当心肝宝贝护着。可在人家王阳明心里，你最多不过是一个不值一文的诱饵罢了！

可是这番话，池仲容终究是不能说出来。实话太伤人，不能说。不能说怎么办呢？

那就只能是在压力面前妥协，屈服。

于是池仲容就想：若我真的率精猛的兄弟下山，如果王阳明动手，少不了拼个鱼死网破玉石俱焚。正像他自己说的，我是贼他是官，我做事没底线，他必须要顾虑朝廷与百姓的看法，如果他真的敢动粗，我就杀他一个血满城池，看他王阳明怎么办……

正想着，三弟池仲安又加了一句：大哥，你真的必须要去一趟，面谒巡抚大人。因为卢珂在牢中诬告你谋反，还说你正因此才不敢去见巡抚，你若是真的不去，岂不是坐实了谋反之罪吗？

池仲容喃喃地道：那就去吧……听你们这些人说话，好像咱们多么清白似的，唉！

🐢 做人要有诚意

池仲容拒不下山，有着他不下山的理由。但一旦拿定了主意下山，马上就会有一千个、一万个下山的理由。

人类的思维就是这样，做有做的理由，不做有不做的理由，反正什么时候都是自己有理。举凡处处有理之人，活得多半都有点儿不爽，因为这类人总是习惯替自己的错误行为寻找借口，因袭日久，已经无法从理性的角度分析自己。临下山的时候，池仲容举行了最后一届山贼讨论会，他主持会议并发言，说：

> 若要伸，先用屈；输得自己，赢得他人。赣州伎俩，亦须亲往勘破。

随后精选山上最精壮的武士一百人，必须要通晓武艺，忠诚不二。但这样的精锐之士数量稀少，只挑选出九十三个，还差七个。池仲宁问大哥：要不随便找七个人凑足了数目？

池仲容摇头：宁缺毋滥，绝不可滥竽充数。我宁肯要九十三名以一当十的死士，也不要再多几个碍事的废物。

这九十三人，人人怀中藏了利刃，换上最不起眼的烂衣服，扛上替王阳明备好的礼物，跟着池仲容下山了。

有分教：圣人天生最嗜杀，钢刀临头才抓瞎。设下弩弓待猛虎，蛟龙上岸不如虾。话说池仲容率九十三名悍勇死士进了城，早有一支巡城小分队迎过来：来者可是浰头豪士池仲容？

池仲容：然也！

那名军官道：巡抚老爷早有吩咐，若是浰头来的豪杰人多，就请到祥符寺歇息。

祥符寺？那是个什么地方？到了地方一看，却原来是一座占地极为广阔的和尚庙。庙中钟磬声不绝于耳，来求佛祖保佑升官发财的香客络绎不绝。还有许多满脸愁容的女人，一看就是来求菩萨生儿子的。看了这情形，池仲容心下方定，看样子那王阳明好像真的不怀杀心，要不然的话，众家兄弟就在这寺庙里大砍大杀起来，那必然是惊天动地的大事。

池仲容叫过来手下，吩咐道：我现下就去面谒那王阳明，我走后你们一定要多加防范，一成人在明处，两成人混在香客之中，七成人屯兵教场，倘若我午时之后不归，你们就立即啸聚放炮，焚寺杀人，于乱中逃往浰头，听清楚了没有？

众死士应诺。池仲容这才放心离开，去见阳明先生。那阳明先生正拿着书本，在学馆中对弟子门人讲课：做人要有诚意，不可有私意，诚意是遵循天理，虽说是遵循天理，也着不得一分意，什么叫着不得一分意呢？就是不可以掺杂了你的私心欲念在里边……什么事？见外边有人来，阳明先生放下课本，走出来问道。

池仲容急忙跪倒：浰头草民池仲容，罪该万死，伏请巡抚大人恕罪。

原来你便是池仲容。阳明先生大喜：你来了，卢珂的案子也应该结了。对了，你们来了多少人啊？

池仲容答：回老爷的话，小人带了九十三个扛礼物的粗使。

阳明先生道：哦，才九十三人，不多不多。现在你们住在哪里啊？

池仲容刚要说话，那名军官插进来道：启禀大人，浰头来的人现今正屯兵于教场，秣马厉兵，枕戈待旦……

阳明先生大骇：池仲容，你这是什么意思？为什么要屯兵教场，枕戈待旦？莫非你是疑心本官不成？难道你刚才没有听到本官讲课吗，做人要有诚意，没有诚意是不行的……

你……我……这个……那个……被阳明先生如此一番挤对，池仲容满头是汗，只差哭出声来了：老爷你误会了，我只是担心手下兄弟扰民，让他们休息一下罢了……

原来如此，阳明先生长舒了一口气：池仲容，本官看好你，愿意为你平反昭雪，若你能念及本官一番苦心，本官以后还有借重你之处。

听了阳明先生这番话，池仲容终于放下心来。

🐛 发火是用别人的错误惩罚自己

回到祥符寺，就见一个小军官领着一队农民工，扛着肥猪牵着牛羊，后面是马车拉着的米菜和劈柴：这是巡抚大人吩咐送来的，大人说了，你们是浰头远道而来的客人，不可使一人稍受委屈……

浰头群贼大喜，高兴地谢过，将柴米蔬肉卸下来。这时候又来了许多军中将佐，都各拿着名片：池英雄在吧？忙不忙？不忙的话咱们出去喝几杯……

池仲容心生凛戒，再次吩咐手下小心提防。与那伙官兵去了酒馆，席间那伙人不停敬酒，言语之中巴结着池仲容，一再央求他日后于巡抚大人面前多多美言，似乎他池仲容已经成了阳明先生的心腹一般。池仲容表面上与众人称兄道弟，心里却是愈发警觉：我跟这王阳明不沾亲不带故，不是他亲爹也不认识他亲娘，他却哭着喊着要拿我当心腹，明摆着是诱我入彀，当我池仲容缺心眼儿啊？

营中的官兵喝完了，又来了一群文士，个个酸气冲天，请池仲容喝酒的时候，不停地吟诗作赋，搞得池仲容险些没哭起来。真是太酸了，受不了。

文人的酸酒喝过了，城中的乡绅又出面设宴，清一色长胡子的老财主，人人都有厚重的礼物相送，先感谢池仲容此前的手下留情，又低声下气央求日后多加关照。

池仲容就这样不停地喝酒，心里的警惕却丝毫也没有放松，夜间询问手下人，报说各地的官兵真的已经回到了驻地，城中空虚，街市上张灯结彩，百姓们宴饮欢娱，一派歌舞升平的景象。

这时候山寨上的两个弟弟又悄悄派人送了信来，剃头的小贼下山打闷棍，打翻了一个信使，翻出一封书信来，竟然是阳明先生手书，内容是暗调各地狼兵，合攻卢珂。这么看起来，王阳明似乎是认准了卢珂不是好东西。而要除掉卢珂，他非得求助于池仲容不可。

再一打听，说是卢珂早已下在大牢中。池仲容仍然不能释怀，就揣了大锭的金子，贿赂了牢头，要亲自进去看一看。

进了大牢，扑面就是熏天的臭气，熏得池仲容连眼泪都淌下来了。沿着一条肮脏的通道往前走，前面就是死牢，里边囚着一个蓬头垢面的怪人，被生铁的刑具牢牢地锁在栅栏上，露在破烂衣服外边的皮肉，满是血迹和污物。池仲容仔细看了好长时间，才认出这人就是死对头卢珂。

池仲容心中先是惊讶，随即因为极度的狂喜，哈哈哈大笑起来：卢珂，想不到你也有今天吧？

卢珂挣扎着，睁开眼睛，看到池仲容，两眼几乎要喷出火来：池仲容，你这个杀千刀的贼！明明是你聚众为寇，焚杀掳掠，却指使你弟弟在巡抚大人面前诬告我。别以为你巴结上了朝廷就了不起，如我今日不死，管叫你涮头寸草不生！

哈哈哈，池仲容一辈子也没这么开心过，就劝慰道：卢珂，你不要动气，不要上火，人生总是这样充满了意外，是不是？明明你起兵是为了保护乡里，可谁料得到我这个山贼，却要和官兵合剿你们。你说这世道，让人去哪儿找说理的地方啊。

卢珂愤怒地挣扎，锁在他身上的铁链发出了哗啦啦的声响：池仲容，我恨不能把你碎尸万段！

池仲容叹息道：老兄，消消气，发火是用别人的错误惩罚自己，这种划不来的蠢事，咱们可不要干！

卢珂在池仲容的身后疯了一样吼叫：姓池的，你回来，我要和你到巡抚面前对质……

可以，池仲容淡定地道：等我和官兵合力杀了你们全家，咱们再来说这事。

走出了黑暗的牢狱，池仲容仰望天空：多么蓝的天啊，多么美好的人生。

最重要的位置

回到祥符寺，正见手下兄弟打成一团，池仲容大怒，走过去呵斥道：为什么打架？是谁先动的手？

这时候一名曾请池仲容喝过酒的穷酸文人，颠儿颠儿地跑了过来：将军，这事都怪我，巡抚大人吩咐我，从库府中取出新衣新靴，送给将军手下兄弟每人一份，我不知道将军手下的人数，结果衣靴数量不足，让兄弟们争抢了起来……将军，这事你可千万别告诉巡抚大人啊，否则小人可就惨了。

池仲容哈哈大笑，拍了拍那穷酸的肩膀：放心好了，我们都是当差的，岂有相互拆台之理？

那穷酸感激不尽：谢过池将军，巡抚大人还让我再分给兄弟们每人一坛酒，一块十斤的牛肉，我猜是用兵前劳军的……

池仲容点头道：没错，没错，别看巡抚大人模样木讷，却是智珠在握啊，再者说涮头的兄弟们也是静极思动，也应该替百姓办点儿实事了。

穷酸大喜：那我先把兄弟们的数目统计一下，然后池将军只管带了手下兄弟，到抚院内分领酒肉，此时巡抚大人正在馆内授课。讲完了课，大人还有话要对池将军说。

好的，那我这就带手下兄弟过去。池仲容答应下，就命令九十三名手下排好队，由他亲率到了巡抚大院，隔着一堵影壁墙，能够看到书馆内的学生们正襟危坐，正在听阳明先生授课。学生与阳明先生的对答，不时遥遥传来。

隔着一堵影壁墙，这边是阳明先生讲课的书馆，那边是九十三名杀人如麻的山贼，在排队领取酒肉。而就在这堵影壁墙前，站着一个挎刀的武将，这个人的名字，叫龙光。

龙光，龙川县人氏。原本是衙门里的一个差役，他的心眼儿比较死，看不过去衙门里的营私舞弊，结果被排挤出局，开除出公务员队伍。正当他走投无路的时候，遇到了知府伍文定。

伍文定对他说：龙光，你这个人心眼儿太死，只能干大事，却做不了小事。这样好了，我把你推荐到阳明先生座前，说不定他会找件适合你的工作，要你来做。

于是龙光就跟了阳明先生，很长时间以来，阳明先生也没给他安排工作。

直到今天。

今天，他的工作就是站在影壁墙前，一动不动。

龙光不动，则阳明先生的心不动。

龙光若动，则阳明先生的心必乱。不光是阳明先生的心乱，只怕南赣之地，立时就会掀起腥风血雨，再次陷入战乱之中。

🐦 史上最拉风的讲学

阳明先生在讲课，一只眼睛却紧张地盯着站在影壁墙前的龙光。

有学生问：我走夜路的时候，最害怕遇到鬼，咋办呢？

阳明先生说：……你遇到鬼，只是平日心中不能集义，正气不足啊，心有亏欠，所以你害怕。如果你的所作所为，都合乎神明的意志，你还会怕吗？

学生立即抬杠：老师，你说得不对，鬼有的超善良，是美女鬼，愿意对你投怀送抱。可是还有恶鬼，恶鬼才不管你是好人还是坏人，见了你就扑上来，把你连皮带骨头一起吞下肚。老师啊，碰到这种鬼，咋整呢？

阳明先生道：……你就跟老师瞎掰吧，这也就是老师我脾气好，换了别的老师，当场就打你个半死……我告诉你，这世上根本就没有迷惑人的邪鬼。如果你遇到了，那是因为你邪。所以举凡被邪鬼迷惑之人，都跟人家鬼没什么关系，是你自己的心迷了。这就好比有人好色，见到美女就两腿发软，这个叫色鬼迷。又好比有人喜欢财物，这个叫财鬼迷。又好比有人经常性发脾气，这个叫怒鬼迷。还有人无端胆小怕事，见什么怕什么，这个叫怕鬼迷。但不管是色鬼、财鬼、怒鬼还是怕鬼，这些鬼都是你心里的鬼。若是你心里无鬼，就没有哪个鬼能够迷得了你。

有学生问：老师啊，我做事没个长性，忽一会儿喜欢下棋，忽一会儿喜欢赌博，这咋个整呢？

阳明先生说：只要你念念不忘天理，什么叫天理？就是天地之间永恒的自然规律，心里只要时刻想着这规律二字，久而久之，你的脑子里就会形成思考的惯性。这就好比道家所说的结圣胎，然后方可进入美大神圣之境。

有学生问：老师啊，我满脑门子私欲，心里的私欲难以祛除，咋个办呢？

阳明先生道：哦，你心存私欲，无法克制，这太好办了，你把心拿过来，我替你克除。

那名学生：……我没办法拿给你哦。

阳明先生：那你的心究竟何在？

……

就目前流传下来的史料中的阳明先生课堂问答来看，当时学生们提出来的问题，即使是放在今天，也是非常新潮另类，离奇拉风。很明显，学生们之所以提出这些怪问题，不是他们的研究有多么深入，而是根本就对圣学不上心思。只是琢磨着想出最拉风的问题逗弄老师，同时自己也出出风头。

看看这情形，老师教的原本就不上心思，学生们又是如此的不认真，所以阳明先生的圣学再度失传，已经是个必然的结果了。

当时阳明先生正在课堂上心不在焉，和学生们扯皮，忽然看到影壁前站立着的龙光，身体晃动了几下，居然走开了，离开了阳明先生的视线，走到不知什么地方去了。霎时间阳明先生魂飞魄散，急忙吩咐学生们道：你们不要吵了，马上收拾书包跑吧，从窗户跳出去，跑越远越好……学生们正目瞪口呆，不知为何要跑，阳明先生忽见那龙光若无其事地晃悠着，又回到了影壁墙前站好，当时阳明先生长松一口气，差一点儿没跌坐到地上。

学生们诧异地问：老师，我们为何要跑啊？

阳明先生更诧异：瞎说什么？我在教导你们圣学，什么时候说过让你们跑？

学生们不服：明明是老师你刚才说的，你还说让我们别走门，直接跳窗户，能逃多远就逃多远……

阳明先生想了想，道：不可能的事，我怎么会说这种话，这都是你们心乱，心乱则神无主，所谓的六神无主，六神无主则百魅俱生，这说的就是你们。

学生们如何肯罢休：老师你刚才就是说过的。

阳明先生：闭嘴，谁再乱讲话就罚站打手板……对了，下课时间到了，你们先自习讨论，老师我要登堂审案去了。

学生们问：老师，你别走啊，这一次你要审谁啊？

阳明先生笑道：还能审谁，当然是贼首池仲容了。

学生们大惊：不可能！老师你敢审池仲容，就不怕他的手下立即动手，杀人放火吗？

阳明先生笑道：瞧你们这些笨瓜，真是笨到家了，我既然敢审池仲容，那肯定是要先将他手下人杀光光，一个也不能少。

🐛 兵不厌诈

不再理睬学生们的提问，阳明先生笑眯眯地换了官服，出学馆入衙堂，后面跟着唧唧喳喳的学生仔们。坐到了堂上，就见阳明先生不怒自威，把惊堂木一拍：哎，与本官把人犯押上来。

堂下一声应诺，十几个士兵强扭着满脸惊诧的池仲容，强迫他跪在堂下。阳明先生还没开口，池仲容已经吼叫起来：王阳明，你疯了？

阳明先生急忙看了看自己：本官很正常啊，哪里有疯？

池仲容怒极：王阳明，你若是念及满城百姓的性命，还想再当这个官的话，就立即将老子放了，老子不与你计较。若是惹火了老子，发作起来，只怕是鱼死网破，玉石俱焚，你自己掂量掂量吧！

阳明先生更加诧异：池仲容，本官叫你来，是让你与卢珂对质，你何出此恫吓之言啊？

池仲容：王阳明，不信你不知道我池仲容是何许人也，我是做贼之人。既然做贼，就要杀人，既然杀人，就要时时刻刻防止被人所杀。你这里我既然敢来，就已经算计过的。如今这城里空虚，只有衙门里有三十几个士兵，其他官兵俱已调回到各处的驻地，稍有异动，我立即就会知道，你听明白了没有？

阳明先生摇头：真的听不明白……

池仲容大吼：少跟老子装糊涂，现今这座城内，唯一的武装力量，就是老子从山上带下来的九十三人，他们虽然人数少，却个个身经百战，以一当十。只要我一声令下，顷刻之间，这座城池就会化为人间鬼域，届时尸横满地，血流成河，勿谓言之不予也。

阳明先生作出害怕的表情：池仲容，我真的好怕怕……

池仲容：王阳明，瞧模样你是不信，要不要咱们试试？

阳明先生：那就依你，试试好了。

池仲容大吼一声：弟兄们，与吾动手，杀了狗官！

就听堂下一声应喝，龙光推着一辆手推车，车上满载着不知什么东西，用一块油布罩着：大寨主，你的人来了。

我的人……池仲容惊疑地望着那辆车子：这是什么？

龙光笑道：这就是你那身经百战、以一当十的手下啊。说着，龙光突然将罩在车子上的油布扯落，池仲容定睛一看，只见那车子上装载的，全都是一颗颗血淋淋的人头，都是从颈子上齐根切断。

再细数那人头的数量，一颗不多，一颗也不少，刚好九十三颗，竟全是池仲容从山上带下来的死士。看清楚这些人头，池仲容惨叫一声：王阳明，你好狠！"噗"地一口鲜血喷将出来，已经是委顿如泥。

精妙的杀人游戏

眼见自己带下山的九十三名死士，眨眼工夫就死了个光光，死前连点儿动静都没有听到。池仲容受刺激过度，当场吐血晕倒。衙堂上的人急忙将他翻倒摆平，揉胸口，弹脑门儿，掐人中，务须要救醒他，好明正典刑。

阳明先生这边腾出手来，问龙光：龙光，你刚才为什么要离开影壁墙？

不为什么，龙光回答道：我就是站得时间久了，有些闷，走路活动一下。

阳明先生气急败坏：龙光你个该死的，真是不知道轻重，你不知道你的位置是多么重要，当时的情形又是多么危险。你的一举一动直接关系到满城百姓的安危，你竟然说什么站得腻闷，要溜达溜达，那是你闲着没事溜达的时候吗？当时你差点儿没把本官活活吓死。

有这么严重？龙光目瞪口呆。

算了，不跟你这笨人说了。阳明先生悻悻地挥手：那边池仲容已经醒过来了，我跟他说，他肯定爱听。

池仲容果然非常爱听阳明先生的话，醒来后第一句就问：王阳明，你究竟用了什么歹毒的法子，能够悄无声息地杀掉我手下九十三人，他们死的时候我就在一边儿，可我连一点儿动静也没有听到。

阳明先生笑道：池仲容，这事要是让你听到动静，戏就没法子唱了。

你先说说，今天本官除掉的这九十三名贼人，可有一个不该死的？

池仲容道：要凭良心说，我之所以选择这九十三人，正是因为他们每个人手上都是鲜血淋淋，杀人无数。说他们该死，倒也没错，但他们终究都是爹生妈养的活人啊，你就这样割草一样，悄无声息地把他们杀了，他们情屈命不屈。

阳明先生道：不然，不然，他们不止是命不屈，情也不屈。他们此番随你下山，个个怀中都藏了利刃，随时等你一声令下，就将这座安宁的城池化为人间鬼域。如此歹毒阴狠之辈，又何来情屈一说？

池仲容道：我不听你瞎掰，你倒是说说，你究竟是如何在我眼皮底下，将他们全部杀掉的？

阳明先生笑道：要做成这件事，关键就在于本官赏赐给你们的新衣新鞋子上，你没有注意吗？本官赏赐给你们的，是长衣油靴。衣服的袖子特别长，穿在身上后，手被裹在袖子里，再动手杀人就不方便了。本官赏赐的靴子是油靴，靴子底如抹了油一般的滑，穿在脚上连走路都要小心，根本没法子再跟别人动手，一动手就"哧溜"一声，摔一个大马趴。

池仲容呆呆地看着阳明先生：好毒啊，好毒的计策……可那也不至于连个声音都发不出来啊，我们可是将近一百人啊。

阳明先生笑眯眯：不让他们临死前发出声音来，那就更容易了。你注意到没有，我赏赐给他们的酒肉，酒是坛子装的，肉是大块的牛肉。这是经过精心考虑的，他们领到了酒肉，只能是穿着大袖子衣服，脚下是滑不溜丢的靴子，一只手抱着酒坛子，一只手抱着大块的肉。如果有人将肉掖在腰上，我安排好的人就会告诉他：这个姿势不妥当，对本官有失尊敬，他必须一手抱酒坛子，一手抱着肉，表示他对本官的赏赐多么的欢天喜地。可是等他出了门，门外就是一口铡刀，有六个士兵等在那里，见到他就从后面把脖子一勒，让他喊不出声来，然后把他的脑袋往铡刀下面一推，就听"咔嚓"一声，脑袋就被囫囵切了下来。池仲容我告诉你，就这么干脆利索地连切掉九十三颗脑袋，居然没有一个人，临死前舍得撒开手，放下手中的酒和肉。这就是传说中的人为财死，鸟为食亡啊。

池仲容听得心胆俱裂，嘶吼道：王阳明，你是圣学读书之人，如何竟是这般的歹毒，难道你就不怕报应吗？

阳明先生沉下了脸：池仲容，你既然知道这世上会有报应，可当初怎么选择了做贼呢？

池仲容面容惨淡，再也说不出话来。

阳明先生这才转向龙光：你听清楚了没有？你站立的位置，是唯一能够看到我，看到杀人的现场，也能够看到给群贼分发酒肉的地方。只要你纹丝不动地站在那里，我就知道局势在本官的掌握之中，可你当时竟然四处乱走……可吓死我了，以后记住，本官怎么吩咐你就怎么做，不可再自行其是。

🌸 最后的剿杀

审过了池仲容，喝令将这个贼首打入死牢，再从牢中放出卢珂等人，阳明先生长松了一口气，站起来正要退堂，忽然之间眼前一黑，"扑通"一声栽倒在地，口角中渗出鲜血来。再瞧阳明先生的面容，脸白如纸，毫无血色，把众人吓坏了，忙不迭地抬起先生，唤请医生来。

抬到了床上，阳明先生幽幽睁开眼睛，说：不碍事，我是思虑过度，心里太紧张了，消耗精力太多，结果体能不支，不是什么疾病。让人替我熬碗热乎的小米粥来，我喝了就没事了。

喝过了热粥之后，阳明先生掷碗于地，传令，十路大军，克日进发，会于三浰，直捣贼巢！

十路官兵总计万人，分十路向着浰头贼巢星夜急行军。而此时浰头贼巢中，却是张灯结彩，欢声笑语。因为大寨主池仲容刚刚派了人送信来，说他已经搞定了巡抚王阳明，最多不过三五日，卢珂等人就会被砍下脑袋。此后的赣南赣西，就是池家的天下了。所以巢中众贼，无不是欢欣鼓舞，兴奋异常。

二寨主池仲宁，三寨主池仲安，正率了群贼喝酒，突然听到远处传来了震天的喊杀声，夜空之上，竟隐隐约约透出红光，好像是什么地方起了大火。两人正在诧异之际，就见有小贼急慌慌而入：不好了，不好了，官兵攻到山寨里来了。

池仲宁大怒：这厮蛊惑人心，推出去砍了！

那报信的小贼，就这么被砍了脑袋。看着血淋淋的首级呈上，池仲宁余怒未息，对弟弟池仲安说：老三，你说这家伙是不是缺心眼儿？眼下大哥已经赢得了巡抚大人的信任，这家伙竟胡说什么官兵攻山，这简直是岂有此理！

老三池仲安道：二哥所言极是，不过外边的杀声和火光，又是怎么一回事儿呢？

多半是哪个小喽啰酒喝多了，一脚踢翻了灯笼，引起了山火。池仲宁猜测道，你等我出去看看。

池仲宁出得屋门，迎面就听嗖嗖嗖翎箭破空之声，吓得连忙伏倒，等飞箭之声响过，就见熊熊的火把涌上前来，火光当中，簇拥着一名官兵统领，大叫道：浰头众贼听了，某乃指挥余恩是也，快点儿把你们的脑壳伸过来，让老子切下，拿去朝廷报功。

池仲宁一听就急了：这人谁呀，这是怎么说话呢？怎么这么难听！弟兄们，给我上，杀了这厮再细问究竟！

众小山贼趁着酒劲儿，光着脚，裸着胸，拎着刀了冲上前来，大战官兵。要说这些小山贼的战斗力还真强，尤其是在酒喝得太多，不知死活的时候，指挥余恩所统领的千名官兵，竟然被山贼打得落花流水。慌乱之下欲觅路而逃，可这黑灯瞎火，荒山野岭，逃都不知该往哪个方向逃。

正当余恩失势之时，突听又是两声号炮，两支官兵各有千人，一左一右杀上山来，瞬间将贼兵的阵势冲乱。贼首高飞甲此时眼见情形不妙，高喊一声：弟兄们，留得五湖明月在，不愁无处下金钩，咱们不跟官兵一般见识，风紧扯呼！

随着高飞甲这一声喊，众贼丢了兵刃，掉头狂逃，各路官兵发出亢奋的追杀之声，在贼兵后面穷追不舍。

🍃 老套路百试百灵

池仲宁、池仲安、高飞甲并鬼头王等贼首，一口气狂奔到九连山。

到了这里，就算是彻底安全了。

九连山，山高百仞，横亘数百余里，俱是顽石卓立，四面尽皆绝壁。壁面光滑如镜，飞鸟难过，猿猱愁攀援。单是东南崖壁之下，有一条紧贴着悬崖的石径，石径一边是陡壁，另一端是万丈深渊。此地当关只需一夫，纵万人之众，也难逾越。

池家兄弟经营这九连山，非止一日。山中藏有大量的粮米饮水，绝险的石径上还布下了滚木礌石。若官兵胆敢进攻，只消发礌石滚木，就会叫他们灰飞烟灭。

逃入了九连山，高飞甲等人一屁股坐在地上，咻咻喘息起来。只有池氏兄弟忧心忡忡：官兵竟然出其不意，突袭老巢，怎么大哥那边一点儿动静都没听到？

高飞甲冷笑：别寻思了，只怕大寨主已被王阳明那笑面虎生剐了。两位寨主也不要忧心，只要咱们坚守在这里，闭关不出，那王阳明就拿我们没办法。等到哪一天他失了势，我们再出山而去，杀了他满门老小，替大寨主报仇。

池氏兄弟听了，正欲伤恸，突然之间一声号炮炸响。听那火炮之声，似乎就在耳边，而且还分明嗅到了浓烈的硝烟味。还没等诸人从震撼中清醒过来，耳边又听到疯狂的喊杀之声，就见四面八方，无数人扑将过来，对准诸贼首的脑壳，抡刀子就砍。

池仲宁清楚地看到，扑过来砍杀的，分明都是自己的贼兵，本能地高喊了一声：你们疯了，怎么砍自己人……话音未落，几柄刀同时砍在他身上，钢刃入肉。

带着满脑子的困惑和不解，池仲宁倒地身死。

那边鬼头王也已遭乱刀砍死，只有高飞甲和池仲安，两人情知有异，飞逃到杀声连天的战场之外，相互商议道：完蛋了，又中了王阳明那老王八蛋的诡计，我说刚刚逃进山里的时候，好多兄弟看着面目生疏，当时还以为是从其他巢穴逃出来的兄弟。现在才知道，那原来是王阳明派出来的官兵。

他们俩还真猜对了。阳明先生剿匪，自始至终，一成不变的老套路，就是正奇两路人马并用。只要这一招暂时还灵，阳明先生就没打算换过。以前强攻贼巢，都是事先找到熟悉贼巢的内应。这一次阳明先生懒得找了，首轮攻击开始，当贼兵溃逃之时，阳明先生就已经精选出七百名官兵，全都穿上缴获的贼人号衣，混杂在群贼堆里一起狂逃。夜黑时面目难辨，群贼又处于心慌之中，又怎么会想得到跟他们一起狂奔之人，竟是官兵呢？

此番逃入九连山中的，总人数不过一千五百人，官兵就占了一半。所以这些官兵发现自己人多势众，就急不可待，气势汹汹立即发难。战事爆发于贼伙认为是绝对安全的地方，彻底动摇了贼兵的意志，众贼人根本无心与官兵对砍，而是跟在池仲安和高飞甲的身后，向着山外狂奔。

可是山外哪里有活路？十路官兵，正从各个方向络绎赶至，迎头遇到从九连山中逃出来的群贼，当即乱箭齐发，池仲安胸口中箭，大叫一声而死。唯独高飞甲冲出了首道重围，却被后面赶来的一支官兵截住，当场斩杀。

🐛 史上最扯的嘉奖

九连山之战，杀到最后，只余下两百多人，跪在地上拼命哭喊求饶，这时候官兵哪管你那么多？只顾着多砍一颗人头，就多添一点儿功劳，根本不理会这些人的求饶，挥刀狂砍。

幸好阳明先生赶到了，仔细一瞧：咦，你们快住手，那些人根本不是贼，你们乱砍什么？

官兵假装懵懂地道：回巡抚大人，他们就是贼，不是贼干吗要住在这贼巢之中呢？

阳明先生道：人在贼巢，未必就是贼。你看他们一个个破衣烂衫，蓬头垢面，全身瘦得皮包骨头，这分明是贼人掳来的奴隶。

上前一问，果不其然。这两百多人，都是贼人为了修建九连山巢穴，从民间骗来的百姓。来之前说好了给工钱，活儿干完了就放回家，等到了山上，就立即困在这九连山，让他们不停地服苦役，病死累死的，贼人就把尸首直接往山下一抛，连埋都不埋。可怜这些人苦熬了也不知多少日子，总算盼来了救星，不承想官兵比山贼更狠，竟然要拿他们的脑袋凑数。

浰头剿贼，是赣南赣西最后一仗，也是军事史上最为迅捷的一仗。这场战役，从官兵出去到战役结束，不过是一个晚上的时间，而且大多数时间都在跑路，对阵厮杀的时间更短。

此役，捣毁贼巢三十八处，斩大贼首脑壳二十九个，斩小贼首脑壳三十八个，斩小贼脑壳二千零六颗，俘虏群贼的父母妻儿八百九十名，缴获牛马一百二十二只匹，缴获兵刃两千八百七十件，缴获贼银七十两六钱六分。

阳明先生写了奏章报上去，上面的各级领导拿起奏章一看，顿时就乐了：王守仁，你就瞎掰呢你。光你斩杀俘获的贼人就有将近三千，可缴获的银子才七十多两，平均五十个贼才一两银子，你王守仁从哪找来这么多穷贼？虽然贼是穷得有点儿惨，但此时朝廷总算知道了，阳明先生是个治贼的高手，应该奖励。

升阳明先生为都察院右副都御史，奖励银子二十两，荫其一子为锦衣卫世袭千户。

阳明先生看到这个嘉奖方案，顿时就哭了。为什么呢？因为先生没有儿子。

阳明先生家里挤着一大堆的老婆，每天你打我掐，闹得不亦乐乎，但这些女人的肚皮一个比一个平坦，让阳明先生说不尽的窝火。连儿子都没有，那圣学岂不是失传了？所以阳明先生就将他弟弟王守信的一个儿子，名叫正宪，过继了过来。现在能有个机会替儿子搞个正式编制，阳明先生很开心，就上表谢恩，并谦虚地表示不必了。

猜一猜朝廷怎么答复的？

朝廷回信说：王守仁，既然你执意不要这个嘉奖，那就算了吧……

啊，算了怎么行，正式编制多难搞到手啊。阳明先生这边可是杀了一万多人啊，好不容易才争取到这么一个机会，怎么可以说算了呢。

急忙写信给官场上所有能够说上话的朋友，让大家一起出来主持公道，替自己儿子把正式编制再夺回来。于是众官一起上书，猜猜朝廷那边是怎么答复的？

说出来能活活气死你！

朝廷说：王守仁，第一次剿贼的时候，就奖励了你二十两银子，两次加在一起，已经奖励了你四十两银子。朝廷的银子也不是大风刮来的，你怎么还不知道满足呢？你作为一个基层干部，不要只想着朝上面要待遇要奖金，要多为朝廷无私贡献嘛……

诸如此类。此后整整三年，阳明先生就跟朝廷扯皮，三年后最终替儿子又把锦衣卫世袭千户的正式编制给要回来了。

徐爱的悲剧

说三年来阳明先生什么事也没干，只管伸手向朝廷要待遇讲条件，这话明显是有失公正的。

事实上，就在这三年里，阳明先生于学问上又有了新的突破，说突破也不对，阳明先生早就突破了，在这三年里，他只是替理论界澄清了一些错误的认识。

主要是什么错误认识呢？

也就是儒家、佛家和道家这三家的联系与区别。

> 先生尝论三教同异曰：仙家说到虚，圣人岂能于虚上加一毫实。佛家说到无，圣人岂能于无上加一毫有。但仙家说虚从养生来，佛家说无从出离生死苦海来，却于本体上加却这些子意在。良知之虚，便是天之太虚；良知之无，便是太虚之无形。日月风雷，山川民物，凡有象貌形色。皆在太虚无形中发用流行，未尝为天障碍。圣人只是顺其良知之发用。天地万物皆在于我。

这段话的意思是说，阳明先生认为：道家说这世界是虚幻的，儒家是不会跟老道们抬杠的，你说虚幻就虚幻吧。佛家说这世界是无有的，儒家更不会跟和尚顶牛儿，你说无有就无有好了，随你说。但是，道家说的虚幻，是从养生的角度下的定义。而佛家说的无有，则是从生死苦海的角度下的定义。儒家不会反对道家的定义，也不会反对佛家的定义，但是儒家也有自己的定义。讨论问题的时候，如果你说儒家，就要用儒家的定义来阐述，不可以拿佛家的定义来抬杠。如果你说道家，那就要用道家的定义，也不可以拿儒家的定义来顶牛儿。

一句话，人与人之间的争执，往往不是因为理论上有什么冲突，而是因为大家使用的定义不同。单拿道家的虚幻来说，从养生的角度上来说，你外在的身体并不是主要的，最重要的是你对自己体内器官的合理性调节，就这个意义上来说，你的身体和外部世界，都只是一个幻象，并非问题的实质。

如果儒家或是佛家跑来找道家的麻烦，不是从养生的角度定义虚幻，那么大家就有得扯了，扯三千年也说不清楚，因为大家说的不是一码事。

可是好端端的，阳明先生为什么对道的虚幻、佛家的无有产生了论述的兴趣呢？

只因为人生无常，阳明先生最亲近的弟子兼妹夫——徐爱死了。

徐爱这个可怜的乖孩子，他死在阳明先生坑死涮头贼首池仲容之前。最心爱的朋友辞世了，可是阳明先生却仍是强忍悲痛，化悲痛为力量，坚持战斗在坑人第一线，真是精神可嘉啊。

说起这徐爱来，他原应该在这世界上拥有更高的知名度和更广泛的美誉度，可是他却因为迷上了大舅哥的圣学，成为了阳明先生最死心塌地的粉丝。让阳明先生传世千古的《传习录》，就是徐爱首先刻印的。简单说来，徐爱相当于阳明先生的宣传部长，有了他，世人才知道了阳明先生的圣学。而徐爱将毕生的精力用于传播大舅哥的圣学上，结果却导致了自己在历史上湮没无闻。

史书上说，徐爱早就知道自己命不久矣，因为他做了一个超凡的异梦：在梦中，他看到自己游衡山，遇到一个老和尚，老和尚拍着他的背，说：你娃干的工作，跟颜回一样。过了一会儿，老和尚又说：你娃活在世上的年岁，也和颜回一样……

颜回，是至圣先师孔子最得意的弟子，终其一生宣弘孔子的圣学，却年纪轻轻就死了。他死后，孔子捶胸大哭，曰：是老天要灭亡我的圣学吗？是老天要灭亡我的圣学吗……徐爱在阳明先生身边，做的工作和起到的作用，与颜回一样。结果这却构成了一个奇异的毒咒，最终徐爱重蹈颜回之覆辙，英年早逝。

实际上，徐爱这个所谓的梦，并不是真正的梦。太有理性的梦都是自己繁复的欲念所生成，而不是梦境本身。或者说，这个梦境实际上不过是徐爱对命运的不甘——终其一生他将服务于阳明先生的圣学，这就意味着放弃了自己的存在。他知道此后的历史将不会再有人关注他，这对于一个思想者来说，是比死亡更为可怕的事情。

然而圣学思想在蒙昧时代的推行，就是这样的痛苦而艰难。阳明先生再加上徐爱的智慧，也未必能起到多大的作用。正如事实上我们所知道的那样，历史上留下来的，是阳明先生的名字和心学的复杂迷宫，真正的圣学，再度失传了。

所以阳明先生和徐爱，他们两人必须要有一个作出牺牲。

而且这个人，只能是徐爱。

这就是徐爱的悲剧。

智慧是私有的，它必须于传承者的大脑思维中重建，这种私有特点构成了智慧承传的天然障碍。所以相比于阳明先生，有人却选择了更轻捷的路线，不是选择智慧而是选择文化，从而在历史上留下了比阳明先生更大的名气。

这个比阳明先生更有名气的人，就是唐寅，唐伯虎！

知行合一　无往不胜

朱宸濠冷冰冰地道：皇太后有密旨。

"刷"的一声，众官员一起站了起来，又一起跪在地上，然后众官你看我，我看你，每人脸上都是无尽的狐疑之色。

就听朱宸濠朗声道：昔孝宗皇帝为太监李广所误，抱养民间子。我祖宗不血食者，今十四年矣。太后有密旨，命寡人发兵讨罪，共伸大义。汝等知否？

🐾 是真名士不风流

在中国历史上，说起大名鼎鼎的唐伯虎，远比阳明先生更广为人知。

事实上，唐伯虎已经构成了现代文明的一个传奇，唐伯虎点秋香的故事早已是家喻户晓。在国人的内心深处，一个富有才华的书生，就应该过着这种无耻而淫荡的生活，一味地寻芳猎艳，挖地三尺搜捕漂亮女生，却不需要为生活搭上一根手指头的力气。

但实际上，对一个文士才子的这般浪漫想象，恰恰是智慧的背离面。

甚至也是现实生活的背离面。

现实中的唐伯虎，却是一个生活在极度郁闷气氛中的怪人。他似乎和阳明先生有着某种神秘的机缘。阳明先生年轻时曾经两次科举不第，等到了第三次进考场的时候，他和唐寅唐伯虎应该是在考场的大门前相遇。

两人见面，有说过什么吗？

应该有，但史书没有记载，所以我们也不好乱说，总之他们两人是同一个考场的同学，但临到开榜，却因为唐伯虎的考试成绩太好，被人投诉说他作弊，结果可怜的唐伯虎被拖进大牢，打了个半死，最后查无实据，却仍然被流放。而阳明先生则稀里糊涂地混了个二甲第七名。

此后阳明先生做了京官，满世界去找神仙问道。而唐伯虎回到家，被老婆好一顿暴打，挺大个老爷们儿，连自己的老婆都养不活，你还有什么脸面在外边找小女生？总之很悲惨。

被暴打出门的唐伯虎，从此流落江湖，到处求人给口饭吃。可是这世上有钱的大老板虽然多，但无缘无故拿钱给一个乱点秋香的登徒子，这就未免太缺心眼儿了，所以唐伯虎注定了四海飘零，没得饭吃。

郁闷的唐伯虎为了谋生，就开了家画廊，卖画为生。他赚到的每一两银子，都是靠了自己一笔一笔画出来的。为了表白自己捞不到外快的愤怒，他还写了首诗，曰：

> 不炼金丹不坐禅，不为商贾不耕田。
>
> 闲来写幅丹青卖，不使人间造孽钱。

这首诗的意思是说：某乃唐伯虎，腰包瘪不鼓。吃饭没有钱，菜里没有盐。秋香嫁大款，不肯让我点。我欲乘风去，找个大老板……果然有一天，唐伯虎终于时来运转，收到了一封措辞热烈的邀请信，邀请唐伯虎去白吃白喝，捎带着还可以点秋香。

居然会有人发出这种邀请信，这岂不是太缺心眼儿了吗？

但心眼儿缺到这种程度的怪事，在历史上千真万确地发生了。

发出这封邀请信的，就是当时的宁王——朱宸濠。

宁王朱宸濠？此人又是个什么来历？

金口玉牙说啥是啥

话说大明帝国开国皇帝朱元璋，天纵英武，勤于房事，每日里兢兢业业，不辞辛苦在后宫幸御美女，生下了怪儿子一大堆。其中有个老四，最能打架，还有第十七个儿子，打架时不善于进攻，但最善于防守，朱元璋将这两个儿子封到了北疆，以抵御北虏。

这个最能打的老四，就是历史上赫赫有名的燕王。而老十七，则是大明帝国第一代的老宁王。

临到了朱元璋死后，让孙子朱允炆继位，是为建文帝。但是老四燕王因为比较能打，就不承认建文帝，公然起兵，要把皇帝抢来做。但他要起兵，最担心的就是老十七宁王在后面抄自己的后路。要知道，宁王的手下是清一色投降的蒙古士兵，作战力最强。

如何才能够不让老十七抄自己后路呢？

燕王想来想去，想出一个好法子：让老十七跟自己一起去打建文帝，这样，老十七帮了自己，也是叛逆了，就没有可能抄自己后路了。

于是老四燕王飞跑了去找老十七宁王，说：十七弟啊，四哥想死你了，有酒没有拿来咱俩喝……兄弟两喝完了酒，老十七送老四出门，一出城，就被老四拿刀顶在了肋下：十七弟，跟不跟四哥一起打天下？跟我一起打，你就是四哥的好弟弟，不跟四哥打，那你就不是哥的弟弟了，只有白刀子进去，红刀子出来……

老十七宁王目瞪口呆，不得不乖乖举手投降。此后就是燕王宁王合兵，联手打建文帝，一直打到了南京，逼得建文帝放火焚烧宫室，不知所踪。

于是老四燕王登基，正式宣布解散建文帝伪政权，重整河山。正忙着，忽然想起老十七宁王还在北疆，顿时出了一身冷汗。就想：我能够从北方带兵杀过来，夺取江山，老十七凭什么不能？他也能啊，万一他哪天做宁王做得腻歪了，也学了我的模样，带一伙兵呜嗷呜嗷杀将过来，那可咋整？

为今之计，只有调开老十七。

传旨：让老十七去经略川广。

这实际上是等于将老十七流放了。因此老十七一听就急了：老四，你什么意思？别忘了你找我起兵的时候，是怎么说的。你当时说事成之后，同享富贵，平分天下。平分天下这事儿咱就不说了，我就要个富贵王爷成不成？

燕王……不不不，他现在是成祖文皇帝了，这个最好打架的文皇帝问：老十七，刚才你是怎么称呼朕的？

老十七道：我叫你老四啊……陛下，陛下，刚才是口误。

文皇帝道：老十七，称呼这么大的事儿，你怎么可以犯错误呢？这可是严重的政治错误，为了治病救人，惩前毖后，朕宣布你即日起程去川广，不得有误。

老十七道：我不要去川广，我自己拣个地儿，就去苏杭做个土财主，行不？

文皇帝道：不行，朕金口玉牙，说啥是啥，朕说让你去川广，你就得去川广。

老十七急了：陛下，别忘了你当时许诺我说平分天下，同享富贵的，难道那时候你就不金口玉牙了？

文皇帝道：你还真说对了，那时候我只是个燕王，不是皇帝，当然不金口玉牙了。现在我成为皇帝，自然也就说啥是啥了。

老十七气急败坏：你你你……做人不带这么无耻的！

老十七发怒了，出飞旗号令三军：通通出去，与本王修治驰道。

修治驰道是什么意思？

就是要修一条直抵京师的大道，届时宁王将率悍勇无比的部属，直捣京师，捉住说话不算数的老四，把他的脑袋打成个猪头。

🐚 神经不正常的家族

有关燕王宁王联手抢夺天下，民间也有一个说法，说燕王与宁王商议平分天下，军中议事的时候，就设置两张榻，燕王宁王各躺一张榻，共同指挥部队作战。等攻下了南京，宁王美滋滋地进了金銮殿，却发现殿里只有一张榻，而且燕王早就一屁股坐上了，没给他留地方。宁王气急之下，登时就疯了。

宁王疯了是真实的历史，但所谓的两张榻却应该是老百姓的淳朴想象，把宁王想象成一个傻乎乎的艺术形象，以弥补愚众智商过低的缺陷。

刚才不是说宁王正要起兵造反吗，怎么突然他又疯了呢？

正是因为宁王要起兵造反，由此而产生了过于强大的心理压力，一下子碾碎了宁王的正常思维，大脑系统崩溃，就此陷入了疯癫状态。要知道，早在燕王起兵，夺取侄子建文帝的天下之时，也是因为心理压力过大，燕王当时也疯了。燕王能疯，宁王他为什么不可以疯？

宁王就是在命令士兵修筑驰道，准备起兵直捣京师的时候，突然想起这京师不是那么容易直捣的，弄个不好，一旦失败，自己的老婆儿子就会通通被燕王宰掉。这种绝望的恐惧心理，让他眼前一黑，就什么也不知道了。

当时燕王坐在金銮殿里，闻人报说宁王疯掉，就将老十七的地盘从北方改到了南昌，仍然封号宁王。

虽然最终没有被流放到川广去，但宁王从此一病不起。他只有一个儿子，叫朱盘炷，史书上对这孩子的记载语焉不详，但他在民间却是大名鼎鼎。传说这孩子生下来时，室内弥漫着一股异香，初出娘胎他不哭反笑，开口就问他父亲：喂，哥们儿，我的丹炉在哪里？差点儿没把宁王活活吓死。

等朱盘炷这孩子略微长大了一点儿，他每天背个小药篓，拿着把小铲子，自己进山去采仙药，路上遇到苦难百姓，他就情不自禁地流出眼泪来，说：你们这些可怜的人儿啊，已经迷失了自我，陷入了永无解脱的苦境。何不与我同去入山采药，修真成仙呢？这时候老百姓就会说：小王爷啊，采药太累了，你有没有炼好的仙丹，给咱一粒吃吃？朱盘炷回答：仙药还没有炼好，要不我先给你几锭银子吧……

　　总之，这是一个善良到了匪夷所思的怪孩子。

　　可想而知，百姓对这孩子的印象非常好，所以民间称呼他为贤藩。

　　忽然有一天，这怪孩子对父亲说：爹呀，昨夜有仙人托梦于我，告诉我在后山的一个险壑之中，有着苦觅不得的仙药之引，等我去采了来，炼成仙丹，给咱家一人一粒，全家一起成仙升天。

　　当时宁王诧异地鼓起眼珠子，道：孩子，你神经一直不正常，现在更严重了。你爹我虽然脑子笨，但也知道仙丹这事儿最是扯淡。这世上真要是有什么仙丹，那秦始皇、汉武帝也就不会死，更轮不到你在这里发神经。

　　朱盘烑笑道：爹，你Out（落伍）了，秦始皇、汉武帝炼丹不成，那是因为他们技术不过关，我现在有仙人指点，准保能成。

　　说完这句话，朱盘烑就进山去了。

　　这是宁王最后一次见到自己的儿子。

🐾 天界也有阶级斗争

　　却说老宁王见儿子进了山，放心不下，就让家人在后面暗中跟随。一路行来，但见朱盘烑单拣那峰险壑深的地方走，而且他分明是对路径极为娴熟，穿过密林，越过极峰，再攀上一道上下垂直的陡壁，来到了一片颜色可怕的乱石堆中。进了乱石丛，就见朱盘烑明显是轻车熟路，向着前面一路狂奔。

　　很快，朱盘烑穿越了迷宫一样的乱石堆，来到了一个黑黝黝的洞口前。隔着数十丈之遥，跟踪的家人就嗅到了一股扑鼻的腐臭，情知不妙，急忙大喊：小王爷快回来，危险……话音未落，就见那洞口处突地探出一物，上面有两只阴冷森寒的怪眼，原来是一只巨蟒的头。

朱盘炔见到那巨蟒之头，呆了一呆，本能地掉头就往回走，可那巨蟒岂会放过送到家门口的食物？石碾子般粗细的身体灵活地一卷一碾，就听朱盘炔一声微弱的惨叫，早已被碾得稀烂。然后那巨蟒再张嘴一吸，霎时间狂风卷起，朱盘炔连皮带骨头渣儿，皆被吸入了巨蟒腹中。

见此惨景，跟踪的家人怕得要死，回去后不敢说实话，就说小王爷已经成仙飞天了。

可是宁王又不缺心眼儿，岂会相信这种谎话？当场将那家人打了个半死，家人被迫说出了实情。

得知儿子被蟒蛇吞掉，宁王痛绞于心，怒不可遏，亲率士兵上山，邀斗那条巨蟒，想杀掉它为儿子报仇。不想那巨蟒太过于凶悍，听到人声后钻出洞来，水桶般粗细的巨尾很是随意地一摆，拍击在黑色的石头上，只听"轰"的一声巨响，脑袋大小的碎石块疾如骤雨，向着士兵们飞砸而来，当场将十数名士兵活活打死。余者惊得魂不附体，逃得远远的，不敢靠近。

发现这巨蟒不易对付，宁王大怒，花重金请来猎人，在那片恐怖的乱石丛中设下竹刀阵。猎户将数百枚巨大的饭团沿一条直线摆开，地下埋着尖利的竹刀，开始时竹刀只露出地面一个尖，后面露出地面的刀刃越来越长，也越来越锋利。巨蟒于穴中闻到饭团香味，立即冲了出来，顺着那条路线疾游，一个接一个地将饭团吃掉。却不知竹刃就在腹下，先是将巨蟒的下腹部割开一条浅浅的小口，巨蟒不知疼痛，继续前游，结果刀刃越陷越深，爬行了数百米，当巨蟒感知到疼痛、察觉不妥的时候，为时已晚，这时候巨蟒的腹部已经被竹刃剖开，刚刚吃下的饭团，叽里咕噜又滚了出来。

这时候宁王一声令下，士兵们手持巨锤大斧，呐喊着冲上前去，对准巨蟒的大脑袋砰砰砰狂砍滥砸。眼见得巨蟒的粗大尾部无力地抽搐着，那脑壳顷刻间被砸得稀烂。

杀死巨蟒，士兵们将巨蟒腹中的东西全都掏了出来，里边果然有一具人骨架。

看到这骨架，宁王顿时就落泪了：儿子啊，你生下来就有灵异现象，为父还以为你真的会成仙，可怎么会死得这么惨呢？

正在悲恸之际，有士兵突然高叫了一声：王爷你看。

宁王扭头一看，就见那士兵浑身是蟒血，从巨蟒腹中钻出来，手中拿着一块颜色奇异的铜牌：王爷，巨蟒腹中，有个这样的怪东西。

宁王困惑地接过这块铜牌，拿手抹去上面的血污，仔细一看上面的怪字，却原来是一首诗：

> 一朝贬下凡，登天难上难。
>
> 痴心想炼丹，巨蟒腹中餐。

这怪诗是什么意思？

看了半晌，宁王恍然大悟：我儿子真的是天界星宿下凡，只不过……他想回去，可天上不知哪个缺大德的神仙不想让他回去，就假托仙梦，骗我儿子喂了蟒蛇。

仰望星空，宁王心下无限凄然。真是想不通，天界居然也有阶级斗争，而且比人世间更惨烈，更不择手段。

南昌奶妈战争

情况就是这么个情况，第一代老宁王疯了，第二代宁王却又惨遭天界神仙的暗算，死于巨蟒之口。所以当老宁王病倒的时候，就由他的孙子，第二代小宁王的儿子，床前侍奉汤药。

这应该是第三代小宁王，名字叫朱奠培。

但这个小宁王，煞是古怪。按理来说，第二代小宁王一门心思琢磨着炼丹成仙，未必有时间和女生双修，但既然第一代老宁王已经认定了朱奠培是他的孙子，我们这些局外人，又有什么理由说三道四？

但第三代小宁王，真有可能不是第二代的种，他和他父亲的人生价值取向，完全不同。

话说第三代小宁王进了王府，替爷爷把药汤端过来，拿手摇晃了几下老宁王：老头儿？老头儿？还有气儿没有？

耳听得小孙子这么个称呼法，老宁王眼睛一翻白，登时就气死过去了。见老头儿闭过气去，小宁王大喜：老头儿咽气了耶，这王府里的金银财宝，还有美女，都是我的啦。

他正式宣布接管这座宫殿，并命令王府里的所有女生，都到前面来登记，由他打分评比。几个美姬最先过来了：小王爷，你要住王府了，我们得先离开啊，什么时候替我们安排送行的车辆？

朱奠培很是诧异：你们为什么要离开？

那些美姬回答：我们都是你爷爷的人，嗯，和你爷爷有过肌肤之亲的，论辈分算是你奶奶，所以你要住进王府，我们就得先离开，否则会乱了套的。

朱奠培闻言大喜：啊，你们都被我爷爷使用过了。哈哈哈，我爷爷那老头儿最挑剔，不是一流的美人，这老头儿是不会使用的。今天本王也要尝尝最优质的美人的味道，别怕哦，我会很温柔的……

史载，第三代小宁王接班之后，就大肆秽乱王府，强行占有了奶奶多名，妈妈更多名。按理来说，这些乌七八糟的事，就发生在宁王府那高耸的红墙之内，外人不会知道。奈何朱奠培这厮顾前不顾后，压不住台场。后宫里无数年轻貌美的女人，为了争夺他打成一团。

打到最后，宁王府中分为奶派和妈派，奶派就是被朱奠培他爷爷使用过的美女，妈派则是被朱奠培他父亲使用过的美女，这两派女人为了争夺王府中唯一的男生朱奠培，冲突日益激烈。开始时只是争风吃醋，然后是冷言冷语相互讥讽，然后是出言辱骂，然后是动手厮打，然后是结伙厮打，然后是持棍械斗，然后是招集小丫鬟组成战队，在王府中展开攻守之战，然后是深沟壁垒，动用弓矢。王府中天天冷箭横飞，流矢不断，稍不留神就会被冷箭穿心。

内战很快发展到了高薪诚聘外援，请雇佣军的地步，先是外府的男仆分化成为了奶营和妈营，然后是南昌城中的护卫兵也分化成了奶营和妈营，战场迅速扩大，由宁王府扩大到了整座南昌城，最后连老百姓都卷了进来。战事发展到了最后，王府中是两伙女人凶猛对杀，南昌城头上是士兵们展开激烈地对砍，老百姓的家里则是飞碗掷盆，有的支持奶派，有的支持妈派，这日子真是没法过了。

南昌城沦为战场，喊杀声彻夜不息，朝廷再不管一管，就太不像话了。

猜猜朝廷是怎么管的？

朝廷的办法也绝，将宁王府的护卫兵全部撤销，让老百姓和府里的奶奶妈妈们打去吧，打死一个少一个。

战事只好持续下去，最终，朱奠培幸福地死掉，才结束了这漫长的战争。

🦋 宁王的妖异之梦

第三代小宁王死后，宁王府中的奶奶和妈妈们分批撤离，各自跟着自己派系的男人跑掉同居去了。而第四任小宁王朱觐钧，宣布接管这座王府。

第四代小宁王生于纷飞的战场上，是一位奶系派别的美姬生下的。当这孩子临产之时，门外边儿杀声震天，妈派美女们孤注一掷，不惜放火焚府，也要杀了这个小王八蛋。奶系美女急招府外卫士，而妈系美女也请了外援，双方于产房门前大砍大杀，炮矢连天。如果不是父亲朱奠培跑来干涉，这倒霉孩子就死定了。

此后，朱奠培将儿子养育在一个秘密的院落，防止妈派美女找到并杀了他。

朱觐钧自打懂事起，见到的就是光膀子袒胸脯，满脸血污拎着刀子，不住声骂娘的奶派美女，外边则是凶神恶煞一般的妈派美女，让这孩子确信自己生活在一个可怕的修罗狱之中。此后这孩子趁他父亲死掉，奶派妈派美女双双撤离战场之际，逃出了宁王府，冲进了一家妓院，请求政治避难。

一个叫冯针儿的妓女，以她博爱的胸怀，收留了这个苦命的孩子。在这个女生那香软的怀抱里，朱觐钧生平第一次感受到了安全的感觉，他甚至在香甜的睡梦中，都淌下了幸福的眼泪。

老天待他不薄啊。

可这老天说薄就薄，没过多久，王府中人就找到了妓院，要求朱觐钧回府。朱觐钧吓得号啕大哭，磕头求饶。见他胆子已经吓破，来人急忙解释，他的父亲朱奠培已经死掉了，现今府中女人裹挟了细软，跟自己的男朋友逃散一空。奶派的女人逃了，妈派的女人也逃了，连非爹非妈派的女人，也逃了。总之，所有的女人都逃得光光，现在的宁王府，已经安全了。

朱觐钧哪里肯信，只管大哭个不停，直到妓女冯针儿过来，抱着他，他这才停止哭泣，死死地和冯针儿抱在一起，任谁也甭想再把他们拆分开。然后冯针儿贴在他耳边软语温柔，劝他回王府，他则提出让冯针儿和他一道回去，否则他宁肯死。这个条件，还是难不住冯针儿的。

于是冯针儿就将自己的营业场所，搬进了宁王府。

到了这个朱觐钧，已经是第四代小宁王了。与前三代宁王比较起来，他虽然患上了严重的恐惧症，但应该算是精神状态比较正常的了。

但是这个正常的人，有一夜却做了个不正常的梦。

那一夜，朱觐钧已经上床安歇，忽然有人在他的耳边催促道：快走，快一点儿，快快快……朱觐钧惊讶地想看看是谁在催促自己，可是只觉得身体僵硬，四肢乏力，回不了头，而身后那人却不停地用力，很快把他推到了一个可怕的怪地方。

这个地方，是一片乱石冈，天上挂着一轮颜色诡异的妖月，骇人无比，四周巨石危立，形如怪兽般择人欲噬，凄冷的夜风透骨而入，让梦中的朱觐钧瑟瑟颤抖。最让他恐惧的是，就在他的前方，有一堆好像是蛇蜕下的皮一般的怪东西，夜晚光线晦暗，他看不清楚那东西到底是什么，只知道事情不对头，心里害怕得要死。

夜空中忽然一阵妖风刮过，朱觐钧眼睁睁地看着那皮样的怪东西慢慢蠕动起来，少顷，那东西人立而起，竟然是一条巨大的蟒蛇。

蟒蛇人立，又发出一种奇怪的，类似于人语却绝非人所能发出来的可怕声音：

　　一朝贬下凡，登天难上难。
　　痴心想炼丹，巨蟒腹中餐。

于噩梦之中，朱觐钧丝毫也不知道这妖蟒所发之音的意思，但是他有一种感觉，这句话对他来说恐怖到了极点，也标志着宁王这一系的最终悲惨命运。于极度的惊恐之中，他本能地转动身休，向着来路逃去。

后面妖异之声大作，那巨蟒追了上来。

🐉 基因对你说话

噩梦中，宁王朱觐钧逃回到了王府之中，那巨蟒追逐而来，发出了可怕的声音，窜入府中，将宁王府中的人一个一个地吞食下去。所有的活人都被巨蟒吞掉了，朱觐钧狂呼救命，于宫舍中到处躲藏，但是巨蟒却仍然追上了他，血盆大口张开，那尖利的牙齿噬入他的皮骨之际，朱觐钧发出了绝望的哭号，因为号声太大，结果把自己从睡梦中号醒了。

朱觐钧"嗖"的一声坐了起来，咻咻喘息着，急忙用手东摸西摸，好半晌，发现自己正睡在榻上，刚才那恐怖的一幕，不过是一个噩梦，这才喘息方定。

可是好端端的，怎么会做这么一个怪梦？

这个怪梦，预示着什么？

正在慢慢思索，耳边却仍然听见他在梦中的号叫之声，心下恍惚，摇了摇头，那哭号之声却是愈发的清晰。

正在疑惑这是怎么一回事，突然之间房门被人撞开，一个身材矮胖的接产婆出现在门口：王爷，天大的好消息，针儿夫人生了，是个大胖小子，宁王府后继有人了。

原来是冯针儿生了，而且还生了个儿子，怪不得总是听到有什么怪东西在嗷嗷哭……

突然之间，朱觐钧跳了起来，指向门外，大喊一声：掐死他！

产婆呆了一呆：王爷，你说什么？

掐死那孩子！朱觐钧指着门外，脖子上青筋暴起，声嘶力竭地狂喊道：他是个妖怪，是条蛇妖！

产婆翻了个白眼：王爷，你又在捣怪。

掐死他，快掐死那条蛇妖……朱觐钧那绝望的声音，在空旷的宁王府中回荡，却没有人拿他的话当真，只因为，这一切听起来是那么离奇。

　　但朱觐钧这个怪梦，却完全有可能是真实的，因为它符合现代自然科学法则。

　　朱觐钧在梦中见到的那条巨蟒，并非什么蟒蛇，而是自朱元璋传承下来的宁王这一系的基因。基因中核苷酸链条的扭曲盘缠，构成了他意识中的一条蛇，这一基因，自打第一代宁王起，就被残酷地排斥在皇位继承之外。但是从老宁王那一代起，这一基因就从未放弃过问鼎皇位的努力，第二代小宁王入山求仙，企图重登天位，所隐喻的正是宁王世家渴望重返皇位。而小宁王被巨蟒吞食，则象征着宁王世家正是灭亡于自己的野心之中。而那块刻着奇异文字的铭牌，则暗示着这故事另有玄机，是有人阻止了宁王世袭问鼎皇权的努力，并以此来嘲弄这家人。

　　而第二代小宁王的象征死亡，却在第四代小宁王的梦中体现出来，这将标志着，对于皇位的冲刺将在第五代小宁王身上重演，朱觐钧知道这件事，而且他知道这种努力不具丝毫成功的可能，只会让宁王这一系彻底灭绝，所以他才会拼命哭叫着，求人掐死那个孩子。

　　这个梦，是基因在说话。

　　基因说，他要做无上的帝王，和数不清的绝色女子睡觉。

　　普遍来说，所有的基因智商都有点儿靠不住，无论哪一个基因，要说的都是这件事，相当的没品。但你不能对一条纯粹的核苷酸所组成的有机分子链条，提出什么过高的要求，早在八亿年前基因出现在地球上，其意志就一成不变：找到另一个更为优秀的基因，把自己链接在它的上面，这就齐活儿了。一切基因都在努力寻找最优秀的基因，并永世传承下去。

　　从第五代起，宁王世家的智商将被迫降低到与基因相对应的原始本能的水准之下，这过低的智商水准将彻底葬送这一基因的未来。

　　而这正是朱觐钧所恐惧的事情。

🐍 父子势同水火

朱觐钧梦蛇而生的第五代小宁王，就是历史上赫赫有名的朱宸濠。

这个孩子生下来就聪明绝顶，读书一目十行，史书过目不忘，五岁时与来王府的饱学鸿儒对谈，竟驳得饱学鸿儒哑口无言。此外这孩子还有一个天分，最是善于鼓舞人民群众的斗志，他写出来的歌词，纵使是不识字没文化的脚夫挑夫听到了，也忍不住要跟着哼唱。尽管这个孩子如此聪颖，但父亲朱觐钧却认准了他是一条蛇妖，坚决不允许儿子见到他，甚至到了死时，还专门留下了遗嘱，禁止朱宸濠到他的灵前哭丧，要哭滚一边儿哭去，敢来老子的灵前哭，老子就爬出来打死你……

竟然是势同水火。

无奈何，朱宸濠只好把更多的时间，花在和母亲在一起的时候。

孩子的起点，取决于父亲。

孩子的未来，则取决于母亲。

母亲对孩子的教育与引导，对孩子的成长构成了绝对性的影响。温和宽厚、懂得教育的母亲，会引导着孩子形成健全的人格，对未来的人生充满了挑战的精神。而一个性情暴戾、不懂得教育方法的母亲，则有可能将孩子的人格扭曲，让孩子成长为一个怨天尤人、满腹怨毒的反社会者。

然则朱宸濠的生母，是个什么样的女人呢？

对了，朱宸濠的生母冯针儿，是南昌妓院的头牌，每天来找她上床的男生，在门外排成了一望无际的长队。然而妓女也是人，也有着对幸福追求的权利。更何况，冯针儿沦落为妓女，那是黑暗的旧社会对广大劳动妇女的压迫与剥削所致。我们应该对这样的女性充满同情，而不应该嘲笑她们……但不管我们怎么同情她，怎么谴责万恶的旧社会，她终究是个妓女，不可避免地会将她的人生价值灌输给小朱宸濠。

那么，冯针儿有什么人生价值观呢？

替这个女生想一想吧，她坐在锦红帐内，白玉牙床之上，看着门外的男人一个个地走进来。这些人有朝廷的高官，有身价不菲的富商，有怯生生的读书士子，有满腹才学的学究夫子。这些男人在进来之前，或是威严庄重，或是富态体面，或是清纯稚嫩，或是悲天悯人，表现得要多么严肃，就有多么严肃。可当这些人爬到她的床上，剥光自己的衣服，却立即暴露出了最为丑陋的一面。而这不能示之以人的阴暗与丑陋，才是他们的真实面目。

冯针儿每天就躺在床上，看着世上这怪异的景象，她看啊看，看啊看，看到最后，这个对比鲜明的世界，已经牢牢刻在她的脑子里，形成了她对这个世界，对整个人类社会最为精准的认知。

这世界上，都是正经人。但不正经起来，都不是人！

她看透了。

天天看到的都是最原始的男人本色，她没法不看透。

从此她失去了对这世界的一切尊重，如果你像她一样躺在床上，看着原始人模样的男人狂扑过来，你也没法子尊重他们。

然后，她把自己对这个世界的真切认知，移植到了儿子朱宸濠的脑壳里，并形成了朱宸濠那牢不可破的固有观念：

所有人都是在衣冠楚楚、冠冕堂皇之下，包裹着卑污的欲念和贪婪的索求。所有的神圣、庄严与高尚，不过是像那些心地肮脏的人身上的华衣，剥除了这些，你看到的是最卑污的内心——总之一切都是假的，只有权力是实实在在的。

如果说，基因的原始本能，是人类潜意识行为的主宰，那么，人所形成的社会价值观念，就是人类行为的主宰。

你是怎样想的，你就会怎样去做。

于是，第五代宁王朱宸濠，就做了他认为必须要做的事情。

比如说，写信给落魄的文人唐伯虎，请他来宁王府中蹭饭。

🐲 最牛拆迁条例

宁王朱宸濠的离奇人生价值观，跟邀请名士唐伯虎，又有什么联系呢？

说到这事，最纳闷的就是唐伯虎了。要知道，当唐伯虎收到这封信的时候，他正住在一片荒无人烟的废墟里，此地房破屋倒，河绕土坡，地名为桃花坞，乃宋代时有钱人家的别墅，但年代久远，早已沦为蛇鼠盘踞之地。唐伯虎写诗的灵感，就来自于夜晚钻进被窝啃他脚指头的巨型老鼠。

半夜三更被老鼠啃醒，唐伯虎悲痛欲绝，赋诗曰：

> 桃花坞里桃花庵，桃花庵下桃花仙。
>
> 桃花仙人种桃树，又摘桃花换酒钱。
>
> 酒醒只在花前坐，酒醉还来花下眠。
>
> 半醒半醉日复日，花落花开年复年。
>
> 但愿老死花酒间，不愿鞠躬车马前。
>
> 车尘马足富者趣，酒盏花枝贫者缘。
>
> 若将富贵比贫贱，一在平地一在天。
>
> 若将贫贱比车马，你得驱驰我得闲。
>
> 他人笑我太疯癫，我笑他人看不穿。
>
> 不见五陵豪杰墓，无花无酒锄作田。

正在写这首超浪漫的美丽传奇诗篇，宁王的邀请函到了。

唐伯虎见信，疾走如飞，取道南昌，直奔宁王府准备开吃。进城就见一群黑压压的人头，正围在街上的一幢木楼前。人太多，交通堵塞，唐伯虎过不去，只好先停下来，站一边儿看。

那伙人好生奇怪，有的拎着水桶，有的提着木棍，有的举着火把，有的捧着文书。就听为首的人吩咐道：你们大家要听好了，咱们这次行动，一定要讲文明，顾大局。负责放火的，要让火烧得特别旺才行。负责救火的，要等房子烧光了再泼水。负责维持秩序的，要睁大眼睛，如果着火时屋子里的人敢出来，就拿棍子狠狠地打回去……都听清楚了没有？

众人异口同声回答：听清楚了。

为首者：听清楚了就好，现在我宣布：南昌拆迁办拆迁行动，正式开始。

一声令下，持火把者最先冲出来，先将那幢房子引燃。屋子里的人发现外边有人在放火，急忙大喊大叫着往外冲。这时候外边持木棍的人冲上去，对准屋子里的人狠狠就打，一边打还一边喊：王爷利益重于泰山，不管是谁马上拆迁！我拆迁，我光荣！你对抗，你狗熊！严打刁民暴力对抗，服务宁王神清气爽……

唐伯虎听得头晕，就问旁边的人：这些人在做什么？

那人白了唐伯虎一眼：无知，这是宁王府拆迁办的工作人员，在维持秩序。

维持秩序……秩序怎么这样一个维法？唐伯虎听不懂。

路人道：是这么个情况，宁王朱宸濠，最近出台了全新的拆迁政策，他看中了哪块地，就先派人去放火烧屋。那户人家的屋子被烧了，肯定是不乐意的，要上访的，所以跟拆迁工作组同时行动的，是维持秩序工作组，工作方法就是棍棒齐下，打你个半死，然后抓到精神病医院关起来。再然后，就让这户人家在免费将地皮送给宁王爷的文书上签字，签完了字，你就可以死了……

有关宁王府拆迁办的工作条款，史书上是这样记载的：

> （宁王）又谋广其府基，故意于近处放火延烧，假意救灭，拆毁其房，然后抑价以买其地。又置庄于赵家园地方，多侵民业，民不能堪。每收租时，立塞聚众相守……

听了宁王朱宸濠的拆迁办法，唐伯虎由衷钦佩：绝，太绝了，这么个搞法，那得赚多少银子啊，怪不得宁王有钱请我来他家蹭饭……

唐伯虎兴冲冲地来到了宁王府门前，抬腿刚要往台阶上迈，不提防门里边突然冲出一人，高峨长冠，宽袍大袖，手持麈尘，前胸还绣着一个颠倒了的八卦图。这般怪模样儿险些没把唐伯虎吓坏，还没等他反应过来，那人已经用鹰爪一样的手，猛地扼住了唐伯虎的脖子，大吼道：

你看到了没有？看到了没有？

🐌 把全国的工作抓起来

事发突然，那怪人突如其来，扼住了唐伯虎的脖子，让唐伯虎惊恐不已，耳听得那人吼声连连：看到了没有？你到底有没有看到？

看到……什么？唐伯虎终于艰难地从喉中吐出几个字来。

那冲天的火光和漫卷的风尘！怪人大声道。

唐伯虎哦了一声：那是拆迁办在烧毁民居，所以火光冲天……

呸！怪人一口唾沫喷在唐伯虎的脸上：原来你是个俗人，地地道道的凡胎肉眼，你竟然说什么拆迁办，真是丢人。难道你没有看出那是王者之气吗？

王者之气？唐伯虎吓了一跳，再转身仔细瞧瞧，却只看到冲天的火光和浓烟，耳边还能听到被拆迁人家绝望的哭号之声。就摇了摇头：那明明是烟火，哪里是什么王者之气。

不然，不然，那怪人连连摇头：你仔细看好了，那王者之气，自东南出，至西北没，横贯青岚龙口穴，主此地当出天子。

听了怪人的话，唐伯虎大骇，脱口而出：什么？莫非宁王想篡位……

不不不，莫非宁王想把全国的工作抓起来吗？

那怪人不接唐伯虎的话，却笑眯眯地转过身来：请允许某自我介绍一下，某乃九华山练气士自然子，俗家名字就叫李自然，你可以叫我然哥。别以为叫我一声哥就小了你，想当年王阳明未曾悟道之时，死不开窍，几次上九华山求我传道，被我耐烦不过，一脚踢在他屁股上，你猜怎么着？王阳明悟了，哈哈哈！

这个叫李自然的术士自得其乐，唐伯虎的脑子却如雷殛一般震骇。他在想：宁王朱宸濠，他拆迁倒也罢了，现在做领导的，哪个不是缺大德地强拆民居，拼了老命在抢钱？这事咱能理解。可是宁王府中居然养着这么一个术士，口口声声说此地有天子之气，这不明摆着要造反吗？造反属于不明真相群众最喜欢搞的群体事件，会受到朝廷严厉打击的……不行，我已经被朝廷严打过一次了，那滋味，真不是人受的，我不能给宁王陪葬，这扇门我不进，我走……

唐伯虎掉转头，就要离开。

可是太迟了，就听门里边儿哈哈一声大笑：哈哈哈，小虎子啊，你既然已经来了，怎么又走呢？莫非嫌本王的门脸儿太小，放不下你吗？

唐伯虎脸色青灰，慢慢地转过身来，就见门里摇摇摆摆，走出一人。满脸欢笑，一双狡黠怪眼，正是名妓冯针儿与上一代宁王朱觐钧的爱情结晶，第五代宁王朱宸濠是也。只见他摇摇摆摆地走过来，拿巴掌重重地一拍唐伯虎的肩膀：小虎子，到门口为何不进来？

唐伯虎强笑道：我只是……我正要去找个地方换身衣服，这样来见王爷，太不礼貌了。

朱宸濠哈哈大笑，又拍了唐伯虎肩膀一下：少来了，就你这货，什么时候讲过礼貌？到本王这儿装上了。你来得正好，先跟我去见一个异人，让你大大地吃上一惊，然后咱们再饭局。

见一个异人？唐伯虎的兴趣被勾了起来：什么样的异人？

朱宸濠神秘一笑：等你见了就知道了，等见到他，你准保尖叫起来，尖叫声要是稍小一点儿，也算本王吹牛。

宁王的话，丝毫也没有夸张。事实上，还没有见到那个异人，唐伯虎就已经失声尖叫了起来：

啊……啊啊……啊啊啊……救命啊！

尼姑庵中的和尚

朱宸濠带唐伯虎出了城，一路往西，没走多久，就见前方一片桃树，片片桃花随风而来。唐伯虎心下惘然，暗道：这里才好像真是桃花坞……正想着，忽然之间眼前一亮，就见一座小小的尼姑庵，掩映于万片桃花之中，那光景美不胜收，让唐伯虎看得险些屏住呼吸。

居然来到了这么风雅的地方，这宁王也蛮有品嘛。

唐伯虎心想着，却见朱宸濠脚步丝毫也不停顿，径向那尼姑庵走了过去。当时唐伯虎心里有说不尽的诧异：难道宁王所说的那异人，竟然是个女尼不成？

事情果然是这样，一行人再往前走，忽听琴声悦耳，宁王带着唐伯虎，循声转过一个弯儿，就见前方一块青石，一个尼姑正盘膝坐在石上，背对着两人，前面则是一道曲折蜿蜒的溪流，溪水澄澈，雪白的鹅卵石之际，漂过的是朵朵粉红的桃花落瓣。听着那美妙的琴声，再看这美丽的风景，唐伯虎心里突然涌起一种冲动，想见一见这尼姑的容貌，处在如此清雅之境，那定然是美绝人寰的天界谪仙。

宁王似乎也和唐伯虎是同样的心境，竟然也停下了脚步，一动不动地站立在那里，倾听着那悦耳的琴声。好久好久，那尼姑终于止住了琴声，才听到朱宸濠轻拍了两下手掌：余音绕梁，三日而不知狗肉味，恭喜师太的琴艺，又达到了一个新的境界。

那尼姑转过身来，微风掠过，飘逸的衣袂掠起几瓣香粉色的桃花：谢王爷夸奖，愧不敢当。

唐伯虎，就是在这时候发出了那一串尖叫：……啊……啊啊……啊啊啊……

尼姑诧异地望着唐伯虎：你神经啊，嘴张这么大干什么，不怕苍蝇飞进去吗？

唐伯虎：……啊啊啊……你怎么是个男人？

尼姑怒：屁话，我有说过我不是男人的吗？

唐伯虎：……那那那你怎么穿着尼姑的衣服？不会是变态吧？

尼姑大怒：你才变态，你们全家都变态。我住在尼姑庵里，不穿尼姑的衣服，难道还要披和尚的袈裟不成？

唐伯虎：……可是你你你你不应该住在尼姑庵里，你应该住在和尚庙里……

那人勃然大怒：你缺心眼儿啊，和尚庙里的贼秃们，胳膊粗力气大，我打得过他们吗？打得过他们我至于非要住这儿吗？

到了这一步，唐伯虎终于醒过神来了：莫非你……是打跑了尼姑，抢占了尼姑庵，然后居住下来的？

那人道：然也。

宁王朱宸濠对唐伯虎说要带他来见一个异人，这话真的没有骗他。这个居住在尼姑庵里的怪男人，姓刘，名养正，乃江西吉安府安福县人氏。此人落地就会走，出生会骂人，是远近闻名的神童，诗赋词华，议论英发，少年时期的名头，更远在王阳明、唐伯虎之上。而且他也是和王阳明、唐伯虎同一天参加科举考试，那一届考试的结果，王阳明上了榜，唐伯虎进了大牢，而刘养正的遭遇却更是离奇，据说他在考场上答完了试卷，正要祈愿皇榜高中，这时候突然不知从什么地方飞出来一只怪鸟，似鹦鹉而非鹦鹉，似黄鹂而非黄鹂，看颜色花不溜秋，分明是只吉鸟，可是却长着双夜枭才有的凶眼。突然看到这只异鸟，当时刘养正呆了一呆，心里说：难道这是苍天送来的信使，报知我今科高中的？

心里正想着，就见那只异鸟于半空中滴溜溜打了个转儿，把屁股撅向刘养正的试卷，就听"吧唧"一声，一粒热气腾腾的鸟屎，眼看就要落在干净的试卷上。

靠！刘养正发出了一声绝望而悲愤的凄叫。

🐢 一粒鸟屎毁掉了前程

眼见得鸟屎落到试卷上，刘养正郁闷地大骂一声，拿手用力拂拭，想将那粒鸟屎拂开，保护自己的试卷。但是鸟屎的自由落体速度太快，让他处于极度的慌乱之下，只听"啪"的一声，他一巴掌把那粒鸟屎拍在自己的试卷上，霎时间大脑一片空白。

完了，试卷弄脏了。

那时代的科举考试，考生的试卷不要说弄上一粒黏黏糊糊的鸟屎，哪怕是字写得稍有不周正，阅卷考官都是将卷子直接丢掉，连看都不看。

实际上，刘养正交上去的试卷，就被考官直接扔掉了。这一粒鸟屎，彻底毁灭了他的前程。

可是好端端的，考场是封闭的，怎么会出现一只那么奇怪的鸟，而且还有意向他的试卷拉屎，莫非有人暗算他？

落榜之后的刘养正不肯罢休，就徘徊在考场附近，想弄清楚那只怪鸟是谁带入考场的。那是一只他生平从未见过的怪鸟，虽然不知道名字是什么，但他相信，只要再见到那只害惨了他的鸟，他就会一眼认出来。

但当他认出来那只怪鸟时，却如受雷殛，当场石化了。

完全是无意中发现的，就在考场的屋子里，他发现墙壁上挂着一幅宋代画师李迪的《雪树寒禽图》，图画上是一只形状极为怪异的鸟儿，正孤立于枯枝之上，远方的寒景，寥寥数笔，充斥着无尽的苍凉。图画中的那只鸟儿，似鹦鹉而非鹦鹉，似黄鹂而非黄鹂，看颜色花不溜秋，分明是只吉鸟，可是却长着双夜枭才有的凶眼——这鸟实际上是画师李迪臆想出来的冥界阴禽，世上根本就不曾存在。

一只世界上不曾存在过的异鸟，从宋代的古画中飞了出来，在他的试卷上拉了一粒屎，毁掉了他的前程。

这就是刘养正遇到的事情。

而刘养正的痛苦就在于，他无法向别人解释清楚这件事。名震天下的神童就这样落了榜，而他只能任由别人讥笑，连句辩解都无从说起。

太郁闷了。

于是刘养正想到了出家为僧。

只能出家了，这世上如此之古怪，再停留下去，迟早有一天他会疯掉的。

他找到了一家和尚庙，跪在门前，恳求方丈替他剃度，收下他为徒。庙里的和尚一眼就认出他是个落第的举子，就立即答应了他。刘养正感恩不尽，当日落发之后，就听从方丈的吩咐，将整座寺庙打扫得一尘不染，夜深他才在佛前上了一炷香，让自己酸痛的身体，躺在冰冷的硬榻上。

突然，黑暗中几条人影扑了上来，重重地压在他的身上，未待他发出惊叫，他的嘴巴已经被撬开，一只大核桃塞到了嘴里，然后，他的双手双足俱被反缚。极度的惊恐之中，一盏灯挪到了他的鼻子尖前，于是他看到了老方丈那张诡诈的嘴脸，听到了充满恶意的嘲弄之声：哈哈哈，嘎嘎嘎……

知道为什么答应替你剃度吗？老方丈阴笑着，把一盆炭火拿过来放在一边：因为天亮之后，你就要举火升天，替生民还愿求雨。

霎时刘养正明白了。

原来这座寺庙，为了替百姓求雨，答应焚烧一个和尚，但是显然庙里的秃头们都舍不得烧掉自己，正好刘养正送上门来，于是他们就决定烧掉刘养正凑个数儿。

🐚 桃花庵里隆中对

那一夜，是刘养正一生中最可怕的日子，躺在冰冷的地上，静等着天亮后被一把火烧掉，等待中的恐惧与绝望，他一生一世也忘不了。

和尚们都回到自己的僧舍去了，刘养正忽然想到，他虽然手足俱缚，嘴巴里又塞了核桃，但是他可以像蛇一样，慢慢地蠕动身体，将反绑在后面的手凑近火盆，烧断绳子。这个想法带给了他希望，他立即开始行动。

当他的身体已经凑近火盆的时候，却忽听外边有叩门之声，他立即竖起耳朵，耳听得老方丈急匆匆的脚步声，似乎带着一个人又返回了僧舍。刘养正顾不上多想，背着身子，将手臂伸进炭火中，强忍着皮肉被灼烧的剧痛，终于烧断了绳子，获得了自由。

逃走的时候，他小心翼翼地蹲身走过方丈的僧舍，发现门口处好像丢着件僧衣，就顺手抄了起来，翻墙出了寺庙，然后一路狂奔。直到跑得力气用尽，这才气喘吁吁地一屁股坐下，顺手将那件僧衣拿到眼前，仔细一看，顿时哭笑不得。

他手中拿着的，竟然是庵中尼姑穿的缁衣。

当时刘养正仰天长叹，怪不得老方丈大半夜还有客人，而且行踪竟是如此诡秘。谁能料得到，如此修为高深的僧人，竟然与女尼私通。看来不惟是这世道乱了套，连和尚庙里，也早就是一团糟。

对着月光，将那件缁衣举到眼前，刘养正对自己说：这是上天给我的征兆。看起来，我命运的归宿，不是僧院，而是在尼姑庵。

于是刘养正重返南昌，到了地方就在郊区四下里搜寻，果然找到了这座风景绝妙的桃花庵。然后刘养正手持一根木棍，不由分说冲入庵中，照那些满脸惊愕的女尼秃头之上，哐哐哐狂凿不已，直打得众尼姑满头血包，哇哇惨哭，不得不捂着秃头逃出了尼姑庵。

有分教：阳世不曾有此鸟，女尼庵中是男人。话说刘养正霸占了桃花庵之事，在南昌引起了极大的轰动，城中的百姓，成群结队来到这里看热闹，有个叫张诩的，他官拜南京通政司参议，听说此事后也跑来看个究竟，乍见缁衣庄严的刘养正，张诩惊愕不已，立即掉头冲入南昌城，来宁王府中找到朱宸濠，对他说：王爷，我听说你招贤纳士，求才若渴，此事是真是假？

朱宸濠诧异道：这事能假得了吗，当然是真的。

张诩道：既然你求贤是真，为何却视当世的异人而不见，任由他被一众妙龄女尼，乱石击打得秃头上全是血包呢？

饶是朱宸濠见多识广，聪明绝顶，也无法听明白张诩说的是什么意思：张先生，你在说些什么啊，本王听不懂。

再经张诩详细解释，朱宸濠才知道昔年的吉安神童，当世的异人刘养正，此时正隐居于尼姑庵中，于是他立即赶来求贤。而唐伯虎则风云际会，恰好碰上了这件异事。

当下刘养正请宁王和唐伯虎到庵里用茶，他换了件新缁衣，手执一柄鹅毛扇再出来，朗声说道：王爷，咱们聊点儿国际风云吧，国际形势是这个样子的，现今生灵涂炭，王府疲弊，此诚危急存亡之秋也。嗯，白先帝朱元璋创业以来，天下分崩，历经了文皇帝朱棣、仁宗朱高炽、宣宗朱瞻基、英宗朱祁镇、宪宗朱见深、孝宗朱祐樘，直到现今的天子朱厚照，已经整整过了八代了。倘若再把被文皇帝朱棣搞死的建文帝，被英宗祁镇捏死的景泰帝也算在内，那就是十代了，究竟是八代还是十代，这是个问题，但这个问题并不重要，重要的是：现今天子朱厚照，他究竟是谁？

猛地一个转身，刘养正继续说道：现今天子朱厚照，虽然他声称自己是先皇孝宗与皇太后张氏所生，但据医学界人士透露，张氏入嫁先皇时，头上蒙着红盖头，没看到脚下高高的门槛儿，吧唧摔了个大马趴，当场摔得不能生育。朱厚照真正的来历，是一名民工与一个京城的拾荒女所生。那名拾荒女姓周，每天去皇宫后门捡垃圾卖钱，有一天她正把头伸进一个垃圾桶里，去掏一只易拉罐，那名民工突然从后面扑过来，掐住拾荒女的脖子，让她的头无法从垃圾桶里拔出来，然后撩起她的裙子，把她给强暴了。强暴后十个月，拾荒女生下了一个怪孩子，就又丢进了那只垃圾桶里，结果被一名老太监捡走，抱进了宫里，送给了当时的皇后张氏，于是皇后就假称这是她和先皇生下的儿子，先皇孝宗驾崩之后，这名民工和拾荒女之子，就是现今的天子朱厚照了。

听完了刘养正的话，宁王朱宸濠怒视他：此事，你可有证据？

刘养正失笑：王爷，此事已经轰动得天下皆知。就在不久之前，那名民工和拾荒女双双进京认子，并于皇宫后门的那只垃圾桶前模拟了当时强暴的场景，朱厚照绕桶三匝，无枝可依，抱着拾荒女号啕大哭，并把那民工打了个半死……

宁王朱宸濠插进来问：为何要把民工打个半死？

刘养正：因为他强暴他妈啊。

朱宸濠：是这样……

所以！刘养正长身而起，朗声道：朱厚照本是民工与拾荒女之子，却假冒朱姓，窃据皇位，天下人敢怒而不敢言，若陛下能以祖宗基业与天下苍生为念，兴起义师，提兵直捣北京，则天下定矣。

难得有个正常人

耳听着宁王朱宸濠和异士刘养正两人商议起兵造反之事，唐伯虎吓得心脏突突狂跳，只想掉头狂奔，逃离这个危险的地方，可现在跑太危险了，只能再等机会。

等刘养正说完之后，朱宸濠道：若先生不弃，想请先生移步府中，以便能够日夜亲聆教诲。

刘养正淡淡地道：山野闲人，不奈拘束，还是算了吧。

宁王真诚地道：先生，小王固请。

固请……刘养正唉声叹气：王爷不以臣鄙陋，枉驾三屈……那就过去坐坐吧。

于是朱宸濠带了刘养正、唐伯虎回来，一进门，就听见一片喊杀声，眼见得一伙彪形大汉，皆黑巾裹头，黑衫敞胸，露出胸前黑糊糊一片长毛，向着三人冲杀过来，当时唐伯虎就惊呆了，看这些人打扮，都是标准的山贼模样……山贼们冲到宁王面前，突然停住，俯身拜倒：江湖草莽胡十三、凌十一、闵廿四见过王爷。

来来来，就见宁王眉开眼笑：小虎子，我来替你引荐几个名震天下的江湖豪士，这几位胡十三、凌十一、闵廿四，以前都在赣西横水、桶冈，结寨筑巢，据山称王，如果不是他们收到本王的邀请信函离开了横水，到了南昌，那王阳明铁定就惨了。

大盗胡十三、凌十一、闵廿四齐声道：王阳明，小菜一碟，碾死他，不比碾死一只蚂蚁更难。

朱宸濠欣慰地道：三位壮士好生训练，异日的斩首行动，就由你们这支特种部队来完成。取路北京，奔袭皇宫，捉拿民工和拾荒女的儿子朱厚照，你们有没有能力完成？

三名贼首齐声道：朱厚照，小菜一碟，捏死他，不比捏死一只臭虫更难。

三名贼首退下后，就见朱宸濠露出神秘的笑容，对唐伯虎说：小虎子，我考你一个问题，昔正德三年，权奸刘瑾大搞审计大检查，推行奖惩考核办法，引入末位淘汰制，激起了百官之愤，天怒人怨。然而却都是敢怒而不敢言，当此时也，有一人越众而出，上书直斥刘瑾之荒谬，结果被刘瑾按倒在午门之前，扒下了裤子打屁股，此人是谁？

唐伯虎大骇：莫非……

朱宸濠放声大笑：然也，此人便是某之子房，吾之姜尚也。

唐伯虎听得心惊胆战，不由大叫：难道王阳明也跟你一起造反了不成？

朱宸濠诧异地看了看唐伯虎：小虎子，你乱讲什么？谁说王阳明了？谁说了？

唐伯虎道：可你刚才明明说，他因为反对刘瑾，被刘瑾在午门之前扒了裤子打屁股，那不是王阳明，还能是谁？

朱宸濠气笑：拜托，小虎子，被刘瑾扒了裤子打屁股的朝官，足有好几百位啊！

唐伯虎气结：好几百位你让我猜，那我哪能猜得出来？

朱宸濠：猜不出来就对了，你们看，某之子房来也！

唐伯虎定睛一看，前面果然来了一人，老迈年纪，衰朽残躯，拄了根龙头拐杖，患有严重的关节炎症，每走一段还要哮喘上小半个时辰。走到众人面前，这老头微微躬身：诸位，李士实衰朽残年，不能见礼，尚请见谅。

听了这老人的名字，唐伯虎着实吓了一跳。

李士实，字若虚，南昌府丰城人氏，进士及第。他是朝中有名的重臣，官至右都御史，正德八年告老还乡。此人不光是精通翰墨，更是地地道道的才智之士。如果说，今天唐伯虎所见到的这些人，若有一个还算是正常的话，那就是他了。

一个正常人就够了。

因为这世界，太不正常了。

唐伯虎的心中，此时是愈发惊恐。

🐛 你们肯定有一腿

让下人送唐伯虎到客房休息，宁王自己去了内府更衣。屋子里没人的时候，唐伯虎急得在房间里团团乱转：唉，居然被卷入宁王谋反的事件中来了，这可怎么是好？虽然他从未研究过什么理学，但也知道造反这种事，成功的概率非常低，就算成功了，自己也捞不到什么油水，可失败了的话，自己又要倒大霉了。

怎么办呢？唐伯虎急得几欲哭了出来。用什么办法才能够逃走呢？这宁王府，到处都是从横水、桶冈跑来的山贼，如果自己真的要逃的话，怕是逃不出多远，就会被这些贼人逮回来，到时候自己的下场会更惨。

怎么办？怎么办？

正无计可施，突然房门被人一脚踹开，朱宸濠怒气冲冲，站在门口，用两只不怀好意的怪眼，上上下下打量着他。

唐伯虎吓得呆了，莫非，宁王已经看破了我要逃走的心事？心里恐惧，嘴上问道：王爷，你干吗这么看着我？

宁王走过来，拿手拍了拍唐伯虎的脸颊：哼，瞧不出来啊你，小虎子，你可真是风流成性，居然跟我老婆还有一腿。

这句话险些没把个唐伯虎吓死：王爷，这话你可别乱说，我怎么敢跟你老婆有一腿？我连你老婆是谁都不知道。

真的没有？朱宸濠凑近过来，紧盯着唐伯虎的眼睛，好像要看清楚他说的是否是真话：你不要骗我。

确实没有！唐伯虎急得跺脚：王爷，你老婆到底是哪个啊？

宁王突然压低了声音：嗯，那你悄悄告诉我，我老婆，嗯，她跟王阳明，嗯，他们两人以前是不是好过？

王阳明？唐伯虎更是一头雾水：这里边儿怎么又扯上了王阳明？再看宁王朱宸濠，竟然也是满脸的极度困惑：他们应该有一腿啊，不可能没有的，师兄师妹嘛，两小无猜的，怎么可能没有？

突然之间，唐伯虎大叫一声：王爷，我知道你老婆是哪个啦，她就是……

住嘴！朱宸濠冷冷地道：马上换件干净点儿的衣服，到内府来吃饭，本王的爱妃亲自作陪。小虎子，你可给我小心着点儿，你们以前的事儿我就不追究了，但你在我的王府中，倘若还敢旧情复燃，鸳梦重温，信不信本王扒了你的皮？

王爷你这……说不清楚了，唐伯虎无奈地一跺脚，随便换了件衣服，跟在宁王身后来到了内府。内府是女眷们居住的地方，外边的宾客是不允许进入的。唐伯虎以风流才子之名，居然被王妃请了进来，可想宁王的心情是多么恶劣。

进了一间宽敞的雅室，房间里点缀着几株桃枝，宁王和唐伯虎相对坐在两张几案前，在他们的正前方，还有一张简单的小桌子，一个软绵绵的锦墩儿，一道白色的纱帐垂下，能够闻到清淡的女孩子体香，却看不到人。

唐伯虎心神不安地看了看宁王，被对方那双喷火的眼睛吓到，急忙转过脸去。

突然之间叮铮一声，有人在弹琴。

然后美妙动听的歌声，缓缓传来：

争什么名和利，问什么咱共伊，一霎时转眼故人稀。

渐渐的朱颜易改，看看的白发来催，提起时好伤悲，

赤紧的可堪，当不住白驹过隙。

随着歌声，一个曼妙的身姿翩舞而出，唐伯虎在心里叹息一声，垂下了头。

娄妃，她终于出现了。

🐍 该发疯时就发疯

歌舞过罢，那女孩子停了下来，身姿玉立，弱不禁风，任谁也看不出她已经是三个孩子的母亲了。

她便是大明时代最具才情的女子，工诗文，美而慧。她的父亲是当时最有学问的理学家娄谅，娄谅此人学问之精深，连上洗手间，屁股后面都跟着一堆星星替他照明，所谓"独起占星夜不眠"是也。

王阳明曾三赴上饶，谒娄谅以问道。所以朱宸濠说王阳明与娄妃是师兄师妹关系，也不为错。

只不过，娄谅学究天人，却把自己的女儿嫁给了朱宸濠，这大概是他这一生所犯的唯一错误。

也是最大的错误。

唐伯虎在一边呆呆地看着，仍然不明白娄妃为什么冒着惹火朱宸濠的风险，假称师兄请他来内府，只好以不变应万变，耐心地倾听着。

娄妃说话了：王爷，你好像不大开心。

朱宸濠：我？不开心？开玩笑，我有什么不开心的，非常开心。

娄妃：王爷，昨天夜里，你网罗的横水、桶冈山贼，钻进了内府中

来，如果不是那贼失足踩到了丫鬟的尿罐，摔了一个大马趴，否则的话，王爷你知道会出现多么可怕的事。

朱宸濠失笑道：爱妃别怕，那是斩首行动小组在搞夜间训练，走错了路。

娄妃道：王爷，你招集山贼，要斩谁的首级呢？

朱宸濠道：爱妃，国家大事，你们女人家头发长、见识短，就不要参与了。

娄妃道：王爷，我已经听到风言风语了，你分明是听说京城有个民工和一个拾荒女，因为生活困顿陷入了精神分裂状态之中，又听说天子朱厚照并非皇太后亲生，就想入非非，硬说自己是天子的父母，一心想攀龙附凤。所以你就起了异心。可是王爷，你本智识之辈，岂可依据这种毫无凭据的妖言而行事？倘若事败，你叫我们母子四人何以自处……

宁王突然站了起来：本王尿急，要去WC（卫生间），你们俩先聊着，爱妃你在自己家里，可不许跟这个家伙胡来啊，拜托，真的不可以哦……

宁王逃席了，唐伯虎正尴尬之际，娄妃突然向他拜倒：六如先生，小女子不敢相托，烦请先生救救我们全家。

直到这一步，唐伯虎才知道娄妃为什么请他赴席，这可怜的女才子，眼看着丈夫倒行逆施，灭门之祸就在眼前，竟然将希望寄托到了他唐伯虎身上，可唐伯虎还不知道去找谁呢。

绝望之下，唐伯虎颓然坐倒：夫人，此时我命犹悬一线，尚不知何以自处。

娄妃诧异地看了看他，压低了声音：六如居士，日前阳明先生暗遣弟子冀元亨来到，想带我偷离王府，逃脱大难，可是我还有三个儿子，大哥、三哥和四哥，世上岂有母亲弃子而逃的事情？所以，想请居士设计，先带我的三个孩子离开……

唐伯虎摇头：这里宛如铜墙铁壁一般，成群的山贼眼睛一眨不眨地盯着，怎么离开啊？

娄妃呆呆地望着他，慢慢站起身来：唐伯虎才名天下，却原来……不过是一个绣花枕头……语气中充满了不屑，掉头转回了纱帐后面。

唐伯虎不忿，冲纱帐后面喊道：你有本事，给我走一个看看。

娄妃转过身来，用怜悯的眼光看着他：居士若是想单独离开，太简单了——

只要你发疯。

她的人，连同她的声音，已经消失了。

🦋 秋香点唐伯虎

正想回骂一句：你才发疯，你们宁王府全都是疯子……唐伯虎猛然悟及，对头，娄妃果然是一个聪明绝顶的女生，她指出来的，是唐伯虎目前唯一的生路。

宁王朱宸濠之所以把他请来，只是因为他有才名，想借他的名气，替自己的造反赢得道义资源。可如果他唐伯虎疯了，那他对宁王来说，就丝毫价值也没有了，不信宁王会扛着他这个疯子，杀奔北京城。

没错，我就是要疯掉！

在这一刻，唐伯虎卜定了决心。

疯了的人是什么样子的？

别人疯掉是什么样子的，我不管，反正我得做出那种，一看就是疯子才会做的事来！

刷刷刷！唐伯虎以最迅捷的手法，已经将自己的身上衣服脱光：哈哈哈，美人，吾来也……他裸着身子，冲入了纱幕后面，打算先逮到美绝人寰的娄妃，抱一个轻香软玉在怀。冲过去后才发现后面还有一扇小门，娄妃是从那扇门进来的，已经离开了。离开了也没办法，唐伯虎嘎嘎怪笑着，冲出门去，门外是一条鹅卵石铺成的碎石子路，硌得唐伯虎双脚好疼，疼也得忍着，谁叫你疯了呢？

碎石子路的尽头，是几株老树，树后面有一个石龛，龛中装着一只小妖怪石像，龛前的香炉中几炷香正自袅袅燃烧，一个傻大黑粗的使唤丫鬟，正对着石妖磕头膜拜：妖怪啊妖怪，大家都管我秋香叫男人婆，长得丑脾气坏，求求你赐给我一个帅哥哥吧，也好让我出一口被人瞧不起的恶气……正说着，就听"哗啦"一声，赤身裸体的唐伯虎，已经自天而降，落到了她的面前。丑丫鬟不胜惊喜：哇噻，好灵验耶，帅哥哥我爱你……拦腰把唐伯虎抱住了。

唐伯虎呆了一呆，正不知如何是好，突见那丑丫鬟蒜头酒糟鼻，吊眉大小眼儿，龅牙豁兔唇，皮粗肉又糙。当时唐伯虎就怒了，心说这叫什么事呢，我好不容易疯一把，却碰上这么个丑女生……盛怒之下，揪住丑丫鬟的大鼻头，"砰"的一拳，重击在丫鬟的脸上。

那丫鬟勃然大怒：你敢打我！反手一个耳光，这丫鬟的手好似熊掌般厚重有力，打得唐伯虎眼冒金星，"扑通"一屁股就坐在了荆棘丛里，尖利的荆棘扎入肉中，唐伯虎痛得本能欲呼，忽见宁王朱宸濠正发足疾奔，向这边冲来，只好强忍剧痛，发出了一声凄恻的怪笑：嘎嘎嘎……丑丫鬟趁机按住他的脑袋，抡起铁钵一样的巨拳，没头没脑只管狠打：小样儿的，敢不听我话，打死你个王八蛋，以后还敢不敢了……

朱宸濠终于赶到了：秋香，你住手！

粗使丫鬟呆了一呆，突然往地上一坐，抹着眼睛大哭起来：王爷，王爷，可怜我冰清玉洁的良家女子，今天被这个坏蛋强暴了，王爷你要与我做主啊，把我嫁给他，否则我就只有死路一条了……

朱宸濠沉下脸来：秋香你就死了这条心吧，这是六如居士唐伯虎，你敢嫁给他，不怕他把你的内衣卖掉换酒喝啊？

粗使丫鬟呆了一呆：哼，原来是个穷鬼。掉头就走。

唐伯虎呱呱怪笑着，跳起来，在后面拦腰抱住粗使丫鬟，看得宁王连连摇头：这个小虎子，口味儿真是太重了，你既然这么喜欢秋香，那就送给你了。

秋香急了：王爷，不要，我不要跟一个疯子！

疯子？宁王吃了一惊，旋即笑道：秋香你误会了，唐伯虎名士风流，就是这个风格，他见多了美女，对美女没有感觉，只是见不得丑女，见了丑女人就脱了衣服往上冲……他这是习惯动作，你要理解才是。

秋香揪住唐伯虎的头发，把那张满脸白痴的怪笑给朱宸濠看：王爷，你仔细瞧个清楚，这人真的是一个疯子！

🐉 装疯的代价

唐伯虎两臂抻开，双手被绳子牢牢捆在两根柱子上，仍然是光着身子，圆瞪着怪眼，假装自己疯到了不能再疯。

在他的面前，站着宁王朱宸濠、谋士李士实、异人刘养正、山贼胡十三、凌十一、闵廿四以及术士李自然等人。

所有的人全都到齐了，都用无限诧异的眼神，看着假装疯子的唐伯虎。

缁衣刘养正最先开口：王爷，这人去我的桃花庵时，还是好端端的，怎么这么会儿工夫，就突然疯掉了呢？

宁王叹息一声：唉，这事都要怪本王，本王就不该听爱妃之言，非要请唐伯虎进内府，要知道本王的爱妃实乃国色天香，名花销魂，更兼蕙质兰心，玲珑情肠，比花解语，比玉生香。唐伯虎乍见本王爱妃，勾起他对不幸婚姻往事的记忆，受此刺激，就突然疯掉了。

老谋士李士实"扑哧"一声笑了起来：王爷说得真逗乐，不过这个人，他是装疯。

宁王呆了一呆：何以见得他是装疯？

李士实道：疯了之人，心散而神乱，两眼瞳孔不能聚焦。而此人眼神闪烁，分明是心里明镜似的，他就是想装疯逃走，不参加咱们的起义行动。

有这事儿？朱宸濠走到唐伯虎面前，仔细盯着他的眼睛看。唐伯虎心里大骂李士实是个老狐狸，同时尽量让自己的双目瞳孔散射开来，这次努力导致他以后成了个对眼儿。

宁王盯着唐伯虎的眼睛看了好半晌：嗯，好奇怪，他的双目瞳孔好像聚焦了，又好像没有，那么到底有没有呢？

山贼胡十三笑道：王爷，不用这么麻烦的，疯了的人不会感觉到疼痛，只要拿锥子来，慢慢地往他身体里扎，如果他真的不疼，那就表示他真的疯掉了。

真的吗？那咱们试试……宁王真的拿来了锥子，抱牢了唐伯虎的一条腿，开始在大腿上慢慢地钻洞。这时候唐伯虎直盼着自己真的疯掉，不得不吼破喉咙，用狂笑声将自己的惨号掩住。

宁王在唐伯虎的大腿根上连打了几个洞，瞧瞧唐伯虎的脸：这人到底疯还是没疯呢？伤脑筋啊。

缇衣刘养正在一边笑道：王爷，疯掉的人，神经没有知觉，只要抓起他的脚板，轻挠他的脚心，看他痒不痒就知道了。

有这事儿？宁王语气中带有几分怀疑，抓起唐伯虎的一只脚，替他挠起脚心来，一边挠还一边观察唐伯虎的反应。脚心是人身体上超级敏感的部位，被轻挠的时候都会让人惨笑起来。可是唐伯虎不能笑，他拼了命发出一阵怪异的尖号，以表示自己的脚心没有感觉。

挠了半天脚心，宁王站起来，突然喝道：唐伯虎，你甭跟老子装了，老子知你是装疯，才故意这样折磨你的。实话告诉你，唐伯虎，你是真疯还是假疯，本王并不关心，本王关心的是用什么手段慢慢弄死你。

唐伯虎正要问一句：你为何要弄死我？我们有仇吗……话已经到了嘴边，突然醒悟，急忙发出一阵凄厉的怪笑声。

朱宸濠似乎放弃了，满脸郁闷地走到门前，突然扭头大喝：唐伯虎，吾知之矣，你是刚才趁我去洗手间的工夫，和娄妃搞上了，只因为本王回来得快，你衣服来不及穿，为了遮掩此事，索性装疯，本王所断没错吧？

唐伯虎仍然发出嘎嘎嘎的怪笑声，假装听不到。

只听朱宸濠厉声道：来人，与我先杀了娄妃，这种淫荡女人，还留着干什么？

唐伯虎失惊之下，终于脱口而出：别杀她，我承认我是装疯……

可是唐伯虎的急叫声，却被一声刺耳的尖叫所淹没：王爷不好了，朝廷派了驸马都尉来宣旨！

就听"哗啦"一声，屋子里的人全都冲了出去，硬是没人听到唐伯虎这声正常的回答。

🐍 阴错阳差大起兵

话说那宁王朱宸濠，他为了起事作准备，遂勾结宫中太监臧贤，并在臧贤家修了个夹壁墙，派了个叫林华的人，天天蹲在夹壁墙里。每当明武宗偷偷溜到臧贤家游玩时，林华就在夹壁墙中偷听。忽一日他听到明武宗要派驸马都尉，赴宁王府宣旨，当下林华丝毫也不犹豫，冲出夹壁墙，逃出京师，马不停蹄地回来报信。

驸马都尉来宣旨，何以让林华紧张成这个模样？又何以让全屋子的人立即冲出去，以至于没人发现唐伯虎其实不疯呢？

　　这是因为，大明时代有个惯例，如果皇帝要打掉哪家皇亲，就先让驸马都尉传旨，将这家皇亲男人通通抓走杀掉，王府中的漂亮女生，就收归皇帝本人所有。这个惯例因袭日久，但实际上并没有明确的法律条文规定。

　　史书上记载说，明武宗之所以派驸马都尉来，是因为宁王暗遣山贼胡十三、凌十一、闵廿四四处劫掠，抢钱准备军事行动。结果胡十三被江西巡抚孙燧抓入大牢，宁王这边又派了凌十一、闵廿四去劫狱，把胡十三又抢了回来。孙燧怒不可遏，就上奏宁王要谋反，宁王一边派人截杀孙燧的信使，一边派人上奏说孙燧欺负他，明武宗看了奏章之后，就让驸马都尉来调节双方的关系，并非来抓宁王的。

　　派驸马都尉来宣旨，明武宗压根儿就没多想，可是因为先派驸马都尉而后抓捕已成惯例，所以宁王府中之人，听到这个消息无不是震惊至极。

　　所有的人都确信：明武宗那王八蛋已经知道这边要造反，所以他先下手了。

　　总之是阴错阳差，搞得宁王终于下了决心，即刻起兵。

　　于是宁王等人立即决定：尔等马上回房写请帖，就说本王今天过生日，让所有的官员，管什么孙燧王阳明，还有那什么按察副使许逵，大大小小只要是个官，通通召到王府中来，由胡十三、凌十一、闵廿四三人负责警戒，今天这道门，所有人都是来得去不得！

　　李士实道：王爷，眼下最重要的事情，是先将王妃安置妥当。

　　对对对，宁王急忙吩咐：你们马上去准备船只，我进去先让爱妃离开。说完他匆匆进了内府，行不及远，就听到琴声叮咚，原来是娄妃正在弹唱，朱宸濠不由得止住脚步，侧耳倾听那琴音歌声：

　　　　香雾蒙蒙罩碧窗，青灯的的灿银缸。
　　　　内人何处教吹管，惊起庭前鹤一双。

宁王听得入迷，情不自禁叫了一声好。娄妃停下弹奏，用一双美目，一眨不眨地看着宁王，看得他心里不住地发毛，急忙后退两步：爱妃，又怎么了，我很乖的啊，真的……原来这娄妃，不光是美貌无双，才情过人，更兼心思灵慧，懂得闺房中的许多小乐趣，迷得宁王颠三倒四，慢慢就形成了对娄妃的惧怕心理，所以在私室之中，才会这样说话。

娄妃问：王爷，你听得懂我唱的是什么吗？

朱宸濠急忙点头：听得懂，听得懂，是让我们珍惜时光岁月，好生过安稳小日子，千万别瞎折腾……

娄妃一躬到底：既然王爷听明白了，也不枉我一番苦情……朱宸濠急忙把她搀起来：爱妃请起，请起，快点儿叫上大哥、三哥、四哥，带足了衣服上船吧。

娄妃大骇：王爷，你想让我去哪里？

朱宸濠急忙道：爱妃不要多心，是皇后娘娘有旨，让各亲王前往南京祭祖，你带孩子们先走，我很快就赶上来。

娄妃怀疑：真的假的，王爷你千万不要骗我……

朱宸濠急了：爱妃，我怎么舍得骗你呢？骗你我是小狗，汪汪汪……

饶是娄妃心思灵慧，也想不到朱宸濠说话的工夫已经学了两声狗叫，表示自己是真的骗她，还以为丈夫是在说笑，就半信半疑，带着孩子上船了。

🐢 皇帝抱错了孩子

送走娄妃和三个孩子，朱宸濠匆匆回到王府，就见院里人声鼎沸，数不清的官员，都身穿官服，等着他回来贺寿。朱宸濠低声问迎上前来的刘养正：人都到齐了吗？

刘养正摇头：就差一个王阳明。

王阳明？朱宸濠惊诧：怎么偏偏差了他？他为什么不来？

刘养正道：他派了人送信来，说是正在前来贺寿的路上，可是他的官印忘了带，又派人回去取官印了。现在他正在丰城停下等印，取回来官印，马上就来。

开玩笑！朱宸濠急了：谁等得及他？今天这个宴会，少了谁都没关系，独独就是不能少了他王阳明……那什么，胡十三、凌十一、闵廿四你们三个马上各率一千人，分水路陆路，三路并进，务必要将王阳明与我带回来。

胡十三、凌十一、闵廿四三人道：王爷，水陆只有两路，我们是三人，怎么走法才妥当呢？

你们看着办吧！朱宸濠匆匆丢下一句，向厅堂走去。到了主座上坐好，就见众官员浩浩荡荡进来，分两排坐下，齐声道：恭贺王爷寿辰禧诞，下官这里有礼了。

嗯，朱宸濠冷冰冰地道：皇太后有密旨。

"刷"的一声，众官员一起站了起来，又一起跪在地上，然后众官你看我，我看你，每人脸上都是无尽的狐疑之色。

就听朱宸濠朗声道：昔孝宗皇帝为太监李广所误，抱养民间子。我祖宗不血食者，今十四年矣。太后有密旨，命寡人发兵讨罪，共伸大义。汝等知否？

众官员惊得面无血色，都拿眼睛看着巡抚孙燧，他是这里最大的官，他不说话，没人敢吭声表态。就听孙燧笑道：既然有皇太后密旨，就拿出来给大家看看吧。

朱宸濠怒极：姓孙的，你三番五次坏寡人的大事，寡人不与你计较，今日寡人就问你一句话，寡人即日移驾南京，你想不想护驾？

孙燧道：护个屁！

朱宸濠大怒：与寡人杀了这个大逆不道的东西！

士兵冲上来，按察副使许逵挺身而出，大喝道：孙都御史，乃钦差大臣，我看你们谁敢动手！

朱宸濠大吼：杀！杀！与寡人将这两个叛逆推出去砍了！

孙燧、许逵双双被推下，顷刻间两颗血淋淋的头颅呈上，骇得众官跌坐于地，浑身颤抖，面无人色。只听朱宸濠沉喝一声：顺我则生，逆我则死！众官扑通通全都吓得跪倒了。

朱宸濠挺立当场，正欲仰天长笑，这时候门口突然响起一阵瘆人的嘎嘎声，就见一人，一丝不挂，赤身裸体，跳进屋里来，伸开双臂，向着朱宸濠疾扑过来：嘎嘎嘎，美人，不要跑……正是风流才子唐伯虎是也。

有分教：名花含羞宁王府，杀伐声起擂战鼓。千古风流唐学士，无端来此受羞辱。却说宁王见唐伯虎扑过来，顿时发出一声尖叫：快快快，快把这个疯子轰出门外，这厮口味儿太重，寡人真的吃不消……

唐伯虎终被赶出了宁王府。

千载圣学成绝唱

思想与智慧，无法复制也无法承传，那是因为智慧思想是完全个人化的思维运作，是单独一个人不停地采用探究式的思维模式，对自己的大脑的个性化开发。这种开发的过程就是智慧思想的本身，而智者所能够表达的，往往是智慧与思想的最终结果，但这个结果既不是思想也不是智慧，最多不过是思想与智慧的行进方向而已。

所以阳明先生说：致良知。

🐉 人心是天渊

　　出了铁桶一样的宁王府，唐伯虎欣喜若狂。可是害怕宁王继续派人在后面跟踪他，他仍然不敢恢复常态，继续扮作一个疯子，在街上见男人就追，见女人就扑，就这样一步步向城门靠近，终于在天黑时分，出了南昌城。

　　夜风的山路上，唐伯虎发出怕人的怪笑声，一蹦一跳往前走着，双脚早已被地面上的石子磨得鲜血淋漓，可是他不敢表露出稍微的疼痛感，只能强咬牙关，装出浑然不觉的疯子样，乐颠儿颠儿地往前蹦。

　　次日，他又蹦了一个白天，眼看太阳落下，他蹦到了丰城，看到了江水正汩汩滔滔，一艘官船停泊在岸边。岸上的一株老树下，坐着密密麻麻的一堆人，都是年轻的书生士子，正在听一个长胡子的官服老人讲课。

　　只听那长胡子老头讲道：……所谓心者，非今一团血肉之具也，乃指其至灵至明、能作能知者也。此之谓良知也……如果你们的心陷于晦暗之中，精神不能集中，所谓心志恍惚，就会白昼见鬼，明明是通衢大道、光天化日，你们却看到阴鬼昼行、裸其躯体、血污满身，那么你们就离心太远了，离良知太远了，已经到了精神病发作的程度了……咦，你们……你们有没有看到一个裸着身体，血污满面的……东西，站在我面前？

　　众学生一起摇头：报告老师，我们没有看到。

　　长胡子老头舒了一口气，道：幸好，我也没看到……

　　这时候唐伯虎突然大叫起来：王阳明，你看到的是真的，我就是赤身裸体、血污满面站在你面前，而且，我是唐伯虎。

那正在讲课的老夫子，就是阳明先生了。听到唐伯虎大叫，先生失笑道：或许是赣西剿匪造了太多的杀孽的缘故，今日我非但神志恍惚，还分明听到了那阴鬼的嘶鸣……唉，大家跟我一起念课文，驱除心里的杂尘：道无形体，万象皆是形体；逆无显晦，人所见有显晦。以形体言天地，一物也；以显晦言人心，其机也。所谓心即理者，以其……

唐伯虎大叫一声：宁王反了，杀了巡抚孙燧和按察副使许逵，还派了山贼前来抓你……

阳明先生笑道：人心是天渊，原只是个天。心之理穷尽，原也是个渊……说话间他缓缓地站起来，突然疾如闪电，已经冲到了河边的船上：船家，立即开船。

舟子正坐在船边聊闲天，听到阳明先生的话，就说道：来时顺风顺水，现在如果往回走，逆水又逆风，走也不能现在走，等明天吧。

这时候唐伯虎紧追在阳明先生身后，扒着船舷大叫道：必须马上走，宁王反了，抓王阳明的兵马，一时三刻就会到这里。

舟子闻言变色，道：我们可得罪不起王爷，这船咱们不能走，走了只怕王爷……刷，啪啦啦。后面的动静，是舟子突见阳明先生拔剑，剑光疾闪，就忽觉自己的脑袋两侧一片温热，两个什么东西掉在了甲板之上。

舟子低头定睛一看，却是两只人耳朵。

好奇怪呀，船上怎么突然多出来两只人耳朵？

舟子心中纳闷，拿手一摸自己的耳朵，却摸了一个空，霎时间舟子发出了惨叫声，才知道自己的耳朵，已经被阳明先生割掉了。

立即开船！阳明先生喝令道：立即开船，你最多丢两只耳朵，敢不开船的话，再丢掉的就是你的老命了！

妻子如衣服

阳明先生牛刀小试，切割舟子耳朵，是他的学生黄绾在《阳明先生行状》中的记述。后世有史家认为，阳明先生割掉舟子的耳朵，虽然有载，但应该不确。因为阳明先生是得道之人，岂有一个得道之人，削人家舟子耳朵的道理？

然而史家忘了，阳明先生尽杀横水、桶冈万名贼众，连眼睛都不带眨一下的，割两只耳朵又算得了什么？这夫子天生就是割人耳朵的人，所谓上德不德以为有德，割掉舟子耳朵，才显示出来阳明先生的修为，已经到了不德的境界。

这时候众学生方才醒悟，顿时慌慌张张地往船上跑，唐伯虎也跟着大家，想爬到船上来。阳明先生却上前踩住他的手，道：唐寅啊，你我幽明相隔，我知你死得不甘，可这世道已经够乱的了，你就不要再跑来添乱了，快回转你的阴冥界吧，我会吩咐人替你烧几炷香的。

唐伯虎急叫：我没死，我是个活人。

阳明先生笑道：乱讲话，你若活着，岂有光着屁股到处乱跑的可能？

唐伯虎解释道：我是被诱入宁王府，发现宁王造反，就假装疯癫，逃了出来……求求你快点儿让我上去……

原来是这样。阳明先生恍然大悟：我还说呢，青天白日，怎么会有……算了，你想上来就上来吧。

唐伯虎上了船，问道：王阳明，真是怪事，你应该去宁王府给宁王祝寿啊，莫非你已经察知了他要谋反，所以躲开了不成？

阳明先生道：还真不是，可如果我告诉你真实情况，你可千万别不信。实际情况是吉安的知府伍文定，推荐了龙川县一个衙役，叫龙光。跟你说真的找不到比龙光更笨的人了，可是我不能不给伍文定面子，只好硬着头皮收下龙光。上一次诱杀贼首池仲容，龙光就差点儿没吓死我。这次去宁王府祝寿，我连续叮嘱过龙光四次，让他千万别忘了把官印带上。可叮嘱来叮嘱去，等走的时候，龙光还是把官印给忘了，等想起来的时候已经到了吉安，只好让龙光回去取印，我先到丰城这里等他，结果这一等……唉，你说这个龙光，我是该狠狠地惩罚他呢，还是狠狠地感谢他呢？伤脑筋啊。

唐伯虎道：王阳明，我感觉好冷。

阳明先生道：是啊是啊，风寒心更寒，追兵后面赶，一旦被追上，拿刀把你砍。能不冷吗？

唐伯虎道：王阳明，我光着身子呢。

阳明先生道：是啊是啊，清白之躯，赤条条地来，赤条条地去，质本洁来还洁去，人生处处是悲剧。所以道家说虚，佛家说无，而佛家既不能于道家的虚之上加一毫有，道家同样也不能于佛家的无之上加一毫有……

唐伯虎道：王阳明，我是说，你快点儿借件衣服给我穿。

阳明先生道：唐寅啊，你别的要求，我都可以答应，唯独这个借衣服，这事真的不能答应你。

唐伯虎气急：为什么？

阳明先生道：唐寅啊，亏你是读书之人，岂不闻妻子如衣服，你朝人家借衣服，这岂不是太没品了吗？所以这衣服万万不能借……

唐伯虎冻急了：王阳明，你瞎掰些什么，我就是要借你身上穿的衣服……这时候顾不得体面，光身子哪还来得什么体面？上前揪住阳明先生，就强夺阳明先生身上的官服，阳明先生分明是力不能支，硬是被唐伯虎把他身上的官服扒了下来，急忙穿在自己身上。

身上有了衣服，唐伯虎的沮丧心情，顿时一扫而空，在甲板上踱了几步，几日来未眠未休的疲倦，突然间袭上来，他打了个哈欠，钻进船舱里，一头栽倒睡下了。

酣梦中，他被一只有力的大手摇醒，迷迷糊糊睁开眼，唐伯虎立即看到了胡十三那张山贼的怪嘴脸，听到了粗声粗气的得意吆喝：哈哈哈，王守仁，终于抓住你了，马上跟我回宁王府吧，哈哈哈。

正要张口说出我不是王阳明，唐伯虎猛地想到，现在他是个疯子，就立即发出了一阵凄惨的怪笑：嘎呱呱呱……

我的天！山贼胡十三惊叫起来：这是那个疯子唐伯虎，王阳明哪里去了？

俘虏巡抚王阳明

阳明先生早就料到，即使舟子全力划船，也逃不脱宁王府的追兵，所以他金蝉脱壳，故意将自己的官服脱给唐伯虎，趁唐伯虎于舱中呼呼沉睡的时候，早已率了弟子门人，另换了一条船。等到追兵发现上了当，阳明先生已经逃得不知去向了。

此一去，阳明先生逃到了临江。船到临江，阳明先生靠岸，命笨差役龙光上岸，去找临江知府戴德孺索取轿伞，并再三叮嘱龙光：万万不可告诉戴知府，万万不可告诉他宁王反了的消息。

龙光记下了，生怕自己忘掉，就反复在脑子里琢磨，万万不可告诉戴知府，万万不可不告诉他宁王反了的消息，万万不可不告诉他……等见到了戴德孺，龙光劈面一句话就是：宁王反了，你快点儿把阳明先生的轿伞拿给我！

戴德孺大骇：王巡抚现在何在？

龙光道：阳明先生现泊舟河边。

于是戴德孺如飞赶到河边，一把揪住阳明先生：巡抚大人，你来了太好了，马上进城督率我们对抗宁王吧。

好的，好的。阳明先生笑眯眯地道：此时临江有多少人马啊。

戴德孺道：有民兵五百人。

阳明先生道：好，好好好，五百人足够了，戴知府你先松手，让我把船上的行李拿下来。阳明先生慢条斯理地返回船上，就急叫：快快开船，快快快，别让老戴再冲上来，冲上来咱们可就一个也跑不了……那条船迅速起航，如飞而去，看得戴德孺目瞪口呆。

此一逃，阳明先生又逃到了新淦县。

新淦知县叫李美具，他不知如何得到的消息，早就知道阳明先生逃经此地，就在当河拦住了阳明先生：请巡抚大人移驾，入城督率军民弹压宁王吧。

好的，好的，阳明先生笑眯眯地道：新淦县内，有多少兵力啊？

李美具眼睛眨了眨，心说如果我实话实说，说出城中只有二百民兵，巡抚大人肯定掉头就跑，我还是吹个牛吧，就说：禀巡抚大人，此时县内有士兵千人。

好，好好好，千人就足够了。阳明先生道：李美具，你且将船头移一移，让我转个弯儿靠岸。

李美具松了一口气，急忙将船移开，不想阳明先生的船却突然加速，飞一般掠过他的船，眨眼工夫就逃远了。气得李美具一个劲儿地跺脚。

此一逃，前方就是吉安府。

这个吉安知府伍文定，就是把笨差役龙光推荐给阳明先生的人，所以他对于阳明先生，比任何人更为了解。当阳明先生的船驶入吉安水面，就见前方黑压压一片，伍文定已经率了水师，堵截在江面上，让阳明先生插翅难飞。

看伍文定站立船头，阳明先生只好迎出来，就听伍文定冷声问道：巡抚大人，请问此行何处啊？

阳明先生垂泪道：本官忽接急信，言家父染患重病，此时归心似箭，恨不能肋生双翅，飞到家父的身边……

伍文定大喝道：巡抚大人，你少瞎掰，龙光已经写信告诉我了，你父亲龙山公身体比牛还结实，根本就没任何病。

阳明先生悻悻地揉了揉鼻头，心里说：龙光你个该死的，本官迟早也要找个借口，打烂你的屁股。

伍文定又道：巡抚大人，我知道你此行何意，你无非是太过于了解当今的天子了，知道就算是平定了宁王之乱，也落不了好。可是要平定宁王之乱，非你王守仁不可。如果你逃了，我们岂不是惨了？所以，巡抚大人你趁早想明白点儿，上岸来督率我们平叛吧。

阳明先生叹息一声，耷拉着脑袋，俘虏一样地上了岸。

史书上以简短的方式，记载了这件事：

先生乃驻扎吉安。

🐍 我等要知法犯法

阳明先生被押到吉安府衙署，入内坐定，早有下人奉上茶来。趁先生喝茶的工夫，伍文定问道：巡抚大人，要如何做，才能够平定宁王的叛乱呢？

阳明先生道：宸濠既已起兵，如果他采用上策，率铁骑直驱京师，则社稷危殆。如果他采用中策，率重兵强取南京，则大江尽受其害。如果他采用下策，只是占据南昌，则这场仗就好打了。

伍文定道：然则，巡抚大人以为宁王会采取哪条策略？

阳明先生道：本官所要做的，就是务必要让宁王采取下策，让他留在江西。

伍文定道：那我们应该如何做？

阳明先生道：太简单了，宁王之所以起事，主要仰仗两个人，一是李士实，二是刘养正，余者尽为山贼草寇，不足为虑。唯此二人者，有乱天下之心，有乱天下之才，所以当下为计，必须马上找到此二人的家属，离间此二人与宁王的关系，一旦二人的计策不为宁王所用，我等则胜券在握矣。

伍文定道：离间之计固妙，可是这计策也需要时间。

阳明先生道：正是，所以我等先得知法犯法，伪造朝廷文书，发布征讨大军已经入赣的假消息，切记宁王之乱平定之后，所有的文书及印玺要立即销毁，哪怕是只留下一纸假公文，都是你我日后被灭族的证据。

伍文定呆了一呆：好可怕……早知道我就该和巡抚大人一样，提前请病假逃之夭夭了。

阳明先生冷笑道：所以我说你们缺心眼儿嘛，做事不难，难的是做事的时候要防身后的暗箭。说起这宁王之乱，不过是疥癣之患，可你若是摆平了他，就会给自己带来无尽的后患……算了，别苦着你那张臭脸了，马上伪造印玺，开始干活儿吧。

于是伍文定和阳明先生立即趴在书案上干活儿，伪造了假公文无数，能够查到有记载的计有《迎京军文书》、《兵部公移》等，这两纸文书都是撒谎说来自京师的勤王兵马，已经进入了阵地并作好战斗准备，这些不存在的勤王大军计有：

许泰率领边军四万，从凤阳陆路进；刘晖领军四万，从徐淮水陆并进；王守仁领兵两万，杨旦领兵八万，陈金领兵六万，分道并进，克期夹攻南昌，务须一举攻克，不可打草惊蛇。

然后阳明先生又替山贼胡十三、凌十一、闵廿四各自写了投降书，书中情文并茂，颇有粗人之风。

再伪造了块两广机密火牌，火牌上声称：两广狼兵四十八万，赴江西出差公务，并由丰城知县负责，在城门口安排了迎接火牌入城的盛大仪式。

接下来一件事，是把笨差役龙光找来，递给他一把刀，吩咐道：龙光，本官现已查清，那李士实虽然年迈，却有一个超美貌的年轻老婆。你拿着这把刀，去把那女人的脑壳摘下来。

伍文定诧异地道：为何要让龙光去？

阳明先生一挥手：少插嘴，我自有主意。

龙光笨笨地接过刀，憨头憨脑地去执行任务了。却不知道阳明先生又派了一个人，暗中跟着他，并吩咐那人只许暗中看，不管发生了什么事情，都不可出面干涉。结果那跟踪之人，眼睁睁地看着龙光找到了李士实的女人，举刀欲砍之际，那女人猛然一撩衣襟，露出了两只白生生的奶子，吓得龙光忙不迭地闭了眼睛，结果反被那女人顺手揪住龙光的发髻，按倒之后，连咬带掐，咬得龙光放声号啕。

趁龙光哭得上气不接下气，那女人爬起来，逃到迎接两广火牌入城的欢迎队伍之中，混出城外消失了。

跟踪之人回来禀报详情，伍文定听了半晌，恍然大悟：是了，你其实是故意放那女人逃掉，让她将假消息带回宁王府。

正是。阳明先生叹息道：那女人精明透顶，否则也不会如此受李士实宠爱。若你要是假意放她逃掉，定然会被她识破。也只有龙光这种笨到家的人，才能够完成这个光荣而艰巨的任务。

🐢 老而不死是为贼

四方平乱兵马纷纷入境的坏消息，迭次传至南昌，李士实听了，失笑道：有没有搞错，这明摆着是王守仁那厮瞎掰，这小王是个编瞎话的天才，编得有鼻子有眼儿。也不说想想朝廷刚刚派出驸马都尉，哪有可能这么快出动重兵？再者说如此之多的兵力，单是一个粮草接济，不提前二十年早作安排，是无法供应的。王爷你听我的，别信这些假消息。

朱宸濠道：国师所言极是，只不过……只不过还是要小心一点儿。

虽然李士实分析得透彻到位，奈何朱宸濠这厮心眼儿不够用，够用他会造反？不敢轻动，只是派了山贼闵廿四、胡十三分头去攻打南康府和九江，两地守土官员闻风而逃，这两个地方打下来，探马也终于回报：报，现已查明，所谓两广狼兵，京师大军，都是王守仁瞎掰，王守仁手下只有百十名穷学生，天天在课堂上传纸条打小抄儿……

听了这个消息，朱宸濠险些没气炸肺，你说这王阳明什么人呢？放着正事不干，天天撒谎，真是让人拿他没办法。

正待发兵，又传来一个坏消息：报，陛下的小舅子，娄妃的弟弟娄伯，奉命返回家乡上饶，放手发动群众，准备武装起义，却被知县刘源清逮走砍头了。

朱宸濠闻之大惊：小舅子牺牲，让朕如何对娄皇后交代？立即发兵与朕拿下上饶，朕要替小舅子报仇。

李士实急忙拦住：陛下，你不要太缺心眼儿了好不好？现在最应该做的就是立即出动大军，奔袭京城，只要拿下万里江山，你还会缺了小舅子吗？

朱宸濠大喜：国师所言极是，极是，咱们即刻进兵，直驱京师。

闻知朱宸濠大兵北上，吉安知府伍文定匆匆来到阳明先生临时租借的教室：巡抚大人，先别讲课了，朱宸濠那边已经发兵了，咱们给他来一个迎头痛击，如何？

阳明先生摇头道：文定啊，你能不能沉住点儿气？朱宸濠始出重兵，正是锐气正盛的时候，这时候你上前拦他，这岂不是找抽？

伍文定道：然则巡抚大人，我们就眼看着朱宸濠奔袭京师不成？

阳明先生笑道：他袭不了京师，等他前脚走开，我们在后面直扑南昌，先抄了他的老巢。朱宸濠必然心慌回援，到时候咱们趁其军心涣散，打他个半死，此可谓致人而不致于人也，你好好学着点儿吧。

却说朱宸濠大兵总计七万，择日设坛祭江，先从牢中拖出来个端州知府王以方，这王以方早就料知朱宸濠要反，无数次给朝廷上奏，结果惹怒朱宸濠，借过生日将王以方诳到南昌，关在了大牢里，单留在这时候杀掉，权当祭祀之牲。

杀了王以方，诸舟同时擂鼓大进，这时候天气忽然大变，只见巨大的黑色云团，自西北疾扑而来，狂风暴雨，雷电交加，众人看得清清楚楚，高空中迭隐的厚重云层之中，有片片鳞甲闪过，就见一道弧光，划破天际，准确无误地命中朱宸濠的弟弟——朱宸潪的脑袋。那朱宸潪只发出了一声惊恐的尖叫，就已被雷电劈得焦烂。

这怪事吓死了朱宸濠，急找李士实问计：国师啊，看这意思，老天好像不大支持我们的正义行动。

李士实捋须笑曰：陛下，你好聪明，一猜一个准。

朱宸濠大叫起来：那咱们该怎么办？

李士实道：这时候你才想起来问怎么办，岂不是太晚了吗？无奈何，你既然已经扯旗造了反，那就只能硬起头皮，一条道走到黑，就假装什么事也没发生一样，继续前进吧。

朱宸濠无可奈何，回到自己的舱里，喝了两杯闷酒，神志恍惚之际，忽见美绝人寰的娄妃走了进来，手里还拿着一面古铜镜，就听娄妃缓声说道：我有古铜镜，赠君照初心，陛下你看看自己的本来面貌吧。朱宸濠探头往镜子一看，却看到镜中的自己，竟然是满头白发，须髯如霜，失惊之下，猛然醒来，急叫娄妃，才意识到刚才不过是一个梦。

急传随军术士徐卿进来，说了自己的怪梦，然后朱宸濠问：朕这个梦，到底预示着什么？

徐卿拜倒高呼：万岁万岁万万岁，陛下，你本是王，梦到白头，王字头上添个白字，就是皇字。陛下你这就要登基了。

徐卿退出，被异人刘养正拦住：徐卿，你偷偷告诉我，陛下的梦，到底是什么意思，我保证不说出去。

徐卿左右看看无人，遂低声道：所谓白头到老，老就是死，老而不死是为贼……我说得够明白了吧？

刘养正叹息了一声：我靠，你骂人都不带一个脏字的。

🐉 安庆攻防战

诗曰：杀气弥天贯长虹，此日宁王要发疯。金鼓齐鸣震天地，尽是胡扯王阳明。却说朱宸濠水陆大军到了安庆，先派人去给安庆知府张文锦、都指挥杨锐送信，命他们俩快一点儿开门投降。

知府张文锦找来都指挥杨锐，问：哎，你说咱们该咋办呢？

杨锐道：这还用问，巡抚王守仁不是来信说了吗，两广狼兵近五十万入境，再加上几十万京军，你说咱们该咋办。

张文锦道：问题是，大家都知道王守仁这厮不靠谱儿，特爱编瞎话。

杨锐道：他编瞎话咱们也只能听着，有什么办法呢？反正得按照王守仁说的，找个由头儿把宁王拖在安庆，不能让他往北京方向走，如果宁王过去，朝廷铁定会追究咱们的责任。

商议妥当，杨锐出来，先找工匠制作了一块超级大的牌子，上面就仨字：剿逆贼！再于城中高薪雇请嘴巴超损、骂人花样百出的市井流氓若干，齐拥到城楼上，冲着城下破口大骂朱宸濠。

朱宸濠听到城楼上的恶毒咒骂，气得半死，曰：杨锐，你守着这么一座小小的安庆，也敢污辱朕，朕若不杀你，就是你妹养出来的！大兵围城，克日拿下安庆！

轰轰烈烈的安庆战役，就此拉开了序幕。

却说那安庆城池虽小，却是异常坚固，更兼知府张文锦和都指挥杨锐这两人早就察知宁王谋反意图，所以早在几年前就发布命令：百姓民众，举凡登城者，都必须要抱一块石头上去，不抱石头者不允许登城。两年的工夫下来，城上的炮石堆如小山，扔一年也扔不光。所以城中虽然守兵不多，但却布置得当，城墙上每隔十五米，就有一只炉灶，吊着锅釜烧水煮粥，再征调城中的壮劳力登城，一边喝粥，一边往城下丢石头浇开水，直浇得攻城大军哇哇惨叫。

朱宸濠见了这光景，心中气闷，遂命令修造云楼。这云楼乃中国古时攻城必备之器械，状呈弧形，下装巨轮，能够推动前移，楼顶上的士兵就可以直接跳到城头上去。却说云楼正在向前推动，楼顶上的士兵憋足了力气，正准备往城头上跳，却忽然眼前一黑，就见数座更高的巨楼从城里探伸出来，巨楼上扔下巨石，浇下沸水，当场搞得攻城云楼上的士兵号啕大哭。

朱宸濠惊愕之余，就见杨锐站在城墙上哈哈大笑：看傻眼了吧？告诉你宁王，你那云楼早就过时了，现在流行的是我这种飞楼，你就学着点儿吧。

朱宸濠怒极：杨锐你个该死的，看朕的改良型云梯。

所谓改良型云梯，乃两只高二丈的云梯组合而成，状如巨型竖塔，内有封闭式小空室，士兵藏于空室之中，四面用厚木板遮住保护，前后各有门，可进又可出。就见改良型云梯缓缓向城墙靠近，不提防城上"哗"的一声，浇来好多桶桐油，然后再把火把一丢，霎时间改良型云梯燃起熊熊大火，烧得里边士兵惨叫着跌下。

正打得着急上火，异人刘养正过来了，问：陛下，你在这里干什么呢？

朱宸濠吼道：朕要将杨锐剥皮抽筋，方消心头之恨！

刘养正道：此事易尔，只要陛下放弃安庆，急驱京师，攻破北京，登基为帝，到时候陛下想抽谁的筋，就抽谁的筋，想剥谁的皮，就剥谁的皮，好不好？

朱宸濠大怒：刘养正，你少来敷衍朕，你跟我说实话，这安庆你到底愿不愿意帮朕攻下来？

刘养正叹息道：陛下啊，这世上真的没有比攻城更容易的事情了，你这里有七万人马，只要一人扛一包土，就能够在城墙下面修出一面土坡，到时候你就可以直接登城了，干吗要这么费劲儿啊。

朱宸濠大喜：那你不早点儿说……来，现在朕宣布，军中所有谋士，都跟朕一起来背土，朕要现在就进城。

刘养正道：陛下，要不你干脆杀了我好了，让我干粗活儿这可不行。

你不干，朕来干，朕天生就是个干粗活儿的人！朱宸濠生气了，真的亲临第一线，挖泥装土，还亲自背在背上，艰难地往城墙方向走，一边走着一边问旁边的船工：老乡，这里是什么地方啊。

船工回答：此地是黄石矶。

什么什么？王失机？朱宸濠闻言大怒，当即拔剑，"扑哧"一剑砍死船工：竟敢出言讥讽朕，朕杀了你！

刘养正、李士实等人站在远处，看得连连摇头：唉，跟错人了，一个小小的安庆就弄成这个样子，还说什么并吞天下啊。

❀ 阳明先生举义兵

吉安府临时学馆中，阳明先生正在讲课：尽心由于知性，致知在于格物，我的意思是说……嗯，同学们，你们抓紧时间收拾一下东西，跟我一起逃回到余姚老家去，好不好啊。

同学们齐声回答：不好。

阳明先生很伤心：为什么你们都不支持我啊。

学生们道：老师，逃跑的念头一出现在你脑壳里，你就著相了，这可是你教给我们的哦。

阳明先生郁闷地道：此相安得不著啊，不著后果太严重……

正胡扯着，忽听脚步匆匆，知府伍文定疾冲而入：巡抚大人，不好了，安庆被围，岌岌可危，现知府张文锦苦求救兵。

真的吗？阳明先生大喜：哈哈哈，张文锦这个倒霉蛋，他肯定是听说京兵狼兵来了百万，所以才敢跟朱宸濠死磕，哈哈哈，估计朱宸濠不会跟他有完。

这时候就听"扑通"一声，安庆来的信使跪倒在阳明先生脚下：请巡抚大人发兵，请大人发兵，安庆满城百姓，生死关头，旦夕存亡啊。

阳明先生冷笑：想让本官发兵救安庆？你做梦去吧！

那信使大骇：大人，为何呀？

阳明先生道：因为，本官不像朱宸濠那么缺心眼儿。这边儿好不容易拿安庆来缠住他，岂有一个不抄朱宸濠老巢之理，传吾命令，发一十三路兵马，与吾直捣南昌！

一十三路人马浩浩荡荡杀气腾腾，举行三军誓师大会，阳明先生登台，先对笨差役龙光下令：龙光，现今帐后囚着数十名临战不前、不服从官长命令的逃兵，与吾推出，斩讫报来。

龙光大声道：得令！龙光拎着刀子去了，但很快又回来了：大人你弄错了吧，后面关着的，都是抓到的朱宸濠的侦察兵……阳明先生大气：龙光，再多嘴打烂你屁股，马上执行命令。

龙光只好答应了一声，进帐将那数十名朱宸濠侦察兵拖出，冒充逃兵当众斩首，惊呆了三军将士，知道阳明先生这次可是跟他们玩儿真的了。

眼见得那些血淋淋的人头呈上，阳明先生突然一跌坐倒，张口吐出鲜血来。龙光大骇，急忙上前扶住：大人，大人，你是不是要死掉？阳明先生勉强答道：本官迟早得被你活活气死，你给我把伍文定叫过来。

伍文定上台，就见阳明先生强自支撑着，写了一块兵牌，上书：士兵不用命，斩队将；队将不用命，斩副将！副将不用命，斩主将！

伍文定仔细看了看这块兵牌，恍然大悟：这是巡抚大人报我没让他逃走的一箭之仇，所以找由头杀我……我快点儿跑！

一十三路大军，气势汹汹地出发了。

😊 升级版围魏救赵

却说朱宸濠在安庆城下，指挥士兵挑土垒土坡，那土坡已经筑了多半城墙之高，眼看再加一把劲儿，大家就可以进城砍杀了。

朱宸濠的心情刚刚好转，已有南昌信使如飞赶至：陛下，陛下不得了了，那泼皮王守仁，竟然调集了一十三路兵马，浩浩荡荡水陆并进，正向南昌逼近，请陛下速速回援。

王守仁？朱宸濠呆住了：这人真是不识趣，他跟着添什么乱啊，传旨，马上回师营救南昌。

李士实在一边听了，急道：陛下，此时万万不可回师，回师必是死路，莫不如弃了安庆，袭奔北京城便了。只要陛下在北京登了基，小小的南昌又算得了什么？

刘养正也道：袭奔北京是上上之策，纵或陛下不以为然，也可以先入安庆，取其城中器械军民，再行回师，一样是胜券在握。

朱宸濠看着他们两人，说了句：朕知道你们俩收了王阳明的银子，要把南昌城献给王阳明，难道朕待你们如此之诚，还打动不了你们的心吗？

李士实和刘养正目瞪口呆：陛下你……这话可不能乱说啊！

朱宸濠冷笑：是不是乱说，看你们两个对待营救南昌的态度就能够知道。

李士实和刘养正面面相觑，实在不知道该说什么好了。

这时候阳明先生的一十三路大军抵达南昌城下。眼望那巍峨巨城，众将顿时心里发憷。要知道，南昌本是重镇，又是藩王驻地，城墙坚固而高大，大有一夫当关、万夫莫开之势。再加上城上号炮林立，士气如虹，攻城的难度不是一般的高，于是众将就聚到阳明先生的帐下，听听阳明先生有什么攻城妙计。

阳明先生果然有妙计。

阳明先生说：夫战，勇气也，一鼓作气，再而衰，三而竭。此番南昌之役，若是一鼓而不能下，那就永远也没有机会打下来了。所以本帅攻城号令一下，三军必须马上攻城。一声鼓响，攻城人马必须都给老子趴在城墙上，没爬到城墙上却还站在地上的，斩之。二声鼓响，攻城部队必须与吾登上城头，没登上去还趴在城墙上吹风凉快者，斩之。三声鼓响，一十三路人马必须与吾通通登城，哪支没有登上去，部下士兵通通杀掉。士兵杀光了，就只剩下主将，但这个主帅你必须给老子站在城头上，没站上去者，连主将一并杀掉，你们听清楚了没有？

众将目瞪口呆：巡抚大人，咱们能不能再商量商量……

阳明先生一举手：龙光你个猪头，与吾吹响号角，随时准备擂鼓……

哇哇哇！一十三路官兵疯了般向南昌城上攻去，阳明先生是圣人，拿大家性命真的不当回事，说杀就杀啊，快点儿往上爬吧。由是整个南昌城上遍布着密密麻麻的官兵，命都不要了往上爬，那景象只是看一眼都让人心里发毛，更别说抵抗了。

顷刻之间，官兵拥入城中，立即纵火焚城。

阳明先生乘轿而入，吩咐灭火，然后到了衙署坐下，将领们将从宁王府逮来的一千多名俘虏押过来，请先生验看。看到宁王和娄妃生的俩儿子，三哥及四哥，阳明先生不由得叹息连连：可别跟你妈说我欺负你们啊，怪都怪你妈她当年……唉，现在说什么都晚了，真是男怕入错行，女怕嫁错郎啊，拖下去关起来。

这时候快马来报：报，巡抚大人，那朱宸濠叛军已经回师，星夜兼程，直扑南昌。

于是阳明先生宣众将入帐，问：当此之时，该当如何啊？

众将笑曰：兵来将挡，水来土掩，这南昌城如此之高大巍峨，城中粮草充足，我等坚守不出，管叫朱宸濠活活气死。

阳明先生勃然变色：你们这班人，往日里不读书不思考，不学习不问道，这我不怪你们，可你们现今是带兵之人，学一点儿军事常识你能死啊？为今之计，最妙不过的就是水陆齐出，迎战朱宸濠大军于鄱阳湖上。

贼心已寒，不堪一战。

破贼之战，就在此刻！

🐛 大战鄱阳湖

朱宸濠大军回师，水路先锋官便是山贼凌十一、闵廿四。这二人各恃其勇，野心勃勃，催师狂奔，不一日已至樵舍，看见风帆蔽江，前后数十里。正自睥睨大江，顾盼自雄，突听两侧的岸边，响起了震天的喊杀之声，就见两条火龙，一左一右径扑入朱宸濠水师之中，顷刻间将水师切为三段，首尾不能相顾。

凌十一、闵廿四这两人出身原系山贼，最擅长的就是背后打闷棍、下绳套，哪里想到战事竟会如此规模宏大，一时间惊得目瞪口呆，好半晌醒过神来，急忙分头行动，一个去救头，一个去救尾。

却不知此二人的行动，早已在阳明先生的算计之中，岸边早就伏有两路官兵水师，一直埋伏着未动，就等着这时候贼兵主帅去救头保尾，趁势突然撞出，直捣朱宸濠水师核心，把个水师捣得七零八落，各自为战。

这番官兵占了上风，得理不饶人，连烧带杀，一路追赶，朱宸濠水师全军大溃，被四路官兵狂追了十几里，斩首两千余颗，朱宸濠水师落水溺死者逾万，密密麻麻的浮尸，几欲堵塞了长江。贼首凌十一肋下中了冷箭，失足跌入水中。只有吓破了胆的闵廿四带着残兵数千人，逃到了八字脑躲藏起来，使人飞报朱宸濠。

朱宸濠听到这个坏消息，吓得呆了，急忙传檄召南康、九江两地贼兵，前来护驾。这个消息很快报到了阳明先生帐内，阳明先生大喜，曰：我军虽然小胜，但被南康、九江所阻，官兵不敢过来，终难改我孤军之势。现在朱宸濠将两城人马调开，正是我们夺回两城，与官兵大队会合的绝好机会。

于是派了抚州知府陈槐、建昌知府曾玙，各带四百名衙役民兵，去收复南康和九江。

次日，朱宸濠亲自督师，与阳明先生战于鄱阳湖上。

见己方士气不振，朱宸濠当即下令：当先冲锋者，赏银千两，对阵受伤者，赏银亦有百两，退缩不前者，斩！这条奖惩措施十分奏效，就见贼兵人人奋勇，个个争先，红着眼睛向着官兵冲杀过来。

官兵这边，打头阵的是吉安知府伍文定，眼见得贼兵气势汹汹，明摆着是要跟他玩儿真的，伍文定心里就有点儿发慌，偏偏又赶上自己这边是逆风，被贼兵驱船重力撞将过来，官兵立足不稳，登时大溃。贼兵愈发奋勇，穷追不舍。

此时阳明先生正在岸上的高处讲课，曰：吾教人致良知，在格物上用功，却是根本的学问。别人教你们事事物物上去寻思，都是瞎掰，这就好比无根之树，移栽水边，虽暂时鲜好，终究是要憔悴的哦……正讲着，忽见湖中伍文定军败退，登时大喜，急唤笨差役龙光：快拿吾剑来，吾今日终于找到了机会杀伍文定，吾不杀他，迟早也要被他活活气死……

那龙光却是因为职场上混不明白，遇到伍文定，替他在阳明先生这里找了个差事。所以龙光心里认准了伍文定是自己的恩人，眼见得阳明先生吩咐中军：拿了这把剑去，取伍文定头颅来与吾。龙光在一边听着，不敢吭声，等中军走后，他急忙追了出来，喊道：中军留步，阳明先生刚才又吩咐过了，你不可以杀伍文定的。

中军不解：不杀伍知府，巡抚大人为何要将剑授予我？

龙光道：授予你剑，是因为……你猜，是因为什么？

中军勉强猜测道：会不会是……是吓一吓伍知府，若是伍知府不立即反败为胜，巡抚大人就要不客气了，是不是？

龙光大喜道：你真聪明！

中军翻了个白眼，拿剑去了，到了军中找到狼狈不堪的伍文定，说：巡抚大人说了，伍知府你失机败绩，按律当斩。知府大人你看看，咱们什么时候斩你合适呢？

什么时候斩……伍文定大窘：你等老子打完这仗再说。

假作真时真亦假

后面等着个中军要砍自己脑袋，伍文定万般无奈，叹息道：唉，我只是想为朝廷、为国家做点儿实事，怎么就这么难呢？一咬牙一跺脚，伍文定将身上的官服脱下来，光着膀子跳到战船上，大吼道：三军听吾号令，后退者斩，与吾对准贼军，狠狠地打。

官兵船上的炮铳顿时轰将起来，这炮铳原始而落后，一旦轰将起来，烟大火也大，就见战船上浓烟滚滚，火光冲天，迸射开来的火星子落在伍文定长长的大胡子上，那大胡子顿时熊熊燃烧起来。亲随大骇，急忙冲过来，揪住伍文定的胡子，要替他灭火。伍文定已经打疯了，一脚踹开亲随，大呼曰：别管我，杀敌要紧，快快给本官轰死朱宸濠……

眼见得伍文定颌下，悬垂着一道长长的火须，官兵们看得激情澎湃，遂将所有的炮铳对准朱宸濠的主船，狂轰不息。只听得炮声惊动天地，无数枚弹丸漫天狂舞，落向朱宸濠的大船，只听"哐"的一声巨响，竟将朱宸濠的副舟击碎。那山贼闵廿四急急将朱宸濠扶起，让朱宸濠暂避险地，不提防数枚弹丸破空而来，闵廿四急忙将朱宸濠用力一推，就听哐唧哐唧哐唧唧异声不断，那可怜的闵廿四，已自被密集的弹丸打得稀烂。

见此情景，朱宸濠唬得魂飞魄散，急命快快把船掉头。朱宸濠是三军主帅，他这么一逃，三军顿时陷入慌乱之中。伍文定血红了一双怪眼，光着膀子冲将过来。各路官兵趁势大进，杀声震天，将朱宸濠兵马挤落水中活活淹死者，就有一万多人，溺死的尸体顺水漂走，没来得及漂走的，被官兵捞上来，切掉脑袋，拿首级报功。

只不过两次交手，朱宸濠叛军就被淹死了两万多人，损伤五万人马。

这五万人马，却是朱宸濠军中战斗力最强的精锐。朱宸濠只得退于樵舍，连舟结为方阵，不管官兵从哪个方向攻上来，都无法进入。而朱宸濠则将所带的全部金银财宝，通通都拿出来，分发给将士们，曰：这大明天下，纸糊的一般，取之易尔。唯独这个王阳明喜欢调皮，只要诸位明日努力，舍生忘死，替寡人搞掉王阳明，寡人便与诸位平分江山，同享富贵，如有虚言，天诛地灭。

朱宸濠如此承诺，三军将士无不热血沸腾，个个摩拳，人人擦掌，单等到明日天亮决战之时，打掉调皮的王阳明。

可万不承想，次日战事一开，朱宸濠这边就傻了眼。他们站在船头，眼望着连天的大火向他们扑将过来，可恨这王阳明，居然又用火攻。此时大家都漂在水面上，战船全都是木制的，最怕的是火。可王阳明偏跟你玩儿这一手，真是让人气愤啊。

数百艘小船燃着大火，火船后面就是官兵的大战船，船上的官兵拈弓搭箭，专门瞄准了拿挠钩推开火船的朱宸濠士兵狂射。朱宸濠这边无力支撑，只能是一个个扑通通跳入水中，被官兵用长枪戳得嗷嗷惨叫。

见此情形，朱宸濠急得跺脚：唉，寡人真是不长记性，前番首次交手，这王阳明就是玩过一次火攻的，怎么把这事给忘了？急忙下令，让所有的战船相互隔开，虽然目前看似官兵占到了上风，但兵力人数对比，仍然是朱宸濠这边占优势，只要喘息过来，摧毁官兵并不在话下。

这时候阳明先生还是居于岸上的高处，正对学生们讲课：做人啊，最要紧的就是诚实，不可以说谎哦，也不可以使诈……正讲着，山下忽然来人禀报：报巡抚大人，那逆贼之首朱朱宸濠，已然擒获，如何处置，请巡抚大人定夺。

阳明先生皱眉道：却是怪事，江面上战事犹未见分晓，这朱宸濠怎么就这么容易被捉来了呢？

来人禀报：大人，是这么回事，那朱宸濠已是骇得心胆俱裂，换装易容，带了几个妃子悄然上岸，想抄小道逃走，恰好遇到官兵，结果被生擒。

阳明先生听了，连连摇头叹息，忽见笨差役龙光在一边探头探脑，急忙喝道：龙光，这一次你可不许到处乱说了，否则本官必将重责。

龙光急忙答应：大人，小的不敢乱说……掉头飞跑出来，急忙满脸神秘地把这个消息，告诉给自己遇到的每一个人：知道了吗？朱宸濠已经被抓获了，嘘，不要高声，阳明先生不许乱说……

❧ 朱宸濠的末日

朱宸濠已经被擒获的消息，迅速传扬开来，不仅是所有的官兵都知道了，就连朱宸濠的部将也全都听说了。霎时间朱宸濠大军陷入了崩溃之中，反应最快的是山贼胡十三，他喝令手下士兵放下武器，自己将自己绑起来，向官兵投降了。

胡十三投降，余者更无战心，整船整船的朱宸濠士兵宣布投降，主将都被人家生擒了，自己还替谁打？

很快，宁王朱宸濠被生擒的消息，连朱宸濠自己都听说了。

当时朱宸濠正在指挥中心，研究双方兵力的布置与分配图，忽见自己这边的人马整船整船向官兵投降，又听说自己已经被王阳明逮住，宁王当时就气哭了，说：这个缺德的王阳明啊，整天就知道个撒谎扯淡，逮谁骗谁。他这人活了一辈子，就没说句正经话。

传寡人旨意，就说朕好端端的，并没有被王阳明抓住。

这时候船舱门前出现一个人：王爷，这时候传旨意，还管用吗？

娄妃，大明时代最悲情的才女。

一袭黑装，紧裹在她那婀娜的身体上，衣服的针脚细密而精致，这些日子以来，她一直在为自己缝制这身衣服。穿在身上，就再也不可能脱掉。

看到娄妃，朱宸濠落泪了：爱妃啊，别怪我骗了你，我只是想给你一个惊喜，想让你有一天，走进我卧房里的时候，发现你已经不再是王妃了，而是娄皇后。可是你师兄王阳明他不懂事啊，非要拦着咱们，哼，我看他是嫉妒咱们幸福的生活，他心理阴暗啊，巴不得所有人都倒霉……

娄妃叹息道：王爷，王阳明并没有错。

朱宸濠悲愤地道：难道说我错了吗？我只是想让你开心，让你欢乐。

娄妃道：是啊，王爷你也没错，唯一错了的，是这世道。这世道，就容不下王爷你这种怪想法的。

朱宸濠突然咦了一声：爱妃，嗯，你看有没有这种可能……嗯，我是说，你和王阳明有同窗之谊，说师兄妹也不为过，你看能不能……嗯……可不可以……嗯……

娄妃道：王爷的意思，是让我去劝说王阳明，让他反过来帮助王爷，夺取天下？

朱宸濠：……你觉得这个法子管用吗？

娄妃转过身，走到船边：那要等我过去问一问，才会知道。说罢，纵身一跃，跳入江中。

朱宸濠大骇，急忙跳起来：爱妃，你不会水，游不过去啊……这时候就听船上哭声大震，无数个宫娥，都是娄妃以前照料过的，一个个大哭着从船舱里冲出来，纷纷投水自尽，以死相殉娄妃之恩。

朱宸濠也是哭得泪人一样：爱妃，爱妃，我对不起你啊，都怪我太没出息了，连个王阳明都摆不平，让你无端而死，我无能啊！

恸哭了好长时间，朱宸濠揩净眼泪，才发现四周的护卫之船，都已经逃之夭夭。远方的战场上不时响起冲杀之声，显系战事仍在激烈进行中。朱宸濠揩着脸上的老泪，咬牙道：王阳明，你个杀千刀的缺德鬼，老子这个王爷不干了，从今天起，寡人要隐于江湖之上，改行当一名杀手，迟早有一天，我要找到你王阳明，问一问你把自己的师妹活活逼死，良心上过得去吗？

心里想着，朱宸濠上了一只小船，穿越了烽火连天的战场，向一片芦苇丛中躲去。眼看就要驶入芦苇丛中，里边却驶出来一只小船，一个渔夫赤脚踏在小舢板上，作歌曰：

老爷我生在秋江上，一生最爱美娇娘。那天皇上打这儿过，我抱着娘娘就上了龙床……

原来是笑傲王侯的江湖豪士！

朱宸濠大喜，立即大叫起来：壮士救我，我有天大富贵相送！

🐛 一十四日尽除贼

那渔夫荡船过来，斜睨着朱宸濠：你是何人？我为何又要救你？

朱宸濠急道：壮士，实不相瞒，寡人……不不不，本王乃宁王朱宸濠是也，此番奉了太后密旨起兵，不幸被那王阳明算计，若壮士救了我性命，小王定然有所回报。

那渔夫道：好吧，你就上我船上来吧。

朱宸濠喘息着，爬到了渔夫的船上，正要开口道谢，不提防那渔夫一竹竿打来，"啪"的一声，打得朱宸濠满脸开花，痛叫一声：壮士，何故要打本王？

渔夫怒道：朱宸濠，你个有眼无珠的东西，真的认不出来我是谁吗？

朱宸濠捂住火辣辣的脸，仔细看那渔夫：咦，你的模样好面熟，好像是……

没错，那渔夫笑道：本官乃万安县知县王冕是也，奉巡抚大人之命，在此拿你。

朱宸濠叹息一声：王冕，你我往日无仇，近日无怨，你若是拿了我，等到三堂会审的时候，信不信我栽你一个与本王合谋，让你也说不清楚？还有，还有你刚才唱的歌，竟然想要睡皇后娘娘，连皇后你都敢睡，胆儿也太大了吧？

王冕哈哈大笑：朱宸濠，你少来吓我，你现在最痛恨不过的是王阳明，等你先把他算计了，再来找我算账也不迟。

朱宸濠叹息了一声：说得也是。

就此无语，束手就擒。

闻知朱宸濠被押来，阳明先生放下课本，出来迎接，见面朱宸濠第一句话就是：王阳明啊，你说我们老朱家的事情，你一个外姓人跟着瞎搅和什么啊？

此是我家事，何劳王都堂这等费心？

阳明先生苦笑道：唉，你以为我乐意掺和这事啊？我急如星火地狂奔，最终又被他们给堵了回来，我也是没法子。

朱宸濠道：有件事我要告诉你，你的小师妹——娄妃，投水自尽了，临终留言是王阳明我恨你……

阳明先生闻言大骇，立命人于江中搜寻娄妃尸体，搜到江边，恰见一个渔夫将娄妃的尸体捞了出来，看娄妃身上的衣服以细密的针脚密密缝连，怀疑娄妃身上藏着宝物，正要将衣服撕开，被搜江的军士蜂拥而至，当场将渔人打了个半死，把娄妃的尸首抢回。

阳明先生命以厚棺盛殓，葬于湖口县城外，至今称为贤妃墓。枉娄谅一生精于术数，独起占星夜不眠，传格物之智于王阳明，却被王阳明拿来葬送了他的女儿，若娄谅老夫子泉下有知，不知道会说些什么。

吩咐将娄妃殓葬之后，就见吉安知府伍文定，光着膀子押着李士实、刘养正、李自然等人来到。阳明先生笑道：今日之战，你伍文定居首功，只可惜脑壳没有被砍掉，实属憾事。

伍文定谦虚地道：巡抚大人神机妙算，吾辈何功之有。

阳明先生道：下去写奏章吧，你们现在都舒服了，老子的麻烦日子开始了……

于是众官脱了衣服，光着膀子，挥汗如雨地开始写奏章：先算朱宸濠折腾了多少日子：

朱宸濠六月十四日开始闹事，至七月二十六日被逮到，前后闹了四十二日。

而阳明先生自七月十三日于吉安起兵，至二十六日成功，总计花费了十四天摆平朱宸濠。

阳明先生仰天长啸，赋诗曰：

甲马秋惊鼓角风，旌旗晓拂阵云红。

勤王敢在汾淮后，恋阙真随江汉东。

群丑漫劳同吠犬，九重端合是飞龙。

涓埃未尽酬沧海，病懒先须伴赤松。

诗成得报：天子御驾亲征，此时京军在天子亲信、提督军务总兵官许泰率领下，已入南昌。

🐢 历史书不一定靠得住

许泰所率领的京军，果然是威武雄壮，气势如虹，人如虎，马如龙，排着整齐的方队进入南昌，并以洪亮的声音，齐声高喊着口号。

听到洪亮的口号声，南昌军民全都惊得面无人色，急忙掩上门脸，关上门窗，可哪里来得及？威武雄壮的京军已经四散开来，逢人就打，见摊儿就砸，蜂拥冲入衙署之中，破口大骂曰：王守仁，你个王八蛋，是你爹养的就滚出来！信不信老子撕碎了你？

阳明先生已经躲了，躲藏到了谁也找不到的地方。

可是，阳明先生平定了朱宸濠之乱，武宗皇帝的御林军却为何要这样糟践他，不惜公开出言羞辱呢？

怪只怪阳明先生太能干了。

想一想，阳明先生少年时仰慕的风云人物，都是谁？

汉伏波将军马援，明威宁伯王越。

马援是怎么死的？是被小人踩躏死的！

王越是怎么死的？也是被小人踩躏死的！

皇权政治是地地道道的小人政治，因为权力的管道过于狭窄，资讯不畅，只有最具钻营能力的小人，才能够掌握权力的发布通道。而如伏波将军马援、威宁伯王越，以及阳明先生这样的人，因为他们要干活儿，要做事，就必然被权力发布平台排斥在外，也就必然沦为权力清除的对象与目标。

史书上说，阳明先生以他高超的政治手腕，磊落的赤诚之心，打动了北方来的御林军，最终平安地渡过了这一危机：

> 先生自出金帛，不时慰犒北军，病者为之医药，死者为之棺殓，边军无不称颂王都堂是好人。泰、彬等怪先生买了军心，严禁北军，不许受军门犒劳。先生乃传示内外，北军离家苦楚，尔居民当敦主客之礼。百姓遇边军，皆致敬，或献酒食。北军人人知感，不复行抢夺之事。

史书上，就是把这段记载搬来抄去，以彰显阳明先生的人格魅力。然而这样的记载，却不过是阳明先生弟子的瞎掰，因为弟子们实不忍看阳明先生被北军蹂躏过甚，就拿笔杆子替阳明先生扳回残局。

然而这样的虚假记载，却是典型的以君子之心，度小人之腹。君子行事方正，有自己的原则，就把小人也想象成这般模样，却不知道小人之所以成为小人，就是因为他们做事没有丝毫的底线，根本不是君子。

设若王阳明敢以恩义昭示北军，那就意味着他要给当事人惹下天大的祸，如史书所载，他给北军施药，那么许泰就会立即下令将受药的士兵斩首，并立即追杀阳明先生，因为阳明先生把手伸进了他的地盘，这是官场上的大忌。古往今来，举凡官场上的流血火并，百分百都是因了这个缘故。阳明先生不像虚构这件事的弟子那般的傻，岂会犯这种低级错误？

阳明先生的门人邹守益，还编了一段不靠谱的瞎话，也写入了史书中：

比及先生赴南昌任，忠、泰等亦至。带令北军二万，填街塞巷。许泰、江彬、张忠坐了察院，妄自尊大。先生往拜之，泰等看坐于傍，令先生坐。先生佯为不知，将傍坐移下，自踞上坐，使泰、彬等居主位。泰、彬等且愧且怒，以语讽刺先生，先生以交际事体谕之，然后无言。先生退，谓门人邹守益等曰：吾非争一主也，恐一屈体于彼，便当受其节制，举动不得自繇耳。

何以见得这是瞎话呢？

理由很简单，如许泰等人尽是奸诈小人，小人做事是没有底线，不顾体面的。在他们面前，倘若阳明先生敢抢上座，这两个小人肯定丝毫不会犹豫，立即将阳明先生揪下来暴打。

邹守益不过是一介君子书生，如果别人抢了他的上座，他无可奈何，就以为许泰也会无可奈何，但许泰若是真的会被阳明先生制住，那他就不是小人了。

小人之所以跌破一切之底线，沦为小人，那是因为他们恶劣的天性，纵然是阳明先生这样的圣者也无法拯救的。小人是那种自己躺在粪坑，并琢磨把拯救他的人一块拖入粪坑的恶人。若是小人有救，也无须等到阳明先生来救他，古来那么多的圣者，还救不了几个小人吗？

佛门有语：佛度有缘人。什么叫有缘？就是你到得粪坑边，只能救出那些想出粪坑之人，而那些压根儿就不想从粪坑里出来，只琢磨将你拖进去的小人，佛度不得，圣贤也救不得。

重复一遍，小人之所以成为小人，那是因为他们自甘沉沦，拒绝圣哲思想的解救。阳明先生既已成圣，岂会不知道这一点？事实上，有关阳明先生力挫许泰、张忠等诸小人的段子，全都是假的，真正的圣者具大智慧，面对小人的寻衅，就一个办法：

躲起来，坚决不露面。

泰等又遣心腹屡矫伪旨，来召先生。只要先生起马，将近南都，遂以擅离地方驾罪。先生知其伪，竟不赴。正德十五年正月，先生尚留省城。

⌘ 最强势的对手

史书上说，许泰等人伪造圣旨，诱阳明先生入彀。事实上圣旨是真的，许泰等人有权发布圣旨，玩家武宗天子授予了他们这个权力，说圣旨是假的，只是为了维护领导的威信——凡是错误的，都是群众的，凡是正确的，都是领导的，这仍然是典型的小人政治的体现。

最要命的是，除了诸多的小人，阳明先生还面临着一个更可怕的对手：

名臣杨一清。

杨一清，就是那个和大太监张永合谋搞掉刘瑾的名臣。杨一清这个人，他的门人弟子比阳明先生只多不少，所以他在历史上比较的正面，阳明先生的弟子提到他与阳明先生的冲突时，不敢提到他的名字，导致了阳明先生的对手形象模糊，似乎阳明先生是在与一个隐形人战斗一样。

同样不敢提到的，还有杨一清对阳明先生不满的原因，目前史学家对此的研究方法，基本上是靠了一个猜字。

史家猜测，杨一清与王守仁之间的仇怨，都是阳明先生的弟子黄绾惹出来的，这孩子做了南京礼部侍郎，又把自己的女儿嫁给了阳明先生的养子，就目空一切，上书狂骂杨一清，要求杨老头儿退休让位，让自己的老师兼亲家阳明先生进内阁。要说杨一清对此事没有丝毫的感觉，那是不可能的，所以杨一清果断出手，对阳明先生采取了扼制措施：

> 泰等三人因侍宴武宗皇帝，言及天下太平。三人同声对曰：只江西王守仁早晚必反，甚是可忧。武宗皇帝问曰：汝谓王守仁必反，以何为验？三人曰：他兵权在手，人心归向。去岁臣等带领边兵至省城，他又私恩小惠，买转军心。若非臣等速速班师，连北军多归顺他了。皇爷若不肯信，只须遣召之，他必不来……

这是史书中的一段记载，言称许泰等小人在武宗天子面前进谗言，企图搞掉阳明先生，同时这条记载也印证了上一节最后那条记载：宣召阳明先生的圣旨是真的，武宗天子也是蛮好奇的，想瞧瞧阳明先生有多大本事，敢跟他叫板。

可是许泰这种小人，诬告阳明先生造反的话，武宗天子未必有心情理会，真正促使武宗天子发出圣旨，宣召阳明先生的，是杨一清的主意。

证据？

唯一的证据，就是武宗天子南巡时，就是居住在杨一清的家里，像诱杀阳明先生这么大的事情，杨一清不可能不知道，武宗天子更不可能不征求杨一清的意见。

那么，阳明先生又是如何逃过这场劫难的呢？

史书上说：阳明先生上面有人，大太监张永收下了阳明先生不知多少银子，将诱杀圈套派人告诉了阳明先生。而后呢，又在武宗天子面前说情，最终敦促明武宗取消了诱杀计划：

> 张忠等既阻先生之行，反奏先生不来朝谒。武宗皇帝问于张永，永密奏曰：王守仁已到芜湖，为彬等所拒。彼忠臣也，今闻众人争功，有谋害之意，欲弃其官入山修道。此人若去，天下忠臣更无肯为朝廷出力者矣！

可以确信，张永收了阳明先生太多太多的钱。要知道，朱宸濠府中的财宝堆积如小山，可阳明先生上缴的金子不过六百余两，银子八万多两，不信朱宸濠穷到这份儿上。

更多的财宝哪里去了？

阳明先生是圣者，圣者是最善于利用人际关系规律的智者。

此后，阳明先生再入九华山，走到一陡壁之下，忽见陡壁之上有个石龛，一个僧人正在龛中僵坐，于是先生大喊道：喂，和尚，你坐在上面多长时间了？

和尚回答：才刚刚三年。

阳明先生曰：做人做事啊，就是要这样专注执著，才会有成就的——所以呢，你甭再指望打消杨一清心里的成见。

遂赋诗一首：

> 莫怪岩僧木石居，吾侪真切几人如。
> 经营日夜身心外，剽窃糠秕齿颊余。
> 俗学未堪欺老衲，昔贤取善及陶渔。
> 年来奔走成何事，此日斯人亦启予！

写完了诗，阳明先生随即起程，回家看望他的父亲。

炒作高手王艮

临去看父亲之前，阳明先生做了最后的努力，想把弟子冀元亨从天牢里救出来。

此前宁王朱宸濠叛乱之初，阳明先生曾派了冀元亨去宁王府做卧底，娄妃也曾对唐伯虎说过这事，等到宁王叛乱平定，朝廷旋即将冀元亨收押。实际上，阳明先生是死是活，尽取决于冀元亨，如果冀元亨扛不住酷刑折磨，诬说阳明先生也参与了谋反，那阳明先生就死定了。

理论上来说，人都是爹生妈养的，而大脑对身上的保护性痛觉神经最为敏感，一旦落到了承受酷刑的地步，基本上没有不招的。但冀元亨终被拷掠而死，也没有留下对阳明先生不利的口供，这实乃历史上的一桩异案。

冀元亨身死，标志着朝廷反对阳明先生的势力受挫——你这边人都弄死了，也没个结论出来，这咋跟人家阳明先生交代呢？

唯一的交代方法就是：继续搞你，搞死为止。

坏人做到底，坏事做到家，既然已经结仇于你，那就只能彻底搞死你，免得你咸鱼翻身后再来报复我——许多坏人，之所以成为坏人，就是因为这种价值观念的支撑，才一步步地走到坏人的末路，再也没有机会回头。

这就决定了，阳明先生不可避免地要踏上伏波将军马援、威宁伯王越的末路，事实也正是这样。

就在这绝望时刻，王艮出现了。

王艮，就是那个写信给朋友，透露出阳明先生家里有六个老婆，每天厮打成一团的那位。此人之所以能够成功泄露出阳明先生的底牌，是因为他的学术造诣非常之精深，阳明先生的弟子门人，在销毁史料、刻意将阳明先生打扮成神仙之时，挂一漏万，未能控制住王艮。

但王艮初次出现时并不叫这个名字，而是叫王银，他穿了件上古的怪衣服，戴着巨高的怪帽子，拿着只木简，来找阳明先生闹事，进屋他先抢到上座坐好，拿眼睛斜视着阳明先生。

阳明先生就问：戴的是啥帽子啊？

回答：古代虞氏的帽子。

阳明先生再问：穿的是啥怪衣服啊？

回答：老莱子娱亲之服。

阳明先生乐了：你的意思莫非是说，你要学老莱子吗？

回答：然也。

阳明先生又问：你既然学老莱子，是只想学老莱子的衣服风格和品位呢，还是想到父母面前撒娇，穿着吃奶服，叼着奶嘴，抱着父母的腿哭闹呢？

回答：……这个这个……看情况吧……

把王银噎住了，阳明先生大喜：看我格物高招……遂对王银的奇装异服展开了格物，也就是对王银的行为进行深刻的社会学心理分析，并以此推算出历史与人性的规律，并最终进入形而上的学术领域，直格得王银目瞪口呆，心服口服，当即拜阳明先生为师。

阳明先生替王银改名叫王艮，去掉名字中的金字旁，表示金钱如粪土、家里有的是的意思，就放手让王艮出门去替自己炒作。

猜猜王艮是怎么炒作的？

这厮改换了一身更为奇特的服饰，又不惜重金打造了一辆超诡异的车子，此车上有高台，王艮就穿了怪衣服，端坐于高台之上，高薪诚聘了农民工替他推着车子，缓缓向北京城驶去，路上不时敲一声锣：当！大家听了，阳明先生王守仁，已成圣贤非凡人，尽知八百年后事，真神！当！阳明先生王守仁，格物圣算泣鬼神，你若找他算一算，保准。当！阳明先生王守仁，文治武功定乾坤，宁王叛乱遇到他，发昏。当！阳明先生王守仁……

就这样一路恶炒入京，引发了京城百姓的无限惊恐：啥？出啥事了？是不是要天塌地陷了……

朝官们则是顿时喧哗起来：这个王守仁，真是太不要脸了，炒作哪有你这么个炒法的？他还知不知道什么叫廉耻，有没有做人的底线了？

总之，这件事让阳明先生极为被动，逼得阳明先生写信大骂王艮故意坑害他……

🐚 荣辱原不在人，人自迷耳

应该说，明武宗这人，还是很够哥们儿意思的。

阳明先生替他摆平了朱宸濠之乱，他虽然没说什么感激的话，但是当阳明先生的父亲王华过生日的时候，他特派了钦差大臣到场，给老王头儿送去了金银、上好的绸缎和肥羊美酒。虽然知道阳明先生这厮在平贼的时候没少捞，不差这点儿钱和吃的，但圣上的美意，必然会在乡民之中引起特大轰动。

事实上，正是武宗天子的寿礼，将王华的生日盛宴推向了一个高潮。

然后阳明先生端着酒杯，站起来给父亲敬酒，这时候王华是一定要发表历史性讲话的，他说的每一个字，都将载入史册。

王华说：我们父子已经好多年没有见面啦，你的胡子比爹还长……那什么，你在江西瞎折腾的时候啊，当爹的虽然很是替你担心，但这是你的工作，也不能过多替你担忧。后来呢，宁王朱宸濠闹事啦，群体事件啦，恐怖活动啦，大家都认为你死定了，但你没有死，反倒把宁王给摆平啦……嘿，你说这朝廷是怎么回事？你摆平了宁王，这么大的功劳，怎么朝廷到现在也没个文件出来，啥意思啊这是……这句话不要记，我接着往下说，儿子啊，你虽然摆平了宁王，但这里边儿有天大的运气在内，那次你不是说过吗？有个笨差役龙光，干啥啥不行，吃啥啥不剩，要不是他把你的官印给忘掉了，耽误了你去宁王府中祝寿，那你铁定已经被宁王弄死了。那什么，别忘了给龙光几亩地，再给他娶个老婆。唉，那孩子笨到这份儿上，也不容易……刚才我说到哪里了？对了，现在有好多好多的人在搞你，搞你就对了，你这么能干，不搞你还搞谁？总之你听爹的话错不了，我们父子俩还能站在这里喝酒，那是天大的运气，以后这种运气是不是还能维持下去，这事可谁也说不好，但你爹我的心里，仍然是很高兴的……

寿星发表了感言，众人齐齐举杯：干杯！喝完了酒，众人四散，阳明先生回房睡觉，睡足了后，出来对学生们说：

> 昨日蟒玉，人谓至荣，晚来解衣就寝，依旧一身穷骨头，何曾添得分毫。乃知荣辱原不在人，人自迷耳！

此后不久，朝廷有旨，封阳明先生为新建伯，食禄一千石，荫封三代。

这时候贪玩的明武宗已经死掉，由于他没有儿子，皇位就由堂弟接替，是为嘉靖皇帝。其时朝臣认为，嘉靖帝是接的堂哥的班，因此已经不能再管自己的父亲叫亲爹了，要把武宗的父亲孝宗当亲爹，改自己的父亲叫叔叔。嘉靖皇帝抵死不依，明史上的大礼之争，由是爆发。

这一爆发，就爆出一个机会主义者桂萼来，此人原本是丹徒县一名小县令，但因为在危难时刻顶风抬杠，和群臣对掐维护嘉靖皇帝，由是进入了朝廷领导班子。既然已经成为了重量级的国家领导人，那么应该推出个什么新政，以展示一下自己的政治抱负呢？

要不，咱们打掉王守仁犯罪团伙，如何？桂萼想了一招。

遂上书，要求取缔阳明先生所创立的心学之邪教。

宵小弄权，坦然处之

运用桂萼来搞阳明先生，是内阁重臣杨一清的游戏。

桂萼其人，与阳明先生恰好构成了两个极端：阳明先生有着非凡的智慧与思想，而桂萼除了投机钻营，对什么思想智慧一律不感兴趣，但是这时候桂萼是阳明先生的领导，手中握有权力，于是两人就势均力敌了。

但桂萼先生也不是绝对的草包，说他对思想与智慧不感兴趣，是把他与阳明先生相比——阳明先生是圣者，谁跟他比谁吃亏，这种比较明显对桂萼不公。可不管怎么说，桂萼仍然是那个时代的精英，他在治理国政上首创一条鞭法，这个方法被张居正抄走，成就了张居正的万世改革家之名。

而在外交活动上，桂萼也打算干点儿实事：摆平越南。

越南当时叫交趾。而隔着交趾和大明帝国的，就是广西地区的瑶族兄弟们。当时瑶族兄弟中声望最高的领导人，就是岑猛了。说到岑猛，那可是赫赫有名了，你翻开明史，从武宗到嘉靖这段日子里，每一页都活动着岑猛勤奋的身影。最早的时候是刘瑾专权之时，名臣刘大夏想改土归流，把岑猛调离广西，另派干部南下。等岑猛调离了他的地盘之后，再慢慢修理他。可岑猛岂是束手待毙之人？他反过来与刘瑾勾结，反倒把名臣刘大夏给充军发配到甘肃去了。

再到后来，江西土匪横行，朝廷又琢磨出个损招儿，想忽悠岑猛去剿匪，可岑猛既然名之为猛，那是真的比土匪还要生猛。山贼连打闷棍都是有讲究的，岑猛却是什么规矩也不讲——他也没必要讲，他的地盘在广西，朝廷允许他到江西去，对他来说就是个发横财的好机会，连砍带杀，捎带放火，那是他必然要干的事情。

总之，岑猛这人特别调皮，不好对付。

但岑猛这么个搞法，也意味着自寻死路，他居然比山贼闹得还要凶，这让朝廷怎么办？

只能出动大兵剿杀。

四省官兵会聚，岑猛闻风而走，逃到了老丈人的地盘上。于是老丈人专门为他摆下酒宴，问他：爱婿啊，我女儿嫁给你好久好久了耶，她现在的情形怎么样了啊。

岑猛道：岳父放心，你女儿生活得相当幸福，每天都在梦中笑醒。

真的吗？岳父表示严重怀疑：那我怎么听说，你在娶了我女儿之后，很快又感情出轨，另娶了一大堆女人回家，而且那些女人比动物还凶猛，每天合起伙来折磨我女儿呢？

岑猛道：岳父你别听别人瞎掰，没影子的事儿。

岳父慢慢地在桌上摊开一张纸：岑猛，你可要看好了，这是我女儿冒死发出的求救信，信上说，她已经要被你活活折磨死了，这你又怎么解释？

岑猛道：哦，岳父说这封信啊，是这么回事，虽然你女儿生活得幸福无比，但是她精神分裂了，患上了严重的被迫害妄想症，老是以为有人要害她，所以就给你写了这封信。你等我赚足了钱，替她找个医生，把她的精神病治好就没事了。

岳父问：贤婿啊，你说我女儿有精神病，有医生诊断书没有？

岑猛道：你看你岳父，你手里这封信就是证据，还要什么医生诊断书啊。

岳父气结：……岑猛，我已经检查过你的随行人员了，有不少的漂亮女人，你既然口口声声说爱我女儿，怎么不把她带在身边？你把她丢给官兵了，让官兵将她捉走，当贼妇游街示众去了是不是？

岑猛道：岳父你别担心，反正她是个精神病，怕什么游街示众。

岳父气极：岑猛，你无耻！

岑猛笑道：我叫你一声岳父，是给你面子。惹火了老子，一刀劈了你，老子的岳父多了去了，不差你一个。

岳父：……你砍一个试试！

试试就试试！岑猛伸手去拿刀，却忽觉手臂无法动作，顿时大骇：岳父，你你你……你在酒里下了毒？

岳父：然也。

岑猛大叫一声：太无耻了！七窍流血而死。

🐍 不知我者谓我何求

岑猛被毒死，这意外的消息传到朝廷，刺激了桂萼一个天才的构想：

遣上将一员，提精师一旅，突入广西。然后跃马扬鞭，直捣交趾，将那里脚指头还呈蹼形，未曾进化到五个脚指头程度的原始人类通通捉来，关进笼子里收取门票展览，以解决帝国财政困难，这个主意如何？

桂萼把他的想法跟杨一清一说，杨一清差点儿没趴在地上大笑。但他终究是老成持重之人，就惊叹道：哇靠，桂萼，真有你的，这真是天才的设想啊。但不知道你想派遣的这员上将，是谁啊？

桂萼道：老领导，你看我这不是刚刚进入领导班子吗，朝廷中哪些人能打，哪些人徒具虚名，我还不太清楚。想请老领导替我推荐一个人选。

杨一清道：嗯，这个人选嘛，伤脑筋……你看威宁伯王越如何？

王越？桂萼想了想：这个名字头一次听说，不过他既然被封为威宁伯，封号里有一个威字，那肯定是很能打。

于是回去急写奏章，要求命威宁伯王越统精兵一旅，去远征交趾。奏章递上去，等着嘉靖皇帝批阅，桂萼无所事事，就在朝廷上瞎转悠，心说反正现在没事儿，我先和威宁伯套套交情吧，给他这么一个表现的机会，他肯定会感激涕零的。就问旁边的大臣：喂，哪个是威宁伯王越啊？

那大臣用发毛的眼神瞅着他：桂萼，你说什么鬼话？威宁伯王越死了几十年了，你真要见到了他，那可是见鬼了。

什么？威宁伯都死了几十年了？桂萼顿时傻了：那那那……那老领导杨一清怎么会给我推荐他呢？

正惊愕之际，嘉靖皇帝已经宣召桂萼入内，用同样发毛的眼神瞅着他：桂萼，你这奏章上给朕推荐了个将才，是威宁伯王越，是不是？

这这这这个情况是这么回事，桂萼脑子急转：我推荐的是现在的威宁伯，老威宁伯王越都死了几十年了。

原来你知道这事啊，嘉靖皇帝不悦地道：朕还以为你给推荐了个鬼呢，那么现在的威宁伯是谁啊。

他他他他就是……桂萼额头正冒冷汗，幸亏有太监在一边替他圆了个场：现在有个新建伯王守仁，就是他平定了宸濠之乱。

对对对，桂萼如释重负：陛下，臣推荐的就是新建伯王守仁，臣之所以在奏章上写威宁伯王越，是希望他王守仁也能够像王越那样，兢兢业业，恪尽职守，不辜负陛下的期望。

那这事，你跟王守仁商量过了没有？嘉靖皇帝问。

商量过了，桂萼瞪着两只怪眼撒谎道：王守仁虽然文化水平不高，但对于朝廷能够给他一次表现的机会，还是非常感激的。再由我来亲自指导他，表现应该不会太差。

嘉靖皇帝：你指导他……算了，你们自己玩儿去吧。

桂萼兴奋地退出，立即吩咐吏部发文，于是阳明先生在桂萼的亲切领导之下，突入断藤峡，横扫八大寨，一举将盘踞在断藤峡长达一百六十年之久的山贼，尽行剿除。

☙ 为良知而战

实际上，桂萼给阳明先生的任务，是让他打掉岑猛的部落，然后挥师直捣交趾。可是阳明先生又没发神经，怎么可能听这个二愣子的？而那断藤峡山贼既然已经盘踞了一百六十年，皆因地势险要，夹江峻岭，临江壁立，山路一线，历尽千盘，一夫荷载，万夫莫入。毒瘴恶雾，非人能堪。山贼的武器又是强弓劲弩，箭头淬毒，中者毙命，伤者立死。最要命的是这些人世代为匪，已经脱离出了人类文明进化的主线，不打掉他们，实在有亏阳明先生圣人之名头。

所以阳明先生进入广西之后，先召岑猛的部将来到，当着其部属七万大兵的面，批评那两个人：你们俩又不听领导的话了吧，又犯错误了吧？与吾抽调两路精兵，每路八千人，吾要阅兵。

两名部将去抽调参加阅兵仪式的精锐士兵，阳明先生却大张旗鼓，风风火火，到处开馆办学，不久两支精兵调集，全副武装来到校场上，就听阳明先生道：现在我命令，大家抬着我，一直往前走，中间不许回头……于是这两路精兵，在阳明先生的指挥之下，稀里糊涂直奔断藤峡。

然后阳明先生下令：与本官把断藤峡中的所有窟洞，通通掏一遍，把里边的山贼全都揪出来砍脑壳。

这才叫出其不意，攻其不备，断藤峡山贼哪料到阳明先生招呼也不打一个，说上来就上来了，结果阳明先生将躲藏在窟洞中的三千多名山贼通通掏了出来，全部杀掉。

史称：断藤之贼略尽。

闻知阳明先生尽扫断藤峡，拒绝直捣交趾，桂萼怒不可遏，立即上书要求禁绝阳明先生的心学，说：这个王守仁，是个典型的邪教头子啊，你看他的心学是什么玩意儿啊，陛下，求你了，打掉心学这个恐怖的邪教组织吧，求你了。

嘉靖皇帝说：上次你不还推荐他吗，怎么这么快又成了邪教了？

桂萼道：陛下，我要说的就是这件事。陛下你下了圣旨，让他直捣交趾，可他偏偏不去。陛下你没下旨打断藤峡，他却自作主张跑去闹事，他这是典型的目无领导啊，如果再让他这么搞下去，组织纪律性何在啊？

杨一清这时候插话道：陛下，王守仁这个人吧，我也不好多说，桂萼说他是邪教头子，到底是不是呢，我也没作过调查。但是有一点，你看前段日子他派了王艮来北京炒作，搞得人心惶惶，而且他这个人不喜欢穿正常衣服，古服古冠，确实有点儿……嗯，不大对劲儿。

嘉靖皇帝道：嗯，知道了，你们处理吧，我还要炼丹呢。

桂萼出来，就收到了阳明先生的乞请病休的奏章，顿时没好气地把奏章一扔：休想，看老子怎么搞死他。

但是桂萼很快就发现，他已经没机会动手了。

阳明先生上奏病休之后，并不理会朝廷的反应，立即踏上了归程，舟行南安，门人周积来见，与先生同行，行七日，先生问：此处是什么地方？

周积回答：老师，这里是青龙铺。

先生道：吾去也。

周积闻言大恸：老师，你有什么话要说吗？

阳明先生笑道：此心光明，复何言哉。

闭目而逝，享年五十七岁。

🐟 失落的智慧

阳明先生说走就走了，临走之前还摆了杨一清一道，可怜老杨一世名臣，却因为怨恨阳明先生，枉做了小人。而阳明先生的弟子们，则陷入了癫狂状态之中，发誓要将阳明先生神化到底，于是历史上就有了这样神异的记载：

> 十一月，葬横溪，先生所自择地也。先是，前溪水入怀，与左溪会，冲啮右麓。术者心嫌，欲弃之。有山翁梦见一神人，绯袍玉带立于溪上，曰："吾欲还水故道。"明日，雷雨大作，溪水泛溢，忽从南岸而行，明堂周阔数百丈，遂定穴。门人李琪等，更番筑治，昼夜不息，月余墓成。

这篇史料说，阳明先生临死之前，是自己选择的墓地，但是术士发现这里风水不对头，大大有问题，正准备放弃，但当地的一个老头忽然做了一个怪梦，梦到一个神仙，红袍子，白带子，站在溪水之上，曰：这条河，也该改一下道了。于是雷雨大作，山崩地裂，整个地形全都变了样，成为了一处风水绝佳之地。

但这是实打实的瞎掰。如果风水理论这玩意儿管用，那改朝换代这事儿也就不会出现了，打第一个皇帝秦始皇开始，只要世世代代把自己皇家的风水看守好了，就算齐活儿了。但既然连始皇帝都摆不平，阳明先生这里的风水，就更是不靠谱。

说阳明先生的风水不靠谱，那是有证有据的。这证据就是阳明先生死后，家里的六个老婆斗得不可开交。这场斗争惊险而诡异，结局更是令人跌破眼镜，甚至使人疑心阳明先生到底是不是圣人。

早在阳明先生四十四岁的时候，因为没有儿子，就过继了弟弟王守信的儿子正宪，但是到了阳明先生五十五岁时，他的一个姓张的妻子，却突然给了他一个惊喜，生下了一个儿子正聪。

晚年得子，是件大好事，但要命的是，阳明先生的钱太多了一点儿，他的伯爵府奢华江南，单靠了微薄的薪水，是连个门脸儿也修不起的。可以确信，盖这华宅的巨额资金，是从朱宸濠的王府中拿来的。单是屋舍就修筑得富丽堂皇，家里藏着的金银财宝就更多。所以王家人摩拳擦掌，枕戈待旦，为争夺这笔财产进行了一场规模浩大的战争。

这场战争仍然以阳明先生的诸位老婆为主角，各自与阳明先生的弟弟家人结成统一战线，先软禁了阳明先生的亲骨肉正聪，然后抄起桌椅板凳对砸起来。

正打得欢，朝廷下旨，取缔王守仁创立的邪教心学，狠狠打击这伙不法分子的歪理邪说。当地的官员率领恶少，手持木棍冲入王家，逢人就打，见人就揍，王家人号啕大哭着，抱头踏上了仓皇亡命之旅。

阳明先生的骨血儿子正聪，逃到了先生的门人黄绾那里，黄绾把自己的女儿给这娃娃做老婆，替他改名叫正亿。

嘉靖皇帝死后，新任皇帝隆庆给阳明先生正式平反，恢复先生的心学，归还没收的王家财产，于是王正亿承袭了伯爵的爵位，他死后爵位传给了王承勋。

王承勋有两个儿子，老大王先进，老二王先达。于是爵位继续传给老大先进，但是王先进没有儿子，就想过继弟弟的儿子王业泓。但是弟媳妇太贪，曰：你看，我老公他爹是伯爵，我儿子又是伯爵，所以我老公当然也应该是伯爵，大伯子你既然没儿子，就应该把伯爵让出来。

大伯子王先进听弟媳妇如此掰扯，大怒，干脆不要弟弟的儿子了，另从外边找来了养子王业洵。等王先进死后，王业洵知道自己不是亲生的，爵位已经没戏了，肯定会归王业泓，于是他干脆诬说王业泓跟自己一样，也是从别人家抱养来的，存心不让大家消停。

此后王业洵就和王业泓为争夺爵位，打起了扯皮官司。这皮一扯就是几十年，最后这个爵位归了阳明先生的孙子王承勋的弟弟的儿子王先通。可是王先通的运气糟透了，他刚刚做了伯爵，就见门外冲进来一群人，破衣烂衫，浑身酒臭，赫然竟是闯王李自成的部队。

原来这都到了大明末年了，阳明先生的伯爵承传被一刀斩断，最后一位爵爷王先通，被李自成的部队砍了脑袋。

看看这满眼污烂的历史，告诉我们一个再也简单不过的道理：

智慧与思想，是无法承传的，甚至连对身边人熏陶的功能都不存在。阳明先生是圣者，但他的诸多妻子以及后人，显然对思想或是智慧缺乏丝毫的兴趣——有兴趣他们就不扯这污烂事了。

思想与智慧，无法复制也无法承传，那是因为智慧思想是完全个人化的思维运作，是单独一个人不停地采用探究式的思维模式，对自己的大脑的个性化开发。这种开发的过程就是智慧思想的本身，而智者所能够表达的，往往是智慧与思想的最终结果，但这个结果既不是思想也不是智慧，最多不过是思想与智慧的行进方向而已。

所以阳明先生说：致良知。

良知并不是智慧，致良知更不是思想，思想与智慧，是指你不断地努力，让自己达到良知境界的思维过程。

重复一遍，思考的过程才是思想。

这就是阳明先生的世家告诉我们的。

附录　王阳明年表

年　份	年　龄	主要活动
宪宗成化八年 1472年	1岁	王阳明出生于浙江省余姚县龙泉山上之瑞云楼
宪宗成化十八年 1482年	11岁	父亲王华中状元后，王阳明随父寓居京师
孝宗弘治元年 1488年	17岁	回余姚，后与诸氏完婚于江西南昌
孝宗弘治二年 1489年	18岁	偕夫人归余姚，结识娄谅，信圣人必可学而致之。立志求成圣人，格竹七日，病倒
孝宗弘治五年 1492年	21岁	举浙江乡试。明年会试不第，回余姚，结龙泉诗社
孝宗弘治十年 1497年	26岁	寓居京师，苦学兵法
孝宗弘治十二年 1499年	28岁	中进士，二甲第七，观政工部。唐寅受科场舞弊案牵连，被黜

孝宗弘治十三年 1500年	29岁	授刑部云南清吏司主事。游九华山，出入佛寺道观
孝宗弘治十五年 1502年	31岁	告病返余姚，筑室阳明洞天，静坐行导引术。后摒去
孝宗弘治十七年 1504年	33岁	主考山东乡试。九月改兵部武选司主事
武宗正德元年 1506年	35岁	因刘瑾案，被贬为贵州龙场驿驿丞
武宗正德二年 1507年	36岁	赴谪至钱塘逗留，刘瑾遣刺客至。避入五夷山，后回浙江一带
武宗正德三年 1508年	37岁	至龙场。大悟格物致知之道
武宗正德五年 1510年	39岁	三月任庐陵知县，十二月升南京刑部四川清吏司主事。安化王朱寘鐇起事，宁夏游击将军仇钺十七日擒之。刘瑾被擒，凌迟处死
武宗正德七年 1512年	41岁	三月升吏部考功清吏司郎中，黄绾、徐爱等人同受业
武宗正德十一年 1516年	45岁	升都察院佥都御史，巡抚南赣，前往平定谢志珊、池仲容等江西、福建、广东、湖广等地的叛乱
武宗正德十二年 1517年	46岁	十月平横水、桶冈等地，行十家牌法
武宗正德十三年 1518年	47岁	征三浰。平定后升都察院右都御史，荫子锦衣卫世袭百户。门人刻印《传习录》
武宗正德十四年 1519年	48岁	六月，奉命前往平定福建叛军，至丰城，闻宁王朱宸濠反，遂返吉安，兴兵讨之，一十四日平朱宸濠
武宗正德十五年 1520年	49岁	与前来平叛的宦官周旋。王艮投门下，后创泰州学派

武宗正德十六年 1521年	50岁	六月升南京兵部尚书。九月归余姚，封新建伯。是年武宗卒，无子，以兴献王之子朱厚熜为天子，是为世宗嘉靖皇帝。百官不许朱厚熜称其父为父，朱厚熜怒，大礼之争爆发
世宗嘉靖元年 1522年	51岁	二月父王华死，回乡丁忧。有御史倡议禁遏王学
世宗嘉靖二年 1523年	52岁	在绍兴，来从游者日众。 南京刑部主事桂萼议大礼得宠。同年唐寅卒
世宗嘉靖四年 1525年	54岁	夫人诸氏卒。十月，立阳明书院
世宗嘉靖五年 1526年	55岁	子正聪生。后黄绾为保护孤幼收为婿，改名正亿
世宗嘉靖七年 1528年	57岁	二月平思田之乱，七月袭断藤峡。十一月二十九日辰时，公历1529年1月9日8时许， 病逝于江西南安府大庾县青龙铺码头